한자한문교육총서31

# 漢字漢文教育論叢 上

文學博士 鄭愚相 著

전통문화연구회

## 著者 및 도와주신 분들

著者　鄭愚相
校正　柳豐淵 李鍾福 韓殷洙
出版　權永順 趙允淑
編輯　柳豐淵 南賢熙
管理　咸明淑
普及　徐源英

## 任員

# 自　序

石泉 鄭愚相

본 論叢은 漢字 · 漢文 教育에 몸담은 이래, 여기저기 발표한 論考를 選別하여 대표성 있는 것만 모아 두 권의 册으로 묶은 것이다. 筆者로서는 漢字教育과 漢文教育에 대한 애정과 관심이 배어 있는 論考들이다. 거기에 漢文科의 教科教育 내용도 함께 收錄하였다. 그래서 서명을 《漢字漢文教育論叢》이라 이름하였다. 이는 실린 論文들의 내용이 반영된 결과이다.

한자 · 한문 교육의 입장에서 보면 從前까지의 漢文工夫는 暗記 위주의 學習方法이었다. 그러나 오늘날의 漢文學習은 시대의 변화와 학문의 발전으로 그 내용에 많은 변화를 가져 온 것을 부인할 수 없다. 또 學習者의 편에서 보아도 옛날과 달리 여러 教科를 함께 학습해야 하는 부담이 있어 보다 效率的인 學習方法이 요구되는 시대이기도 하다. 그러므로 現代化된 教科教育으로서의 한자 · 한문 교육이 절실히 요청되는 시점이다.

이러한 맥락에서 보아도 現代의 漢文科 교육은 漢字라는 文字學習이 선행되어야 하고, 漢字가 결합하여 구성되는 漢文文章 교육으로 이어져야 하겠다. 그리고 나서 文法的 기능을 담당하는 虛詞의 用法을 학습해야 名實相符한 한문과 교육이 실현된다고 생각해 왔다.

오늘날 漢字教育의 현대화는 視聽覺 기기의 활용을 전제로 한 部首

선행 지도와 六書 활용 지도 등 漢字構造의 原理를 바탕으로 지도하는 방법이 모색되고 있다. 그리고 漢文文章 指導의 경우도 한문문장의 구조 원리를 바탕으로 구성된 漢文 文型(틀) 학습으로 이어지고 있다. 옛 先人들도 한문 학습에서《孟子》책을 多讀하라고 권해 왔는데, 이는《맹자》책 속에 동일한 類型의 문형이 반복 제시되고 있어 한문문장을 익히는 데 크게 도움이 되기 때문이었을 것으로 판단된다.

漢字 · 漢文 學習에서는 文字와 文型, 그리고 문법적 구실을 하고 있는 虛詞의 용법을 잘 알아야 한다. 허사는 語와 語意의 관계나 문장의 語氣를 조절하고 문맥과 문의를 돕는 구실을 하여 문장의 言語形式까지도 생성하는 역할을 한다.

그러므로 漢文을 정확하고 빠르게 解讀하기 위해서는 虛詞의 용법을 아는 것이 중요하다. 가령 "事親乎"와 "何不事親乎"에서 둘 다 '乎'자가 사용되었지만, "事親乎(어버이를 섬기는가?)"의 허사 '乎'는 의문을 나타내는 疑問形의 문장형식이 되고, "何不事親乎(어찌 어버이를 섬기지 않는가?)"의 허사 '乎'는 '何不'과 呼應되어 反語形의 문장형식을 구성한다. 이와 같은 '乎'의 用法을 잘 알면 의문형이나 반어형 등의 文形(Sentence form)을 자연스럽게 습득할 수 있다. 虛詞의 용법과 문장의 형식과는 不可分의 관계에 있으므로 漢文敎育에서 허사의 용법을 철저히 지도해야 하는 것은 당연한 일이다.

이와 같이 한문교육은 1) 漢字의 이해, 2) 漢文의 文型(글의 틀), 3) 虛詞의 用法이 한문학습의 요체가 된다. 筆者는 평생을 한문교육에 특별한 관심을 가지고 활동하였고, 이를 내용으로 하는 몇 권의 논저도 발간한 바 있다. 그러면서도 이 한문이 지닌 要諦를 漢文敎育의 원리로 삼아 나름대로의 입론을 주장하기도 하고, 곁눈 팔지 않고 일관되게 漢文敎育

을 硏究하고 指導해 왔으며, 前人未踏의 한문 교과교육 연구에 노력해 왔다.

회고해 보면, 교육부(당시 문교부)가 개정된 敎育法 施行令을 발표하고, 한문을 獨立敎科로 신설하면서 한문교육의 不毛地에 새바람을 불어넣은 것이 1972년 2월 28일이었다. 이어 敎育課程을 마련하고 한문교육의 目標를 設定했으며 敎育用 基礎漢字 1,800자를 선정 발표했다. 이를 계기로 필자는 한문과 교육과정의 개발과 1차에서 7차까지의 교육과정 개정에 깊숙이 관여해 왔다. 그러고 보니 한문과 교육에 관여한 지 벌써 40여 년이 훌쩍 지난 셈이다. 이 책에 실린 글들은 그러한 자취의 결과물이다.

그동안 敎育用 基礎漢字 選定 作業과 調整, 漢文科 敎育課程의 개발 및 심의, 中等 漢文 敎科書의 개발, 한문과 교육과정의 解說書 발간, EBS 고교 한문교육 放送出演, 방통 고등학교 敎科書 개발, 漢字漢文敎育學會의 創立과 學會活動, 특히 初等學校 한문교육 활성화를 위한 활동 등등에 참여했다. 그러나 내 자신 여러 모로 만족스럽지 못한 부분이 많았음도 고백한다.

그럼에도 불구하고 이《漢字漢文敎育論叢》을 종합 정리하면서 관련 學界에 다소나마 도움이 되고 신진 연구자들의 案內者가 되었으면 하는 소망도 버릴 수 없었다. 學問은 끊임없이 발전하게 마련이며 누군가는 그를 위한 마중물이 되어야 한다. 샘물이 흐르고 모여 강줄기가 되듯이, 언젠가는 漢字 · 漢文 敎育도 학계의 큰 봉우리가 되리라는 기대 속에 이 책을 發刊하게 된 것임을 새삼 강조하고 싶다.

이 論叢이 나오기까지 도와주고 손수 校正까지 맡아주신 柳豐淵 교수님과 李鍾福 교장님께 깊은 감사를 드린다. 더구나 학교 현장의 바쁜 와 중에도 資料 檢討와 교정을 봐 준 韓殷洙 박사에게도 고마운 마음을 전한다. 그리고 出版을 맡아 주신 傳統文化硏究會에 충심으로 감사한다. 아울러 그동안 아껴주고 도와주신 學界의 여러 同僚들과 江湖 諸賢들께도 고마운 마음을 전하는 바이다.

就而 : 한평생 모든 어려움을 딛고 나만을 돕고 후원하고 격려해 준 사랑하는 아내 宋榮姬에게 이 책을 바친다.

2011년 2월 17일<br>81회 생일을 맞으며<br>石泉齋에서

# 目 次

自 序

제1장 漢文科 敎育의 槪念

제1절 漢文科 敎育學의 成立 __ 13
제2절 漢文科 敎育學의 特性 __ 20
제3절 漢文科 敎育의 目標 __ 24

제2장 漢文科 敎育課程의 史的 考察

제1절 漢文科 敎育의 獨立과 敎育課程의 成立 __ 29
제2절 中學校 漢文科 敎育課程의 史的 考察 __ 45
제3절 高等學校 漢文科 敎育課程의 史的 考察 __ 75
제4절 7차 漢文科 敎育課程의 特徵 __ 99

제3장 漢文科 敎授學習論

제1절 漢文科 學習의 基本要素 __ 121
제2절 漢字의 構造를 통한 漢字學習 __ 124
제3절 漢文文型을 통한 漢文學習 __ 127
제4절 虛詞의 용법을 통한 漢文學習 __ 130
제5절 虛詞의 文法的 機能 研究 __ 132
제6절 虛詞 用法의 實際 __ 170

제4장 漢字의 敎授·學習 方法

제1절 漢字敎育의 必要性 __ 185
제2절 漢字의 三段階 學習 __ 198

제5장 漢字語의 構造와 漢文學習
제1절 漢字의 造語力 _ 223
제2절 漢字語 構造의 特性 _ 225
제3절 漢字語의 構造와 漢文의 構造 _ 227

제6장 文型學習
제1절 文型學習의 目的과 意義 _ 243
제2절 漢文의 語順과 文型 _ 245
제3절 基本文型과 擴張文型 _ 248
제4절 文型學習의 實際 _ 249

제7장 文章形式의 理解
제1절 否定形 _ 263
제2절 疑問形 _ 276
제3절 反語形 _ 291
제4절 比較形 _ 308
제5절 假定形 _ 316
제6절 限定形 _ 323
제7절 使動形 _ 334
제8절 被動形 _ 338
제9절 感歎形 _ 341

제8장 漢文科 敎育의 새로운 方向
제1절 漢文敎育의 諸問題와 改善方向 _ 353
제2절 漢文敎育의 現況과 課題 _ 367
제3절 學校 漢文文法 統一의 必要性 _ 380
제4절 漢字倂用의 當爲性과 初等 漢字敎育 _ 392
제5절 中學校 漢文學習 指導의 方向 _ 418
제6절 漢文科의 敎育과 評價 _ 442
제7절 敎授媒體의 變化와 漢文科 敎育 _ 452

# — 下 卷 目 次 —


## 제9장 漢文科 現場教育 研究의 實際

제1절 漢文科 現場教育 研究의 實際(Ⅰ) __ 7
제2절 漢文科 現場教育 研究의 實際(Ⅱ) __ 166

## 제10장 教育用 漢字의 研究

제1절 漢文科 教育政策과 漢文 教育用 基礎漢字의 選定 __ 179
제2절 漢文 教育用 基礎漢字 1,800자 調整白書 중에서 __ 199
제3절 教育漢字 代表訓音 選定 研究 __ 215
제4절 韓·中 俗字 研究 __ 269

## 제11장 기타 論說

제1절 訓民正音과 世宗의 智慧 __ 367
제2절 大學修能試驗 問題를 漢字 混用하여 出題하라 __ 373
제3절 漢文科 教育의 正常化를 위하여 __ 381

附錄 1. 常用漢字 1,300字 一覽表 __ 429
2. 北韓의 教育漢字 3,000字 一覽表 __ 436
3. 예일大學校 選定 基礎漢字 1,000字 一覽表 __ 479
4. 日本 改定 常用漢字 2,136字 __ 485
5. 教育用 基礎漢字 1,800字 中 簡化字 __ 503

# 제1장 漢文科 敎育의 槪念

# 제1절 漢文科 敎育學의 成立

## 1. 敎科 敎育學의 定義

敎科 敎育學이란 각 敎科目(學科目)을 교육하는 原理나 方法을 그 과목 나름으로 論理化한 것이다. 곧 교과교육의 학문적 內容體系와 그것을 교육하는 원리나 방법을 하나로 묶어서 體系化한 학문을 말한다. 즉 무엇을 어떻게 가르치느냐 하는 문제에 있어서 '무엇'은 학문의 내용체계가 될 것이고, '어떻게'는 교육하는 방법적 체계를 의미한다. '무엇'과 '어떻게'가 따로 分立하는 것이 아니라, '무엇'을 바탕으로 '어떻게'가 하나로 묶이는 學問體系인 것이다.

'敎科'란 漢文科, 國語科, 社會科, 數學科, 科學科 등과 같이 각 學科를 의미하며, '敎育學'이란 교육의 원리나 방법 등을 체계화한 학문을 말한다.

'學'이란 '어떤 대상 분야를 설명하는 체계적인 知識'을 뜻하며, 어떤 현상을 설명하는 知識의 組織體(An organizedbody of knowledge)에 해당된다. 교과 교육학이란 어떤 교과교육을 설명하는 체계적인 지식이며, 漢文科 敎育學은 '漢文敎科 敎育을 설명하는 體系的인 知識'을 말하는 것이다.

여러 교과는 저마다 독특한 내용체계를 가지고 있다. 이러한 여러 교과의 내용체계에 알맞은 교육의 원리와 방법을 독립적으로 확립하여 교과교육으로서의 학문적 체계를 이루어야 한다.

가령 數學科 내용을 교육하는 원리로써 社會科目을 교육해서는 안 되며, 社會科 내용에 알맞은 교육원리로써 數學科目을 교육한다는 것도 매우 불합리하다. 뿐만 아니라 교육목적을 효과적으로 달성할 수가 없는 것이다. 여기에 각 교과별로 교과 교육학이 정립되어야 하는 근거가 있는 것이다.

교과 교육학의 기본적 성격을 규명하는 데 있어서 日本의 敎育大學協會가 연구 · 탐색하여 제시한 '敎科 敎育學의 基本的 構想'(그림 1)[1]은 많은 점을 시사해 주고 있다.

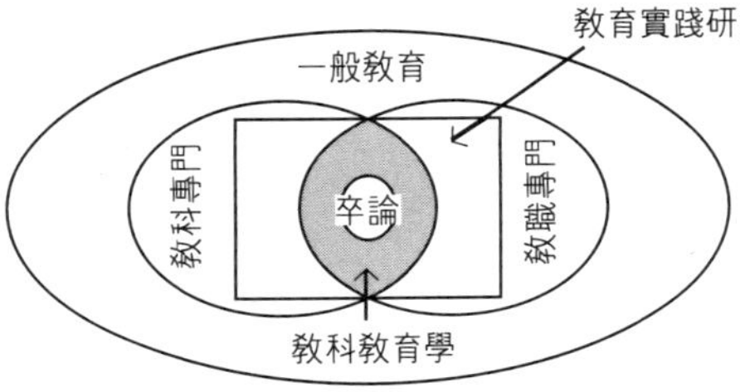


* '卒論'은 卒業論文의 略字임.

〈그림 1〉 敎科 敎育學의 基本的 構想

〈그림 1〉에서 보는 바와 같이 교과 교육학은 해당 敎科에 관한 專門과 敎職 專門이 교차된 중간 영역에 위치하고 일반 교양이나 학문이 이를 외곽에서 지원하며 존재하고 있다.

이 같은 교과 교육학의 구상은 敎員 養成 기관에서 지도되어야 할 교과 교육학의 위치를 명확히 제시하였을 뿐만 아니라 교과 교육학의 영역 및 접근에 대한 기본적 방향을 제시하고 있다.[2]

---

1) 日本敎育方法學會 편, 《敎育方法學 70年代の 課題》(東京:明治圖書出版株式會社, 1972), 부록 p.213.

2) 위의 책, p.214.

이러한 교과 교육학에 대하여 일반적으로 교과 전문가들은 그 교과의 교육원리에는 관심이 적기 쉬우며, 교육과목 전공자들은 반대로 일반교과를 연구하고 거기에 알맞은 교육원리를 연구하는 데는 소홀히 하기 쉽다.

그러므로 일반교과의 전공자와 교육과목 전공자 간에 괴리되기 쉽고 상호 이해하지 못하여 갈등을 일으키는 경우가 많다. 따라서 교과 전문가들은 교육학을 자연히 알게 되는 학문이라고 생각하는 반면, 교육학 전문가들은 여러 필수교과의 교과적 지식은 등한시하는 경향이 있다.

그런데 여기서 우리는 이 문제를 깊이 생각해 볼 필요가 있으며 특히 교사를 양성하는 대학에서, 일선에서 교과를 가르칠 교사에게 무엇을 핵심적으로 가르쳐야만 그 교사가 교육현장에서 제대로 교육을 할 수 있을 것인가를 생각해 볼 필요가 있다. 단적으로 말해서, '學科內容만 많이, 그리고 깊이 있게 가르치면 유능한 교육을 할 수 있을 것인가?' 또는 '學科內容보다도 가르치는 方法이나 原理만을 깊이 가르치면 유능한 교육을 할 수 있을 것인가?' 하는 것들은 한마디로 결론지으면 이 중 어느 하나만 가지고서는 목적을 달성할 수 없다는 것이다.

예컨대 활 잘 쏘는 사람(善射者)이 되자면 힘이 있어야 하고 활 쏘는 재주(技能)가 구비되어야 한다. 100m 밖에서 활을 쏠 때 활시위를 힘 있게 당겼다 놓아야 화살이 표적을 향하여 힘차게 날아갈 수 있다. 그러나 활 쏘는 재주가 없으면 화살이 표적을 벗어나 딴 곳으로 날아갈 것이다. 이때 힘과 재주가 각각 별개의 것으로 작용해서는 안 되고, 힘과 재주가 하나로 조화되어야 표적을 적중시키는 善射者가 될 수 있는 것이다. 이렇게 비유해 보면 활 쏘는 '힘'은 學科內容이 될 것이고, '재주'는 敎育方法이나 原理에 속할 것이다. 학생들을 잘 가르칠 수 있는 훌륭한 교사가 되자면 힘만 있어도 안 되고 재주만 있어도 안 될 것이다.

다시 말하면 '教科知識을 많이 안다.'는 것과 '잘 가르치는 方法을 안다.'는 것은 적어도 교단에 서는 교사에게는 양립해서 생각할 수 없는 개념임을 알 수 있으며, 어느 하나만으로는 소기의 목적을 달성할 수 없음을 알 수 있다. 그것은 학과의 지식내용만 잘 안다고 해서 가르치는 일까지 잘한다고 볼 수는 없으며, 아무리 가르치는 原理나 方法을 깊이 익히고 있다 해도 가르칠 內容을 제대로 알고 있지 않으면 그 學科의 指導를 제대로 할 수는 없기 때문이다.

여기서 이 두 개념은 教育을 수행하는 教師에게 있어서는 떼려야 뗄 수 없는 連結體임을 알 수 있다. 그러므로 教科目과 教育學이 하나로 조화된 학문적 체계인 教科 教育學으로 定立되어야 한다.

## 2. 漢文科 教育學의 內容

教科 教育學의 궁극적 目標는 교과의 專門知識을 제대로 학생에게 교육하는 데 있다. 漢文科 教育은 한문과의 내용을 구조화하고 教育對象者의 능력 수준에 맞게 효과적으로 가르치는 방법을 다루게 된다. 유능한 한문과 교사는 漢文內容을 깊이 있고 폭넓게 알 뿐만 아니라, 그것을 교육대상에 알맞게 再組織하여 잘 가르칠 수 있는 능력을 구비해야 한다. 한문과의 내용만을 학문적으로 깊이 있게 안다고 해서 그 교사가 教育現場에서 漢文教育을 教育 目標 및 原理나 方法에 알맞게 효과적으로 지도할 수 있다고 생각할 수는 없다. 그러므로 漢文科로서의 學問的 知識이나 體系를 심도 있게 아는 것은 물론, 이것을 교육 원리나 방법에 알맞게 지도할 수 있는 능력을 동시에 구비하고 있어야 한다. 따라

서 한문과를 지도하는 교사에게는 한문과 교육학이 하나의 정돈된 학문적 체계로 자리잡혀야 한다.

가령 崔世珍이 쓴 《訓蒙字會》를 생각해 본다면, 이 책은 어린이들에게 漢字를 가르치기 위하여 만든 蒙學敎材로서 漢文科 教育學에 바탕을 둔 교재라 할 만하다. 《千字文》이나 《類合》 등의 몽학교재들도 漢字教育을 위해서는 매우 값진 교재들이다. 그러나 최세진이 《訓蒙字會》를 만들게 된 것은, 《千字文》이나 《類合》은 한자들이 너무 抽象的이라 學習上 段階와 體系가 없으며 難易度를 고려하지 않고 내용 중심으로만 엮었기 때문에, 漢字學習의 효과를 더욱 높이기 위하여 《訓蒙字會》를 펴낸다고 序文에서 밝히고 있다.[3] 《訓蒙字會》는 한문에 능통한 최세진이 兒童教育을 위한다는 생각에서 만들었기 때문에, 이 책은 한문학습의 方法이나 效果를 前提하여 저술한 것이다.

다시 말하면 아동들이 이해하기 쉬운 의미상 구체적인 글자들을 事物의 種類別 또는 部首別로 類別하여 段階的으로 體系化하여 엮어 놓았다. 그 당시는 교과 교육학이란 개념조차도 생각지 못하던 시대지만, 최세진이 엮은 이 《訓蒙字會》는 교과 교육학의 教材觀에 바탕을 둔 훌륭한 교재로 해석할 수 있다.

漢文科 教育學의 構成은 왜 漢文을 가르쳐야 하며, 무엇을 어떻게 가르쳐야 하는가, 그리고 가르친 결과 어떠한 教育效果가 나타나고 있는가 하는 것들을 包括的으로 다루어야 하고, 一連의 體系가 이루어져야 한다. 이러한 한문과 교육학의 構成要素를 정리하면 다음과 같다.

---

3) 《訓蒙字會》 序文.

① 漢文科 敎育目標의 設定 : 왜 漢文을 가르쳐야 하는가?(敎育目標)
② 漢文科 敎育內容의 構造化 : 무엇을 가르쳐야 하는가?(敎育內容)
③ 漢文科의 敎材構成 : 무엇을 어떻게 構成해서 가르칠 것인가?(敎材研究)
④ 漢文科의 學習指導 方法 : 어떻게 가르칠 것인가?(敎授學習方法)
⑤ 敎育의 效果 : 가르친 結果(敎育評價)

먼저 漢文科 敎育을 하는 目的이 무엇이냐 하는 目標의 體系化와 그 목표를 달성하기 위한 한문과의 敎育內容을 설정하는 체계로서의 內容의 組織化 및 系列化가 이루어져야 한다. 그 다음은 결정된 한문과의 교육내용을 敎材化하여 그것을 학생들이 잘 이해할 수 있도록 가르치는 단계를 거쳐, 끝으로 가르칠 것을 제대로 가르쳤느냐 하는 것을 저울질해 보는 한문과의 敎育評價가 이루어져야 한다.

이러한 한문과 교육학의 槪念的 模型을 그림으로 제시하면 다음과 같다.

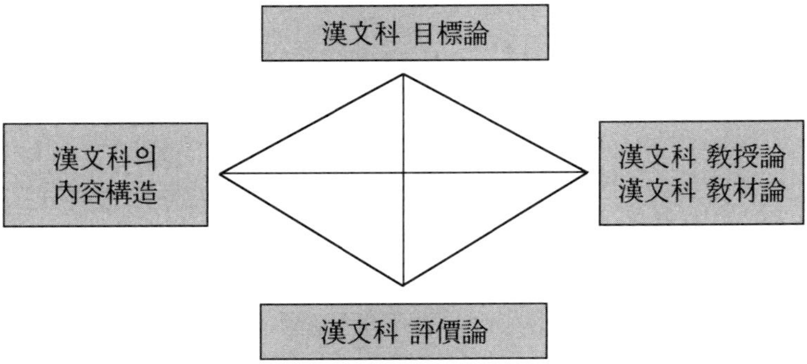


〈그림 2〉[4]

4) 정태범, 〈교과 교육학의 개념적 모형〉, 《敎員敎育》(제1권 제1호, 청원 : 한국교원대학교 교육연구원, 1986).

〈그림 2〉에서 보듯이 한문과의 敎育目標는 한문과의 內容構造가 敎育方法인 敎授論, 敎材論을 거쳐서 이루어지며 그 결과가 평가되는 것이다. 다시 말하면 한문과의 내용구조는 목표에 따라 형성되며 敎授·學習 方法을 거쳐 평가됨을 말하고 있으며, 또한 한문과 교수론과 한문과 교재론으로 구성되는 방법 문제는 한문과 목표를 달성하기 위하여 내용이 제시되는 대로 가르쳐서 평가되어야 함을 밝히고 있다.

한문과의 評價는 한문과 목표의 달성을 위하여 내용이 얼마나 잘 組織되었고, 그 내용에 따라 얼마나 잘 가르쳐졌는가를 測定하도록 되어 있다.

이러한 한문과 교육학의 모형에 따라 일반적으로 설정할 수 있는 한문과 교육학의 敎科目을 들어 보면 다음과 같다.

① 漢文科 敎育學槪論(漢文科 敎育論)

② 漢文科 敎育史, 漢文科 敎育學史

③ 漢文科 敎育課程論

④ 漢文科 敎育方法論(漢文科 敎授學習論)

⑤ 漢文科 敎材論

⑥ 漢文科 評價論

이 밖에도 관련이 있는 교과목으로 漢文科 敎師論, 漢文敎育 政策論, 漢文讀解 指導論, 文字 指導論, 文法 指導論, 漢文學 敎育論, 作文 指導論 등 여러 분야의 과목들을 열거할 수 있다. 요컨대, 한문과 교육학은 '漢文科 敎育課程上의 目標·內容에 해당하는 모든 敎科內容'을 體系化하고 理論化해서 '깊이 있는 內容'과 '가르치는 方法의 原理'를 一元化하는 새로운 학문체계의 모색과 정립이 추구되어야 한다.

## 제2절 漢文科 教育學의 特性

漢文科 教育은 文字言語인 漢字로 이루어진 漢文文章을 대상으로 하여 이루어진다. 그 내용이 哲學이건 史學이건 또는 文學이건 관계없이 그 표현수단인 한문문장이 한문과 교육의 對象이 되는 것이다.

이와 같이 문자언어로서의 한문이 바탕이 되어 성취되는 한문과 교육의 特性은 무엇인가? 이것을 밝히기 위하여 한문의 概念, 한문과 우리와의 關係, 漢文教科의 獨立性에 대하여 살펴보기로 한다.

첫째, 漢字란 어떤 글자인가?

漢字는 우리 조상들이 公用文字로 사용했던 문자언어이다. 漢文은 중국의 古文으로서 현재 중국에서는 漢文을 文言文이라 하고 現代文은 白話文이라 한다. 다시 말하면 한문은 중국의 옛글인 것이다. 이러한 한자가 三國時代 이전부터 이미 우리나라에 전래되어 사용되었으며, 우리 글자인 한글이 창제된 이후에도 오랫동안 政治, 社會, 文化, 教育 등 모든 방면에 있어서 우리의 公用文字로 사용되었다.

이와 같은 傳統文化의 역사적 사실을 살펴볼 때, 한문은 오늘날의 外國語와는 그 성격이 분명히 다르며, 國語를 오늘날과 같이 발전시키는 데에도 크게 기여하였다고 할 수 있다. 곧 한자로 文字言語 生活을 해 온 우리 선조들의 일상 언어생활 속에는 자연히 漢文構造의 영향을 받아 이루어진 漢字語의 사용이 불가피했던 것이다. 이것은 한갓 文字의 借用만이 아니라 우리 국어의 구조와는 相異한 漢文式 語法에 따른 구조까지 차용한 결과를 초래했던 것이다. 예를 들면 '讀書'라는 한자어는 '책을 읽는다.'는 뜻으로 아무런 거부반응 없이 받아들인다. 그러나 영어의 경우 'book'이라는 단어만은 외래어로 받아들여 사용하지만, 'read a book'이라는 문장구조까지는 받아들이지 않고 있다. 이와 같이 한문이 우리 국어인 漢字語의 生成과 構造에 크게 작용한 것이다.

둘째, 漢文과 우리와의 關係는 어떠한가?

우리 조상들은 한글 창제 이전은 물론 그 이후에도 한문을 그들의 思想과 感情을 表現하고 理解하는 文字로 사용하였다. 따라서 오늘날 우리 조상들의 모든 생활상이나 그들이 지녔던 사상과 감정을 엿보려면 주로 漢文記錄에 의존할 수밖에 없다. 漢字 · 漢文으로 기록되어 보존 · 전승되고 있는 古典은 우리 조상들의 생활 모습이나 사상 · 감정 및 價値觀이 그대로 담긴 귀중한 文化遺産인 것이다. 이러한 사실로 볼 때, 한문과 교육은 한문으로 기록된 우리의 문화유산인 漢文典籍을 讀解하고 理解하여 과거의 傳統文化를 계승 · 발전시켜 새로운 民族文化를 꽃 피우게 하는 데 그 의의가 있는 것이다.

셋째, 漢文科는 敎科敎育으로서 獨立할 수 있는가?

漢字 · 漢文은 로마자와 文字의 짜임과 文章의 구조 및 형식 등이 같은 여타의 言語構造와는 서로 다른 특징을 가지고 있다.

한자는 形 · 音 · 義 3요소로 이루어지는 독특한 構成原理를 가지고 있다. 이러한 한자의 구성원리는 한자의 意味 分化와 結合을 신속하고 간결하게 실현할 수 있는 방법적인 가능성을 열어 놓았다. 곧 한자는 글자 자체의 특징인 正方形과 音節性이 유지될 수 있는 한 어떠한 文法要素나 文法的인 制約이 없이 이미 만들어진 한자를 직접 결합시켜서 새로운 의미를 나타내는 또 다른 한자를 만들 수 있는 것이다. 이러한 文

字生成의 原理는 보다 큰 의미 단위인 한자어 · 문장 단위까지 일관된 방법체계로 원용되고 있다. 한문은 우리 국어의 조사나 어미활용과 같은 문법요소를 사용하지 않고도, 문장이 成分間의 위치에 따라 그 문장 안에서의 成分機能을 나타내고, 다만 虛字가 문법적 기능을 맡고 있을 뿐이다. 한문의 文章構造를 보면 한자어의 짜임과 동일한 방법과 체계를 가지고 있다. 이와 같은 한자 · 한문의 구조나 특질 면에서 볼 때 '한문과 교육'에서는 '漢字 · 漢字語 · 漢文'의 단계적이고 체계적인 학습방법이 요구된다.

이와 같은 漢字 · 漢文의 독특한 言語體系를 고려할 때, 한자 · 한문에 대한 독자적이고 전문적인 이해가 선행되지 않으면, 한자의 효과적인 학습은 물론 한문문장의 讀解技能을 신장시킨다는 한문과의 교과목표를 성공적으로 달성할 수 없다고 할 수 있다.

이러한 점에서 볼 때, 한문과 교육은 한자 · 한문에 內在한 독특한 구조와 형식 등에 대한 체계적인 학습을 통하여 문장의 독해기능을 신장시켜 나아가야 하는 것이다.

漢文의 內容은 文 · 史 · 哲로 되어 있다. 이러한 내용들을 한문과 교육을 위하여 재구성하지 않고 내용전달에만 치중한다면 한문과 교육의 특징을 살릴 수 없고, 한문과 교육의 학문적 위상을 정립시킬 수도 없을 것이다. 가령 文 · 史 · 哲로 되어 있는 한문을 그 내용인 文學만 주장하게 된다면 이것은 國語科의 漢文學 속에 흡수될 것이요, 哲學만 주장하게 된다면 哲學科 교육이 되고 말 것이며, 歷史的인 사실만 강조한다면 歷史科 교육이 되고 말 것이다. 이렇게 되면 漢文敎育科가 설 땅이 없어지고 마는 것이다. 그러므로 한문과 교육은 한자 · 한문이 가지고 있는 특징을 살려서 교과 교육학으로서의 獨立的인 學問的 體系를 정립하여 그 위상을 튼튼히 하여야 할 것이다.

이상에서 밝힌 한문과 교육의 세 가지 특징에 대한 논의는 한문과목이 한문과 고유의 교과로 독립해야 하는 근본적인 이유가 되는 것이며, 1972년 교육법 시행령 109조에 의하여 중등학교 한문과 교육이 獨立敎科로 설정될 수 있는 근거가 된 것이다.

# 제3절 漢文科 教育의 目標

漢文科 教育의 특성에서도 밝혔듯이 지난날 한문이 우리 文字言語 生活의 中樞的 구실을 했고, 우리 傳統文化의 發祥的 구실을 하여 그들이 남겨 놓은 民族文化 遺産은 중대하고도 소중하다고 하지 않을 수 없다. 이렇게 소중한 민족문화의 계승이나 발전을 위해서 한문교육은 독립된 教科教育으로서의 면모를 확고히 해야 한다.

한문교육이 종전에도 실시되기는 했으나 國語科 속에 포함시켜서 종속적인 교과로 운영되어 왔다. 그러던 것을 1972년 2월 28일 교육법 시행령 109조에 따라 한문교육을 독립교과로 新設하게 되었다.

이러한 조치는 한문이 우리 문화에 끼친 영향이 至大하며 우리 조상들이 이룩한 수많은 典籍들이 대개 한문으로 기록되어 있기 때문에 한문을 보다 더 깊이 연구하여 우리 조상들의 사상과 감정, 그리고 생활의 지혜와 가치관을 올바르게 이해하고 東洋 文化圈의 調和와 우리 民族文化의 暢達을 기하기 위하여 취해진 조치라 여겨진다.

한문과 교육이 독립된 교과교육으로서의 위상을 확고히 하자면 한문과 교육의 目標가 確立되어야 한다.

초등학교에서부터 고등학교에 이르기까지 各級別로 한문과 교육의 目標가 뚜렷하게 세워져야 한다. 그러나 초등학교에서는 아직 한문과 교육이 정규교과로 실시되고 있지 않기 때문에 초등학교 한문과 교육의 목표는 별도로 설정하지 않으나, 중등학교 한문과 교육에서 달성해야 할 목표를 제시하면 다음과 같다.

첫째, 言語生活을 원활하게 할 수 있는 능력을 길러 주고, 다른 교과의 學習能力 및 각종 專門用語의 理解能力을 길러 준다.

중등학교 각 교과의 學習用語는 물론이고 사회 모든 분야의 각종 전문용어의 대부분이 漢字語로 되어 있으므로, 漢字를 이해하지 못하면 어휘의 정확한 理解力이 저하되어 학생들이 중등학교 교과내용을 심도 있게 이해할 수 없게 되고 언어활동을 원활하게 할 수 없게 된다. 그러므로 중등학교 한문교육은 언어생활을 원활하게 할 수 있는 능력과 다른 교과의 학습능력 및 전문용어의 이해능력을 길러 준다.

둘째, 漢文 理解力을 길러서 漢文原典에 접근할 수 있도록 하고, 學問硏究의 기초를 확립하게 한다.

우리의 先人들이 남긴 옛 典籍은 대부분 漢文으로 되어 있으므로 國學 및 東洋學을 비롯한 각종 學問 · 藝術의 연구를 위해서는 한문 독해력을 기르는 것이 필수적이다.

셋째, 傳統文化를 이해하고 계승 · 발전시키는 데 이바지한다.

한문으로 기록되어 있는 우리의 옛 文獻은 중등학생들이 독해하기 어려우며 國譯해 놓은 것도 한문에 대한 기본소양이 없이는 충분히 이해하기 어렵다. 그런데 우리 문화의 淵源이나 그 精髓를 고찰하고 연구함에 있어서 선현들이 남겨 놓은 漢文典籍의 이해는 꼭 필요하다. 한문의 이해는 민족의 역사와 문화 발전의 단절을 막고 전통문화를 이해하고 수용하며 새 시대의 발전에 이바지하도록 창조적으로 적용할 수 있는 능력을 길러 준다.

넷째, 東洋 文化圈과의 조화로운 발전에 기여한다.

우리나라는 地理的 위치나 역사의 발전과정으로 보아 현재는 물론이고 미래에도 동양 문화권과의 보편적 文化 同質性을 계속 유지하도록 노력해야 하며, 이를 위하여 그 공통의 바탕이 되는 한문의 이해는 꼭 필요한 것이다. 우선 현재 日本이나 中國 등 동양 문화권의 생활에서 한자·한문을 잘 알면 의사전달에 그렇게 막막하지는 않다. 뿐만 아니라 印刷物이나 컴퓨터 등에 의한 現代文化의 情報交流에 있어서도 한자·한문을 알지 못하면 동앙 문화권 내에서 孤立되는 결과를 가져오게 될 것이다. 근자에 흔히 亞太時代가 도래하고 있다고 한다. 地球上에서의 亞太文化의 핵을 이루는 문자는 역시 한자가 주역이 됨은 의심할 바가 없다.

이러한 사실에서 본다면 과거는 물론 현재나 미래에 있어서도 한문교육이 동양 문화권과의 조화를 이루는 데 필수적인 요건이 될 것이 틀림없다.

다섯째, 올바른 道德的 價値觀을 확립하는 데 이바지한다.

한문으로 쓰인 典籍 가운데에는 先人들의 思想, 感情, 그리고 값진 經驗과 人倫道德에 관련되는 내용들이 많이 담겨 있다. 한문교육은 이러한 漢籍들을 讀解할 수 있는 능력을 길러 줌으로써 그 속에 담긴 내용을 바탕으로 사회와 인생을 폭넓게 경험하며 바람직한 가치관을 형성하게 한다.

《漢文科敎育論》(韓國漢字漢文敎育學會 編, 한샘출판사, 1994)에 발표

# 제2장 漢文科 敎育課程의 史的 考察

# 제1절 漢文科 敎育의 獨立과 敎育課程의 成立

漢文科 敎育은 제2차 敎育課程期까지 國語科 敎育에 포함되어 운영되어 왔기 때문에 獨立敎科로서의 체제를 갖추지 못하였다. 그러므로 한문과 교육과정의 구성도 국어과 교육과정의 일환으로 다루어졌을 뿐, 독립교과로서의 체제를 갖추지 못하였다. 따라서 한문과 專攻敎師도 양성하지 못하였다. 다행히 1972년 2월 28일 교육법 시행 개정령에 따라 1972년 제2학기부터 한문교과도 독립교과로서의 漢文敎育을 실시하게 되었다. 그러나 당시 한문교육을 담당할 전공교사가 없어서 문교부에서는 부전공 제도를 도입하여 1972년 7월 24일부터 同年 8월 30일까지 240시간을 이수시켜 부전공 한문교사를 양성하게 되었다. 이때에 한문과 교사 양성 자료로써 《중학교용 한문교사용 지침서》(1972년 7월 5일 : 문교부)를 발간하여 漢文敎育 指導의 지침 및 교사 再敎育用 敎材로 사용하였다. 이 지침서의 차례를 살펴보면 다음과 같다.

| **지침서 사용상의 유의점** |

(1) Ⅰ에 관한 것　　(2) Ⅱ에 관한 것

(3) Ⅲ에 관한 것

**Ⅰ. 중학교 한문과 교육의 지침**

## II. 자료(1)

### 1. 한문교육의 목적

(1) 한자교육과 한문교육의 개념 (2) 한문교육의 목적

### 2. 중학교 한문과 교육과정

## III. 자료(2)

### 1. 漢字論

(1) 한자의 기원 (2) 한자의 구조
(3) 部首 (4) 획순
(5) 사전 활용법

### 2. 漢語論

(1) 한자와 한어 (2) 한어의 구조

### 3. 虛詞의 용법

(1) 전치사 (2) 접속사
(3) 종결사

### 4. 文型論

(1) 문형의 개념 (2) 문형 학습의 목적과 의의
(3) 문형의 기준 (4) 전개
(5) 문형의 어순 배열상의 관계 (6) 문형의 활용

### 5. 格言論

(1) SP형 (2) SPO형
(3) SPC형 (4) SPOC형

### 6. 故事

### 7. 漢詩論

(1) 개요 (2) 시경과 초사
(3) 고시와 근체시 (4) 악부
(5) 절구 (6) 율시
(7) 시 해석의 기초 (8) 압운법
(9) 평측법 (10) 압운법과 평측법의 도시
(11) 대구 (12) 시 감상

이 지침서 중에서 'Ⅱ. 자료(1)'의 '1. 한문교육의 목적'과 '2. 중학교 한문과 교육과정'은 3차 한문과 교육과정의 기본 자료가 되고 교육과정의 내용을 이해하는 데 크게 도움이 될 것이다. 그러므로 다음에 자세히 소개한다.

**Ⅱ. 자료(1)**

**1. 漢文敎育의 目的**

**(1) 漢字敎育과 漢文敎育의 槪念**

漢字敎育이란 國漢文 混用을 전제로, 이른바 常用漢字와 그것으로 구성되는 語彙의 지도를 목적으로 하는 교육을 말하며, 漢文敎育이란 漢字만으로 구성된 文章(漢文)의 讀解 지도를 목적으로 하는 교육을 말한다.

漢文을 讀解하기 위해서는 물론 한자의 학습이 선행되어야 하나, 이 경우의 한자학습은 한문독해를 위한 手段的인 성격을 띤다고 할 수 있다.

• 참고 1969년까지 우리나라의 초 · 중 · 고등학교에서는 한자교육을 실시했었다. 그 개략을 보면, 국민학교에서는 약 600자의 한자를, 중학교에서는 약 400자의 한자를, 그리고 고등학교에서는 약 300자의 한자(계 1,300자)를 지도했는데, 이는 국어과가 담당했었다. 이러한 한자교육은 국어 교과서에 나타나는 漢字(당시는 국민학교 4학년 이상의 국어 교과서가 국 · 한문 혼용이었다.)를 주되는 자료로 했었다. 다만, 중학교 한자 교과서(認定)가 있었다(인문계 고등학교 인문과정에는 한문 교과서가 있으나, 이는 한자교육을 위한 것이 아니라 한문교육을 위한 것이므로, 한자교육의 범주에 속하지 않는다).

1970년부터 한글 전용 정책이 구현되자, 위에 말한 한자교육은 자연히 없어지고(교과서도 한글 전용), 대신 한문교육이 강화되기 시작했다. 우선 한글 전용 정책에 따라 개정된 교육과정(1969)을 보면, 1969년까지 인문계 고등학교 인문과정의 한문 이수단위 수가 6이던 것이 8로 증가했음을 알 수 있다. 1971년에 개정된 실업계 고등학교 교육과정에서는, 실업계 학생들도 2~4단위의 한문을 선택으로 이수할 수 있는 길을 터놓았는데, 이는 국한문 혼용 시절에 없던 일이었다. 그리고 1972년 제2학기부터는 중학교에서 한문 교육을 실시하게 된 것이다. 말하자면 한글 전용 정책은 한문교육의 강화를 내용의 하나로 하고 있다고 말할 수 있을 것이다.

### (2) 漢文敎育의 目的

우리나라의 한문교육의 목적은 두 가지로 요약될 수 있다. 그 하나는 古典文化의 계승이요, 다른 하나는 漢文 文化圈 안에서의 조화를 형성하고, 主體的인 발전을 도모한다는 것이다. 물론 전자의 경우가 강조되어야 할 것이다.

• 참고 1969년 9월 4일 공포된 '교육과정령 중 개정령'(인문계 고등학교 한문과정)에서는 한문학습의 意義를 다음과 같이 말하고 있다.

"우리는 時代的, 民族的 요청에 의하여 한글 전용의 이상을 실현하게 되었다. 그러나 우리 문화에 끼친 漢文化의 영향과 우리 선조가 이룩한 수많은 古典들이 대개 漢文으로 기록되어 있다는 점을 고려할 때, 한문은 보다 깊이 연구되어야 할 것이다. 그럼으로써 우리는 선조의 사상과 감정을 이해하고, 그 지혜를 오늘에 살릴 수 있으며, 우리 문화에 끼친 漢文化의 영향, 나아가 東洋文化의 한 특질을 이해하여 民族文化 創造의 기틀을 마련할 수 있는 것이다."

따라서 한문교육은 한글 전용 정책과 모순되는 것으로 판단해서는 안 될 것이다. 그리고 문교부는 한문교육을 한글 전용 정책과 별도로 실시하기 위해서, 교육법 시행령을 개정(1972. 2. 28), 한문교과를 신설한 바 있다.

## 2. 中學校 漢文科 敎育課程

漢文敎科를 신설, 1972년 제2학기부터 중학교에서 한문교육을 실시함에 따라, 문교부는 중학교 한문과 교육과정을 제정했는데, 그것은 다음과 같다.

| 中學校 漢文科 敎育課程 | 참고 |
|---|---|
| Ⅰ. 目標 | |
| 1. 漢文解讀에 필요한 漢字, 語彙, 간단한 漢文의 구조를 이해하게 한다. | 이는 중학교 3년간의 일반적인 목표를 의미한다.<br>이 목표는 한문교육에 있어서 가장 기본이 되는 지식에 관한 것이다. 그리고 이 목표는 각 학년목표 1과 연결지어진다. |
| 2. 한문해독의 초보적인 기능을 기르고 발전시켜, 한문으로 된 典籍理解의 바탕을 마련하게 한다. | 이 목표는 한문해독의 기능에 관한 것이다. "초보적인 기능을 기른다."는 것과 "초보적인 기능을 발전시킨다."는 것은 다소 막연한 감이 없지 않으나, 이를 좀더 분명히 하기 위해서 국민학교의 국어과와 비교해 보면, 前者는 국민학교 제3학년, 後者는 제4학년에 해당한다. 국민학교 국어과의 학년목표의 발전단계는 다음과 같다.<br>1학년 : 기초적 태도<br>2학년 : 기초적 기능<br>3학년 : 초보적 기능<br>4학년 : 초보적 기능의 발전<br>5학년 : 기능의 충실<br>6학년 : 응용의 기능<br>따라서 이 목표는 한문에 관한 한 중학생을 국민학교 3, 4학년 정도로 파악하라는 뜻도 아울러 지니고 있다고 볼 수 있다.<br>典籍이란 책을 의미하는 말이다. 그러나 이것은 어디까지나 전적 이해의 바탕을 마련하자는 것이요, 결코 전적에 직접 돌입하자는 것은 아니다. 이 목표는 각 학년목표 2와 연결지어진다. |
| 3. 漢文學習을 통하여, 傳統文化의 바탕 위에 새로운 民族文化를 창조하려는 태도를 기른다. | 이 목표는, 앞의 두 목표가 知識, 技能에 관한 것이었음에 대하여 態度에 관한 것이라고 하겠다.<br>文化란 본시 外來文化와의 접촉에서 발전되는 것임에 틀림없겠지만, 이를 외래문화에 대한 맹종으로 오해해서는 안 될 것이다.<br>따라서 다른 문화와의 접촉도 물론 게을리 해서는 안 되겠으나, 무엇보다도 중요한 것은 자기 고유의 전통문화에 굳게 터 잡는 일이다.<br>그러기 위해서 主體性을 강조하고, 우리 전통문화에 대한 학생들의 긍지를 드높이는 일이 선행되어야 할 것이다. |

| | |
|---|---|
| | 그러나 전통문화에 집착한 나머지 復古思想에 침잠하여 새로운 문화 창조의 의욕을 상실해서는 안 된다. 이 목표는 각 학년목표 3과 연결지어진다. |
| **Ⅱ. 學年目標** | |
| 〈제1학년〉<br>1. 漢字, 語彙 및 漢文의 구조에 관한 기초적인 지식을 가지게 한다. | 기초적인 지식의 구체적인 내용은 제1학년의 지도사항에 나타나 있다.<br>이 목표는 목표 1과 관련된다. 이하 같은 번호는 같은 번호(목표와 학년목표)와 관련된다.<br>여기서 어휘란 물론 한자로 구성된 어휘이다. 父母, 自然, 東西南北, 竹馬故友 같은 것을 의미한다. |
| 2. 간단한 成句를 중심으로 한 簡易한 漢文을 이해할 수 있게 한다. | 이는 간이한 한문을 지도하되, 간단한 成句를 중심으로 하라는 뜻이 강하다. 成句란 3, 4자 내외로 구성된 格言, 故事, 熟語 등을 의미하며, 간이한 한문이란 내용도 쉽고 구조도 간단한 것을 말한다. 이는 지도사항에 나와 있다. |
| 3. 한문학습에 興味를 가지게 하고, 古典의 뜻을 이해해 보려는 태도를 기른다. | 이에는 두 가지의 요소가 포함되어 있다. 그 하나는 한문학습에 대한 흥미를 유발하는 것이고, 다른 하나는 고전에 대한 관심을 자극하는 것이다.<br>'古典의 뜻'이란 말은 고전의 概念, 機能, 學習의 意義 등을 포괄하는 것으로 사용되었다. |
| 〈제2학년〉<br>1. 漢字, 語彙 및 漢文의 구조에 관한 기초적인 지식을 넓히게 한다. | 이는 1학년의 학년목표 1을 발전시킨 것이다. 1학년에 있어서의 '知識을 가지게 한다.'가 '知識을 넓히게 한다.'로 발전되었다. |
| 2. 간단한 成分의 文章을 중심으로 簡易한 漢文을 이해할 수 있게 한다. | 이는 간이한 한문을 지도하되, 간단한 성분의 문장을 중심으로 하라는 뜻이 강하다. 간이한 한문을 지도한다는 것은 1학년과 다를 바 없으나, 그 중심점이 成句에서 文章으로 바뀐 점이 다르다. |
| 3. 한문학습에 意慾을 가지게 하고, 古典의 內容을 바르게 이해하려는 태도를 기른다. | 이 목표도 1학년과 같이 두 가지 요소로 구성되어 있다.<br>1학년에서의 興味가 意慾으로 발전되었고, '古典의 뜻'이 '古典의 내용'으로 바뀌었는데, 이는 外的 고찰에서 內的 고찰로 심화되었다고 할 수 있다. |

<table>
<tr><td>〈제3학년〉<br>1. 漢字, 語彙 및 漢文의 구조에 관한 기초적인 지식을 더욱 넓히고, 이를 확실히 하게 한다.</td><td>이 목표에는 1, 2학년의 목표를 발전시킴과 아울러 '知識의 定着' 문제를 첨가하고 있다. 이제 각 학년 목표 1을 비교해 보면 다음과 같다.
<table>
<tr><th>1학년</th><th>2학년</th><th>3학년</th></tr>
<tr><td>~지식을 가지게 한다.</td><td>~지식을 넓히게 한다.</td><td>~지식을 더욱 넓히게 한다.<br>* 이를 확실히 하게 한다.</td></tr>
</table>
* 이 문제는 3학년에서 강조한다는 것이지, 1, 2학년에서는 전혀 무시하라는 뜻은 아니다.</td></tr>
<tr><td>2. 여러 가지 形式의 간이한 한문을 바르게 解釋할 수 있게 한다.</td><td>解釋이란 단순한 풀이나 이해만을 의미하는 것이 아니고, 그 내용을 잘 吟味, 鑑賞하는 단계까지를 의미한다. 形式이란, 한문에 있어서 '文體'라고도 하는 것이다. 말하자면, 장르라고 해도 되는 것이다.<br>이제 각 학년목표 2에 있어서의 중심점의 변화(발전단계)를 비교해 보면 다음과 같다.
<table>
<tr><th>1학년</th><th>2학년</th><th>3학년</th></tr>
<tr><td>성구</td><td>문장</td><td>여러가지 형식</td></tr>
</table>
그리고 기능의 발전을 비교해 보면 다음과 같다.
<table>
<tr><th>1학년</th><th>2학년</th><th>3학년</th></tr>
<tr><td>이해</td><td>이해</td><td>해석</td></tr>
</table></td></tr>
<tr><td>3. 한문을 학습하고, 한문으로 된 古典의 내용을 이해하는 데 대한 보람을 느끼게 한다.</td><td>이 목표의 강조점은 '보람'이라고 할 수 있다. 따라서 학생들로 하여금 자기 文化를 사랑하고, 자기 문화에 대한 긍지를 가지게 하는 데도 알맞은 목표라고 할 수 있다. 이제 각 학년목표 3을 비교해 보면 다음과 같다.
<table>
<tr><th>1학년</th><th>2학년</th><th>3학년</th></tr>
<tr><td>① 흥미<br>② 고전의 뜻</td><td>① 의욕<br>② 고전의 내용</td><td>} 보람</td></tr>
</table></td></tr>
</table>

| Ⅲ. 指導內容 | |
|---|---|
| 1. 指導事項 및 主要形式 | 學年目標를 달성하기 위한 指導內容이 있다. 지도내용을 指導事項과 主要形式으로 구분하는 것은, 모든 교과에 보편적인 방법이 아니라 言語를 대상으로 하는 교과에서 가능한 것으로서, 국어과가 이 방법을 사 용하고 있다. 예컨대, 주제를 파악한다는 것은 하나의 중요한 指導事項이지만, 이것은 수필이란 형식을 통해서도 가능하고, 소설이란 형식을 통해서도 가능하다. 따라서 교육과정은 이러한 형식을 밝힐 필요도 있는 것이다. 말하자면, '학년목표'에 도달하기 위하여, '지도사항'에 명시된 바를 지도하되, '主要形式'에 명시된 바에 따라 하라는 뜻이 되겠다. |
| 〈제1학년〉<br>(1) 지도사항<br>① 한자의 音과 뜻 알기(약 350자) | 한자는 表意文字이므로 음과 뜻이 있다. 그러나 이 말은 한자는 음과 뜻이 있다는 사실만을 알게 한다는 것이 아니라(이는 국어과에서도 지도되고 있다.), 구체적인 한자 약 350자의 음과 뜻을 알게 한다는 것이다.<br>이 수는 중학교용 기초한자 총 900자의 학년평균 300자보다 좀 많은 수이다. 그 이유는 다른 학년에 비하여 지도사항이 용이하므로, 한자의 음과 뜻을 지도하는 기회가 비교적 많기 때문이다. 그리고 다른 학년에 비하여 한자의 復習 부담이 가볍다는 것도 그 이유의 하나가 될 것이다. |
| ② 한자의 構造 알기 | 이는 한자가 어떻게 구성되어 있는가를 이해시키는 것으로, 六書法이 대상이 된다. |
| ③ 한자의 起源 알기 | 한자의 기원에 대해서는 異說이 분분하다. 또 한자의 기원을 안다는 것 자체가 한문해독의 機能을 양성하는 데 반드시 필요한 것도 아니다. 이는 다만 학생들의 興味를 유발시키기 위한 것이라고 해도 좋을 것이다. 다만 이를 통하여 한자의 전래에 대한 역사적 사실을 이해시킨다면, 이는 敎養을 위하여 큰 소득이라 하겠다. |
| ④ 한자의 畫順 알기 | 획순의 이해는 한자를 이해하기 위한 것이지, 한자를 실제에 쓰기 위한 것은 아니다. 따라서 이는 原則的인 몇 가지를 이해시키는 것으로 족하다. |

| | |
|---|---|
| ⑤ 單語의 구조 알기 | 단어는 1자 1단어로 된 것도 많으나, 2자 이상으로 구성된 것도 많다. 이 경우에 있어서 그 구조가 어떻게 되어 있나를 지도하는 것이다. 가령, 父母의 父와 母는 대등한 관계이지만, 靑山의 靑과 山은 수식(피수식)의 관계이다. |
| ⑥ 辭典 활용법 알기 | 사전에는 여러 가지 종류가 있으므로 그 活用法도 물론 다르다. 글자의 음이나 뜻을 풀어 주는 사전도 있고, 어휘의 뜻을 풀어 주는 것도 있다. 필요에 따라 알맞은 성질의 사전을 찾는다는 것은 매우 중요한 기능이다. 또 사전 찾는 방법은 대체로 部首와 劃數를 가지고 하는 것으로 되어 있으나, 우리말의 소리 순서를 따르는것도 있다.<br>이러한 여러 가지를 지도하자는 것이 이 '지도사항'을 설정한 이유이다. |
| ⑦ 주어, 서술어를 중심으로 한 간단한 文型 알기 | 指導의 實際에 있어서는 '주어+서술어'로만 된 文型만을 지도할 수는 없다. 지극히 간단한 숙어 하나도 둘 이상의 성분으로 구성되는 예가 많다. 그러나 그렇다고 해서 복잡한 구조의 문형을 지도한다는 것은 결과적으로 한문교육을 기피하게 할 뿐이다. 그러므로 지도교사는 간단한 문형을 지도하되, '주어, 서술어'의 입장을 견지해 달라는 것이다. |
| ⑧ 글의 뜻 알기 | 여기서 글이란 말은 언뜻 기다란 文章을 연상시키지만, 그것은 이미 ⑦에서 제한된 바 있다. |
| ⑨ 우리말로 飜譯하기 | 飜譯도 하나의 創造活動이라고 할 수 있다. 간단한 한문을 構造가 다른 우리말로 잘 옮겨 본다는 것은 국어교육을 위해서도 좋을 것이다. 그러나 이것은 국어교육을 위한다는 것보다도 한문의 내용을 깊이 이해하여 자기 것으로 만들게 하려는 데 뜻이 있다. |
| ⑩ 古典의 뜻 알기 | 古典의 뜻이란, 위에서 말한 바와 같이 고전의 槪念, 고전의 機能, 고전학습의 意義 등을 포괄한다. 그러나 이러한 것은 매우 어려운 문제이므로, 대체로 다음과 같은 수준에서 머무르기를 바란다.<br>① 槪念<br>先人들이 지은 책으로서, 오늘날에도 우리에게 교훈과 감동을 주며, 우리의 후손에게도 그렇게 하리라고 믿어지는 책이다.<br>• 참고 이러한 槪念設定은 많은 모호한 점이 있 |

| | |
|---|---|
| | 다. 그러나 대상이 중학교 1학년이라고 할 때, 이 이상의 논의는 위험할 듯하다.<br>② 機能<br>**선인들의 생각이나 선인들이 살던 시대의 모습을 우리에게 알려 주고, 우리가 새로운 文化를 創造하는 데 밑거름이 된다.**<br>• 참고 敎訓과 感動을 통하여 우리가 변화를 체험할 수도 있다. 그러나 이것은 고전 특유의 기능이라고만 하긴 어려울 듯하다.<br>③ 학습의 意義<br>고전의 내용(문화)을 계승하여 새로운 문화를 창조하기 위한 것이다.<br>위에 말한 것은 지도교사에 의하여 알맞게 수정, 보완되어야 한다. 그러나 이 이상으로 어려워지지 않아야 할 것이다. |
| (2) 주요형식<br>① 格言 | 격언이란 俗談 등과 같이 사리에 꼭 들어맞아 교훈이 될 만한 짧은 말 토막. "진보는 努力에 의해 얻어진다.", 또는 "말하기는 쉽고 행하기는 어렵다." 등. 金言(이희승 : 국어대사전)이라고도 한다.<br>그러나 여기서의 격언은 물론 한문으로 된 것을 말한다. 그리고 出典을 밝힐 수가 있는 것이다.<br>이에 대하여 俗談은 글자 그대로 세속에서 人口에 膾炙되는 것으로, 출전을 밝힐 수가 없다.<br>① 玉不琢 不成器《禮記》<br>② 燈下不明<br>여기서 ①은 格言이고 ②는 俗談이다. 그러나 이것은 엄격히 구별할 때의 이야기이고, 실제는 속담과 격언의 차이를 의식하고 쓰지는 않는 듯하다.<br>따라서 여기서의 격언은 속담도 포괄한다고 생각하면 될 것이다. |
| ② 故事 | 故事란 말은 여러 가지 뜻으로 쓰인다. 그러나 여기서의 고사란 옛날에 일어났던 일에서 연유한 짤막한 말 토막이므로, 우리에게 敎訓과 智慧와 興味 등을 주는 것을 말한다.<br>이는 속담이나 격언과 같은 성질을 띨 경우도 많다. 그러나 어떤 경우에나 이야깃거리(일종의 背景說話)를 가지고 있다는 점이 현격히 다르다. |

| ③ 熟語 | 熟語란 다른 뜻, 또는 같거나 비슷한 뜻을 가진 2개 이상의 말이 결합하여 하나의 말처럼 굳어져 쓰이는 말을 의미한다. |
|---|---|
| ④ 詩 | 중학교 1학년이라면 완전한 시가 아니라도 무방하다. 가령 五言絕句에서 起, 承 2句만 떼어 가르칠 수도 있는 것이다. |
| ⑤ 說明的인 글 | 이 말은 글의 형식을 나타내는 말로는 부적당하다. 응당 '說明文'이라고 해야 한다. 그럼에도 이 말을 피한것은 그것이 길고 완성된 글을 의미하기 때문이다. 여기서 설명적인 글이란 지은이의 主觀이 거의 없는(할 수 있으면 아주 없는), 단순히 어떤 事實을 설명한 짤막한 글을 말한다. |
| 〈제2학년〉 | |
| (1) 지도사항 | |
| ① 한자의 數 늘리기(신출 약 300자) | 이는 1학년의 350자의 복습을 전제로 한, 신출 300자를 의미하는 것이다. |
| ② 語彙 늘리기 | |
| ③ 주어, 서술어, 목적어를 중심으로 한 간단한 文型 알기 | 1학년의 지도사항 ⑦ 참조.<br>目的語라고 하는 성분이 하나 늘어났다. 이 교육과정에서는 補語를 말하지 않았으나, 이 단계에서 지도될 수 있다. |
| ④ 글의 뜻과 줄거리 알기 | 1학년에 비하여 '줄거리'란 말이 첨가되어 있다. 물론 그 짤막한 글 속에 줄거리라 할 만한 것이 그리 있을 것 같지는 않다.<br>그러나 語順이 우리말과 다르기 때문에 줄거리를 세운다는 것은 매우 중요한 일이다.<br>그리고 줄거리는 漢文 자체만이 아니고, 그 外的 要素에도 적용시킬 수 있다. 가령 故事의 이야깃거리(說話)의 줄거리를 잘 알게 지도한다는 것을 말할 수 있다. 이는 본시 국어과의 지도사항이겠으나 한문에서도 지도할 수 있다. |
| ⑤ 우리말로 飜譯하기 | 1학년의 지도사항 ⑨ 참조. |
| ⑥ 좋은 글귀를 암송하고 감명 되살리기 | 무조건 외는 식으로 한문을 학습하는 시대는 물론 지나갔다. 그러나 좋은 글귀를 암송하고, 그 感銘을 오래 간직한다는 것은 매우 중요한 일이다.<br>여기서 어떤 것이 '좋은' 것이냐 하는 것은 일률적으로 규정할 수 없다. 그러므로 학생의 主觀을 尊重하는 것이 필요하다. 외고 싶은 것을 외게 하는 것이 중요하다는 것이다. 그러나 학생은 아직 미숙하므로, |

| | |
|---|---|
| ⑦ 漢文으로 된 古典의 內容을 이해하기 | 교사의 판단에 따라 좋은 글귀(부담이 적은)를 외게 하는 것은 매우 필요한 일이다.<br>이는 사실상 ④와 같은 성질의 것이다. 그러나 단순히 글의 뜻이나 줄거리를 안다는 데서 그치지 않고, 고전의 세계에 눈을 뜨게 한다는 뜻이 강한 것이다. |
| (2) 주요형식<br>① 格言<br>② 故事<br>③ 熟語<br>④ 詩<br>⑤ 說明的인 글 | 1학년의 주요형식 참조. |
| ⑥ 事實의 기록 | 이것은 어떤 사실을 객관적으로 기록한 간단한 글을 말한다. 歷史, 傳記, 그 밖의 記錄 등이 이에 속한다.<br>지도의 실제에 있어서는 ⑤와 굳이 분별하지 않아도 좋겠다. |
| 〈제3학년〉<br>(1) 지도사항<br>① 한자의 數 늘리기(신출 약 250자) | 1, 2, 3학년의 計는 약 900자가 된다. 시간당 몇 자의 한자를 지도할 수 있는지에 대한 신빙할 만한 보고가 없기 때문에, 이 숫자는 하나의 예상이다.<br>중학교 3년간에, 주당 1시간 학습한다고 하면 총 105시간(35주~1시간~3년)의 學習時間을 가진다. 이것은 물론 최소 시간이다. 105시간에 900자는 시간당 약 9자의 학습량을 의미하는 것인데, 이는 사실상 1주일에 9자이므로, 학생들이 틈틈이 공부해 준다면, 1일에 1자 반 정도의 부담이 된다. |
| ② 語彙 늘리기<br>③ 주어, 서술어, 목적어 및 수식어를 중심으로 한 간단한 文型 알기<br>④ 쉬운 虛詞 용법 알기 | 2학년에 비하여 修飾語가 첨가되었다. 수식어는 冠形語와 副詞語로 구별된다. 그러나 매우 간단한 單文을 지도할 것이다.<br>虛詞란 實詞에 대하는 말인데, 여러 가지 명칭이 있으나, 잠정적으로 허사란 말을 쓴 것이다.<br>중학교용 기초한자에 포함된 허사는 다 지도해야 한다. 그러나 어떤 허사는 그 用法이 매우 다양하므로 그 용법 전부를 지도할 수는 없다. 그러므로 가장 흔히 쓰이는 용법 한두 가지를 지도하는 데서 끝나야 할 것이다. 그리고 여기서의 용법이란 '짓는 데 필요한 용법'이 아니라, '읽는 데 필요한 용법', 즉 어떻게 쓰이었는가 함이다. |

| | |
|---|---|
| ⑤ 글의 形式 알기 | 이것은 어떤 글의 형식을 단순히 안다는 것이다. 가령, 이것은 詩요, 이것은 故事요 하는 정도로 구별할 정도면 족하다. 설령 깊이 들어간다고 해도, 5자 4행이니, 5언 절구인가 보다 하는 정도의 이해를 도모하는 데서 끝나야 한다. 平仄은 어떻고 脚韻은 어떻고 하는 것이 지도되어서는 안 된다. |
| ⑥ 글의 줄거리와 主題 알기 | 주제란 글의 중심사상이란 뜻으로 쓰인 말이다. |
| ⑦ 우리말로 飜譯하기<br>⑧ 좋은 글귀를 암송하고 감명 되살리기 | } 2학년의 지도사항 ⑤, ⑥ 참조 |
| ⑨ 漢文으로 된 古典의 內容을 바르게 받아들이기 | 여기서, '바르게'란 '批判的으로'란 말의 완곡한 표현이다. 계승해야 할 것을 찾아보자는 뜻도 있다. |
| (2) 주요형식<br>① 格言<br>② 故事<br>③ 熟語<br>④ 詩<br>⑤ 說明的인 글<br>⑥ 事實의 記錄 | } 2학년의 주요형식 참조 |
| ⑦ 論說的인 글 | 이 말도 '說明的인 글'의 경우와 같이 적절한 말은 아니다. 그렇다고 論說文이랄 수도 없다. 이는 다만 지은이의 主觀이 매우 강한 짤막한 글을 의미한다고 하면 될 것이다. |
| **2. 題材 選定의 기준** | |
| 한문학습을 위한 素材는 다음에 따라 선정한다. | 국어나 한문의 교육과정의 지도내용은 주로 機能面에서 전개된다고 할 수 있다. 이에 대하여, 제재 선정의 기준은 價值問題를 다룬다고 할 수 있다. 이 교육과정의 제재 선정의 기준 가운데, (1)은 기초한자의 문제를 말한 것이고, (2), (3), (4)는 가치에 관한 것이다. |
| (1) 素材에 사용된 漢字가 한문교육용 기초한자 중, 중학교용 기초한자의 범위를 넘지 아니하 | 基礎漢字가 얼마나 잘 選定되었느냐 하는 것은 별도의 문제이다. 어쨌든 기초한자의 범위를 지나치게 넘어서면 학생의 부담이 커져서 한문교육 자체가 失敗로 돌아갈 위험이 큰 것이다. |

| | |
|---|---|
| 는 것.<br>다만 人名, 地名 등의 固有名詞와, 학습효과를 위하여 필요하다고 인정되는 한자는 이를 약간 추가 지도할 수 있다. | 固有名詞에 쓰인 글자는 기초한자 이외의 것이라도 지도할 수 있다. 그러나 그런 경우에는 音과 뜻을 지도하는 것으로 족하다.<br>학습효과를 위하여 필요하다는 것은 다음과 같은 경우이다.<br>4글자로 된 좋은 俗談이 있다고 하자. 그런데 그 중 1자가 기초한자 밖의 것이다. 그럴 경우엔 비록 기초한자에 들지 않은 글자일지라도 지도하자는 것이다. 그러나 이를 무제한으로 할 수는 없다. 대개 900자의 약 1할을 예상한다. |
| (2) 우리 文化와 東洋文化를 이해하는 데 도움이 되는 것 | 특히 우리 문화에 대한 愛情을 북돋는 소재를 고려할 것이다. |
| (3) 건전한 思想, 아름다운 情緖, 지혜로운 行動이 담긴 것 | 이는 한문의 내용이나 그 한문에 따르는 이야기(故事와 같은 경우)에 담긴 인간형이 바람직해야 한다는 것이다. 국민학교 국어과 교육과정 및 중학교 국어과 교육과정의 제재 선정의 기준을 참고할 것이다. |
| (4) 韓國人으로서의 긍지를 드높이는 데 도움이 되는 것 | 민주적인 세계인도 좋고, 교양 있는 시민도 좋다. 그러나 우리가 길러 내야 할 인간은 그에 앞서 誠實한 한국인이어야 한다. 이것은 단순히 맹목적인 애국주의가 아니라, 국가를 유지하고, 민족의 번영을 도모하며, 새로운 民族文化를 창조하기 위한 우리의 敎育哲學인 것이다. |

## Ⅳ. 지도상의 유의점

| | |
|---|---|
| 1. 漢文의 構造에 관한 지도는 國文法의 지식을 바탕으로 한다. | 이에는 몇 가지 이유가 있다. 첫째는 한문의 文法用語가 각양각색이어서 통일을 기할 수 없고, 둘째는 학생들에게 공연한 부담을 줄 필요가 없으며, 셋째는 국문법의 지식으로서 거의 완전한 성과를 올릴 수 있기 때문이다. 다만 부득이한 것 약간만 고려하면 된다. |
| 2. 難解한 內容이나 理論은이를 피하여, 학생으로 하여금 부담 없이 학습할 수 있도록 유의한다. | 글자가 쉽다고 내용이 다 쉬운 것은 아니다. 학생들이 이해하기 어려운 내용은 아무리 글자가 쉽다 할지라도 피해야 할 것이다.<br>그리고 한문의 文法에 관한 것이든, 內容에 관한 것이든, 난해한 것은 피해야 한다. |

<table>
<tr><td>3. 한문의 내용에 나타난 바, 건전한 思想, 아름다운 情緖, 지혜로운 行動을 본받아, 학생으로 하여금 自己修養에 힘쓰도록 한다.</td><td>단순히 어떤 것을 안다는 것도 물론 소중하다. 그러나 그것을 본받아 自己成長의 밑거름으로 삼게 한다는 것이야말로 교육의 가장 중요한 부분이 될 것이다. 건전한 사상을 넓히고, 아름다운 정서를 풍부히 하고, 지혜롭게 행동할 수 있도록 차근차근 지도할 것이다.<br>● 참고 각 학년의 學年目標가 目標와 연결되어 있다 함은 이미 위에서 말한 바 있다. 이제 간단히 비교해 보면 다음과 같다.</td></tr>
</table>

<table>
<tr><th rowspan="2">目標</th><th colspan="3">學年目標</th><th rowspan="2">備考</th></tr>
<tr><th>1학년</th><th>2학년</th><th>3학년</th></tr>
<tr><td>1. 漢文解讀에 필요한 漢字, 語彙 및 간단한 漢文의 構造를 이해하게 한다.</td><td>1. 한자, 어휘 및 한문의 구조에 관한 기초적인 지식을 가지게 한다.</td><td>1. 한자, 어휘 및 한문의 구조에 관한 기초적인 지식을 넓히게 한다.</td><td>1. 한자, 어휘 및 한문의 구조에 관한 기초적인 지식을 더욱 넓히고, 이를 확실히 하게 한다.</td><td>知識<br>(理解)</td></tr>
<tr><td>2. 漢文解讀의 초보적인 기능을 기르고 발전시켜, 한문으로 된 典籍 이해의 바탕을 마련하게 한다.</td><td>2. 간단한 成句를 중심으로 한 簡易한 한문을 이해할 수 있게 한다.</td><td>2. 간단한 成分의 문장을 중심으로 한 簡易한 한문을 이해할 수 있게 한다.</td><td>2. 여러 가지 形式의 簡易한 漢文을 바르게 解釋할 수 있게 한다.</td><td>技能<br>(讀解)</td></tr>
<tr><td>3. 한문학습을 통하여, 傳統文化의 바탕 위에 새로운 民族文化를 창조하려는 태도를 기른다.</td><td>3. 한문학습에 興味를 가지게 하고, 古典의 뜻을 이해해 보려는 태도를 기른다.</td><td>3. 한문학습에 意慾을 가지게 하고, 古典의 내용을 바르게 이해하려는 태도를 기른다.</td><td></td><td>態度</td></tr>
<tr><td colspan="5">위의 표에서 고딕체로 된 부분을 가로로 비교해 보면 학년에 따른 발전단계도 짐작이 갈 것이다.</td></tr>
</table>

각 학년목표의 主要要素와 指導事項과의 連結關係를 보면 다음과 같다.

| 行動類形 | 要素 | 指導事項 제1학년 | 指導事項 제2학년 | 指導事項 제3학년 |
|---|---|---|---|---|
| 知識(理解) | 漢字 | ① 한자의 音과 뜻 알기(약 350자)<br>② 한자의 構造 알기<br>③ 한자의 起源 알기<br>④ 한자의 劃順 알기 | ① 한자의 數 늘리기 (신출 약 300자) | ① 한자의 數 늘리기 (신출 약 250자) |
| 技能(讀解) | 語彙 | ⑤ 단어의 構造 알기<br>⑥ 辭典 활용법 알기 | ② 語彙 늘리기 | ② 語彙 늘리기 |
| | 文章 | ⑦ 주어, 서술어를 중심으로 한 간단한 文型 알기 | ③ 주어, 서술어, 목적어를 중심으로 한 간단한 文型 알기 | ③ 주어, 서술어, 목적어 및 수식어를 중심으로 한 간단한 文型 알기<br>④ 쉬운 虛辭 用法 알기<br>⑤ 글 形式 알기 |
| | 構造 | ⑧글의 뜻 알기 | ④ 글의 뜻과 줄거리 알기 | ⑥ 글의 줄거리와 主題 알기 |
| | 讀解(解釋) | ⑨ 우리말로 飜譯하기 | ⑤ 우리말로 飜譯하기<br>⑥ 좋은 글귀를 암송하고 감명 되살리기 | ⑦ 우리말로 飜譯하기<br>⑧ 좋은 글귀를 암송하고 감명 되살리기 |
| 態度 | (古典) | ⑩ 古典의 뜻 알기 | ⑦ 한문으로 된 고전의 내용을 이해하기 | ⑨ 한문으로 된 고전의 내용을 바르게 받아들이기 |

이 표에서 '態度'에는 要素를 표시하지 않았다. 興味, 意慾, 보람 같은 요소를 위해서는 지도사항을 별도로 설정할 필요가 없기 때문이다. 결국 그런 태도를 기르기 위해 고전에 관한 知的 內容이 설정되었다고 할 것이다.
태도 중 3학년의 ⑨는 技能(解釋)에도 관계되나, 편의상 태도에다 두었을 뿐이다. 그리고 여기에 밝힌 3개의 行動類形은 확연히 구별되지도 않는 것이다. 가령 문장구조를 안다는 것이 단순한 지식으로 끝날 수 있겠는가? 그것은 동시에 讀解技能에도 관계되는 것이다.

• 참고 각 학년의 학년 목표가 목표와 연결되어 있다 함은 이미 위에서 말한 바 있다. 이제 간단히 비교해 보면 다음과 같다.

# 제2절 中學校 漢文科 敎育課程의 史的 考察

## 1. 序論

韓國은 地理的으로 中國 大陸에 접해 있는 관계로 일찍부터 中國文化의 영향을 많이 받아 왔다. 특히 중국문화의 중추가 되며 동양문화의 핵이 되는 漢字 · 漢文은 우리 民族文化에 지대한 영향을 끼쳐 왔다.[5]

1972년 2월 28일 교육법 시행 개정령에 따라 1972학년도 제2학기부터 漢文科를 獨立敎科로 신설하고 이에 따라 漢文科 교육을 실시하게 되었다.

漢文科 교육이 교육현장에서 실시되는 동안 1973년과 1981년 등 몇 차례에 걸쳐 漢文科 교육과정이 개정되었으며 이에 따라 漢文科 교과서가 발행된 것이다.

중학교 한문과 교육과정의 변천과정은 敎授要目期, 제1차 敎育課程期, 제2차 敎育課程期, 제3차 敎育課程期, 제4차 敎育課程期, 제5차 敎育課程期로 나누어 좀더 자세히 살펴보고, 교육과정의 변천과정을 각 시기별로 살펴보고자 한다.

---

5) 조윤제, 〈조선에 있어서의 한자 · 한문교과서의 역사적 연구〉, 《국어교육》(창간호, 국어교육연구회, 1948년 10월 31일), p.17. "조선의 문화가 대단히 빠르게 발달하여 거의 漢文化에 彷彿하게 된 것도 또한 이 한자 · 한문의 전래에 힘입은 바 지대하였을 것이다."

## 2. 本論

### 1) 教授要目期

**가) 時期** : 1946년 11월 17일 발행.

**나) 內容 및 特徵**

(1) 6 · 25사변 중 《戰時下 교육 임시조치 要綱》(1951년 2월)의 '전시 학습지도 요령'에서 한자교육을 공식화하기 전까지는 '한글 敎授指針' 시기(1945년 11월 6일)부터 내세웠던 한글 전용을 원칙으로 하였다.

(2) 朝鮮語學會의 《한글 교수지침》 : 軍政期의 '잠정적 국어교육의 임시조처'에 의해 편찬한 國語敎本들에 대한 기본적인 편찬태도, 교수방침에 의하면, 漢字는 《初等國語敎本》에는 종래의 인습상 부득이 國文에 混用함을 잠정적으로 습용하되, 될 수 있는 대로 어려운 한자는 아니 쓰도록 하고 《초등국어교본 상 · 중》과 《한글 첫걸음》에는 순전한 우리 글로 쓰기로 하였다. 다만, 극소수의 쉬운 한자를 欄外에 표시하여 간이한 漢字常識을 가지게 하였다.

(3) '敎授要目'의 '4) 교수의 주의'와 '교과서 집필상의 주의사항'(군정청 문교부, 《초 · 중등학교 각과 교수요목집(2)》, 1946)으로 규정한 사항은 다음과 같다.

(가) 초급과 고급의 선택과목은 국어의 보충교재를 교수하기로 하되, 한문도 교수할 수 있음('4) 교수의 주의').

(나) 文體는 한글로 주로 하되 본래가 한자어 표시가 필요한 때에는 거기 마땅한 한글 위에 적을 것(교과서 집필상의 주의사항).

(4) 그러나 '교수요목'에는 한자 · 한문의 지도 내용에 대한 언급이 없

으므로, 이 시기에는 한자·한문 지도에 관한 기준이 세워졌다고 볼 수 없다. 참고삼아 중학교 국어과 교과서의 實態(한글 전용을 전제로 했음)는 다음과 같다.

(가) 조선어학회의 《中等國語敎本 上》(1946년 1월) : 한글 위에 한자를 작은 활자로 표기.

(나) 문교부의 《중등국어》(1950년 4월 1일 발행) : 한자를 ( ) 속에 표기.

### 2) 제1차 敎育課程期

**가) 時期** : 제1차 교육과정(1955년 8월 1일 제정 공포) 이후~제2차 교육과정 공포 이전.

**나) 特徵** : 광복 후 최초로 '漢字 및 漢文 學習'에 관한 사항을 교육과정으로 구체화했으나, '敎授要目'에서처럼 한자교육을 국어교육의 일부로 간주했다. 이 시기의 한자 및 한문 지도에 관한 특징적인 추이를 적시하면 다음과 같다.

(1) '전시 학습지도 요령'(문교부, 전시 중요 문교 시책, 1951년 2월)에 제시한 '漢字指導要綱' : 한글 전용법까지 제정하여 한글 전용을 추진하려던 당국으로서도 당시의 현실을 직시하고, 현실에 부응한 한자지도를 교육정책상 양성화하였다. 문교부가 수년간 조사한 기초자료를 검토, 정리하여 일상생활에 긴요하다고 인정되는 한자 1,000자를 골라서, 국민학교 4학년 300자, 5학년 300자, 6학년 400자로 배당하여 敎授하도록 했는데, 이 1,000자의 제한 한자는 국민학교뿐만 아니라 중학교에서도 적용하도록 하였다. 漢字讀本을 국정으로 발간할 계획을 세워 한자교육을 실시하였던바, 이때에 제시한 '漢字指導要綱'의 내용이 한자교육 내용의 모태가 되었다.

(2) 제1차 중학교 국어과 교육과정(1955년 8월) : 《漢字 및 漢字語 학습》 항을 국어과 교육과정에 구체적으로 명시하였다.

**다) 漢文科 교육과정 내용** : 중학교 漢字 및 漢字語 학습

(1) 한자 및 한자어 학습의 의의

(가) 한자는 중국으로부터 수입되어 근 이천 년 동안 우리의 글에 섞여 쓰이어 왔다.

(나) 東洋文化의 淵源을 考察하거나, 우리 문화의 精髓를 연구함에 있어서는 漢字에 대한 理解가 그 基本이 되고 있다.

(다) 현재 우리와 가장 가까이 인접하고 있는 자유중국, 일본 등에서는 여전히 한자로써 그들의 문화를 유지하고 있다. 우리는 그들과 문화를 교류하고 國交를 調整하는 데 있어서도 한자에 대한 이해가 필요한 것이다.

(라) 우리의 한자 · 한문의 학습은 결코 과거의 진부한 봉건적인 事大思想을 가르치려는 것이 아니며, 우리 조상들이 한 것같이 모든 의사표시를 한자에 의존하려는 것도 물론 아니다.

(마) 다만 우리의 실생활에 가장 밀접한 범위 내의 한자와 한문을 적은 노력으로 짧은 기간에 습득하려는 것이다.

(2) 중학교 한자 및 한문 학습 내용

국민학교에서 습득한 漢字知識을 기초로 하여 일상생활에서 활용되는 常用漢字 범위 내의 한자 · 한자어 및 간이한 한문을 습득하게 한다.

(가) 제1학년

① **교재내용** : 우리가 일상생활에서 가장 많이 활용하는 한자를 주로

하여 簡明適切한 한자어를 배열하고 반복 연습할 자료를 풍부하게 한다.

② 지도내용 : 한자의 構造, 書劃의 順次, 音義, 書體 등을 지도하고 한자 사전류의 활용 방법을 숙달하게 한다.

(나) 제2학년

① 교재내용 : 前 학년의 내용과 유사한 교재로 하되, 그 양을 증가시키고 후반부에는 일상생활에 많이 쓰이는 格言, 故事 등을 지도한다.

② 지도내용 : 前 학년에서 학습한 한자지식의 기초 위에 그 활용의 범위를 넓히고, 무미건조한 字句練習을 피하여 흥미를 유발하도록 지도한다.

(다) 제3학년

① 교재내용 : 교재 선택에 유의하여 常用漢字 범위 내의 한자를 완전히 습득하게 하고, 아울러 간단한 短文類와 평이한 詩歌類를 課한다.

② 지도내용 : 漢字語의 構造와 意義를 정확히 파악하고 반복 연습으로써 그 이해를 철저히 한다.

### 3) 제2차 敎育課程期

**가) 時期** : 제2차 교육과정(1963년 2월 15일 공포) 이후~제3차 교육과정 공포 이전.

**나) 特徵** : 제2차 교육과정에서의 '한자 및 한문 지도' 관계 사항은 1차의 '한자 및 한자어 학습' 사항과 大同小異하다(그 內容을 보다 體系化하였으며, 교과서에서는 한자를 노출시켰음).

1960년도의 교육과정 부분 개정시에는 '한자 및 한문 지도' 조항조차 삭제하고 말았으나, 1971년도의 교육과정 부분 개정시에는 한문교과를 신설하여 '한문'을 正規科目으로 지도하게 하였다. 그리고 1972년 8월 16일에 문교부에서 '漢文 教育用 基礎漢字' 1,800자(종래의 상용한자 1,300자, 5대 신문사의 상용한자 약 1,300자, 무작위로 선정한 3종 고교 한문 교과서에 쓰인 한자, 일본의 '當用漢字' 1,850자, 예일대학 교육용 한자 1,000자를 기본으로 하여 중·고교별로 각각 900자를 선정하였으며, 추가로 지도할 수 있는 許容漢字의 수는 기초한자의 10%인 180자로 제한함)를 확정·공표하여 중·고교에서는 1,800자의 한자를 제한된 범위 내에서나마 지도하게 되었다.

이 시기의 한자 및 한문 지도에 관한 특징적인 추이를 적시하면 다음과 같다.

(1) 제2차 중학교 교육과정(1963년 2월) : 중학교 국어과 교육과정에 '한자 및 한문 지도' 항이 포함되었으며, 교과서 본문에서는 교육한자의 범위 내에서 한자를 괄호 없이 노출시켰다(1차에서는 범위 제한 없이 참고적으로 괄호 안에 표기했었음).

(2) 1969년도 부분 개정 교육과정(1969년 9월 4일 개정, 1970년 3월 1일 시행) : 중학교 국어과 교육과정에서 'Ⅴ. 한자 및 한문 지도' 조항을 완전히 삭제했으며, 1970학년도의 국어과 교과서를 한글 전용 교과서로 개편함에 따라 1966년 이래 본문에 노출되던 한자가 자취를 감추게 되었다.

(3) 1971년도 부분 개정 교육과정(한문교과를 설치함) : 韓國語文教育研究會(1969년 7월 31일 발기) 등에 의한 한자·한문 교육 부활 주장으로 한문교과를 설치하여 각 학년에서 주 1~2시간을 배당하여 지도하게 되었으며, 1972년 2월 28일 공포된 '교육법 시행령'에 의해 한문과가 독립 신설됨으로써, 검인정 한문 교과서를 개발(中等漢文教育研究會)하여 1972학

년도 2학기부터 지도하는 한편 문교부에서 확정, 공포(1972.8.16)한 한문 교육용 기초한자 1,800자를 필수적으로 지도하게 되었다.

**다) 교육과정 내용** : 제2차 중학교 국어과 교육과정에 명시된 '한자 및 한문 지도'에 관한 구체적인 내용은 다음과 같다.

(1) 의의와 목표

한자는 중국으로부터 수입되어 근 이천 년 동안 우리의 글에 섞여 쓰이어 왔으므로, 아직도 동양문화의 정수를 연구함에 있어서는 한자에 대한 이해가 그 기본이 되고 있다.

한편 현재 우리와 가장 가까이 인접하고 있는 자유중국, 일본 등에서는 여전히 한자로써 그들의 문화를 유지하고 있다. 그러므로 우리는 그들과 문화를 교류하고 국교를 조정하는 데 있어서도 한자에 대한 이해가 필요한 것이다.

우리의 한자·한문의 학습은 결코 과거의 진부한 봉건적인 事大思想을 가르치려는 것이 아니며, 우리 조상들이 한 것같이 모든 의사표시를 한자에 의존하려는 것도 물론 아니다. 다만 우리 생활에 가장 밀접한 범위 내의 한자와 한문을 효과적인 방법으로 짧은 기간에 습득하게 하려는 것이다. 그 목표를 요약하면 다음과 같다.

(가) 교육한자 범위의 한자의 構造와 音義를 정확히 이해시키고, 簡易한 한문을 습득케 한다.

(나) 한자사전류의 索字 방법을 이해시켜, 그 활용을 자유롭게 할 수 있도록 한다.

(다) 우리의 일상생활에 가장 많이 활용하는 漢字語, 格言, 故事 등을 반복 학습시키도록 한다.

(라) 速讀과 精讀에 대한 지도를 한다.

(마) 歷代의 哲人, 名賢의 言行에 비추어 國民 道義精神 昻揚에 도움이 되도록 한다.

### (2) 학년목표

일상생활에 활용되는 교육한자 범위 안의 한자, 한자어 및 간이한 한문을 습득케 한다.

(가) 제1학년

한자의 構造, 書劃의 순서, 音義, 書體 등을 지도하고, 한자사전류의 활용방법을 숙달하게 한다.

(나) 제2학년

前 학년에서 학습한 한자지식의 기초 위에 그 활용범위를 넓히고 무미건조한 字句練習을 피하며 흥미를 유발하도록 지도한다.

(다) 제3학년

한자어의 구조와 의의를 정확히 파악하고 반복 연습함으로써 그 이해를 깊게 한다.

### (3) 지도내용

(가) 제1학년

① 간단한 단어의 音讀

② 단어의 새김

③ 한자의 音 달기

④ 한자의 뜻 알기

⑤ 한자의 書劃 알기

⑥ 초보적 한자의 構造
⑦ 한자사전류의 索字 방법

(나) 제2학년

① 단어와 단어와의 비교 구별
② 한자를 이용하여 단어 만들기
③ 간단한 格言의 이해
④ 간단한 故事 읽기
⑤ 書劃 순서에 맞게 한자 쓰기
⑥ 간단한 成句의 이해

(다) 제3학년

① 간단한 文章의 이해
② 한자 數 늘려 쓰기
③ 한자 구조의 원리
④ 短文의 해석
⑤ 평이한 詩歌類의 이해
⑥ 간단한 故事 등의 이해

### (4) 지도상의 유의점

(가) 한자 지도에 있어서는 단어와 문장을 중심으로 풍부한 자료를 이용하여 다양한 학습활동을 하도록 할 것.

(나) 학습지도 방법은 획일적인 暗誦主義를 지양하여 創意的이고 科學的인 방법을 사용할 것.

(다) 한자 및 한문이 지닌 뜻과 表意文字의 特異性을 살려서 추리하는 힘을 길러 이해시킬 것.

(라) 다른 교과와의 관련을 가지고 單語, 熟語 등의 지식을 넓히도록 할 것.

(마) 실생활의 使用度와 難易度를 고려하여 재료를 선택하고 배열하여 지도의 效果를 거두도록 힘쓸 것.

### 4) 제3차 教育課程期

**가) 時期** : 제3차 교육과정(1973년 8월 31일 공포) 이후~제4차 교육과정 고시(1981년 12월 31일) 이전.

**나) 特徵** : 1971년도 부분 개정 교육과정에서 한문교과를 신설하고, 1972년 2월 28일에 '敎育法 施行令'으로 한문교과의 신설 독립을 공포하였는바, 제3차 교육과정기의 한자 및 한문 지도에 관한 특징적인 추이를 적시하면 다음과 같다.

(1) 제3차 교육과정 改定(1973년 3월) : 1971년도의 부분 개정 때 신설하여 1972년에 '교육법 시행령'으로 공포한 한문교과가 존속됨에 따라 名實相符한 중학교 한문과 교육과정을 改定하게 되었다. 한편 문교부에서는 1975학년도부터 중·고 교과서에 '한문교육용 기초한자'의 범위 내에서 한자를 괄호 안에 併記하기로 확정하였는바, 1975년부터 국어과 교과서 본문에도 종전처럼 한자를 괄호 속에 併記하게 되었다.

(2) 1979년도 부분 개정 교육과정(1979년 3월 1일 공포) : 1973년 8월 31일에 개정, 공포한 제3차 교육과정과 동일한 내용을 他教科의 교육과정 構成體制와 같게 체제 면에서 整備하였다.

**다) 교육과정 내용** : 제3차 중학교 한문과 교육과정에 명시된 교육과정의

具體的인 내용은 다음과 같다.

(1) 목표

(가) 일반목표

① 漢文解讀에 필요한 漢字, 語彙 간단한 漢文의 構造를 이해하게 한다.

② 漢文解讀의 초보적인 기능을 기르고 발전시켜, 한문으로 된 전적 이해의 바탕을 마련하게 한다.

③ 한문학습을 통하여 傳統文化의 바탕 위에 새로운 民族文化를 창조하려는 태도를 기른다.

(나) 학년목표

① 제1학년

㉮ 한자, 어휘 및 한문의 構造에 관한 基礎的인 지식을 가지게 한다.

㉯ 간단한 成語를 중심으로 한, 簡易한 한문을 이해할 수 있게 한다.

㉰ 한문학습에 興味를 가지게 하고, 古典의 뜻을 이해해 보려는 태도를 기른다.

② 제2학년

㉮ 한자, 어휘 및 한문의 構造에 관한 기초적인 지식을 넓히게 한다.

㉯ 간단한 成分의 簡易한 한문을 이해할 수 있게 한다.

㉰ 한문학습에 意欲을 가지게 하고, 古典의 내용을 바르게 이해하려는 태도를 기른다.

③ 제3학년

㉮ 한자, 어휘 및 한문의 構造에 관한 기초적인 知識을 더욱 넓히고 이를 확실히 하게 한다.

㉯ 여러 가지 成分의 간이한 한문을 바르게 해석할 수 있게 한다.

㉰ 한문을 학습하고 한문으로 된 古典의 內容을 이해하는 데 대한 보람을 느끼게 한다.

(2) **내용**(지도 사항 및 형식)

(가) 제1학년

① **지도사항**

㉮ 한자의 音과 뜻 알기(약 350자)

㉯ 한자의 構造 알기

㉰ 한자의 劃順 알기

㉱ 단어의 構造 알기

㉲ 辭典 活用法 알기

㉳ 주어, 서술어를 중심으로 한 간단한 文型 알기

㉴ 글의 뜻 알기

② **주요형식**

㉮ 漢字

㉯ 單語

㉰ 熟語

㉱ 簡易한 漢文

(나) 제2학년

① **지도사항**

㉮ 한자의 數 늘리기(신출 약 300자)

㉯ 語彙 늘리기

㉰ 주어, 서술어, 목적어를 중심으로 한 간단한 文型 알기

㉣ 글의 뜻과 줄거리 알기

㉤ 좋은 글귀를 暗誦하고 그 感銘을 되살리기

② 주요형식

㉮ 單語

㉯ 故事

㉰ 熟語

㉤ 詩

(다) 제3학년

① 지도사항

㉮ 한자의 數 늘리기(신출 약 350자)

㉯ 語彙 늘리기

㉰ 주어, 서술어, 목적어 및 수식어를 중심으로 한 간단한 文型 알기

㉣ 쉬운 虛詞 用法 알기

㉤ 글의 形式 알기

㉥ 글의 줄거리와 主題 알기

㉦ 우리말로 飜譯하기

㉧ 좋은 글귀를 암송하고 그 감명을 되살리기

② 주요형식

㉮ 單語

㉯ 故事

㉰ 熟語

㉣ 俗談

㉤ 格言

㉥ 簡易한 漢文

㉳ 詩

(라) 제재 선정의 기준

한문학습을 위한 제재는 다음에 따라서 선정한다.

① 제재에 사용된 한자가 한문교육용 기초한자 중 中學校用 基礎漢字의 범위를 넘지 아니하는 것, 다만 人名, 地名 등의 固有名詞와 학습효과를 위하여 필요하다고 인정되는 한자는 이를 약간 追加指導할 수 있다.

② 우리 문화와 동양문화를 이해하는 데 도움이 되는 것.

③ 건전한 思想, 아름다운 情緖, 지혜로운 行動이 담긴 것.

④ 韓國人으로서의 긍지를 드높이는 데 도움이 되는 것.

(3) 지도상의 유의점

(가) 한문의 구조를 지도하는 데 필요한 用語는 국문법의 용어에 따르는 것을 원칙으로 한다.

(나) 난해한 내용은 이를 피하여 학생으로 하여금 興味 있게 학습할 수 있도록 유의한다.

(다) 한문의 내용에 나타난바, 건전한 思想, 아름다운 情緖, 지혜로운 行動을 본받아, 학생으로 하여금 自己修養에 힘쓰도록 지도한다.

## 5) 제4차 教育課程期

**가) 時期 :** 제4차 교육과정(1981년 12월 31일 고시, 1984년 3월 1일 시행) 이후~제5차 교육과정 고시 이전.

**나) 特徵 :** 중학교 한문과 교육과정의 體制를 '가) 교과목표, 나) 학년목표 및 내용, 다) 지도 및 평가상의 유의점'으로 구성하여, 중학교 한문과 교육이 3차에 이어 발전적으로 시행될 수 있도록 그 내용을 체계화하여 簡明하게 제시하였다.

**다) 교육과정 내용 :** 제4차 중학교 한문과 교육과정에 明示된 교육과정의 구체적인 內容은 다음과 같다.

(1) 교과목표

한문학습에 흥미를 가지고 이를 습관화함으로써 漢文을 讀解할 수 있는 기초기능을 길러 주며, 아울러 傳統文化를 아끼고 계승하려는 態度를 가지게 한다.

(가) 한자의 특성과 짜임을 알고 활용하게 한다.

(나) 문장의 구조와 형식을 이해하게 한다.

(다) 漢文記錄을 이해하고 감상하게 한다.

(라) 漢文記錄을 통하여 전통문화를 이해하고, 이를 계승 발전시키는 태도를 가지게 한다.

(2) 학년목표 및 내용

(가) 1학년

① 목표

㉮ 한자의 特徵과 기본적인 짜임을 알게 한다.

㉯ 문장의 基本構造를 알게 한다.

㉰ 간이한 한문기록을 이해하게 한다.

㉱ 한문과 전통문화와의 關係를 알게 한다.

② 내용

㉮ 한자의 뜻과 音을 안다.

㉯ 한자의 짜임을 안다.

㉰ 한자의 筆順을 안다.

㉱ 字典에서 한자 찾는 方法을 안다.

㉲ 한자어의 짜임을 안다.

㉳ 문장의 基本構造를 안다.

㉴ 간이한 漢文記錄을 풀이한다.

(나) 2학년

① 목표

㉮ 한자의 특징과 짜임을 알고 익히게 한다.

㉯ 문장의 기본구조를 알고 익히게 한다.

㉰ 문장의 形式을 알게 한다.

㉱ 한문기록을 이해하게 한다.

㉲ 한문기록 속에 담긴 文化를 이해하게 한다.

② 내용

㉮ 한자의 뜻과 음을 알고 익힌다.

㉯ 한자의 짜임을 익힌다.

㉰ 한자의 筆順을 익힌다.

㉱ 자전에서 한자 찾는 방법을 알고 익힌다.

㉲ 한자어의 짜임을 알고 익힌다.

㉳ 기본이 되는 한자의 쓰임을 안다.

㉴ 문장의 기본구조를 알고 익힌다.

㉵ 문장의 기본형식을 안다.

㉑ 한문기록을 풀이하고, 그 속에 담긴 전통문화를 이해한다.

(다) 3학년

① 목표

㉮ 한자의 특징과 짜임을 알고 活用하게 한다.

㉯ 문장의 構造와 形式을 이해하게 한다.

㉰ 한문기록에 대한 이해를 깊게 한다.

㉱ 한문기록에 나타난 전통문화를 이해하고, 이를 계승 발전시키는 태도를 가지게 한다.

② 내용

㉮ 한자의 뜻과 음을 알고 익힌다.

㉯ 한자의 짜임을 알고 활용한다.

㉰ 한자의 필순을 익힌다.

㉱ 자전에서 한자를 찾아 익힌다.

㉲ 한자어의 짜임을 알고 활용한다.

㉳ 복합문의 구조를 이해한다.

㉴ 虛詞의 쓰임을 안다.

㉵ 문장의 형식을 이해한다.

㉶ 한문기록을 풀이하고, 그 속에 담긴 전통문화를 이해한다.

### (3) 지도 및 평가상의 유의점

(가) 지도

① 각 단원의 지도는 先行 단원과 관련 지어 연계성을 유지하도록 한다.

② 한자의 학습은 그 짜임을 바탕으로 하되, 한자어나 문장을 통하여 습득하도록 한다.

③ 文法은 문장과 글의 습득을 통하여 자연히 습득되도록 한다.
④ 단편적인 특수사실은 한문교육의 목표를 달성하는 데 기초가 되는 것에 한하여 다루도록 한다.
⑤ 한문기록에는 韻文, 散文 등 여러 종류의 글을 포함시켜 학습이 골고루 이루어지도록 한다.
⑥ 學習資料의 선택은 전통문화의 이해를 통하여 건전한 生活倫理를 실천하고, 민주적 生活態度를 확립하는 데 도움이 될 수 있는 것으로 한다.
⑦ 읽기자료의 학습은 읽기, 쓰기, 내용, 이해 등이 동시에 달성되도록 한다.
⑧ 학습자료의 지도는 반복하여 익힘으로써 그 속에 담긴 참뜻을 음미하는 단계에 이르도록 한다.

(나) 평가

① 한 단원이 끝날 때마다 평가를 실시하고, 그 결과에 따라 補充學習이 이루어지도록 한다.
② 평가목표는 학습한 단원의 목표 안에서 선정하되, 읽기능력을 강조한다.
③ 평가문항은 학생의 학습의욕을 촉진시킬 수 있도록 구성한다.
④ 평가는 읽기와 쓰기, 내용이해의 학습에 도움이 될 수 있도록 그 방법을 다양하게 한다.

### 6) 제5차 敎育課程期

**가) 時期** : 제5차 교육과정(1987년 3월 31일 고시, 1989년 3월 1일 시행).

**나) 特徵**

(1) 중학교 한문과 교육과정의 體制를 제4차 교육과정과 동일하게 '가) 교과 목표, 나) 학년목표 및 내용, 다) 지도 및 평가상의 유의점'으로 구성하였다.

(2) 중학교 한문과 교육이 제4차에 이어 발전적으로 시행되도록 각 학년마다 제시된 '내용'을 가) 漢字, 나) 漢字語, 다) 漢文으로 분류하여 수준에 맞도록 段階的으로 體系化하고 系列化하여 簡明하게 제시하였다.

**다) 교육과정 내용** : 제5차 중학교 한문과 교육과정에 명시된 교육과정의 具體的인 內容은 다음과 같다.

(1) 교과목표

漢文을 讀解할 수 있는 기초기능을 길러 한문을 이해하고 감상하게 하며, 전통문화를 아끼고 바르게 계승 발전시키려는 態度를 가지게 한다.

① 한자를 알고 활용하게 한다.

② 한자어를 익혀 언어생활에서 활용하게 한다.

③ 문장의 構造와 形式을 이해하고 활용하게 한다.

④ 간이한 한문을 이해하고, 감상하게 한다.

⑤ 한문기록에 담긴 전통문화를 바르게 이해하고, 수용 발전시키려는 태도를 가지게 한다.

(2) 학년목표 및 내용

(가) 1학년

① 목표

㉮ 한자의 음과 뜻을 알고 바르게 쓰게 한다.

㉯ 한자의 特徵을 이해하게 한다.

㉰ 字典에서 한자를 찾을 수 있게 한다.

㉱ 한자어의 음과 뜻을 알고 바르게 쓰게 한다.

㉲ 한자어의 짜임을 알고 활용하게 한다.

㉳ 문장의 구조를 알게 한다.

㉴ 간이한 한문을 독해할 수 있게 한다.

㉵ 간이한 한문 속에 담긴 전통문화를 바르게 이해하려는 태도를 가지게 한다.

② 내용

㉮ 한자

ⓐ 한자의 음과 뜻을 알기

ⓑ 한자의 基本筆順을 알고 바르게 쓰기

ⓒ 한자는 形 · 音 · 義를 갖추고 있음을 알기

ⓓ 한자의 짜임을 통하여 한자 이해하기

ⓔ 한자의 部首에 대해서 알기

ⓕ 字典에서 여러 방법으로 한자를 찾기

㉯ 한자어

ⓐ 한자어의 음과 뜻을 알기

ⓑ 한자어를 바르게 쓰기

ⓒ 한자어의 짜임을 알기

ⓓ 한자어를 한문문장에서 활용하기

ⓔ 한자어를 익혀 言語生活에서 바르게 사용하기

㉰ 한문

ⓐ 문장의 基本構造를 알기

ⓑ 문장의 擴張構造를 알기

ⓒ 간이한 문장을 풀이하고 이해하기

ⓓ 간이한 한시를 풀이하고 감상하기

ⓔ 좋은 글귀를 암송하고 그 감명 되살리기

ⓕ 간이한 한문 속에 담긴 선인들의 생각과 느낌을 바르게 이해하고 수용하려는 態度 가지기

(나) 2학년

① 목표

㉮ 한자의 음과 뜻을 알고 바르게 쓰게 한다.

㉯ 한자의 특징을 이해하고 活用하게 한다.

㉰ 한자어의 음과 뜻을 알고 바르게 쓰게 한다.

㉱ 한자어의 짜임을 알고 活用하게 한다.

㉲ 문장의 構造를 알고 활용하게 한다.

㉳ 문장의 形式을 알게 한다.

㉴ 간이한 한문을 독해할 수 있게 한다.

㉵ 간이한 한문 속에 담긴 전통문화를 바르게 이해하고 수용하려는 태도를 가지게 한다.

② 내용

㉮ 한자

ⓐ 한자의 음과 뜻을 알기

ⓑ 한자의 필순을 알고 바르게 쓰기

ⓒ 한자는 形 · 音 · 義를 갖추고 있음을 알기

ⓓ 한자의 짜임을 통하여 한자를 이해하기

㉯ 한자어

ⓐ 한자어의 음과 뜻을 알기

ⓑ 한자어를 바르게 쓰기

ⓒ 故事成語에 대해서 알기

ⓓ 한자어의 짜임을 통하여 文章의 構造를 이해하기

ⓔ 한자어를 익혀 언어생활에서 바르게 사용하기

㉰ 한문

ⓐ 문장의 기본구조를 알고 활용하기

ⓑ 문장의 확장구조를 알고 활용하기

ⓒ 문장의 형식 알기

ⓓ 기본이 되는 虛字의 쓰임을 알기

ⓔ 간이한 문장을 풀이하고 이해하기

ⓕ 格言과 俗談을 풀이하고 이해하기

ⓖ 簡易한 漢詩를 풀이하고 감상하기

ⓗ 좋은 글귀를 암송하고 그 감명을 되살리기

ⓘ 간이한 한문 속에 담긴 전통문화를 바르게 이해하고 수용하려는 태도 다지기

(다) 3학년

① 목표

㉮ 한자의 음과 뜻을 알고 바르게 쓰게 한다.

㉯ 한자의 특징을 이해하고 活用하게 한다.

㉰ 한자어의 음과 뜻을 알고 바르게 쓰게 한다.

㉱ 한자어의 짜임을 알고 활용하게 한다.

㉲ 문장의 構造를 알고 활용하게 한다.

㉳ 문장의 形式을 알고 활용하게 한다.

㉳ 간이한 한문을 독해할 수 있게 한다.

㉴ 간이한 한문기록에 담긴 전통문화를 바르게 이해하고, 수용, 발전시키려는 태도를 가지게 한다.

② 내용

㉮ 한자

ⓐ 한자의 音과 뜻을 알기

ⓑ 한자의 筆順을 알고 바르게 쓰기

ⓒ 한자의 짜임을 통하여 한자를 이해하기

㉯ 한자어

ⓐ 한자어의 음과 뜻을 알기

ⓑ 한자어를 바르게 쓰기

ⓒ 故事成語에 대해서 알기

ⓓ 한자어의 짜임을 통하여 문장의 구조 이해하기

ⓔ 한자어를 익혀 언어생활에서 바르게 사용하기

㉰ 한문

ⓐ 문장의 기본구조를 알고 활용하기

ⓑ 문장의 확장구조를 알고 활용하기

ⓒ 복합문의 構造를 알기

ⓓ 문장의 形式을 알고 활용하기

ⓔ 虛字의 구실과 쓰임을 알기

ⓕ 문장을 풀이하고 이해하기

ⓖ 格言과 俗談을 풀이하고 이해하기

ⓗ 漢詩의 형식과 특징을 알기

ⓘ 간이한 한시를 풀이하고 감상하기

ⓙ 좋은 글귀를 암송하고 그 감명을 되살리기

ⓚ 간이한 한문기록에 담긴 전통문화를 바르게 이해하고 수용, 발전시키려는 태도 다지기

### (3) 지도 및 評價上의 유의점

(가) 지도

① 漢文科는 그 영역을 '漢字', '漢字語', '漢文'으로 구성하였다.

㉮ '漢字'는 주로 중학교 한문교육용 기초한자 900자의 음과 뜻을 알고 바르게 쓰도록 지도한다.

㉯ '漢字語'는 그 음과 뜻, 짜임을 알고, 언어생활과 문장독해를 바르게 할 수 있도록 지도한다.

㉰ '漢文'은 '漢字'와 '漢字語'를 바탕으로 하여, 한문기록을 이해하고 감상할 수 있는 독해력 신장에 필요한 능력을 기르도록 지도한다.

② '漢字', '漢字語', '漢文'은 그 난이도를 고려하여 3개 학년에 걸쳐 학습의 位階性과 連繫性이 유지되도록 상호 관련지어 지도하되, 다음 사항에 유의하도록 한다.

㉮ 한자는 가능한 한 한자어나 간이한 문장과 관련지어 지도하되, 짜임의 特徵이 뚜렷한 글자인 경우에 한하여 그 특징을 들어 한자 학습의 흥미를 유발하고 한자의 음과 뜻에 대한 이해도를 높일 수 있도록 한다.

㉯ 部首, 劃數, 筆順은 글자를 字典에서 찾거나 바르게 쓸 수 있도록 그 기본적인 원칙을 알게 하되, 이를 매 글자의 지도에서 지나치게 강조하지 않도록 한다.

㉰ 한자어의 짜임은 문장의 기본구조를 이해하는 데 도움이 될 수 있는 것에 한하여 간이한 문장과 관련지어 지도한다.

㉱ 문장의 構造와 形式은 문장을 바르게 독해하는 데 도움이 될 수 있도록 지도한다.

㉲ 文法은 讀解를 원활히 할 수 있는 데 목표를 두고 각 문법사항을 주어진 글이나 예를 통하여 이해시키되, 이에 필요한 용어는 國文法의 用語에 따르는 것을 원칙으로 한다.

㉳ 각 단원 학습자료는 읽기, 쓰기, 내용 이해 등이 동시에 달성되도록 지도하되, 讀解力을 기르는 데 중점을 두도록 한다.

㉴ 각 단원은 학습목표와 제재의 특성에 맞는 强調事項에 유의하여 지도하되, 선행 단원과 관련지어 학습의 位階性과 連繫性이 유지되도록 한다.

③ 학습자료는 전통문화의 이해를 통하여 건전한 生活倫理를 실천하고, 民主的 생활태도와 미래 지향적인 가치를 확립하는 데 도움이 될 수 있는 것을 선택하여 지도하도록 한다.

(나) 평가

① '漢字'는 바르게 읽고 쓰며 그 뜻을 알아 바르게 사용하는 것을 평가하되, 부수, 획수, 필순에 置重하지 않도록 한다.

② '漢字語'는 바르게 읽고 쓰며 그 뜻을 알아 문장의 독해나 언어생활에서 바르게 활용하는 것을 평가한다.

③ '漢文'은 문장을 바르게 독해할 수 있는 학습내용에 중점을 두어 평가하되, 문법지식을 평가하는 데 치중하지 않도록 한다.

④ 評價目標는 單元學習의 내용과 직결시키도록 하되, 해당 單元內容의 특성에 맞는 문항을 제작하여 그 목표 달성도를 평가할 수 있도

록 한다.

⑤ 評價方法은 읽기와 쓰기, 내용의 이해와 감상 등을 균형 있게 평가할 수 있도록 그 방법을 다양하게 한다.

⑥ 각 단원의 학습이 끝나면 가능한 한 형성평가를 실시하고, 그 결과에 따른 보충학습이나 발전학습이 이루어지도록 한다.

## 3. 結論

### 1) 次別 각 교육과정의 比較分析

이상의 한문과 교육과정의 변천과정을 통해서 살펴보았듯이, 중학교에서 한문교과가 독립교과로 설정된 것은 1972년도이다. 그 이전에는 국어교육의 일부로 한자교육이 실시되었던 것이다. 요컨대 漢字, 漢字語, 漢文 지도에 관한 규정은 제1차 國語科 교육과정의 國語科 속에 중학교의 '한자 및 한자어 학습'이란 항목으로 제시되었고, 제2차 국어과 교육과정에 '한자 및 한문 지도'란 항목으로 제시하였다.

그러나 1969년도에 제2차 교육과정이 부분적으로 개정될 때에는 이와 같은 규정조차 삭제되고 말았다. 그렇지만 한자 · 한문 지도에 관한 사회 전반의 절대적인 요구에 따라 1971년도에는 한문교과의 신설을 포함한 교육과정의 부분 개정이 이루어졌던바, 1972년도에 '교육법 시행령'으로 중 · 고등학교에 한문교과를 독립된 교과로 신설하도록 조치함으로써 마침내 학교교육에서 한문교육이 정상적으로 실시될 수 있게 된 것이다.

1~5차에 걸친 한문과 교육과정의 體制, 目標 및 內容 등을 비교 · 대비해 보면 다음과 같다.

### 가) 體制

1, 2, 3, 4, 5차 한문과 교육과정의 체제를 보면 다음의 표와 같은데, 용어상에는 차이가 있다고 하지만 '目標', '內容', '指導上의 留意點'이란 기본 틀을 가지고 있음을 알 수 있다.

〈1, 2, 3, 4, 5차 한문과 교육과정의 체제〉

| 1차(1955.8.1) | 2차(1963.2.15) | 3차(1973.8.31) | 4차(1981.12.31) | 5차(1987.3.31) |
|---|---|---|---|---|
| 1. 한자 및 한문 학습의 의의<br>2. 한자 및 한문의 지도 요령<br>3. 중학교 한자 및 한문 학습 내용 | 1. 의의와 목표<br>2. 학년목표<br>3. 지도내용(1, 2, 3학년)<br>4. 지도상의 유의점 | 가. 목표<br>(1) 일반목표<br>(2) 학년목표<br>나. 내용<br>[각 학년별 지도 사항 및 형식]<br>[제재 및 선정의 기준]<br>다. 지도상의 유의점 | 가. 교과목표<br>나. 학년목표<br>〈1학년〉<br>1) 목표<br>2) 내용<br>〈2학년〉<br>1) 목표<br>2) 내용<br>〈3학년〉<br>1) 목표<br>2) 내용<br>다. 지도 및 평가상의 유의점 | 가. 교과목표<br>나. 학년목표 및 내용<br>〈1학년〉<br>1) 목표<br>2) 내용<br>가) 한자<br>나) 한자어<br>다) 한문<br>〈2학년〉<br>1) 목표<br>2) 내용<br>가) 한자<br>나) 한자어<br>다) 한문<br>〈3학년〉<br>1) 목표<br>2) 내용<br>가) 한자<br>나) 한자어<br>다) 한문<br>다. 지도 및 평가상의 유의점<br>1) 지도<br>2) 평가 |

* 1차는 중학교 국어과 교육과정에 '5) 중학교의 한자 및 한자어 학습', 2차는 'Ⅴ. 한자 및 한문 지도' 항목으로 설정되어 있음.

### 나) 교과목표 및 학년별 목표

1, 2, 3, 4, 5차의 교과목표 및 학년별 목표의 구성은 다음과 같다.

⑴ 1차 : 국어과 교육과정에서, 教科目標에 따르는 '한자 및 한문 학습의 의의'를 5개항으로 제시하였다. 학년별 목표는 별도로 제시하지 않고 있다.

⑵ 2차 : 국어과 교육과정에서, 교과목표에 따르는 '의의와 목표'를 길게 진술한 뒤, 다시 5개항으로 묶어서 제시하였으며, 학년목표는 教育漢字 범위 안에서 한자·한자어 및 간이한 한문을 습득하게 한다는 제한을 둔 뒤, 목표를 각 학년별로 한 문장으로 진술·제시하였다.

⑶ 3차 : 教科目標에 따르는 一般目標를 3개항으로 제시하였으며, 學年目標는 각 학년별로 3개항씩 설정하여 1, 2, 3학년 목표 순으로 제시하였다.

⑷ 4차 : 교과목표는 前文과 한자, 한문문장, 한문기록을 통한 전통문화의 이해, 계승, 발전에 관한 것으로 4개항을 제시하였다(1학년 4개항, 2학년 5개항, 3학년 4개항).

⑸ 5차 : 교과목표는 前文과 한자, 한자어, 한문문장의 독해력 신장, 한문기록을 통한 전통문화의 이해, 계승, 발전에 관한 것으로 5개항을 제시하였다(1학년 6개항, 2학년 8개항, 3학년 8개항).

### 다) 내용체계

1, 2, 3, 4, 5차의 한문과 교육과정의 내용체계는 다음과 같다.

⑴ 1차 : '교재내용'과 '지도요령'을 학년별로 제시하였다.

⑵ 2차 : '지도내용'을 학년별로 제시하였다(1학년 7개항, 2학년 6개항, 3

학년 6개항).

(3) 3차 : '내용' 항에서 각 학년별로 '① 지도사항'과 '② 주요형식'으로 구분한 [지도 사항 및 형식]을 두고, 이어서 [제재 선정의 기준]을 제시하였다.

(4) 4차 : '내용'을 학년별로 나누어 제시하였다(1학년 7개항, 2학년 9개항, 3학년 9개항).

(5) 5차 : '내용'을 학년별로 나누어 제시하고 각 학년마다, 가) 한자, 나) 한자어, 다) 한문으로 類別하였다.

〈1학년〉 한자 6개항, 한자어 5개항, 한문 6개항

〈2학년〉 한자 4개항, 한자어 5개항, 한문 9개항

〈3학년〉 한자 3개항, 한자어 5개항, 한문 11개항

### 라) 題材 선정의 기준

제제 선정의 기준을 별도로 설정 · 제시한 것은 3차뿐이다(4개항 제시). 1차에서는 '교재내용'에서, 2차에서는 '지도상의 유의점'에서 다루었다. 4, 5차에서는 '지도 및 평가상의 유의점'의 '지도' 항에서 다루었다.

### 마) 指導 및 評價上의 留意點

평가에 관한 유의사항을 별도로 제시한 경우는 4, 5차뿐이다. 1, 2, 3차에서는 지도에 관한 유의사항만 다루었다.

(1) 1차 : '한자 및 한문의 지도요령'에 8개항으로 제시하였다.

(2) 2차 : '지도상의 유의점'에 5개항으로 제시하였다.

(3) 3차 : '지도상의 유의점'에 3개항으로 제시하였다.

(4) 4차 : '지도 및 평가상의 유의점'에 '① 지도'(8개항)와 '② 평가'(4개

항)를 구분하여 제시하였다.

(5) 5차 : '지도 및 평가상의 유의점'에 '① 지도'(10개항)와 '② 평가'(6개항)를 구분하여 제시하였다.

《康允浩 교수 華甲紀念論叢》(1988, pp.231~254)에 발표

| 參考文獻 |

문교부, 《교수요목》, 1946. 11. 17 발행.
문교부, 《중학교 교육과정》(1차), 1955. 8. 1 공포.
문교부, 《중학교 교육과정》(2차), 1963. 2. 15 공포.
문교부, 《중학교 교육과정》(3차), 1973. 8. 31 공포.
문교부, 《중학교 교육과정》(4차), 1981. 12. 31 고시.
문교부, 《중학교 교육과정》(5차), 1987. 3. 31 고시.
조윤제, 《국어교육》(창간호), 1948. 10. 31.
한국교육개발원, 〈제5차 국어과 한문과 교육과정 개정을 위한 세미나〉(1986. 5. 20~21), 1986. 5. 20.

# 제3절 高等學校 漢文科 敎育課程의 史的 考察

## 1. 序論

趙潤濟는 《국어교육》(창간호)에서, '地理的으로 중국 대륙에 접해 있는 관계로 일찍부터 中國文化의 영향을 많이 받아 왔고, 특히 중국문화의 중추가 되며 東洋文化의 핵이 되는 漢字 · 漢文은 우리 民族文化에 지대한 영향을 끼쳐 왔다.'고 했다. 이와 같이 한자 · 한문은 동양문화의 핵이 되기 때문에 우리 國字인 訓民正音이 창제된 이후에도 有識層에 있던 사람들은 거의 전부가 문자생활을 한자에 의존했음은 《朝鮮王朝實錄》이나 각종 文集 등 많은 한문전적에서 그 자취를 찾아볼 수 있다.

결국 우리 조상들은 한자 · 한문의 言語環境 속에서 2,000여 년이나 살아 왔기 때문에 우리 民族文化와 傳統文化는 자연히 한문이 근간이 되어 형성되어 온 것이다. 이와 같이 한자 · 한문이 우리 문자언어 생활의 중추적 구실을 했고, 우리 전통문화의 發祥的 구실을 하여, 남겨 놓은 민족문화 유산이 중대하고도 소중하다고 하지 않을 수 없다. 이렇게 소중한 민족문화의 발상적 구실을 하여, 남겨 놓은 민족문화의 계승이나 발전을 위해서는 漢文敎育의 必然性과 絶對性을 강조하지 않을 수 없으며, 한문과 교육이 敎科敎育으로서의 獨立性과 科學化가 요구되는 것이다. 그러기에 우리는 이제 文化立國이라는 차원 높은 목표를 달성하기 위하여 한문과 교육은 獨立된 교과교육으로서의 위상과 면모를 갖추어야 할 것이다.

1972년 2월 28일 교육법 시행령 개정령에 따라 1972학년도 제2학기부터 한문과를 독립교과로 신설하고 이에 따라 한문과 교육을 실시하게 되었다. 한문과 교육을 교육법상 독립교과로 신설한 까닭은 한자 · 한문이 우리 문화나 언어생활에 끼친 영향이 지대하며 우리 조상들이 남겨 놓은 수많은 전적들이 한문으로 기록되어 있기 때문에 한자 · 한문을 보다 더 깊이 연구하고 교육하지 않으면 우리 조상들의 思想과 感情, 그리고 價値觀 등을 올바르게 이해할 수 없으며 東洋文化圈의 조화와 우리 民族文化의 창달을 이룩할 수가 없다.

이런 점에서 볼 때 전통문화의 계승과 민족문화의 창달 · 구현을 위하여 교과교육의 일환으로 1972년에 신설된 한문과 교육의 실시는 敎科敎育史에 있어서 하나의 획기적인 의미를 지닌 조치로 평가할 수 있다. 한문으로 기록된 모든 전적은 한문교육을 통하지 않고서는 理解 및 傳授가 불가능하다. 이와 같이 중대한 한문과 교육은 해방 후부터 1972년 교육법 시행령이 개정되어 한문과 교육이 중 · 고등학교 교육에서의 교과교육으로서 처음 실시될 때까지 혼미를 거듭해 왔다. 다시 말하면 한문과 교육을 국어과 교육과정 속에 포함시켜서 종속적인 교과로 운영 · 지도해 왔던 것이다.

고등학교 한문과 교육과정은 한문과 교육이 교과교육으로서 교육현장에서 실시된 1972년 이래 1973년과 1981년 등 몇 차례에 걸쳐 한문과 교육과정이 개정되었으며 이에 따라 한문과 교과서가 발행된 것이다. 고등학교 한문과 교육과정의 변천과정은 중학교 한문과 敎育課程期와는 달리 敎授要目時期는 다루지 않고, 제1차 敎育課程期, 제2차 敎育課程期, 제3차 敎育課程期, 제4차 敎育課程期, 제5차 敎育課程期로 나누어 좀더 자세히 살펴보고, 교육과정의 변천과정을 각 시기별로 살펴보고자 한다.

## 2. 本論

### 1) 제1차 敎育課程期

제1차 교육과정기 이전에 '敎授要目時期'(1946년 11월 7일 발행 이후~제1차 교육과정 제정 공포 이전)가 있으나 고등학교의 한문지도 내용에 관한 규정은 없고 주로 국어과와 관련되는 한자지도 및 국한문 혼용에 관한 것이 제시되어 있기 때문에 '교수요목시기'는 생략하기로 한다.

**가) 時期** : 제1차 교육과정(1955년 8월 1일 제정 공포) 이후~제2차 교육과정 공포 이전.

**나) 特徵** : 해방 후 처음으로 '한자 및 한문 지도'를 교육과정으로 구체화했으나 국어Ⅱ에 포함시켜 국어교육의 일부로 간주하였다. 중학교에서 학습한 한자 및 한자어 지식을 기초로 하여 평이한 한문문장을 가르쳐 漢學 특유의 趣意를 파악하게 하고 漢學이 우리 문학에 미친 影響과 동양문화의 淵源을 인식하게 하여 건실한 人格陶冶에 이바지하도록 하는 데 그 意義를 두었다.

**다) 敎育課程 內容** : 제1차 국어과 교육과정에 명시된 한문과 과정은 한자 및 한문 지도의 의의, 학년별 교재내용 및 지도요령, 한자 및 한문의 지도요령, 참고자료로 구성하였는바, 그 구체적인 내용은 다음과 같다.

1차 국어(=)한문 과정 문교부령 제45호 별책
단기 4288년 8월 1일 제정

### 1. 漢字 및 漢文 指導의 意義

① 한자는 중국으로부터 수입되어 근 이천 년 동안 우리의 글에 섞여 쓰이어 왔다.

② 동양문화의 淵源을 고찰하거나 우리 문화의 精髓를 연구함에 있어서는 한자에 대한 이해가 그 기본이 되고 있다.

③ 현재 우리와 가장 가까이 인접하고 있는 자유중국, 일본 등에서는 여전히 한자로 그들의 문화를 유지하고 있다. 우리는 그들과 文化를 交流하고 國交를 調整하는 데 있어서도 한자에 대한 이해가 필요한 것이다.

④ 우리의 한자·한문의 학습은 결코 과거의 진부한 봉건적인 事大思想을 가르치려는 것이 아니며, 우리 조상들이 한 것과 같이 모든 意思表示를 한자에 의존하려는 것도 물론 아니다.

⑤ 다만 우리 실생활에 가장 밀접한 범위 내의 한자와 한문을 적은 노력으로 짧은 기간에 습득하려고 하는 것이다.

### 2. 高等學校 漢文課程

중학교에서 학습한 한자 및 한자어 지식을 기초로 하여, 평이한 散文類, 史書類, 詩歌類 및 經書類를 課하여, 漢學 특유의 趣意를 파악하게 하고, 한학이 우리 문화에 미친 영향과 동양문화의 연원을 인식하게 하여 건실한 인격도야에 이바지하도록 한다.

### 3. 학년별 教材內容 및 指導要領

[제1학년]

① 教材內容 : 중학교 3년의 교재내용에 준하여 그 정도를 좀더 높

이고, 한문의 구조를 이해시킨다.

② 指導要領 : 학습내용이 우리의 일상생활과 遊離됨이 없이 상호 연결되고 활용이 되도록 하며, 학습에 대한 의욕 증진과 학습 유발에 유의한다.

[제2학년]

① 敎材內容 : 평이한 문장, 史書, 格言, 寓話 등을 과하되, 현대인의 관념에 감응되고 心琴을 鼓動시킬 수 있는 교재를 선택하는데 유의한다.

[제3학년]

① 敎材內容 : 傳記類, 文章類, 史書類, 평이한 經傳, 詩歌 등을 課하되, 장편일 때는 分節, 設章하여 학습상 권태를 피하도록 한다.

② 指導要領 : 고전연구의 기초지식을 습득하고, 斷章取義의 폐단을 지양하여 文 전체의 대의를 파악할 수 있는 독서력을 기르며, 漢學이 우리 문화에 미친 영향과 동양문화의 특질을 이해하도록 지도한다.

### 4. 漢字 및 漢文의 指導要領

① 漢字의 구조와 音義를 정확히 이해시킨다.

② 漢字 사전류의 索字 방법을 가르치고, 그 활용을 자유자재로 할 수 있도록 한다.

③ 在來의 맹목적 암송주의를 배재하고, 과학적인 지도방법을 도입, 실시한다.

④ 우리의 일상생활에 가장 많이 활용되는 漢字語, 格言, 故事 등을 반복 학습시킨다.

⑤ 현대적 입장에서 文學作品을 감상하고, 기타의 자료를 비판하는 힘을 기른다.

⑥ 速讀과 精讀에 대한 구분을 명확히 지도한다.

⑦ 다른 교과와의 관계를 고려하여 넓은 시야에서 학습을 전개시킨다.

⑧ 역대의 哲人 · 名賢의 언행에 비추어 타락된 현대인의 생활을 반성하게 하여, 국민의 道義精神 앙양에 도움이 되도록 한다.

**5. 參考資料**

한문지도의 자료는 실로 방대한 것이나, 가장 중요한 부류만을 열거하면 다음과 같다.

(1) 漢民族의 손으로 된 서적 ①經書：四書五經 등 ②史書：二十五史, 資治通鑑, 十八史略, 戰國策 등 ③子書：莊子, 荀子, 韓非子, 淮南子, 管子, 說苑 등 ④名家의 散文：唐宋八大家文, 騈麗文 등 ⑤傳奇小說類：傳奇小說, 三國志 등 ⑥기타의 散文：蒙求, 小學, 近思錄, 孔子家語 등 ⑦古今의 유명한 詩集：唐詩 기타 ⑧유명한 文集類 ⑨兵書類

(2) 韓人의 손으로 된 서적 ①史書：三國史記, 三國遺事, 東史綱目, 高麗史, 增補文獻備考, 四千年文獻通考, 朝鮮王朝實錄 등 ②기타 散文：海東小學, 童蒙先習, 芝峰類說, 東文選 등 ③각종 文集：鄭圃隱集, 退溪全集, 栗谷全集, 尤庵集, 燕巖集 등 ④詩：大東詩選 등

### 2) 제2차 教育課程期

**가) 時期**：제2차 교육과정(1963년 2월 15일 공포)~제3차 교육과정 공포 이전.

**나) 特徵**：제2차 교육과정에서 한문과정도 국어Ⅱ에 포함시켰고, 그 내용도 1차와 大同小異하였다. 특기할 사항은 두 번에 걸친 교육과정 부분 개정이 있었다는 점이다. 1969년도의 교육과정 부분 개정시에는 '한자

및 한문 지도'에 관한 규정 자체를 말소시키고 말았으나, 1971년도의 교육과정 부분 개정시에는 한문교과를 독립교과로 신설하여 '한문'을 정규과목으로 지도할 수 있도록 하였다. 한편 1972년 8월 16일에는 문교부에서 '한문 교육용 기초한자' 1,800자(종래의 상용한자 1,300자, 5대 신문사의 상용한자 약 1,300자, 무작위로 선정한 3종의 고교 한문 교과서에 쓰인 한자, 일본의 當用漢字 약 1,850자, 예일대학 교육용 한자 1,000자를 기본으로 하여 교육용 기초한자 1,800자를 선정하고 이것을 다시 난이도에 따라 중 · 고교별로 각각 900자를 선정하였으며, 추가로 지도할 수 있는 허용한자의 수는 기초한자의 10%인 180자로 제한함)를 확정 · 공포하여, 중 · 고교에서는 1,800자를 한문과 교육을 통하여 필수적으로 지도하게 하였다.

2차 국어=(II) 한문과정 문교부령 제121호
1963년 2월 15일 공포

### 1. 意義와 目標

중학교에서 학습한 한자 및 한자어 지식을 기초로 하여 평이한 散文類, 史書類, 詩歌類 및 經書類를 課하여, 漢學 특유의 취의를 파악하게 하고, 漢學이 우리 문화에 미친 영향과 동양문화의 淵源을 인식하여, 건실한 인격도야에 이바지하도록 한다.

① 한자의 構造와 音義를 정확히 이해시킨다.
② 한자 사전류의 索字 방법을 가르치고, 그 활동을 자유자재로 할 수 있도록 한다.
③ 우리의 일상생활에 가장 많이 활용되는 漢字語, 格言, 故事, 熟語 등을 이해시킨다.
④ 速讀과 精讀에 대한 구분을 명확히 지도한다.

⑤ 교재내용을 정확히 파악하여 審美力과 判斷力을 기르고, 고매한 인격도야에 힘쓰도록 한다.
⑥ 고전연구의 기초지식을 습득시키고, 斷章의 폐단을 지양하며 文 전체의 大義를 파악할 수 있는 讀書力을 기른다.
⑦ 漢學이 우리 문화에 미친 영향과 동양문화의 특질을 이해시킨다.

**2. 指導內容**

① 한자 및 한문의 구조를 이해한다.
② 평이한 文章, 社說, 格言, 寓話를 읽게 한다.
③ 평이한 經典, 詩歌를 읽게 한다.
④ 漢學과 국문학과의 관계를 알게 한다.
⑤ 漢學과 동양문화와의 관계를 알게 한다.
⑥ 한문의 大義를 파악하도록 한다.
⑦ 사전류의 索字 방법에 익숙하도록 한다.

**3. 지도상의 유의점**

① 학습지도에서는 맹목적 암송주의를 피하고, 과학적인 지도방법을 사용하도록 유의한다.
② 다른 교과와의 관계를 고려하고, 다른 교과와의 관계를 맺어 유기적인 지도를 한다.
③ 역대의 哲人이나 名賢들의 言行에 비추어 현대인의 생활을 반성하며, 道義 昂揚에 도움이 되도록 한다.
④ 학습내용과 일상생활과를 결부시켜 학습에 대한 흥미유발에 유의한다.
⑤ 교재의 선택은 현대인으로 하여금 감응되고 감격될 수 있는 것을 선택하도록 유의한다.

⑥ 단위제를 실시하는 학교에서는 배정된 단위시간에 유의하여, 학습이 斷續되지 않도록 한다.

#### 4. 參考資料

한문지도의 자료는 실로 방대한 것이나, 가장 중요한 부류만을 추려 열거하면 다음과 같다.

(1) 漢民族의 손으로 된 서적 ①經書 : 四書五經 등 ②史書 : 二十五史, 資治通鑑, 十八史略, 戰國策 등 ③子書 : 莊子, 荀子, 韓非子, 淮南子, 管子, 說苑 등 ④名家의 散文 : 唐宋八大家文, 騈麗文 등 ⑤傳奇小說類 : 傳奇小說, 三國志 등 ⑥기타의 散文 : 蒙求, 小學, 近思錄, 孔子家語 등 ⑦古今의 유명한 詩集 : 唐詩 기타 ⑧유명한 文集類 ⑨兵書類

(2) 韓人의 손으로 된 서적 ①史書 : 三國史記, 三國遺事, 東史綱目, 高麗史, 增補文獻備考, 四千年文獻通考, 朝鮮王朝實錄 등 ②기타 散文 : 海東小學, 童蒙先習, 芝峰類說, 東文選 등 ③각종 文集 : 鄭圃隱集, 退溪全集, 栗谷全集, 尤庵集, 燕巖集 등 ④詩 : 大東詩選 등

### 3) 제3차 敎育課程期

**가) 時期** : 제3차 교육과정(1974년 12월 31일 공포) 이후~제4차 교육과정 고시 이전.

**나) 特徵** : 1971년도 부분적인 교육과정 개정시에 한문교과를 설치하고, 1972년 2월 28일에 '교육법 시행령'으로 한문교과로 신설 · 공포하였는 바, 종전까지 국어Ⅱ에 포함되었던 한문과정이 한문교과로 독립되어 한문Ⅰ · Ⅱ로 나누어 지도하게 되었다. 한편 1975학년도부터 중 · 고 국어

교과서에 '한문 교육용 기초한자'의 범위 내에서 한자를 괄호 안에 병기하기로 확정한 일도 特記할 만하다.

**다) 敎育課程 內容** : 한문Ⅰ·Ⅱ로 구분한 교육과정의 내용은 각각 목표, 내용, 지도상의 유의점으로 구성하였으며, 그 구체적인 내용은 다음과 같다.

3차 문교부령 제350호
1974년 12월 31일 공포

**1. 일반목표**

① 한문해독의 기능을 신장시켜서 典籍 이해의 바탕을 마련하게 한다.
② 한문에 나타난 先人들의 生活, 思想, 感情 등을 이해하게 하여 그 좋은 점을 계승·발전시키도록 한다.
③ 한문으로 표현된 우리 문화와 동양문화를 이해하게 하여 민족문화 발전에 기여하게 한다.

**2. 한문Ⅰ**

1) 목표

(가) 간단한 구조의 한문을 학습하게 하여 한문해독의 초보적 기능을 발전시킨다.
(나) 각종 형식의 우리나라의 간이한 한문을 고루 학습하게 하여 선인의 생활, 사상, 감정 등을 이해하게 한다.
(다) 우리나라 및 동양의 한문고전을 균형 있게 학습하게 하여 우리문화와 동양문화에 대한 이해를 가지게 한다.

2) 내용

(가) 지도사항 : ①한자의 音, 構造, 뜻 ②한문의 구조 ③한자어로 된 格言, 故事, 熟語 ④우리 선조가 남긴 文學, 歷史, 哲學 등에서 평이한 문장 ⑤중국의 經典, 文學, 歷史, 哲學 등에서 평이한 문장

(나) 제재 선정의 기준 : ①제재에 사용된 한자가 한문 교육용 기초 한자의 범위를 넘지 아니하는 것, 다만 인명, 지명 등의 고유명사와 학습효과를 위해서 필요하다고 인정되는 한자는 이를 약간 추가, 지도할 수 있다. ②한문해독의 초보적인 기능을 더욱 발전시키고, 우리 선인들의 생활, 사상, 감정 등을 이해하며, 우리 문화와 동양문화의 특질을 이해하는 데 유용한 것 ③한국인으로서의 긍지를 드높이고 道義를 앙양시키는 데 유용한 것

3) 지도상의 유의점

(가) 한문의 구조를 지도하는 데 필요한 用語는 국문법의 용어에 따르는 것을 원칙으로 한다.

(나) 난해한 내용은 이를 피하여 학생으로 하여금 흥미 있게 학습할 수 있도록 한다.

(다) 한문의 내용에 나타난 훌륭한 정신을 본받아 학생으로 하여금 修養에 힘쓰도록 한다.

3. 한문Ⅱ

1) 목표

(가) 간단한 구조 및 이에서 발전된 구조의 한문을 학습하게 하여 한문해독의 기능을 신장시킨다.

(나) 각종 형식의 우리나라 한문을 고루 학습하게 하여 先人의 生活, 思想, 感情 등을 바르게 이해하게 한다.

(다) 우리나라 및 동양의 漢文古典을 균형 있게 학습하게 하여 우리

문화와 동양문화에 대한 이해를 넓게 한다.

2) 내용

(가) 지도사항 : ①한자의 音과 뜻 ②한문의 구조 ③우리 선조가 남긴 문학, 역사, 철학 등

(나) 제재 선정의 기준 : ①한문해독의 기능을 신장시키고, 우리 선인들의 생활, 사상, 감정 등을 이해하며, 우리 문화와 동양문화의 특질을 이해하는 데 유용한 것 ②학생의 건전한 사고력을 기르고 풍부한 정서를 함양하는 데 유용한 것 ③한국인으로서의 긍지를 드높이고 道義를 앙양시키는 데 유용한 것.

3) 지도상의 유의점

(가) 한문의 구조를 지도하는 데 필요한 用語는 國文法의 用語에 따르는 것을 원칙으로 한다.

(나) 한문의 내용에 나타난 훌륭한 정신을 본받아 학생으로 하여금 자기 수양에 힘쓰도록 한다.

• 부칙 이 교육과정 중 편제와 단위 배당에 관한 규정은 1977학년도 1학년부터 시행하고, 편제와 단위 배당에 관한 규정 이외의 규정 중 국민윤리, 국어Ⅰ, 국사, 정치, 경제, 한문Ⅰ, 영어Ⅰ, 영어Ⅱ 및 일본어 과목에 관한 규정은 1975학년도부터, 기타 과목에 관한 규정은 1976학년도부터 문교부 장관이 정하는 바에 따라 시행한다.

## 4) 제4차 教育課程期

**가) 時期** : 제4차 교육과정(1981년 12월 31일 고시, 1984년 3월 1일 시행) 이후~제5차 교육과정 고시 이전.

**나) 特徵** : 한문Ⅰ · Ⅱ로 구분한 교육과정의 내용을 각각 목표, 내용, 지도 및 평가상의 유의점으로 구성하였다. 3차와 大同小異하나 '평가상의 유의점'을 규정하여 제시한 점이 특기할 만하다.

**다) 교육과정 내용** : 제4차 고등학교 한문과 교육과정에 명시된 교육과정은 각각 목표, 내용, 지도 및 평가상의 유의점으로 구성하였으며, 그 구체적인 내용은 다음과 같다.

4차 문교부 고시 제442호
1981년 12월 31일

**1. 교과목표**

중학교에서 학습한 한문을 기반으로 하여 한문독해 기능을 신장하고, 한문기록을 이해하는 바탕을 마련함으로써, 전통문화 창달에 기여하는 태도를 가지게 한다.

① 한자의 特徵과 짜임을 알고 활용하게 한다.
② 문장의 構造와 形式을 이해하고 활용하게 한다.
③ 한문기록을 理解하고 鑑賞하게 한다.
④ 한문기록에 나타난 先人들의 思想, 感情을 이해하고, 이를 올바르게 수용하는 태도를 가지게 한다.

**2. 한문Ⅰ**

1) 목표

① 한자의 특징과 짜임을 알고, 이를 문장의 이해에 활용하게 한다.
② 문장의 구조와 형식을 알고, 여러 문장을 體系的으로 이해하게 한다.

③ 한문기록을 이해하고 감상하게 한다.
④ 한문기록에 나타난 선인들의 사상과 감정을 이해하게 한다.

2) 내용

① 한자의 音과 뜻을 알고 익힌다.
② 한자와 한자어의 짜임을 알고 활용한다.
③ 虛字의 쓰임을 알고 익힌다.
④ 複合文의 構造를 알고 익힌다.
⑤ 문장의 형식을 이해한다.
⑥ 여러 가지 글의 특징을 이해한다.
⑦ 글의 중심 되는 뜻을 안다.
⑧ 한문기록에 나타난 선인들의 생활, 사상 및 가치관을 이해한다.

3) 지도 및 평가상의 유의점

(가) 지도

① 각 단원의 지도는 선행 단원과 관련지어 連繫性을 유지하도록 한다.
② 한자의 학습은 그 짜임을 바탕으로 하되, 한자어나 문장을 통하여 이루어지도록 한다.
③ 文法은 문장과 글의 학습을 통하여 자연히 습득되도록 한다.
④ 단편적인 특수 사실은 한문교육의 목표를 달성하는 데 기초가 되는 것에 한하여 다루도록 한다.
⑤ 학생의 능력에 따라 풍부한 자료를 제시하여 그 成長을 촉진시키도록 한다.
⑥ 한문기록에는 韻文, 散文 등 여러 종류의 글을 포함시켜, 학습이 골고루 이루어지도록 한다.
⑦ 학습 자료의 선택은 건전한 自我의 實現과 국민 共同體 意識

의 형성에 도움이 될 수 있는 것으로 한다.

⑧ 학습 자료는 내용의 이해에만 그치지 말고, 그 속에 담긴 精神을 본받아 건전한 가치관을 형성할 수 있도록 활용한다.

⑨ 읽기 자료의 학습은 읽기, 쓰기, 내용이해 등이 동시에 달성되도록 한다.

⑩ 자료나 글의 지도는 반복하여 익힘으로써 그 참뜻을 음미하는 단계에 이르도록 한다.

(나) 평가

① 한 단원이 끝날 때마다 評價를 실시하고, 그 결과에 따라 보충 학습이 이루어지도록 한다.

② 평가목표는 학습한 단원의 목표 내에서 선정하도록 한다.

③ 평가문항은 학생의 學習意慾을 촉진시킬 수 있도록 구성한다.

④ 평가는 읽기와 쓰기, 내용이해의 학습에 도움이 될 수 있도록 그 방법을 다양하게 한다.

**3) 한문Ⅱ**

1) 목표

① 한자의 특징과 짜임을 알고, 이를 문장의 이해에 활용하게 한다.

② 문장의 構造와 形式을 알고, 글을 체계적으로 이해하게 한다.

③ 한문기록을 이해하고 감상하게 한다.

④ 한문기록에 담긴 선인들의 사상과 감정을 이해하고, 이를 올바르게 수용하게 한다.

2) 내용

① 虛字의 쓰임을 알고 활용한다.

② 문장의 構造를 알고 활용한다.

③ 문장의 形式을 이해하고 활용한다.

④ 文脈을 통하여 여러 가지 含蓄된 意味를 파악한다.

⑤ 글을 올바르게 解釋하고 評價한다.

⑥ 한문기록에 나타난 先人들의 思想이나 價値觀을 바르게 수용한다.

3) 지도 및 평가상의 유의점

(1) 지도

① 이 과정은 '한문 I'을 이수한 학생에게 지도하도록 한다.

② 그밖의 지도상의 유의점은 '한문 I'에 준한다.

(2) 평가에 필요한 사항은 '한문 I'에 준한다.

• 부칙 이 교육과정은 1984년 3월 1일 신입생부터 시행한다. 다만, 국민윤리, 국사는 1982년 3월 1일부터 시행한다.

### 5) 제5차 教育課程期

**(가) 時期** : 제5차 교육과정(1988년 3월 31일 고시, 1990년 3월 1일 시행) 이후~제6차 교육과정 고시 이전.

**(나) 特徵** : 한문 I · II로 구분하지 않은 단일 교육과정으로 구성하였고, 교육과정의 내용은 각각 교과목표, 내용, 지도 및 평가상의 유의점으로 구성하여 4차와 大同小異하나 '漢字', '漢字語', '漢文'으로 指導領域을 구분하고, 이에 관한 지도 목표 및 내용을 선정하여 體系的으로 조직한 것이 특기할 만하다.

**(다) 교육과정 내용** : 제5차 고등학교 한문과 교육과정에 명시된 교육과정

은 목표, 내용, 지도 및 평가상의 유의점으로 구성하였으며, 그 구체적인 내용은 다음과 같다.

> 5차 문교부 고시 제88-7호
> 1988년 3월 31일
>
> **1. 교과목표**
>
> 한문을 독해할 수 있는 기능을 길러 한문기록을 이해하며, 전통문화를 아끼고 바르게 계승·발전시키려는 태도를 가지게 한다.
>
> 1) 한자를 알고 활용하게 한다.
> 2) 한자어를 알고, 文字와 言語生活에서 활용하게 한다.
> 3) 문장의 構造와 形式을 알고, 글을 體系的으로 理解하게 한다.
> 4) 여러 가지 글의 종류와 특징을 알고, 한문기록을 이해하고 감상하게 한다.
> 5) 한문기록에 담긴 선인들의 사상, 감정 및 가치관을 이해하고, 전통문화를 바르게 수용·발전시키려는 태도를 가지게 한다.
>
> **2. 내용**
>
> 1) 한자
>
> ① 한자의 音과 뜻을 알기
> ② 한자를 바르게 쓰고 활용하기
> ③ 한자의 짜임을 통하여 한자를 이해하기
>
> 2) 한자어
>
> ① 한자어의 音과 뜻을 알기
> ② 한자어를 바르게 쓰고 활용하기

③ 한자어를 익혀 언어생활에서 바르게 사용하기

④ 漢字成語의 짜임을 알고, 文章構造 이해에 활용하기

3) 한문

① 문장의 基本構造를 알고 활용하기

② 문장의 擴張構造를 알고 활용하기

③ 複合文의 구조을 알고 풀이하기

④ 문장의 形式을 알고 풀이하기

⑤ 虛詞의 구실을 알고, 文章讀解에 활용하기

⑥ 散文의 특징을 알고 독해하기

⑦ 漢詩의 특징을 알고 감상하기

⑧ 좋은 글귀를 암송하고, 그 감명을 되살리기

⑨ 한문기록에 담긴 先人들의 사상, 감정 및 가치관을 이해하기

⑩ 한문기록에 담긴 선인들의 훌륭한 행실을 본받고, 傳統文化를 바르게 수용·발전시키려는 태도 가지기

## 3. 지도 및 평가상의 유의점

1) 지도

⑴ 한문과는 그 영역을 '漢字', '漢文'으로 구분하되, '漢字', '漢字語'는 '漢文'에 수렴하여 지도한다.

① 한자는 고등학교 한문 교육용 기초한자 900자를 중심으로 그 음과 뜻을 알고, 바르게 쓰도록 지도한다.

② '漢字語'는 그 음과 뜻, 짜임을 알고, 언어생활과 문장독해를 바르게 할 수 있도록 지도한다.

③ '漢文'은 '漢字'와 '漢字語'를 바탕으로 독해력 신장에 필요한 기능을 길러, 한문기록을 바르게 이해하고 감상할 수 있도록 지도한다.

(2) '漢字', '漢字語', '漢文'의 지도내용은 과정별 선택의 이수 단위에 맞게 그 범위와 난이도를 고려하여 학습의 位階性과 連繫性이 유지되도록 상호 관련지어서 지도하되, 다음 사항에 유의하도록 한다.

① '한자'는 가능한 한 한자어나 간이한 문장과 관련지어 지도하도록 한다.

② 部首, 劃數, 筆順은 글자를 字典에서 찾고, 바르게 쓰는 데 도움이 되는 범위 내에서 지도한다.

③ 한자어의 짜임은 문장과 관련지어 지도한다.

④ 문장의 構造와 形式은 문장을 바르게 독해하는 데 활용할 수 있도록 지도한다.

⑤ 한문기록은 글의 뜻을 이해하고 감상하는 데 주안을 두되, 韻文, 散文 등 여러 종류의 글을 포함시켜 지도한다.

⑥ 文法은 독해를 원활히 할 수 있는 데 목표를 두고 각 문법사항을 주어진 글이나 예를 통하여 이해시키되, 이에 필요한 용어는 學校文法(國語文法)의 용어에 따르는 것을 원칙으로 한다.

⑦ 각 단원의 학습자료는 한문 독해력을 기르는 데 주안을 두고 읽기, 쓰기, 내용이해 등의 학습이 고르게 이루어지도록 지도한다.

⑧ 각 단원은 학습목표와 제재의 특성을 부각시킬 수 있는 사항에 주안을 두어 지도하되, 선행 단원과 관련지어 학습의 위계성과 연계성이 유지되도록 한다.

(3) 학습자료는 전통문화의 이해를 통하여 건전한 生活倫理를 실천하고, 민주적 生活態度와 미래 지향적인 가치를 확립하는 데 도움이 될 수 있는 것을 선택하도록 한다.

2) 평가

(1) '한자'는 바르게 읽고 쓰며, 그 뜻을 알아 바르게 사용하는 것을

평가한다.

(2) '한자어'는 바르게 읽고 쓰며, 그 뜻을 알아 문장의 독해나 언어 생활에서 바르게 활용하는 것을 평가한다.

(3) '한문'은 한문의 독해와 직결된 학습사항과 내용이해에 중점을 두어 평가한다.

(4) 評價目標는 단원의 목표와 직결시켜 선정하며, 학습목표의 달성도는 해당 단원 내용의 특성에 맞는 문항을 제작하여 측정하도록 한다.

(5) 評價方法은 읽기와 쓰기, 내용의 이해와 감상 등을 균형 있게 평가할 수 있도록 다양하게 한다.

## 3. 結論

이상의 漢文科 敎育課程의 변천을 통해서 살펴보았듯이, 고등학교에서 漢文敎科가 獨立敎科로 설정된 것은 1972년도이다. 그 이전에는 한문교과가 국어Ⅱ의 한문과정에 포함되어 있었다. 1972년도에는 한문교과의 신설을 포함한 교육과정의 부분 개정이 이루어졌던바, 1972년도에 '교육법 시행령'으로 중 · 고등학교에 한문교과를 독립된 교과로 신설하도록 조치함으로써 마침내 학교교육에서 한문교육이 독립된 교과교육으로서 정상적으로 실시될 수 있게 되었던 것이다. 1~5차에 걸친 한문과 교육과정의 體制, 目標 및 內容 등을 구체적으로 대비하여 보면 다음과 같다.

### 1) 體制

1, 2, 3, 4, 5차 한문과 교육과정의 체제를 보면 아래의 표와 같은데, 1, 2차 교육과정이 비슷하고, 3, 4, 5차 교육과정이 비슷하다. 각각 용어상의 차이는 있지만 '목표, 내용, 지도상의 유의점'이라는 체계를 유지하고 있다는 점에서 볼 때 모두 공통점이 있다. 그러나 1, 2차 교육과정에는 참고자료가 제시되어 있고, 4, 5차 교육과정에는 '평가상의 유의점'이 추가되었다는 점이 다르다.

### 2) 意義 및 目標

1, 2, 3, 4, 5차 교육과정의 교과목표의 구성은 다음과 같다.

(가) 1차 교육과정 : 국어Ⅱ의 교육과정 중 한문과정의 '한자 및 한문 지도의 의의'에서 5개항으로 제시하고 학년별 목표는 별도로 제시하지 않았다.

(나) 2차 교육과정 : 1차 교육과정과 마찬가지로 국어Ⅱ의 한문과정으로 '의의와 목표'에서 전문과 7개항으로 제시하였다. 학년별 목표는 별도로 제시하지 않았다.

(다) 3차 교육과정 : 한문교과의 '일반목표'를 3개항으로 제시하고, 한문Ⅰ·Ⅱ에 각각 목표를 3개항씩 제시하였다.

(라) 4차 교육과정 : 한문교과의 '교과목표'를 前文과 4개항으로 제시하였다. 한문Ⅰ·Ⅱ에 각각 4개항씩 '목표'를 제시하였다.

(마) 5차 교육과정 : 한문교과의 '교과목표'를 전문과 5개항으로 제시하고 한문Ⅰ·Ⅱ로 구분하지 않았다.

| 1차(1955.8.1) | 2차(1963.2.15) | 3차(1974.12.31) | 4차(1981.12.31) | 5차(1988.3.31) |
|---|---|---|---|---|
| 1. 한자 및 한문 지도의 의의 | (1) 의의와 목표 | Ⅰ. 일반 목표<br>Ⅱ. 한문Ⅰ<br>1. 목표 | 교과 목표<br>한문Ⅰ<br>가. 목표 | 가. 교과목표 |
| 2. 고등학교 한문과정<br>제1학년(교재내용, 지도요령),<br>제2학년(교재내용, 지도요령),<br>제3학년(교재내용, 지도요령) | (2) 지도 · 내용 | 2. 내용<br>가. 지도사항<br>나. 제재 선정의 기준 | 나. 내용 | 나. 내용<br>1) 한자<br>2) 한자어<br>3) 한문 |
| 3. 한자 및 한문의 지도요령 | (3) 지도상의 유의점 | 3. 지도상의 유의점 | 다. 지도 및 평가상의 유의점<br>1) 지도<br>2) 평가 | 다. 지도 및 평가상의 유의점<br>1) 지도<br>2) 평가 |
| 4. 참고자료 | 〈참고자료〉 | Ⅲ. 한문Ⅱ<br>1. 목표<br>2. 내용<br>가. 지도사항<br>나. 제재 선정의 기준<br>3. 지도상의 유의점<br>〈부칙〉 | 한문Ⅱ<br>가. 목표<br>나. 내용<br>다. 지도 및 평가상의 유의점<br>1) 지도<br>2) 평가<br>〈부칙〉 | 한문Ⅰ · Ⅱ로 구분하지 않고 단일 교육과정으로 구성 |

### 3) 內容體系

1, 2, 3, 4, 5차 한문과 교육과정의 내용체계는 다음과 같다.

(가) 1차 교육과정 : 교재내용과 지도요령을 학년별로 제시하였다.

(나) 2차 교육과정 : 지도내용을 7개항으로 제시하였다.

(다) 3차 교육과정 : 한문Ⅰ·Ⅱ의 '내용' 항에서 '지도사항', '제재 선정'을 구분하여 제시하였다.

(라) 4차 교육과정 : 한문Ⅰ에서 8개항으로, 한문Ⅱ에서 6개항으로 '내용'을 제시하였다.

(마) 5차 교육과정 : 지도영역을 '한자', '한자어', '한문'의 3영역으로 구분하고, 한자 3개항, 한자어 4개항, 한문 10개항으로 내용을 제시하였다.

### 4) 제재 선정의 기준

제재 선정의 기준을 별도로 설정 제시한 것은 3차 교육과정뿐이다. 1차 교육과정에서는 '교재내용'에서, 2차 교육과정에서는 '지도상의 유의점'에서, 4, 5차 교육과정에서는 '지도 및 평가상의 유의점'의 '지도' 항에서 제시하고 있다.

### 5) 지도 및 평가상의 유의점

1, 2, 3, 4, 5차 교육과정 모두 지도에 관한 유의사항(1차 교육과정에서는 '지도요령'이라 하여 학년별로 다루었다)을 제시했다. 평가에 관한 유의사항을 별도로 제시한 것은 4, 5차 교육과정뿐이다.

(가) 1차 교육과정 : 각 학년별로 '지도요령'에서 다루었다.

(나) 2차 교육과정 : '지도상의 유의점'에 6개항으로 다루었다.

(다) 3차 교육과정 : '지도상의 유의점'에 3개항으로 제시하였다.

(라) 4차 교육과정 : '지도 및 평가상의 유의점'에서 '지도(10개항)'와 '평가(4개항)'를 구분하여 제시하였다.

(마) 5차 교육과정 : '지도 및 평가상의 유의점'에서 '지도(3개항)'와 '평가(5개항)'를 구분하여 제시하였다.

(바) 부칙 3, 4차 교육과정에 '부칙'을 제시하였다. 이 부칙에 의하면 한문교과는 3차 교육과정은 1975학년도부터, 4차 교육과정은 1984년 3월 1일 신입생부터 시행하도록 되어 있다.

끝으로 本稿는 광복(1945. 8. 15) 이후 현행 교육과정에 이르기까지 변천해 온 한문과 교육과정을 살펴보았다. 그러나 2,000여 년 전 한자 · 한문이 우리나라에 처음으로 수입된 이래, 각 시대 각 지방에서 이루어졌던 書院敎育이나 書堂敎育 등을 史的으로 연구하고 분석한 바가 거의 없는 실정이다. 한문과 교육이 교과교육으로서의 면모와 위상을 확고히 하고 한문과 교육의 개발과 발전을 위해서는 이 분야의 연구가 하루 빨리 이루어져야 할 것이다.

《溪峰 林萬榮 교수 華甲紀念論文集》(1991, pp.301~319)에 발표

| **參考文獻** |

문교부, 《교수요목》, 1946. 11. 17 발행.
문교부, 《고등학교 교육과정》(1차), 1955. 8. 1 공포.
문교부, 《고등학교 교육과정》(2차), 1963. 2. 15 공포.
문교부, 《고등학교 교육과정》(3차), 1974. 12. 31 공포.
문교부, 《고등학교 교육과정》(4차), 1981. 12. 31 고시.
문교부, 《고등학교 교육과정》(5차), 1988. 3. 31 고시.
조윤제, 《국어교육》(창간호), 1948. 10. 31.
한국교육개발원, 〈제5차 국어과 한문과 교육과정 개정을 위한 세미나〉(1986. 5. 20~21), 1986. 5. 20.
문교부, 《고등학교 한문과 교육과정 해설》(5차), 1989. 7. 10.

# 제4절 7차 漢文科 敎育課程의 特徵
-6, 7차 漢文科 敎育課程의 비교를 중심으로-

## 1. 序論

중등학교에서 漢文科가 獨立敎科로서의 위상을 갖추게 된 것은 1972년 2월 28일 교육과정 시행령(109조)이 개정되면서부터이다. 물론 교육과정 편제에서 漢文敎科가 독립되기 이전에도 한문교육이 실시되기는 하였으나, 교육과정상 국어과 교육의 한 영역인 '국어Ⅱ'에 포함되어 있었다. 그러므로 한문교육을 독립교과로 인정한 1972년의 처치가 한문교육을 위한 일대 전환기였으며 한문교과가 독립교과로서의 위상을 확보하게 된 것이다.

제1, 2차 교육과정에서는 漢文科 敎育이 國語科 敎育의 일환으로 실시되었으나, 1973년, 1981년, 1987년, 1992년 4차례에 걸쳐 교육과정을 개정하면서 한문교과의 性格, 目標, 內容, 評價方法 등 교육과정으로서의 일정한 體制를 갖추게 되었으며 5차 교육과정부터는 한문과 교육과정 解說書까지 나오게 되었다.

더구나 제7차 한문과 교육과정에서는 현행 교육과정 운영 실태 및 7차 교육과정에 대한 요구를 탐색하기 위하여 한문과 교육과정 개정을 위한 設問調査까지 하여 敎育現場의 實態를 교육과정에 반영하려고 노력하였다.

이에 본고는 제6차 한문과 교육과정과 비교를 통해 제7차 교육과정의 개정 內容과 그 特徵을 살펴보고자 한다.

## 2. 제7차 교육과정의 기본 방향

### 1) 總論이 指向하는 기본 방향

7차 교육과정의 기본 방향은 '21세기의 世界化, 情報化 시대를 주도할 自律的이고 創意的인 韓國人 육성'에 두고 있다. 7차 교육과정에서는 이러한 인간을 기르기 위한 구체적인 방향을 다음과 같이 제시하고 있다.

첫째, 目標 : 건전한 人性과 創意性을 함양하는 기초 · 기본 교육의 충실.

7차 교육과정이 궁극적으로 지향하는 바는 건전한 인성과 창의성을 구비한 인간을 기르는 것이다. 이러한 인간교육은 기초 · 기본 교육에서 비롯된다. 기초 · 기본 교육에는 基本 言語能力, 數理的 思考能力, 基礎體力, 探究能力, 基本禮節, 公衆道德 등에 역점을 두어야 한다.

둘째, 內容 : 世界化, 情報化에 적응할 수 있는 自己主導 能力의 신장.

학습은 어차피 혼자 수행해 나가야 한다. 이를 위해서 主題 探究 活動, 교과의 普通 · 深化 활동, 學習方法의 연구 등이 요구된다.

셋째, 運營 : 학생의 能力, 適性, 進路에 적합한 학습자 중심 교육의 실천.

가장 효과적인 교육이란 개인차에 부합되는 교육이라야 한다. 7차 교육과정은 각 개인의 수준에 맞는 교육과정을 개발하여 교육의 효과를 높이는 방향으로 개정되었다.

넷째, 制度 · 地域 및 교육과정 편성 운영의 自律性 확대.

5차 교육과정만 하더라도 국가수준의 교육과정이었다. 이러한 교육과정은 지역사회나 학교의 요구가 무시된 채 만들어졌기 때문에 교육의 획일화를 초래할 수밖에 없었다. 이러한 문제를 극복하기 위하여 6차 교육과정에서는 국가수준, 市 · 道수준, 학교수준의 교육과정을 만들어 나름대로 교육의 多樣化 · 效率化를 기했다. 7차 교육과정에서는 이러한 자율성을 더욱 확대하여 교육과정의 효율화를 더 높이는 방향으로 개정되었다.

### 2) 교육과정 編制上의 變化와 한문과 교육

7차 교육과정은 水準別 교육과정의 개념을 도입하여 초등학교 1학년부터 고등학교 1학년까지 10년간을 國民基本共通敎育 기간으로 설정하고 있다. 이러한 체제상의 변화에 따라 國民基本共通敎科로 국어, 영어 등 10개 교과를 선정하고 裁量時間과 特別活動 체제로 바뀌었다. 따라서 현행 교육과정의 선택교과의 하나였던 '漢文' 교과가 제7차 교육과정에서는 새로 신설한 '재량시간' 교과로 전환되었고, 고등학교 한문교과 역시 '과정별 필수과목'에서 선택과목 교과로 전환되었다.

## 3. 제7차 漢文科 敎育課程의 特徵

### 1) 編制

⑴ 중학교 漢文 : 국민공통기본교과 10교과에서 제외됨. 선택교과가

재량시간 교과로 변환됨.

(2) 고등학교 1학년 : 국민공통기본교과 10교과에서 제외되고 재량시간을 12단위로 배정하였으니 履修敎科는 명시되지 않았음.

(3) 6차 교육과정의 '과정별 필수과목'은 市·道 교육청에서 선택해 당해 교육청 소속의 학생들이 이수하는 과목이므로 선택과목의 성격임.

(4) 6차 교육과정에서는 漢文Ⅰ, 漢文Ⅱ로 구분하였으나 7차에서는 '漢文'과 '漢文古典'으로 구별함.

〈漢文敎科 敎育課程 編制의 比較〉

| | 7차 | 6차 |
|---|---|---|
| 중학교 | 〈재량시간 교과〉<br>주당 2시간을 한문, 환경, 컴퓨터, 제2외국어에서 선택 | 〈선택교과〉<br>주당 1~2시간을 한문, 컴퓨터, 환경 교과에서 선택 |
| 고등학교 | 〈선택과목〉<br>일반 선택과목군에 '漢文' 6단위, 심화 선택과목군에 '漢文古典' 6단위 | 〈과정별 필수과목〉<br>한문Ⅰ과 한문Ⅱ로 구분하고, 한문Ⅰ 6단위, 한문Ⅱ 4단위를 배정 |

## 2) 總論

첫째, 교육법 시행령 109조의 '古典文化 傳統을 繼承하고 漢文 文化圈 안에서 主體的이며 調和로운 문화발전을 위하여'라는 독립교과의 취지에 맞도록 한문교과만의 독특한 체계를 갖추게 하고 고유한 목표를 구현하였다.

둘째, 傳統文化를 계승하면서 世界文化를 수용하고 21세기 세계화,

정보화에 적응할 수 있도록 자기주도적 능력을 신장하기 위해 漢字 · 漢字語 · 漢文 영역간의 관계를 명확히 설정하고, 이를 토대로 學校級別, 科目別 차이에 따른 지도학습 내용을 적절히 안배하였다. 이를 위해 총론에서 연구 제시한 기본 방향에 대해 심도 있는 검토가 되었고, 중 · 고등학교 '漢文', 고등학교 '漢文古典'의 한자, 한자어, 한문 영역 간의 관계를 설정하여 이를 토대로 기초한자 1,800자에 대한 효과적인 교수 · 학습 방안을 강구하였다.

셋째, 7차 한문과 교육과정은 편제상의 특징에서도 보듯이 중 · 고등학교에서 모두 선택과목으로 되어 있는 '한문' 과목을 학교나 학생들이 즐겨 선택할 수 있도록 총론의 기본 방향에서 제시한 내용에 맞추어 교재에 제시될 漢字 및 漢字語, 漢文文章의 범위와 수준을 학교별 또는 학년별로 적절히 조정하였다. 그리고 학년별 학습 부담을 경감시키고 학생의 학습수준에 맞추어 학습량을 적정화하였다.

### 3) 內容

(가) 한문교과의 목표는 중학교 '漢文', 고등학교 '漢文'과 '漢文古典'을 막론하고 기본적으로 교육용 기초한자 1,800자를 중심으로 漢字, 漢字語, 漢文文章을 통하여 일상 언어생활에 활용하며 청소년들에게 건전한 價値觀과 바람직한 人性을 갖게 하고, 우리 문화를 계승 발전시키며, 한자 문화권 안에서 조화로운 文化發展을 도모하도록 하였다.

(나) 중학교 '漢文'은 중학교 교육이 기본적으로 국민보통교육을 지향한다는 점에 유의하여 중학교 한문교육용 기초한자 900자를 익혀 이를 언어생활에 활용하고 우리의 傳統文化를 이해하고 계승하는 데 중점을 두었다.

(다) 고등학교 '漢文'은 중학교에서 학습한 '漢文'을 바탕으로 하여 중 · 고등학교 교육용 기초한자 1,800자를 익혀 이를 언어생활에 활용하고 우리의 傳統文化를 이해하고 계승 발전시키는 데 중점을 두었다.

(라) 고등학교 '漢文古典'은 기초한자 1,800자를 중심으로 중 · 고등학교에서 익힌 '漢文'에 기초하여 文 · 史 · 哲을 중심으로 문장의 讀解方法을 익혀 대학에서 國學이나 東洋學 관련 분야를 전공하는 데 도움이 되도록 하였다.

## 4. 중학교 漢文 敎育課程의 比較

### 1) 性格

| 제7차 교육과정 | 제6차 교육과정 |
| --- | --- |
| * 한문과의 성격을 統合하여 제시<br>한문과의 성격을 한자, 한자어, 한문을 익혀 1)언어생활, 2)문장의 讀解, 3)전통문화의 이해, 4)한문문화권의 同質性 유지로 나누어 한문과 고유의 성격을 나누어 제시 | * 한문과의 성격을 분리하여 제시<br>한자, 한자어를 통하여 1)언어생활, 2)문장의 독해로 제시. 한문을 통해 3)전통문화의 이해로 한문과 고유성격 제시 |

(가) 6, 7차에서 모두 漢文科는 國語 語彙의 많은 부분을 차지하고 있는 漢字語의 학습을 통하여 언어생활을 원활하게 하고, 타 교과를 학습하는 데 필요한 道具敎科임을 강조하고 있다.

(나) 현 6차 교육과정은 漢文科의 성격을 漢字와 漢字語, 漢文으로 分類함으로써 漢文科의 特性, 領域, 他 敎科와의 관계 등 한문과 고유성격을 제시하기에 미흡하여 7차 교육과정에서는 한

자, 한자어, 한문 영역을 통합하여 한문과의 고유성격을 제시하였다.

(다) 중학교 한문은 교육용 기초한자 900자를 통해 '漢文' 교과가 중학생들에게 학교교육의 정규교과로 처음 제공된다는 점을 감안하여, 학생들이 쉽고 재미있게 접근할 수 있도록 유의하였다.

(라) 한문과의 성격에 漢文 文化圈의 同質性을 유지하도록 하는 項目을 추가하였다.

## 2) 目標

| 제7차 교육과정 | 제6차 교육과정 |
|---|---|
| * 前文에서 한문과의 일반적인 目標要素를 한자, 한자어, 한문 영역으로 통합하여 제시<br>1) 언어생활에서 바르게 쓰고 읽기<br>2) 한문을 독해할 수 있는 기초 능력 배양<br>3) 한문기록에 담긴 先人들의 삶과 지혜를 통한 건전한 가치관과 바람직한 人性 확립<br>4) 전통문화를 이해하고 발전시키려는 태도 정립 | * ① 前文 1)항은 한자와 한자어 영역, 2)항은 한문 영역, 3)과 4)항은 한자, 한자어, 한문 영역으로 목표의 달성을 각각 구분하여 제시<br>② 3)과 4)항을 통합하여 1개 항목으로 제시 |
| * 下位 目標項을 5개 항목으로 학습자 중심으로 구체적으로 제시<br>1) 중학교 한문교육용 기초한자 900자를 읽고 쓸 수 있다.<br>2) 한자어를 바르게 읽고 쓰며 언어생활에 活用할 수 있다.<br>3) 簡易한 한문을 독해할 수 있는 기초적인 능력을 기를 수 있다.<br>4) 선인들의 삶의 모습과 지혜를 이해하고 건전한 가치관과 바람직한 인성을 기를 수 있다.<br>5) 한문기록에 담긴 전통문화를 이해하고 계승 발전시키려는 태도를 기를 수 있다. | * ① 하위 목표항을 일반적으로 진술<br>② 4)항과 5)항을 1개 항목으로 통합 |

(가) 6차 교육과정에서는 漢文科의 目標를 漢字와 漢字語, 漢文으로 나누어 기술함으로써 한문과의 고유목표인 實用性과 內容 측면이 포괄되지 못하였으나, 7차 교육과정에서는 한자, 한자어, 한문 영역을 통합하여 제시하였다.

(다) 학습자 중심으로 知識, 技能, 態度 및 習慣을 포괄적으로 제시하였다.

### 3) 內容體系 및 內容

#### 가) 內容體系

| 제7차 교육과정 | 제6차 교육과정 |
|---|---|
| * 領域別 내용체계로 전환<br>* 한자, 한자어, 한문 영역의 내용을 水準과 體系가 동시에 파악될 수 있도록 구성<br>* 한문교과의 3대 영역인 한자, 한자어, 한문의 각 영역별 내용의 要素들을 추출하고, 이 내용요소들에 근거해 位階性과 連繫性을 고려해 영역별 내용을 상세화하여 제시 | * 學年別 내용체계<br>* 한자, 한자어, 한문 영역의 내용을 학년별로 선정<br>* '내용체계'와 '내용'이 일부 用語表現상의 차이에 그칠 뿐, 기본적으로는 거의 같은 陳述의 反復으로 제시 |

#### 나) 內容

| 제7차 교육과정 | 제6차 교육과정 |
|---|---|
| * 각 학년별 수준을 고려하여 難易度를 조정해 학년별 내용을 水準別 차별화로 기술<br>* 학습자 중심으로 내용+행동 형식으로 기술<br>* 통합적이고 체계적으로 構造化한 내용을 제시 | * 학년별 내용은 한자, 한자어, 한문의 각 영역별 내용을 난이도에 따라 학년별 合理的으로 구분하지 않고 각 학년별로 重複해 기술<br>* 학생들이 학습을 통해 성취해야 할 능력이나 특성이 구조화되지 못함 |

### 4) 方法

| 제7차 교육과정 | 제6차 교육과정 |
|---|---|
| * 방법은 7차 교육과정이 指向하는 總論의 精神을 反映하며 1)교수 · 학습 계획 2)교수 · 학습 방법 3)교수 · 학습 지도로 구분<br>1) 敎授 · 學習 계획<br>중학교 한문교육용 기초한자 900자 학습이 체계적으로 이루어지고 학습자, 家庭, 社會 등의 요구를 수렴하고, 학습자의 실생활에 도움이 되며, 컴퓨터 및 각종 멀티미디어 資料들을 활용할 수 있도록 계획한다. | * 교수 · 학습 계획의 내용은 정보가 지극히 추상적이거나 一般指針 수준이며, 학습자 중심의 학습 계획이 아니다. |
| 2) 교수 · 학습 방법<br>* 한자, 한자어 지도 : 부수 중심의 지도법, 구조 분석법, 조어 분석법, 언어 활용법, 반복 학습법, 색출법, 비교 학습법<br>* 한문 지도 : 토의 학습법, 역할놀이 학습법 등 다양한 授業模型을 활용하도록 강조 | * 한문과 교수 · 학습 방법의 특성별, 영역별 교수 · 학습의 모형이 具體的으로 多樣하게 제시되어 있지 않다. |
| 3) 교수 · 학습 자료<br>카드, 융판, 괘도, 컴퓨터, OHP, 멀티미디어 등 시청각 자료 활용 | * 文法敎育에 대한 교수 · 학습상의 留意點이 있다. |
| * 교과서 開發 및 審議 기준을 명시<br>1)내용선정, 2)조직 3)수준과 범위 4)구성체제, 5)표현 및 표기 등의 5개 영역과 각 영역에 따른 21항목의 내용 제시 | * 교과서 개발에 대한 사항을 교수 · 학습 자료에서 간단히 언급 |

### 5) 評價

| 제7차 교육과정 | 제6차 교육과정 |
|---|---|
| 1)평가의 지침, 2)평가방법, 3)평가결과의 활용으로 나누어 한문과 특성에 맞는 일반적 구체적 지침을 제시 | 1)평가의 지침, 2)평가방법 3)평가결과의 활용으로 나누어 한문과 특성에 맞는 일반적 구체적 지침을 제시 |
| 1) 평가지침<br>한자 · 한자어 : 중학교 교육용 한자 900 | 1) 평가지침<br>한자 · 한자어 : 중학교 교육용 한자 900 |

| | |
|---|---|
| 자를 바르게 읽고 쓰며 그 음과 뜻을 바르게 알고 있는지를 평가<br>한문 : 문장을 바르게 이해하고 감상할 수 있는가에 중점을 두어 평가 | 자를 바르게 읽고 쓰며 그 음과 뜻을 바르게 알고 있는지를 평가<br>한문 : 문장을 바르게 이해하고 감상할 수 있는가에 중점을 두어 평가 |
| 2) **평가방법**<br>* 朗讀法, 解釋法, 問答法, 紙筆法, 課題評價法 등 다양한 평가방법 제시<br>* 컴퓨터와 멀티미디어를 이용하여 평가 학교간, 지역간 평가방법 및 문제를 교류하여 질을 높인다.<br>* 컴퓨터 통신망을 이용하여 時空間的 제약 없이 평가한다. | * 평가방법에서 학생들의 성취수준을 정확하게 평가할 수 있는 보다 구체적이고 실질적인 내용이 제시되어 있지 않다. |
| 3) 先修學習의 정도, 성취수준의 진단, 수업목표의 진단, 교수 · 학습 개선의 자료, 人性教育과 進路指導에 활용한다. | * 한문과의 평가결과는 학생들의 학업성취 수준을 평가하고 교수 · 학습 방법의 改善에 활용한다고 비교적 간단히 제시하고 있다. |

## 5. 고등학교 漢文科 教育課程의 比較

### 1) 性格

(가) 중학교 한문과의 성격과 같이 漢字, 漢字語, 漢文 영역을 통합하여 한문과의 고유성격을 언어생활, 문장독해, 전통문화의 이해, 한문 문화권 동질성 유지로 나누어 제시하였다(6차 교육과정에서는 한자와 한자어를 익혀 언어생활을 원활히 하고, 한문문장 학습을 통해 漢文典籍을 독해하는 능력을 기르는 데 중점을 두고 전통문화를 이해, 계승 · 발전시키도록 하였다).

(나) 일반선택인 고등학교 '漢文'은 고등학교 한문교육용 기초한자 900자를 중심으로 漢字, 漢字語, 漢文을 익혀 일상생활에 활용

하도록 하고 중 · 고등학교 기초한자 1,800자를 바탕으로 한문을 독해할 수 있는 능력을 기르며 한문기록을 통해 우리의 전통문화 이해와 건전한 가치관 형성 및 한자 문화권 내에서의 상호 이해를 증진하는 데 유의한다(6차 교육과정에서는 고등학교 한문과 교육용 기초한자 900자를 중심으로 고등학교 수준에 맞추어 한문과의 성격을 구현하도록 제시하였다).

(다) 深化選擇인 고등학교 '漢文古典'은 중 · 고등학교에서 학습한 '漢文'을 바탕으로 우리나라와 동양의 先人들이 남긴 文 · 史 · 哲 등 漢文典籍 중에서 精選한 자료를 독해하는 데 중점을 두었다. '한문고전'은 國學과 東洋學 분야의 학문과 전통문화의 연구에 필요한 한문독해 능력을 체계적으로 기르고, 이를 통하여 한문기록에 담긴 선인들의 생각과 思想을 바르게 이해하여 건전한 가치관을 확립하며 전통문화를 창의적으로 발전시키고 한자 문화권 내에서의 상호 증진에 주체적으로 기여하도록 하였다.

## 2) 目標

(가) 고등학교 '漢文'과 '漢文古典'의 일반목표는 중학교와 동일하다. 일반목표의 성격을 가지는 전문에서 '① 언어생활에서 바르게 쓰고 읽기, ② 한문을 독해할 수 있는 基礎能力 培養, ③ 한문기록에 담긴 선인들의 삶과 지혜를 통한 건전한 가치관과 바람직한 인성 확립, ④ 전통문화를 이해하고 계승 발전시키려는 태도 정립' 등 4항목의 目標要素를 제시하였다.

(나) 하위 목표항에서 고등학교 '한문'은 중학교 '한문'과 동일하지만

고등학교 교육용 한자 900자를 익힌다는 차이가 있다. 고등학교 '한문고전'은 고등학교 '한문'을 이수한 인문계열의 학생들이 배운다는 점에 유의하여 '①한자와 한자어 익히기, ②文·史·哲 등 漢文典籍을 독해할 수 있는 능력 기르기, ③바람직한 가치관과 인성 기르기, ④한자 문화권 내에서의 상호 이해와 교류 증진' 등 4개 항목을 설정하였다.

### 3) 內容體系 및 內容

(가) 內容體系

① 고등학교 '漢文'

· 한자, 한자어, 한문 영역의 내용을 水準과 體系가 동시에 파악되도록 구성.

· 6차 교육과정의 영역별 내용을 한 단계 더 詳細化하여 제시.

· 중학교 '한문'에서 학습한 내용을 고려해 수준별로 차별화

② 고등학교 '漢文古典'

· 한자와 한자어 영역을 통합하고 한문 영역의 내용을 수준과 체계가 동시에 파악되도록 구성.

· 6차 교육과정의 영역별 내용을 한 단계 더 상세화하여 제시.

· 國學과 東洋學 분야의 學問과 傳統文化의 연구에 필요한 한문독해 능력을 기르는 데 중점을 두어 제시.

〈高等學校 '漢文'의 內容體系〉

<table>
<tr><th colspan="2">6차 교육과정</th><th colspan="3">7차 교육과정</th></tr>
<tr><th>內容領域</th><th>내용</th><th>內容領域</th><th colspan="2">내용</th></tr>
<tr><td rowspan="2">漢字</td><td rowspan="2">· 한자의 音과 뜻<br>· 한자쓰기<br>· 한자의 짜임<br>· 한자의 활용</td><td rowspan="2">漢字</td><td>한자 익히기</td><td>· 한자의 음과 뜻을 알고 쓰기<br>· 한자의 짜임을 통해 形音 알기</td></tr>
<tr><td>한자 활용하기</td><td>· 언어생활에 활용하기<br>· 문장독해에 활용하기</td></tr>
<tr><td rowspan="3">漢字語</td><td rowspan="3">· 한자어의 音과 뜻<br>· 한자어의 짜임<br>· 한자어의 활용<br>· 故事成語</td><td rowspan="3">漢字語</td><td>한자어 익히기</td><td>· 한자어의 음과 뜻을 읽고 쓰기<br>· 한자어의 짜임을 통해 뜻 알기<br>· 成語의 속뜻 알기</td></tr>
<tr><td>한자어 활용하기</td><td>· 언어생활에 활용하기<br>· 문장독해에 활용하기</td></tr>
<tr><td>가치관 형성하기</td><td>· 선인들의 삶과 지혜를 이해하고 가치관 형성하기</td></tr>
<tr><td rowspan="5">漢文</td><td rowspan="5">· 散文의 독해<br>· 문장의 구조<br>· 문장의 형식<br>· 虛字의 쓰임과 구실<br>· 漢詩의 풀이와 감상<br>· 先人들의 사상과 감정 이해 및 價値觀 형성<br>· 傳統文化의 이해와 계승 · 발전</td><td rowspan="5">漢文</td><td>한문 익히기</td><td>· 散文을 읽고 풀이하기<br>· 문장구조를 통해 문장의 내용 알기<br>· 虛字의 쓰임을 알고 활용하기<br>· 문장의 形式을 통해 문장의 뜻 풀이하기</td></tr>
<tr><td>한문 활용하기</td><td>· 格言, 俗談, 名言, 名句를 일상생활에서 활용하기</td></tr>
<tr><td>漢詩 익히기</td><td>· 漢詩를 풀이하고 감상하기</td></tr>
<tr><td>가치관 형성하기</td><td>· 선인들의 삶과 지혜를 이해하고 가치관 형성하기</td></tr>
<tr><td>전통문화 계승 · 발전시키기</td><td>· 전통문화를 이해하고 계승하기<br>· 漢字 文化圈 내에서의 상호 이해 증진하기</td></tr>
</table>

〈高等學校 '漢文古典'의 內容體系〉

<table>
<tr><th colspan="2">6차 교육과정</th><th colspan="3">7차 교육과정</th></tr>
<tr><th>內容領域</th><th>내용</th><th>內容領域</th><th colspan="2">내용</th></tr>
<tr><td>漢字</td><td>· 한자의 음과 뜻<br>· 한자의 활용</td><td rowspan="2">漢字와 漢字語</td><td>한자와 한자어 익히고 활용하기</td><td>· 한자의 음과 뜻을 읽고 쓰기<br>· 成語의 속뜻 알기</td></tr>
<tr><td>漢字語</td><td>· 한자어의 음과 뜻<br>· 한자어의 활용</td><td>가치관 형성하기</td><td>· 선인들의 삶과 지혜를 이해하고 가치관 형성하기</td></tr>
<tr><td rowspan="4">漢文</td><td rowspan="4">· 散文의 독해<br>· 문장의 구조<br>· 문장의 형식<br>· 虛字의 쓰임과 구실<br>· 漢詩의 특징 및 감상<br>· 先人들의 사상과 감정 이해 및 價値觀 형성<br>· 傳統文化의 이해와 애호, 발전</td><td rowspan="4">漢文</td><td>한문 익히기</td><td>· 문장을 읽고 풀이하기<br>· 문장 구조와 형식을 알고 활용하기<br>· 文學類의 산문을 풀이하고 감상하기<br>· 歷史類의 산문을 풀이하고 이해하기<br>· 思想類의 산문을 풀이하고 이해하기<br>· 여러 가지 산문의 특징을 이해하고 활용하기</td></tr>
<tr><td>漢詩 익히고 활용하기</td><td>· 漢詩를 풀이하고 감상하기<br>· 漢詩의 형식과 특징을 알고 풀이하기</td></tr>
<tr><td>가치관 형성하기</td><td>· 선인들의 삶과 지혜를 이해하고 가치관 형성하기</td></tr>
<tr><td>전통문화 계승·발전시키기</td><td>· 전통문화를 이해하고 계승하기<br>· 漢字 文化圈 내에서의 상호 이해와 교류에 기여하기</td></tr>
</table>

(나) 內容

① 고등학교 '漢文'

· 學習者 중심으로 내용과 행동의 형식으로 기술.

· 統合的이고 體系的으로 構造化한 내용을 제시.

· 3개 학년에서 학습할 내용을 水準別로 차별화하여 제시.

② 고등학교 '漢文古典'

· 한자와 한자어 영역 통합.

· 學習者 중심으로 내용과 행동의 형식으로 기술.

· 統合的이고 體系的으로 構造化한 내용을 제시.

· 國學과 東洋學 분야의 학문과 전통문화의 연구에 필요한 한문독해 능력을 기르는 데 중점을 두어 제시.

· 6차 교육과정에서는 내용체계와 내용이 기본적으로 같은 진술로 반복되어 있다.

· 6차 교육과정은 학습한 수준에 대한 고려 없이 단순 나열에 그침.

### 4) 方法

(가) 고등학교 '漢文'과 '漢文古典'

모두 중학교 '한문'과 같이 ①교수 · 학습 계획, ②교수 · 학습 방법, ③교수 · 학습 지도로 구분하고 교과서 개발 및 審議 기준이 제시되어 있다.

(나) 고등학교 '漢文'

· 교수 · 학습 계획 : 고등학교 한문교육용 기초한자 900자가 전 단원

에 균형 있게 안배되도록 하고 중학교에서 한문과 교육을 체계적으로 이수하지 않은 학생이 고등학교 '한문'을 이수하고자 한다면 중학교 교육과정에 근거하여 별도의 補充學習 계획을 수립한다.

· 교수 · 학습 방법과 교수 · 학습 지도의 내용은 중학교 '한문'과 동일하다.

### 5) 고등학교 '漢文古典'

· 교수 · 학습 계획 : 중 · 고등학교 한문교육용 기초한자 1,800자의 학습성과를 바탕으로 國學, 東洋學, 韓醫學 등 각종 漢文典籍의 讀解力이 신장될 수 있도록 계획을 수립한다.

· 교수 · 학습 방법과 교수 · 학습 지도 내용은 중학교 '한문'과 동일하다.

### 6) 評價

⑴ 고등학교 '漢文'과 '漢文古典' 모두 중학교 '한문'과 ① 평가지침의 일부만 다를 뿐 ② 평가방법과 ③ 평가결과의 활용 내용이 같다.

⑵ 고등학교 '漢文' : 評價指針 –'漢字'와 '漢字語'의 평가는 고등학교 한문교육용 기초한자 900자를 바르게 읽고 쓰며, 그 음과 뜻을 알고 있는지 여부에 중점을 두어 평가하도록 한다. '한문'의 평가는 중학교 '한문'과 동일하다.

⑶ 고등학교 '漢文古典' : 評價指針 –'漢字'와 '漢字語'의 평가는 중 · 고등학교 한문교육용 기초한자 1,800자와 漢文典籍에 나오는 한자를 읽고 쓰며, 그 음과 뜻을 알고 있는지의 여부에 중점을 두어 평가하되 한문 독해력 평가와 그 균형을 유지하도록 한다. '한문'의 평가는 중학교 '한문'과 동일하다.

## 4. 結論 및 提言

7차 교육과정의 기본 방향이 21세기의 世界化, 情報化 時代를 주도할 自律的이고 創意的인 韓國人 育成이라 하고, 구체적인 방향을 目標, 內容, 運營, 制度 등 40개 항목으로 제시하고 있다.

그 중 目標에서는 '건전한 人性과 創意性을 함양하는 기초 · 기본 교육의 충실'을 제시하고 있으며, 內容에서는 '世界化, 情報化에 적응할 수 있는 自己主導的 능력의 신장'을 강조하고 있다. 결국 기초 · 기본 교육의 충실과 자기주도적 능력의 신장이 목표와 내용에서 제시되고 있는 것이다. 이를 漢文科 敎育의 내용이나 기능, 그리고 역할에 견주어 보면 건전한 인성이나 창의성을 함양하는 데 있어서 漢字 · 漢文 敎育이 기초 · 기본 교육임을 알 수 있을 것이다.

漢字는 우리 文字言語 文化의 중추적 역할을 해 왔기 때문에 우리 國語 어휘의 70% 이상을 차지하고 있는 것이다. 다시 말하면 우리 文字言語의 대부분이 한자로 되어 있기 때문에 원활한 言語生活을 하자면 기초적이며 기본적인 구실을 하는 漢字 · 漢文 敎育이 선행되어야 하며, 세계화 · 정보화의 측면에서 보아도 16억이나 되는 많은 東北亞人이 사용하고 있어 漢字 文化圈에서의 정보화나 세계화의 핵심을 이루는 것이 한자임을 직시할 때, 국민기본공통교과목 속에 漢文敎科가 포함되어야 함을 알 수 있을 것이다.

초등학교 1학년부터 고등학교 1학년까지 10년간의 국민기본공통교과의 기간에 한자 · 한문 교육이 배제되고 裁量時間이나 選擇時間에 학습할 수 있게 되었다는 것은 7차 교육과정의 기본 방향을 달성하기에 미흡하기 그지없다고 본다.

더구나 초등학교 한자교육은 재량시간에 학습할 수 있다고 하나, 교육과정상에는 '漢字敎育'의 교과목이 명시된 바가 없으며, '初等敎科'에서 가르쳐야 할 敎育用 漢字를 선정하지도 않았기 때문에 어떤 한자를 몇 자나 가르쳐야 할지 갈피를 잡지 못하고 있는 실정이다.

중학교의 교육과정도 5차에는 必須科目이었던 것이 6, 7차에서는 재량시간으로 전락되었기 때문에 모든 중학교 학생들이 이수해야 할 敎育用 基礎漢字 900자를 가르칠 수 있는 시간의 확보가 매우 어려운 실정에 있다. 재량시간 배당이 6차에서는 1~2시간으로 되어 있으나, 실제 현장 운영면에 있어서는 대부분 1시간씩밖에 배당하지 않았다. 7차에서는 중학교 재량시간을 2시간으로 고정시켜 놓고 漢字, 환경, 컴퓨터, 제2외국어를 선택할 수 있도록 구성하였다. 2시간으로 고정 배당했다는 장점이 있기는 하나, 6차에서 다루지 않았던 제2외국어를 배정했기에 한자교육의 시간 배당상 별다른 이점이 없게 되었다. 이러한 조건하에서 중학교 교육용 기초한자 900자를 어떻게 교육할 수 있을지 우려하는 바가 매우 크다.

고등학교 漢文科 敎育課程도 실제 내용상으로는 6차와 별다른 진전이 없고, '漢文'은 일반 선택시간에 6단위를 이수하고 '漢文古典'은 심화 선택시간에 6단위를 이수하도록 되어 있다. 6차에서 '漢文Ⅰ', '漢文Ⅱ'로 되어 있던 것을 7차에서는 '漢文'과 '漢文古典'으로 분류하고, 6차의 '漢文Ⅱ'보다 2단위 더 이수하도록 되어 있다.

7차에서는 '한문', '한문고전' 모두 중학교 '한문'과 같이 敎授學習 計劃, 敎育學習 方法, 敎授學習 指導를 구체적으로 상세화하여 제시했으며, 교과서 개발 審議基準도 매우 구체적으로 제시하였다.

교육과정이 바뀔 때마다 敎科敎育課程도 새롭게 연구하여 개발하고 있으나 중 · 고교에서 모두 선택과목으로 되어 있고, 대학입시의 수능고사에 반영하지 않았기 때문에 漢文科 敎育은 교육현장에서 輕視科目으로 전락되고, 졸업해도 자기 父母의 姓名 하나 제대로 쓰지 못하는 漢盲을 배출하고 있는 실정이다.

한문과 교육이 基礎道具敎科임을 깊이 인식하고 우리나라 교과교육상 중요한 필수교과로 교육하지 않으면 한문교과는 있어도 한문교육의 실제는 不在하는 결과를 가져와, 우리 言語槪念 파악이 모호해지고 아울러 개념의 혼란과 國民精神의 혼란까지도 초래하게 되며, 傳統文化의 단절, 東洋 文化圈 내에서의 言語文字的 同質性을 상실하여 亞太時代의 孤立兒가 될 것이며, 경제발전에도 크게 저해되는 결과를 가져올 것이다. 그러므로 새 國民의 政府에서는 과감하게 초등학교에서부터 중학교에 이르기까지 漢字 · 漢文을 필수교과로 가르칠 수 있도록 하고, 대학입시의 수능고사에도 반영해야 할 것이다.

《漢字漢文敎育 제4집》(漢字漢文敎育學會 編, 1998, pp.73~88)에 발표

| **參考文獻** |

한국교육개발원 교육과정개정연구위원, 《제7차 중고등학교 한문과 교육과정 개발》, 1998.
교육부, 《중학교 교육과정》, 1992.
교육부, 《고등학교 교육과정》, 1992.
교육부, 《중학교 교육과정 해설》, 1994.
교육부, 《고등학교 한문과 교육과정 해설》(漢文Ⅰ, 漢文Ⅱ), 1995.
교육부, 《초등학교 교육과정》, 1997.
교육부, 《중학교 교육과정》, 1997.
교육부, 《고등학교 교육과정》(Ⅰ), 1997.

# 제3장 漢文科 敎授學習論

# 제1절 漢文科 學習의 基本要素

우리는 반만년 歷史를 가진 文化民族이라 자처한다. 그러나 우리의 말을 자유롭게 記錄할 수 있는 文字가 발명된 것은 지금으로부터 550여 년 전의 일에 불과하다. 우리의 말이 있으면서도 그 말을 적을 수 있는 문자가 없었기 때문에 우리의 조상들은 수많은 세월 동안 文字生活을 漢字에 의존해 왔음을 誓記式 表記나 吏讀, 鄕札, 口訣 등에서 그 흔적을 찾아볼 수가 있다. 특히 漢文典籍 등에서 漢字 · 漢文을 우리나라의 公用文字로 사용해 왔던 것이다. 이와 같이 오랜 세월 사용해 오던 한자 · 한문은 우리의 文字 · 言語 生活에 깊숙이 파고 들어와 오늘의 民族文化를 형성한 것이다.

이렇게 우리 문화에 지대한 영향을 끼친 한자 · 한문이기 때문에 현대에 이르를수록 한자 · 한문 교육이 절실하게 요구되는 것이다. 漢文科 教育에 있어서 무엇보다 먼저 해결되어야 할 근본적인 문제는 漢文文章을 바르게 해석할 수 있는 讀解技能의 신장과 漢籍 이해능력이다. 이러한 讀解力이나 理解力 없이는 한문으로 형성된 民族文化 또는 傳統文化의 계승 · 발전은 기대할 수 없기 때문이다.

그렇다면 무엇을 어떻게 가르쳐야 짧은 기간 내에 학생들의 독해력과 이해력을 신장시킬 수 있을까? 이것이 현대 한문교육의 큰 과제인 것이다. 漢文萬能 時代에는 한문공부만 하면 충분히 사회에 적응할 수 있고 사회의 지도자가 될 수 있었으나, 文化 · 文明이 눈부시게 발달하고 있는 현대사회에 있어서는 한문만 학습한다는 것은, 社會的으로나 時間的으로나 노력의 經濟性으로 볼 때 허용되지 않는다.

國語, 英語, 數學, 科學, 컴퓨터 등 많은 敎科를 학습하지 않으면 안 될 숙명에 놓여 있는 현대교육에서 한문학습만을 강요할 수도 없고 강요되지도 않는다. 이러한 필연적 교육조건 속에서 시간과 노력이 많이 요구되는 종래와 같은 무조건 暗記式 한문학습은 불가능한 처지에 놓여 있다는 점이 현대 한문교육의 문제점으로 제기되고 있는 것이다.

文化 · 文明의 발달이 가속화됨에 따라 학습의 분야가 다양해지고 내용이 복잡해지고 있다. 이러한 현대의 학습 조건과 환경 속에서 옛날과 같이 한문학습만을 가지고 현대의 새로운 世代에 대처할 수 없음은 명백한 일이다.

결국 한문은 많은 교과 중에서 하나의 교과에 지나지 않는 것이다. 여기에 한문공부만 해도 모든 것이 해결되었던 옛날과는 다른 현대적 한문교육의 고민이 있는 것이다. 여러 교과 중에 하나인 한문교과, 이 한문공부만을 위해서 모든 시간과 노력을 소비할 수 없는 처지에 있기 때문에 漢文敎育 方法은 現代化되어야 하고 敎科化되어야 한다.

그러면 漢文讀解 技能의 기초적인 신장을 위한 科學的인 한문교육의 요체는 무엇일까? 즉 무엇을 어떻게 교육하는 것이 과학적인 방법이며, 학습자로 하여금 흥미를 가질 수 있게 하고 시간과 노력의 소모를 방지하고 최대의 學習效果를 거둘 수 있는 經濟的인 방법일까?

한문교육의 요체는 '漢字의 構造', '漢文文型', 그리고 文法的 成分인 '虛詞의 用法', 이 3요소를 이해하는 것이 한문독해 기능 신장의 핵심이 된다.

그러므로 한문의 독해기능의 신장을 위한 과학적인 한문교육은, 첫째

'漢字의 構造를 통한 漢字學習', 둘째 '漢文의 文型을 통한 漢文學習', 셋째 '虛詞의 用法을 통한 漢文學習', 이 3요소가 현대 漢文學習의 기본 요소로 중요시되어야 한다.

# 제2절 漢字의 構造를 통한 漢字學習

漢字學習은 漢字의 音과 訓을 아는 것이 궁극의 목표이다. 어떻게 하면 한자의 音과 訓을 흥미 있게 학습할 수 있고 이것을 오래도록 기억할 수 있느냐 하는, 學習方法이 科學的으로 제시되어야 한다.

'漢字의 構造'란 한자가 어떤 짜임새를 가지고 있는가, 다시 말하면 한자가 어떻게 구성되어 있는가 하는 字源的 解說이며, 이 자원적 해설은 許愼의 《說文解字》에 근거를 두어야 한다. 한자는 表意文字이기 때문에 한 글자가 意味情報의 核을 이루는 一字一義 문자로써 한 글자에는 形, 音, 義가 있는 것이다. 이 形, 音, 義는 한자구조의 3요소로써 글자의 '形'을 통해서 音과 義를 추출할 수 있는 것이다.

즉 물고기의 모양을 본떠서 만든 '魚' 자나 새의 모양을 본떠서 만든 '鳥' 자 등, 물고기나 새의 形象을 그림을 통해서 '魚, 鳥' 자를 학습하게 할 수 있는 것이다.

가령 '休(쉴 휴)' 자의 구조는 '人(사람 인) + 木(나무 목)'으로 짜여 있는 글자이기 때문에 '사람(人)이 나무(木) 밑에서 쉬고(休)' 있는 형상을 그림으로 제시하여 지도한다면, '人, 木, 休' 세 글자를 알 수 있으니, 이는 一石三鳥의 비법이 되는 것이다.

現場教育의 實驗報告에서 한자학습은 '分析的 학습이 효과적임'이 밝혀졌으며, 日本의 한자교육의 거성 이시이 이사오(石井勳)는 '한자를 본격적으로 학습한다는 전제로서는 이 한자의 구조(字形構造)를 익히는 것이 한자교육의 기초적 작업으로써 매우 중요할 뿐 아니라, 近代的 또는 科學的인 한자학습을 위해서는 必須不可缺의 것'이라고 말하고 있다.

이러한 사실들은 한자를 무조건 暗記式으로 학습하지 말고 한자의 構造原理에 따라 分析과 綜合, 그리고 繪畫를 통하여 흥미롭게 배울 수 있는 과학적인 학습방법이 효과적임을 의미하는 것이다.

수많은 한자들은 일정한 장소에서 일시에 만들어진 것도 아니며, 넓은 중국 땅 곳곳에서 時代와 場所를 가리지 않고 恣意的으로 생성 발달해 온 것이다. 이러한 한자들을 그 構造類型에 따라 분류한 六書를 기본으로 하여 한자의 구조를 재구성하여 학습현장에서 알맞게 활용해야 할 것이다.

한자의 구조를 연구함에 있어서 許愼의 六書가 그 기본이 되어야 하지마는 지나치게 여기에 구애되지 말고, 현장교육에서 視聽覺的 學習效果가 있도록 새롭게 연구 개발하여야 한다.

한자학습은 '재미없고 어렵다.'고 생각하기 쉬운 학습자들에게 "쉽고도 재미있다."는 信念을 갖게 하기 위해서는 한자의 구조를 통한 한자의 학습이 절실히 요구된다.

한자학습에서 궁극의 목표는 漢字의 訓音을 아는 일이다. 모든 한자들이 部首先習이나 構造分析 과정에서 이해되는 것만은 아니다. 여기에만 지나치게 집착하게 되면 오히려 한자학습에 역효과를 낼 수도 있음을 유념하고, 부수를 선습시키고 한자의 구조 분석 · 종합의 과정을 통해서 한자의 訓音을 인지시켜야 한다.

그러므로 漢文科 敎育課程에서는 한자의 구조적 이해를 할 수 있도록 目標와 內容이 具體的으로 기술되어야 한다. 다만, 한자의 구조를 강조하다 보면, 학생들로 하여금 六書에 대한 字學을 강요하여 오히려 한자교육을 그르칠 염려가 있음을 명심해야 한다. 다시 말하면 한자의 구조를 통하여 한자교육을 쉽고도 재미있게 학습시키는 데 그 目的이 있는 것이지, "이 글자는 象形文字이며, 저 글자는 形聲文字"라고 字學 자체를 학습시키자는 것이 아니다.

현행 교육과정에도 이 한자의 구조를 통한 한자학습이 제기되고 있으나, 앞에서 말한 字學 자체를 학습시키는 愚를 범하고 있는 사례가 많은 줄 알고 있다. 가령 漢字評價에서 '다음 漢字에서 形聲文字를 찾으시오.'와 같이 출제를 하면 학습자들로 하여금 육서를 공부하지 않으면 아니 되는 결과를 초래한다. 이렇게 되면 효과적이며 흥미로운 한자학습의 의도와는 相反되는 학습방법이 되고, 한자학습의 科學化에 逆行하는 학습방법이 됨을 명심해야 한다.

# 제3절 漢文文型을 통한 漢文學習

어느 言語이든 그 언어 나름대로의 일정한 체계를 가지고 있다. 漢文은 한 글자 한 글자의 漢字가 모여서 이루어지는 文章이다. 한문은 活用이나 屈折 현상이 없고 다만 語順에 의하여 그 文法的 構造나 機能(function)이 달라지며, 또한 文章의 成分도 결정된다.

'月明'은 主述文型으로 主語와 述語가 배합되어 '달이 밝다.'는 뜻을 나타내는 문장이다. 그러나 어순을 바꾸어 '明月'이라고 표현하면, 冠形語가 名詞類 앞에 와서 그 명사류를 修飾해 주는 修飾文型이 되어 '밝은 달'이라는 뜻이 된다. 즉 '明'은 주어인 '月' 다음에 오면 서술어가 되고, 명사류인 '月' 앞에 오면 '月'을 수식하는 관형어가 됨을 알 수 있다.

이러한 한문의 語順關係를 정리하여 體系化한 것이 漢文의 文型인 것이다.

한문의 문형은 基本文型과 擴張文型으로 類別된다. 기본문형은 主語, 目的語, 敍述語, 補語만으로 이루어지는 문형이며, 확장문형은 이 기본문형을 보충해 주는 부가적 성분인 冠形語, 副詞語 등이 덧붙어서 이루어지는 '文章의 類型'이다.

이를테면 '臣事君'이란 言語表現은 '主語-敍述語-目的語'가 일정한 어순에 의하여 배열된 기본문형이며, '忠臣不事二君'이란 문장은 기본문형인 '臣事君'에 부가성분인 '忠, 不, 二'가 덧붙은 확장문형이다.

한문학습을 文章類型을 바탕으로 하여 학습하되, 기본문형에서부터 확장문형으로 발전시켜 나아가면 흥미롭고 쉽게 한문문장 유형을 이해하게 될 것이다. 가령 '春來'라는 기본문형에 부가성분을 첨가하여 '陽春來', '春方來', '陽春方來'로 발전시켜서 학습하는 방법이 한문의 문형을 통한 한문학습이 되는 것이다.

言語學習은 같은 유형을 反復學習하는 데에서 큰 효과를 거둘 수 있다. 《孟子》의 文章構造를 보면, 同一한 문장유형이 되풀이되어 반복학습의 효과를 거둘 수 있는 章句가 許多함을 着眼할 수 있다. 《孟子》〈公孫丑章句 上〉에 '惻隱之心, 仁之端也, 羞惡之心, 義之端也, 辭讓之心, 禮之端也, 是非之心, 智之端也.'라 하여 동일한 문장유형이 반복되어 있다. 이것은 문형을 통한 한문학습이라는 말은 쓰지 않고 있으나, 《孟子》 문장을 통하여 효과적인 문장학습을 실현한 것이라 할 수 있다. 이렇기 때문에 우리 先人들이 한문문장의 이해를 쉽게 터득시키기 위하여 《孟子》를 三千讀하기를 권장했던 것이다. 또한 우리나라에서 한문학습의 초보적 교재로 사용하던 《推句》 첫 章을 보면, "天高日月明, 地厚草木生, 春來梨花白, 夏至樹葉靑."이라는 글이 나온다. 이것을 문장구조 유형으로 보면, 主述文型(主語+敍述語)으로써 이 주술문형을 반복학습하도록 꾸며 놓은 것이다. 《推句》라는 교재가 이와 같이 동일한 유형의 문장을 반복하도록 편찬한 것도 우리 祖上들이 문형이라는 말을 쓰고 있지 않았으나, 문형학습을 통하여 한문의 讀解力을 科學的이며 段階的으로 신장시키려고 한 實例라 할 수 있다.

문장학습은 反復하고 또한 代替하는 데서 그 실효를 거둘 수 있다. '忠臣不事二君'의 기본문형은 '臣事君'이다. 여기에 부가성분이 첨가되어 확장문형이 이루어진 것이다. 이 부가성분들을 대체하여 '忠→奸'으로 하여 '忠臣'을 '奸臣'으로, '不事→事'로 대체하여, '奸臣事二君'으로 바꿀 수 있고, 또한 '忠臣必事一君', '奸臣不事一君' 등으로 대체하여 문형을 훈련시킬 수 있다.

中華民國(臺灣)에서 편찬한 초등학교 1학년 中國語 교과서에 제시된 첫 문장을 보면, '我起來了, 太陽也起來了.'라 하여 주술문형에서 부가성분 '也'를 첨가한 主述擴張文型으로 전개하는 言語學習 방법을 모색하고 있다. 이것은 한자로 이루어진 중국어의 구조는 다른 언어에 비하여 기본문형에서 확장문형으로 전개시키는 文型學習을 하기에 편리한 言語構造임을 입증하고 '文型을 통한 學習'이 효과적임을 말하고 있는 것이다.

# 제4절 虛詞의 용법을 통한 漢文學習

虛詞는 語와 語의 關係나 文章의 語氣를 調節하고 文脈과 文章을 돕는 구실을 하는 形態素를 말하며, 주로 文法的 職能을 가지고 있는 介詞(前置詞), 連詞(接續詞), 語氣詞(語助詞) 등을 말한다.

이들의 문법적 직능이 다양하기 때문에 그 用法도 복잡해서, 중국의 高明凱도 그의 《國語語法》(p.22)에서 語法學을 形態學과 造語法(構文論), 그리고 虛字로 三大別했고, 周法高도 《中國古代語法》(p.13)에서 造句編(syntax), 構詞編(morphology), 稱代編(substitution), 虛詞編(function word)으로 四大別했다. 이 두 사람뿐 아니라, 다른 중국어 학자들도 대부분 허사를 독립된 분야로 다루고 있다. 이것은 漢文語法 硏究에서 허사가 차지하는 위치가 그만큼 중요하기 때문이다.

그러므로 한문을 정확하고 빠르게 解得하기 위해서는 허사의 용법을 잘 알아야 함은 두 말할 나위도 없다.

가령 '事齊乎, 事楚乎'에서 '乎'가 疑問을 나타내는 語氣詞임을 알면 '齊나라를 섬기겠는가? 楚나라를 섬기겠는가?'라는 해석이 가능해진다. 만일 '乎' 자가 語末에 붙지 않은 '事齊, 事楚'라는 문장이라면 '齊나라를 섬기고, 楚나라를 섬긴다.'는 글이 되고, '乎' 자가 介詞로 쓰일 때 '處所, 對象, 始發, 到着'을 나타내기도 하지만, '乎' 자가 名詞類 앞에 配合되고 形容詞가 敍述語로 쓰일 때는 比較의 뜻을 나타낸다. '孝子之至, 莫大乎尊親'이라는 構文構造에서 '乎' 자는 '大'라는 형용사의 支配를 받기 때문에 '~보다'라는 비교의 뜻을 나타내어 '孝子의 至極함은 어버이를 尊敬하는 것보다 큰 것이 없다.'라는 해석이 가능해진다. 또한 '乎' 자가 '不亦'과 呼應되면 '不亦~乎'가 되어 反語의 뜻을 나타내는 문장을 형성하기도 한다.

이상에서 허사 '乎' 자를 살펴보았다. 이 '乎' 자가 쓰여 '疑問, 反語, 比較, 處所' 등의 뜻을 나타내고 있다. 이와 같이 다양하게 쓰이는 허사의 용법을 통하여 한문학습을 한다면 시간과 노력의 소모를 방지하는 과학적인 한문학습이 될 것이다.

이상에서 말한 가) 漢字의 構造를 통한 漢文學習, 나) 文型을 통한 漢文學習, 다) 虛詞의 用法을 통한 漢文學習은 한문의 과학적인 학습방법의 礎石이 될 것이며, 한문학습을 위한 기본적 요체가 될 것이다.

《新漢文科敎育論》(전통문화연구회, 1999, pp.123~129)에 발표

# 제5절 虛詞의 文法的 機能 研究
-形態素 '焉'을 중심으로-

## 1. 序論

虛詞의 文法的 研究는 漢文文法에서 매우 중요한 위치를 차지한다. 그것은 한문문법 體系에 있어서 가장 복잡하고 널리 쓰이고 있는 것이 虛詞이기 때문이다. 중국의 高明凱는 "西洋語 중에도 虛詞가 없는 것은 아니나, 한문에는 서양어에 비하여 허사가 훨씬 많아서 한문의 語法的 機能(function)은 太半 허사가 지니고 있다."[6]고 했으며, 王力은 허사를 "文法的 成分"이라 말하고 있다.

形態素 '焉'에 대하여 許愼의 《說文解字》에서는 '焉, 鳥 ; 黃色, 出於江淮.'라 했고, 段玉裁의 《說文解字註》에서는 '今未知焉何鳥也, 自借爲助詞, 本義廢矣.'라 한 것으로 보아, '焉'은 본래 중국의 楊子江과 淮水 지방에서 살던 노란빛을 하고 있던 새의 一種을 가리키던 것이, 지금은 그 본래의 뜻을 상실하고 虛詞(助詞)로 널리 쓰이고 있음을 알 수 있다.

중국의 林緯毅와 許世瑛이 調查한 바에 의하면 형태소 '焉'이 《論語》에서는 86회가 사용되었고,[7] 《孟子》에서는 130회가 사용되고[8] 있음을

6) 高明凱, 《國語語法》(臺北:洪氏出版, 1975), pp.22~23.

7) 林緯毅, 《南大中國語文學報》(第五期, 1972), p.11.

밝히고 있다.

이와 같이 널리 쓰이고 있는 형태소 '焉'의 문법적 기능을 形態論的 구조와 構文論的 구조의 측면에서 고찰해 봄은 한문문법 연구의 중요한 관건이 될 것이다.

## 2. 本論

형태소 '焉'은 첫째, 代名詞로서 사람이나 事物을 가리키는 指示 代名詞 구실을 하여 '於是', '之'와 같은 用法으로서 '處所, 受事, 被動, 比較' 등의 구실을 하며, '安', '何'와 同意로 쓰이는 疑問 代名詞 구실도 한다.

둘째, 副詞로서 疑問을 나타내는 疑問 副詞의 구실을 하며, '得, 能, 足'과 배합되어 '焉得, 焉能, 焉足'으로 쓰이기도 한다.

셋째, 語氣詞로서 문장의 끝에 위치하여 陳述이나 疑問, 感歎 등의 語氣를 조절하는 句末 語氣詞로 쓰인다.

넷째, 接尾辭로서 形容詞, 副詞 또는 소리를 시늉 내는 擬聲語나, 모양을 시늉 내는 擬態語에 接尾되어 派生語를 형성하는 구실을 한다.

### 1) 代名詞

사람이나 사물을 가리키는 指示 代名詞와 의문을 나타내는 疑問 代名詞로 類別된다.

---

8) 《許世瑛先生論文集 二》(臺北 : 弘道文化事業有限公司, 1969), p.150.

(가) 指示 代名詞

형태소 '焉'이 句末에 분포되어 '於是', '之'와 같은 구실을 하며, 處所, 受事, 比較, 被動을 나타내는 補語나 目的語 또는 被動 構造를 이룬다.

**① 형태소 '焉'이 句末에 분포되어 '於是'와 같은 구실을 한다.**

句末 形態素 '焉'이 '於是'와 같은 구실을 할 때 '於'는 處所, 受事, 比較, 被動 등을 나타내는 前置 介詞의 구실을 하며 '是'는 사물이나 사람을 가리키는 指示 代名詞 구실을 한다. 그리고 '於'와 '是'가 배합된 '於是' 즉 '焉'은 構文 構造上 處所 補語, 受事 補語, 比較 補語, 被動 構造를 이룬다. 許世瑛은 《常用虛字用法淺釋》에서 "文言裏有'與之''以之''爲之'等等, 可是從來不見'於之'就是因爲該用'於之'的地方, 都用了'焉'字."[9]라 하여 '與之', '以之', '爲之' 등은 한문에 잘 쓰이고 있으나 '於之'는 나타나지 않고 있다. 이것은 '於之' 대신에 모두 '焉'을 사용하기 때문이라 했으나, 《許世瑛先生論文集》에 발표한 〈論語 孟子 中 '焉' 자의 用法 探究〉에서는 '於之'에 대한 언급은 없고 다만 '焉'은 句末에서 '於是'와 '之'의 구실을 하고 있음을 詳述하고, 段玉裁 이후 學者들이 모두 '焉' 자는 '於是'와 같다고 말하고 있다. 이것은 형태소 '焉'이 '於之'라기보다는 '於是'로 봄이 타당함을 의미하고 있으며, 林緯毅도 《論語》 중 '焉' 자의 용법에서 "這樣, 我們大致可以了鮮到'焉'字作爲句末語氣詞用的性質了, 不過, 或許有些人囿於'焉'字作'於是'鮮, 而把句末的'焉'字大都作了'於是'講."[10]이라 하여 '焉' 자가 句末에서 語氣를 나타내며 지시 대명

9) 許世瑛, 《常用虛字用法淺釋》(臺北 : 復興書局, 1969), p.150.

사의 구실을 하는 '於是'와 같은 작용을 한다는 것이다. 이상에서 살펴본 바와 같이 《文言虛字》(p.189)나 許世瑛의 《常用虛字用法淺釋》(p.150)에서 句末의 '焉' 자를 '於之'로 보는 것보다는 '於是'로 처리하는 것이 타당할 것이다.

그러므로 句末에 분포되는 형태소 '焉'이 '於是'와 동일한 구실을 할 때, 構文 構造上의 문법적 기능은 다음과 같다.

#### ㉮ 處所 補語

句末 形態素 '焉'은 '於是'와 동일한 구실을 하며 구문 구조상 補語의 구실을 한다. '於是'의 형태소 '於'는 處所를 나타내는 전치 개사의 구실을 하며, 형태소 '是'는 처소를 지시하는 대명사 구실을 한다. 그러므로 配合形 '於是'는 구문 구조상 處所 補語의 문법적 기능을 나타내게 된다.

a) 率妻子邑人 來此絕境 不復出焉 (陶潛, 〈桃花源記〉)
처자와 고을 사람을 이끌고 이 절경에 와서 다시 이곳(절경)에서 나가지 아니했다.

b) 及寡人之身 東敗於齊 長子死焉 (《孟子》 〈梁惠王〉)
과인의 몸에 있어서는 동쪽으로는 제나라에게 패하여 큰아들이 그 싸움터에서 죽었다.

c) 子曰 三人行 必有我師焉 (《論語》 〈述而〉)
공자께서 말씀하셨다. "세 사람이 가면 그 세 사람 중에는 반드시 나의 스승이 있다."

d) 文王之囿 方七十里 芻蕘者往焉 雉兎者往焉 與民同之 民以爲小 不亦宜乎 (《孟子》 〈梁惠王〉)

10) 《許世瑛先生論文集 二》(臺北 : 弘道文化事業有限公司 1974), pp.331~333.

문왕의 동산은 사방이 칠십 리이지만 풀을 베고 나무를 하는 나무꾼이 이 동산에 오고 꿩이나 토끼를 잡는 사냥꾼들이 이 동산에 와서 함께하여 백성과 더불어 즐거움을 함께하시니 백성들이 작다고 하는 것은 당연하지 않습니까?

a)의 '不復出焉'은 '不復出於是'로 句末의 형태소 '焉'은 '於是'의 작용을 한다. 이때의 '於'는 處所를 나타내는 前置 介詞이며, '是'는 處所인 '絕境'을 지시하는 대명사 구실을 한다. 그리고 배합된 '於是'는 동사 '出'의 뒤에 분포되어 處所 補語 구실을 하여 '여기에서' 즉 '絕境에서'라는 뜻을 나타낸다.

b)의 '長子死焉'은 '長子死於是'로써 句末의 형태소 '焉'은 '於是'의 작용을 한다. 이때의 '於'는 처소를 나타내는 前置 介詞이며 '是'는 처소인 齊나라와 싸우던 '전쟁터'를 지시하는 대명사 구실을 한다. 그리고 배합된 '於是'는 동사 '死'의 뒤에 분포되어 處所 補語 구실을 하여 '여기에서' 즉 '전쟁터에서'라는 뜻을 나타낸다. 이것을 直接 成分의 관계로 분석하면 다음과 같다.

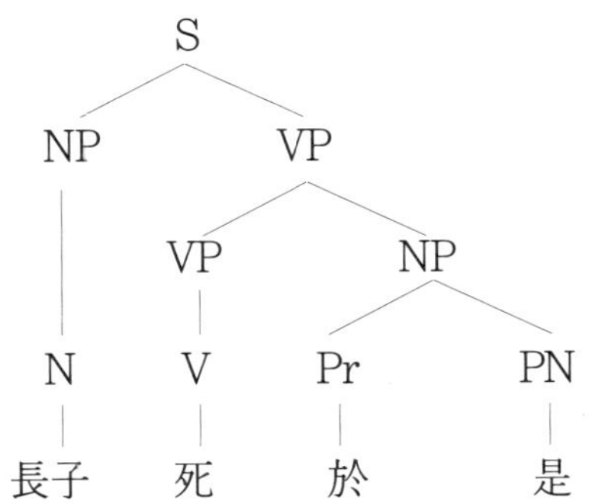


S=Sentence : 文章
NP=Noun phrase : 名詞類
VP=Verb phrase : 動詞類
N=Noun : 名詞
V=Verb : 動詞
Pr=Preposition : 前置 介詞
PN=Pronoun : 代名詞

c)의 '必有我師焉'은 '必有我師於是'로써 句末의 형태소 '焉'은 '於是'의

작용을 한다. 이때의 '於'는 처소를 나타내는 前置 介詞이며, '是'는 처소인 '三人之中'을 지시하는 대명사 구실을 한다. 그리고 배합된 '於是'는 句末에 분포되어 處所 補語 구실을 하여 '여기에' 즉 '세 사람 중에'라는 뜻을 나타낸다.

d)의 '芻蕘者往焉'과 '雉兎者往焉'의 '往焉'은 '往於是'로써 句末의 형태소 '焉'은 '於是'와 동일한 작용을 한다. 이때의 '於'는 처소를 나타내는 前置 介詞이며, '是'는 처소인 '文王之囿'를 지시하는 대명사 구실을 한다. 그리고 배합된 '於是'는 동사 '往'의 뒤에 분포되어 處所 補語를 구성하여 '여기에' 즉 '文王의 동산에'라는 뜻을 나타낸다. 許世瑛은 〈論語 孟子 中 '焉' 자의 用法 探究〉에서 형태소 '焉'이 《論語》에서 22회, 《孟子》에서 43회가 處所 補語인 '於是'로 출현된다고 밝히고 있다.[11]

#### ㉯ 受事 補語

句末 形態素 '焉'은 '於是'와 동일한 작용을 하며 構文 構造上 受事 補語의 구실을 한다. '於是'의 '於'는 사람을 지시하는 名詞類 앞에 배합되어 受事의 의미를 나타내는 前置 介詞 구실을 하며, 형태소 '是'는 사람을 가리키는 대명사 구실을 한다. '於'와 '是'가 배합된 유형인 '焉'은 사물을 나타내는 目的語 뒤에 분포되어 受事 補語를 구성한다.

受事 補語는 英文法에서 直接 目的語와 間接 目的語의 雙目的語로 이루어지는 구문 구조상에서 간접목적어에 해당되는 것으로 漢文에서 前置 介詞 '於'가 名詞類 앞에 배합되는 유형과 '於'가 배합되지 않는 유

11) 《許世瑛先生論文集 二》, p.326 : 以上一共二十二個'焉'字在論語裏都是等'於是', 而'是'字在句中的任務都是處所補詞 p.332 : 以上一共四十三個'焉'字在孟子裏都是等於'於是', 而'是'字在句中的任務都是處所補詞.

형으로 구별된다. 목적어는 '於+NP' 앞에 위치되어 사물을 가리키나, 受事 補語인 '於+NP'는 人物을 가리킨다. 《三國史記》〈列傳 蓋蘇文〉조에 '武后嘗出金幣於文武官'이란 문장이 있다. 이 글은 'S+A+V+O+受事 補語'의 구조로 圖示하면 다음과 같다.

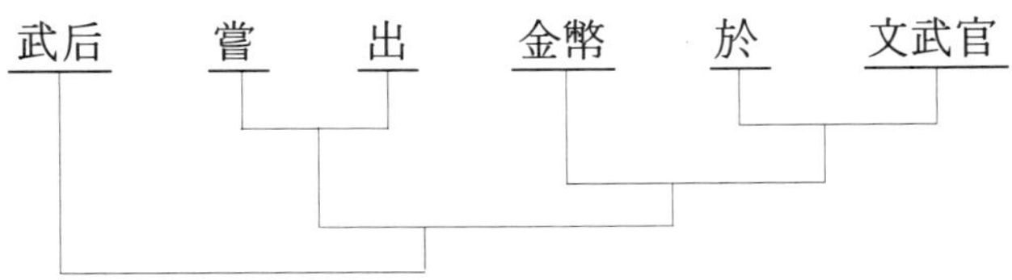


'金幣'는 사물을 가리키는 목적어이며 '於文武官'은 사람을 나타내는 受事 補語인 것이다. 이 受事 補語를 간접 목적어로 보는 것은 한문 구조의 특성을 배려하지 않고 영문법을 그대로 도입한 결과라 하겠다.[12)]

a) 長沮桀溺耦而耕 孔子過之 使子路問津焉 (《論語》〈微子〉)
장저와 걸익이 밭을 가는데 공자께서 지나시다가 자로로 하여금 장저와 걸익에게 나루를 묻게 했다.

b) 故將大爲之君 必有所不召之臣 欲有謀焉 則就之 (《孟子》〈公孫丑〉)
그러므로 크게 될 임금은 반드시 함부로 부르지 못하는 신하를 두게 된다. 그에게(不召之臣) 도모하고자 하면 몸소 나아가게 된다.

c) 子曰 孰謂微生高直 或乞醯焉 乞諸其隣而與之 (《論語》〈公冶長〉)
공자께서 말씀하셨다. "누가 미생고를 곧다고 하였느냐? 어떤 사람이 미생고에게서 초를 빌거늘 〈미생고가〉 그 이웃에서 초를 빌어서 그에게 주었다."

12) 王力, 《中國語法理論 上冊》(臺北, 商務印書館, 1977), p.92.

d) 敢問 或曰 放者 何謂也 曰 象不得有爲於其國 天子使吏治其國 而納其貢稅焉 故謂之放 (《孟子》〈萬章〉)

감히 묻습니다. "어떤 사람이 말하기를 '방치하였다.'는 것은 무엇을 이르는 것입니까?" 맹자께서 대답하셨다. "상은 그 나라에서 정치를 못하게 하고 천자가 관리로 하여금 그 나라를 다스리게 하고 세금만을 상에게 바치게 하였기 때문에 방치하였다고 이르는 것이다."

a)의 '使子路問津焉'은 '使子路問津於是'로써 句末의 형태소 '焉'은 '於是'의 구실을 한다. '於'는 '受事'를 나타내는 전치 개사이며 '是'는 사람인 '長沮, 桀溺'을 지시하는 대명사 구실을 한다. 그리고 배합된 '於是'는 목적어인 '津' 뒤에 위치하여 受事 補語를 구성하여 '그에게', 즉 '長沮, 桀溺에게'라는 뜻을 나타낸다.

b)의 '欲有謀焉'은 '欲有謀於是'로써 句末의 형태소 '焉'은 '於是'의 구실을 한다. '於'는 '受事'를 나타내는 전치 개사이며 '是'는 사람인 '所不召之臣'을 지시하는 대명사 구실을 한다. 그리고 배합된 '於是'는 보어인 '謀' 다음에 위치하여 '그에게', 즉 '부르지 아니하는 신하에게'라는 뜻을 나타내는 受事 補語를 구성하고 있다.

c)의 '或乞醯焉'은 '或乞醯於是'로써 형태소 '於'는 受事를 나타내는 전치 개사이며 '是'는 사람인 '微生高'를 지시하는 대명사 구실을 한다. 그리고 배합된 '於是'는 목적어인 '醯' 다음에 분포되어 '그에게', 즉 '微生高에게'라는 뜻을 나타내는 受事 補語를 구성하고 있다.

d)의 '納其貢稅焉'은 '納其貢稅於是'로써 형태소 '於'는 受事를 나타내는 前置 介詞이며 '是'는 사람인 '象'을 지시하는 대명사 구실을 한다. 그리고 배합된 '於是'는 목적어 '貢稅' 다음에 위치하여 '그에게', 즉 '상에게'

라는 뜻을 나타내는 受事 補語를 구성하고 있다.

이상에서 살펴본 바와 같이 '焉'은 '於是'와 동일한 작용을 하며 문장 구조상 受事 補語의 구실을 한다. 이 受事 補語는 사물을 나타내는 목적어 다음에서 사람을 지시하는 것이 구조상 특징인 것이다. 즉 '主語+敍述語+目的語+焉'의 統辭的 구성을 이루는 것이다. 許世瑛은《孟子》〈公孫丑〉에 나오는 '故湯之於伊尹, 學焉而後臣之, 故不勞而王.'과 '桓公之於管仲, 學焉而後臣之, 故不勞而霸.'에서 '學焉'의 '焉'을 受事 補語로 보고 있으나[13] 구문 구조상 사물을 나타내는 목적어가 없기 때문에 受事 補語로 볼 수는 없는 것이다.

㉰ 比較 補語

句末 형태소 '焉'은 '於是'와 같은 작용을 하며 構文 構造上 比較 補語의 구실을 한다. '於是'의 '於'는 지시 대명사 '是' 앞에 위치하여 '이것보다, 이보다'라는 比較를 나타내는 前置 介詞의 구실을 한다. 이때 구조상의 특징은 '焉'을 지배하는 敍述語가 形容詞로 이루어지는 것이다.

a) 晉國天下莫强焉 叟之所知也 (《孟子》〈梁惠王〉)
진나라가 천하에서 이보다 더 강한 나라가 없음은 노인께서도 아시는 바입니다.

b) 孟子曰 以若所爲 求若所欲 猶緣木而求魚也 曰 若是其甚與 曰 殆有甚焉 (《孟子》〈梁惠王〉)
맹자가 말하기를 "그와 같은 방법을 가지고 그와 같은 소원을 추구하는 것은 나무에 올라가서 물고기를 구하는 것과 같습니다." 하였다. 왕이 말하기를 "이렇게 그것이 심한

13)《許世瑛先生論文集 二》, p.333.

것입니까?" 하니, 맹자가 말하기를 "아마 이보다 더 심한 것이 있습니다." 하였다.

c) 父子之間不責善 責善 則離 離則不祥莫大焉 (《孟子》〈離婁〉)

부자간에는 잘되라고 책하지 않는다. 잘되라고 책하면 사이가 난다. 사이가 나면 상서롭지 못하기가 이보다 더한 것이 없다.

d) 强恕而行 求仁 莫近焉 (《孟子》〈盡心〉)

용서를 힘써서 행하면 어진 것을 구하는 것이 이보다 가까울 수 없다.

a)의 '天下莫强焉'은 '天下莫强於是'로써 句末의 형태소 '焉'이 '於是'와 동일한 작용을 한다. '於'는 형용사 '强'을 서술어로 하는 전치 개사로써 比較의 뜻을 나타내며, '是'는 '晉國'을 지시하는 대명사 구실을 한다. 그리고 배합된 '於是'는 '於晉國'으로써 '진나라보다'라는 비교를 나타내는 보어인 것이다.

b)의 '殆有甚焉'은 '殆有甚於是'로써 句末의 형태소 '焉'은 '於是'와 동일한 작용을 한다. '於'는 형용사 '甚'을 서술어로 하는, 전치 개사로써 비교의 뜻을 나타내며 '是'는 '緣木求魚'를 지시하는 대명사 구실을 한다. 그리고 배합된 '於是'는 '於緣木求魚'로써 '緣木求魚보다'라는 비교를 나타내는 보어인 것이다.

c)의 '莫大焉'은 '莫大於是'로써 句末의 형태소 '焉'은 '於是'와 같은 작용을 한다. 형태소 '於'는 형용사 '大'를 서술어로 하는 전치 개사로써 비교의 뜻을 나타내며 '是'는 '於不祥'을 지시하는 대명사 구실을 한다. 그리고 배합된 '於是'는 '不祥보다'라는 비교를 나타내는 보어인 것이다.

d)의 '莫近焉'은 '莫近於是'로써 句末의 '焉'은 '於是'와 같은 작용을 한다. 형태소 '於'는 近을 서술어로 하는 전치 개사로써 비교의 뜻을 나타내고, '是'는 '强恕而行'을 지시하는 대명사 구실을 한다. 그리고 배합된

'於是'는 '於强恕而行'으로서 '强恕而行보다'라는 비교의 뜻을 나타내는 보어인 것이다.

이상에서 살펴본 바와 같이 句末의 형태소 '焉'이 '於是'와 같은 구실을 하되, 서술어가 반드시 형용사일 때 비교의 뜻을 나타내는 比較 補語가 구성된다. 이것은 전치 개사 '於'의 용법 중 비교 보어와 똑같은 구조를 이룬다. 《三國史記》〈列傳〉의 '不仁甚於獍梟'(50 甄萱)과 '百濟無道, 其罪過於桀紂'(42 金庾信)에서 '於獍梟'와 '於桀紂'는 형용사 '甚', '過'를 '敍述語'로 하고 있기 때문에 전치 개사 '於'는 '~보다'라는 비교의 뜻을 나타내며 '於'와 배합된 '於獍梟'와 '於桀紂'는 '獍梟보다', '桀紂보다'라는 비교 보어가 되는 것이다.

### ㉣ 被動形 構造

漢文의 被動形은 西歐語에서 말하는 主動態(Active voice)나 被動態(Pasive voice)와는 성격이 다르다.[14] 西歐語는 屈折現象이 있어서 動詞가 他動詞의 過去分詞 앞에 첨가되어 전치사 'by'와 호응하여 被動形이 구성된다. 서구어의 主動句는 대다수가 피동사로 變成되지 않는다.[15]

한문은 孤立語로써 活用이나 屈折現象이 없고 位置素와 聲調에 의해서 文法的 體系가 이루어지기 때문에, 타동사 앞에 被動 助動詞 '被', '見' 등이 배합되거나 '爲' 또는 '爲~所'와 배합되어 피동형을 구성하는 것이 원칙이다. 그러나 때로는 전치 개사 '於'가 名詞類 앞에 배합되어

14) 周法高, 《中國語言學論文集》(臺北 : 聯經出版事業公司, 1975), p.435. "中國語中的被動式和西洋語中的 Passive voice 性質不大同."

15) 王力, 《中國語法理論 上册》(臺北 : 商務印書館, 1977), pp.175~177.

述語 뒤에 위치하면서 主動의 구실을 하는 경우가 있다. 《孟子》 〈滕文公 上〉의 '勞心者治人, 勞力者治於人'에서 '治於人'은 '사람을 다스리는 것'이 아니라 '남에게 다스려진다.'는 뜻으로 '人治勞力者'의 의미를 가진 피동형이다.

형태소 '焉'이 句末에 분포되어 '於是'와 동일한 작용을 할 때는 '於'가 被動 前置 介詞의 구실을 하고, '是'가 사람을 가리키는 대명사로써 主動의 구실을 하는 경우가 있다.

a) 子曰 年四十而見惡焉 其終也已 (《論語》 〈陽貨〉)
공자께서 말씀하셨다. "나이 사십이 되고도 다른 사람에게 미움을 받으면 그는 종말일 따름이다."

b) 夫章子 豈不欲有夫妻子母之屬哉, 爲得罪於父, 不得近, 出妻屛子, 終身不養焉 (《孟子》 〈離婁〉)
무릇 章子가 어찌 남편과 아내와 아들과 어미의 붙이들을 두고자 아니 하였겠는가마는 아비에게 죄를 졌기 때문에 가까이하지 못했다. 그리하여 아내를 내치고 아들을 물리쳐서 종신토록 처자에게 봉양받지 못했다.

a)의 '見惡焉'은 '見惡於是'로써 句末의 형태소 '焉'이 '於是'와 동일한 작용을 한다. '於'는 피동을 나타내는 前置 介詞이며 '是'는 일반 인간인 '다른 사람'을 가리키는 지시 대명사의 구실을 하기 때문에 '見惡於人'이라는 표현이 가능해진다. 또한 《論語集註》에도 '見惡焉'을 '見惡於人'으로 풀이하고 있다. 전치 개사 '於'는 被動 助動詞 '見'과 배합되어 지시 대명사 '是(人)'로 하여금 主動者가 되게 하여 '다른 사람에게 미움을 받는다.', 즉 '다른 사람이 미워한다.'는 피동구조를 이룬다.

b)의 '終身不養焉'은 '終身不養於是'로써 句末의 형태소 '焉'이 '於是'와 동일한 작용을 한다. '於'는 피동을 나타내는 전치 개사이며 '是'는 '章子之妻子'를 가리키는 지시 대명사로써 '是'로 하여금 수동의 구실을 하게 하여 '종신토록 처자에게 봉양받지 못한다.', 즉 '종신토록 처자가 章子를 봉양하지 못한다.'는 피동식을 구성하고 있다. 만일 이 句末의 형태소 '焉'을 句末 語氣詞로 보고 피동식인 '於是'로 보지 않는다면, '아버지를 종신토록 봉양하지 않았다.'는 能動式이 되어 構文 構造의 차이는 물론 의미상의 현격한 차이를 가져온다. 朱子註에도 '但爲身不得近於父故, 不敢受妻子之養.'이라 풀이하고 있다. a)와 같은 피동식은 被動 助動詞 '見'이 本動詞 '惡' 앞에 위치하고 있기 때문에 句末 형태소 '焉'을 피동을 나타내는 '於是'로 판단하기 쉬우나, b)와 같은 피동식은 피동 조동사 '見'이나 '被'와 호응되지 않기 때문에 分別하기가 매우 어려우나 앞 문장의 흐름 속에서 판단해야 할 것이다. 《論語》와 《孟子》 중에는 a), b)의 두 句의 예가 있을 뿐이다.[16)]

### ② 形態素 '焉'이 句末에 위치하여 指示 代名詞 '之'와 같은 작용을 한다.

이때 句末에 위치하면서도 '於是'와 같은 작용을 하지 않고 '之'와 동일한 文法的 機能을 발휘하는 것은 '焉'이 他動詞의 지배를 받아 目的語의 구실을 하기 때문이다. '孟子見之'의 '之'는 타동사 '見'의 지배를 받는 목적어로써 이 '之'를 '於是'로 대체할 수가 없다.

《莊子》 〈達生篇〉에서는 '孔子從而問焉曰, 吾以子爲鬼, 察子則人也.'

16) 許世瑛, 上揭書, p.334.

로 되어 있으나 《列子》 〈黃帝篇〉에서는 '問焉'이 '問之'로 되어 있다.[17] 이것은 '問'이 타동사이기 때문에 句末 형태소 '焉'을 목적어의 구실을 하는 '之'로 해석해야 됨을 말하는 것이다.

a) 子曰 衆惡之 必察焉 衆好之 必察焉 (《論語》 〈衛靈公〉)

공자께서 말씀하셨다. "모든 사람이 그를 미워하더라도 반드시 그를 살피고, 모든 사람이 그를 좋아하더라도 반드시 그를 살펴야 한다."

b) 齊景公有馬千駟 死之日 民無德而稱焉 伯夷叔齊餓于首陽之下 民到于今稱之 (《論語》 〈季氏〉)

제나라 경공이 말 千駟를 소유하고 있었으나 죽는 날에 백성이 경공의 덕을 칭찬함이 없고, 백이와 숙제는 수양산 아래에서 굶주려 죽었으나 백성이 이제까지 그의 덕을 일컫는다(칭찬한다).

c) 孟子對曰 仲尼之徒 無道桓文之事者 是以後世無傳焉 (《孟子》 〈梁惠王〉)

맹자가 대답하여 말했다. "공자의 제자들이 桓公과 文公의 일을 말하는 자가 없었기 때문에 후세에 桓文之事를 전하는 것이 없다."

d) 禮義由賢者出 而孟子之後喪踰前喪 君無見焉 (《孟子》 〈梁惠王〉)

禮와 義는 어진 사람으로부터 나오는 것인데 맹자의 어머니 喪禮는 아버지 喪禮보다도 지나쳤으니 왕께서는 그를 보지 마십시오.

a)의 '必察焉'은 '必察之'로써 句末의 형태소 '焉'은 지시 대명사 '之'의 구실을 한다. 앞에 나오는 '必察焉'의 '焉'은 '衆人所惡之人'을 가리키며,

17) 裵學海, 《古書虛字集釋》(臺北, 鄉粹出版社, 1977) p.97.

뒤에 나오는 '必察焉'의 '焉'은 '衆人所好之人'을 지시하는 대명사로써 타동사 '察'의 지배를 받아 목적어를 구성하고 있다.

b)의 '民無德而稱焉'은 '民無德而稱之'로써 句末의 형태소 '焉'은 '民到于今稱之'의 '稱之'와 같이 지시 대명사 '之'의 구실을 하며, '齊景公之德'을 가리키는 목적어로써 타동사 '稱'의 지배를 받고 있다. 그러므로 '民無德而稱焉'은 '民無稱齊景公之德'(백성들이 제 경공의 덕을 칭찬함이 없다.)이라는 構文 構造가 이루어진다.

c)의 '後世無傳焉'은 '後世無傳之'로써 句末의 형태소 '焉'은 지시 대명사 '之'의 구실을 하며 '桓文之事'를 가리키는 목적어로써 타동사 '傳'의 지배를 받고 있다. 그러므로 '後世無傳焉'은 '後世無傳桓文之事'(후세에 제 환공과 진 문공의 일을 전하는 것이 없다.)라는 구문 구조가 이루어진다.

d)의 '君無見焉'은 '君無見之'로써 句末의 형태소 '焉'은 지시 대명사 '之'의 구실을 하며 '孟子'를 가리키는 목적어로써 타동사 '見'의 지배를 받고 있다. 그러므로 '君無見之'는 '君無見孟子'(임금께서는 孟子를 보지 마십시오.)라는 구문 구조가 이루어진다.

### 2) 疑問 代名詞

형태소 '焉'이 動詞類 앞에 위치하여 疑問 代名詞 '何', '安'과 동일한 구실을 하며 주로 處所 補語를 구성한다. 句末에서 처소 보어를 구성할 때는 '於是'와 같은 구실을 하지만 動詞 앞에 분포될 때는 '何', '安'과 같은 구실을 한다.

a) 子謂子賤 君子哉 若人 魯無君子者 斯焉取斯 (《論語》〈公冶長〉)

공자께서 자천에 대하여 이르기를 "군자로구나. 이 사람이야말로! 노나라에 군자가 없으면 이 사람(子賤)이 어디에서 이 덕을 취했겠느냐." 하였다.

b) 柳下惠爲士師 三黜 人曰 子未可以去乎 曰 直道而事人 焉往而不三黜 枉道而事人 何必去父母之邦 (《論語》〈微子〉)

유하혜가 옥관이 되어 세 번 내쳐지니 사람들이 말하기를 "자네는 떠나지 못하겠는가?" 하니, 말하기를 "도를 곧게 하여 사람을 섬기면 어디에 간들 세 번 내쳐지지 아니하며, 도를 굽혀서 사람을 섬기면 어찌 반드시 부모의 나라를 버리겠느냐?" 하였다.

c) 二老者 天下之大老也 而歸之 是天下之父歸之也 天下之父歸之 其子焉往 (《孟子》〈離婁〉)

두 老人(伯夷와 叔齊)은 천하의 非常한 노인으로, 그에게(文王) 돌아오니 이는 천하의 아비가 그에게 돌아옴이라. 천하의 아비가 그에게 돌아오니 그 자식들이 어디로 가겠는가?

d) 衛公孫朝於子貢曰 仲尼焉學 …… 夫子焉不學 而亦何常師之有 (《論語》〈子張〉)

위나라 공손조가 子貢에게 말하기를 "仲尼께서는 어디에서 배웠는가? …… 夫子께서 어디에서도 배우지 아니했으며, 또한 어찌 일정한 스승이 있겠는가?" 하였다.

a)의 '斯焉取斯'는 '斯何取斯'로써 형태소 '焉'은 의문 대명사 '何', '安'과 동일한 작용을 하며 동사 '取'의 앞에 위치하여 '子賤於安取君子之德'(자천이 어디에서 군자의 덕을 취했겠는가?)이라는 구문 구조가 이루어지며 '於安'은 동사 '取' 앞에서 處所 補語를 이루고 있다. 처소 보어의 位置素는 動詞의 뒤인 것이 일반적 구조이나 의문 대명사로써 동사 앞에 倒置시킨 것은 處所 '於安'을 强調하고 있기 때문이다.

b)의 '焉往'은 '安往'으로써 형태소 '焉'은 의문 대명사 '安'과 동일한 작용을 하며 동사 '往'의 앞에 위치하여 '於何處'(어디로)의 의미를 나타내며, c)의 '其子焉往'은 '其子於安往' 즉 '其子往於何處'의 구문구조를 이루며,

處所 補語의 문법적 기능을 나타낸다.

d)의 '仲尼焉學'과 '夫子焉不學'은 '仲尼安學'과 '夫子安不學'으로써 형태소 '焉'은 의문 대명사 '安'과 동일한 작용을 하며, 동사 '學'의 앞에 위치하여 '仲尼於安學'(중니가 어디에서 배웠는가?), '夫子於安不學'(부자께서 어디에선들 배우지 아니했겠는가?)의 구문 구조를 이루며 의문 대명사 '焉'은 處所 補語의 구실을 한다.

의문 대명사 '焉'을 의문사 '何'로 보는 것이 일반적인 관점이나, 오히려 '焉'은 上古時期에 '安'과 聲母가 서로 같아서 같은 喉塞音이었고 같은 部首에 속하는 '元部'였었다.[18] 그렇기 때문에 의문 대명사 '焉'을 '何', '安'과 동일한 형태로 처리했다. 형태소 '焉'이 동사 앞에 위치하여 處所 補語의 구실을 하는 것은 疑問詞이기 때문이며, 이것은 또한 強調의 뜻을 나타내는 것이다.

### 3) 疑問 副詞

형태소 '焉'이 동사 앞에 분포되어 '何', '安', '惡', '曷'과 같이 疑問이나 反語의 뜻을 나타내며, 動詞類를 限定 修飾하는 副詞語를 구성한다. 그리고 의문 부사 '焉'이 可能助動詞 '得', '能', '足'과 합하여 '焉得', '焉能', '焉足' 등의 配合形을 구성하여 反語의 뜻, 즉 '어찌 ~할 수 있겠는가?', '어찌 ~할 수 있으리오?'의 뜻을 나타낸다.

#### 가) '焉'

a) 子曰 視其所以 觀其所由 察其所安 人焉廋哉 人焉廋哉 (《論語》

18) 許世瑛, 上揭書, p.343.

〈爲政〉)

공자께서 말씀하시기를 “그 하는 바를 보며 그 따르는 바를 자세히 보며 그 편안한 것을 살피면 사람이 어찌 숨기겠는가? 사람이 어찌 숨기겠는가?” 하였다.

b) 後生可畏 焉知來者之不如今也 (《論語》〈子罕〉)

후생이 두려운 것이니 어찌 오는 자(장래)가 지금과 같지 아니함을 알겠는가?

c) 若於齊 則未有處也 無處而餽之 是貨之也 焉有君子而可以貨取乎 (《孟子》〈公孫丑〉)

제나라에서는 까닭(쓸 곳)이 있지 아니하니 까닭이 없이 주는 것은, 이것은 재물로 하는 것이니 어찌 군자로서 재물을 취할 수 있겠는가?

d) 政之爲言正也 各欲正己也 焉用戰 (《孟子》〈盡心〉)

政이란 말은 바르게 하는 것이니, 각각 몸을 바르게 하고자 하는 것이니(하면) 어찌 싸움을 쓰겠는가?

a)의 ‘人焉廋哉’는 ‘人安廋哉’로써 형태소 ‘焉’이 의문 부사 ‘安’과 동일한 작용을 하며 動詞類 ‘廋’ 앞에 위치하고 ‘焉~哉’ 즉 句末 語氣詞 ‘哉’와 호응하여 ‘어찌 ~하겠는가?’라는 反語의 뜻을 나타낸다. 그리고 構文構造上으로는 동사류 ‘廋’를 限定하는 부사어를 구성하고 있다.

c)의 ‘焉有君子而可以貨取乎’는 ‘何有君子而可以貨取乎’로써 형태소 ‘焉’이 의문 부사 ‘何(安)’과 동일한 작용을 하며 動詞類 ‘有’ 앞에 위치하고 句末 語氣詞 ‘乎’와 호응하여 ‘焉~乎’ 즉 ‘어찌 ~함이 있겠는가?’라는 反語의 뜻을 나타낸다. 그리고 구문 구조상으로는 동사류 ‘有’를 限定하는 부사어를 구성하고 있다.

b)의 ‘焉知來者之不知今也’는 ‘安知來者之不知今也’로써 형태소 ‘焉’은 의문 부사 ‘安’과 동일한 작용을 하며 동사류 ‘知’ 앞에 위치하고 句末

語氣詞 '也'와 호응하여 '焉~也' 즉 '어찌 ~하겠는가?'라는 反語의 뜻을 나타낸다. 그리고 구문 구조상으로는 동사류 '知'를 限定하는 부사어를 구성하고 있다.

d)의 '焉用戰'은 '何用戰'으로써 형태소 '焉'은 의문 부사 '何(安)'와 동일한 작용을 하며 동사류 '用' 앞에 위치하여 '어찌 ~하겠는가?'라는 反語의 뜻을 나타내며, 구문 구조상으로는 동사류 '用'을 限定하는 부사어를 구성한다. d)의 의문 부사 '焉'은 句末 語氣詞와 호응되지 않고 있다.

이상에서 고찰한 바와 같이 형태소 '焉'이 動詞類 앞에 위치하여 疑問副詞의 구실을 하여 反語의 뜻을 나타나게 하며, 동사류를 限定하는 副詞語 구실을 한다. 그리고 의문 부사 '焉'이 句末 語氣詞 '也, 乎, 哉' 등과 호응하여 '焉~哉', '焉~乎', '焉~也'의 類型을 이루기도 하고 句末語氣詞가 전연 호응되지 않는 경우도 있다. 이것은 中國語가 聲調言語이기 때문에 언어환경에 따라 語氣詞 '哉', '乎', '也', 'O'[19]를 선택한다.

**나) '焉得'**

의문 부사 '焉'이 조동사 '得'과 배합되어 '焉得＋V'의 구조를 이루며 '어찌 V할 수 있겠는가?'라는 反語의 뜻을 나타낸다.

a) 或曰 管仲儉乎 曰 管氏有三歸 官事不攝, 焉得儉 (《論語》〈八佾〉)
어떤 사람이 말하기를 "관중은 검소합니까?" 하니, 말씀하시기를 "관중이 三歸라는 좋은 대를 두며 관사를 겸하지 아니했으니 어찌 검소하다고 할 수 있겠는가?" 하였다.

b) 里仁爲美 擇不處仁 焉得知 (《論語》〈里仁〉)

19) O : 語末 語氣詞가 없는 것(제로型).

마을이 어진 것은 아름다운 것이니 골라서 인에 처하지 아니하면 어찌 슬기롭다고 할 수 있겠는가?

c) 子曰 吾未見剛者 或對曰 申棖 子曰 棖也慾 焉得剛 (《論語》〈公冶長〉)

공자께서 말씀하시기를 "나는 강한 자를 보지 못하였노라." 하니, 어떤 사람이 대답하기를 "신정입니다." 하였다. 공자께서 말씀하시기를 "정은 욕심이 많으니 어찌 강할 수 있겠는가?" 하였다.

d) 景春曰 公孫衍 張儀豈不誠大丈夫哉 一怒而諸侯懼 安居而天下熄 孟子曰 是焉得爲大丈夫乎 (《孟子》〈滕文公〉)

경춘이 말하기를 "공손연과 장의는 어찌 진실로 대장부가 아니겠는가? 한번 노하면 제후가 두려워하고 편안히 거하면 천하가 조용하니라." 하니, 맹자님께서 말씀하시기를 "이들이 어찌 대장부가 될 수 있겠느냐?" 하였다.

a)의 '焉得儉', b)의 '焉得知', c)의 '焉得剛'에 나타나는 '焉得'은 動詞類 '儉', '知', '剛' 앞에 위치하여 '어찌 검소하다고 할 수 있겠는가?', '어찌 슬기롭다고 할 수 있겠는가?', '어찌 강할 수 있겠는가?'라는 反語의 뜻을 나타내며, 句末 語氣詞 '乎'와 호응되고 있다. 일반적으로 '焉得'이 사용될 때는 구말 어기사가 잘 호응되지 않는 것이 특색이며, 이는 한문의 聲調關係라 여겨진다.

### 다) '焉能'

의문 부사 '焉'이 조동사 '能'과 배합되어 '焉能 + V'의 구조를 이루며, '어찌 V할 수 있겠는가?'라는 反語의 뜻을 나타낸다.

a) 季路問事鬼神 子曰 未能事人 焉能事鬼 (《論語》〈先進〉)

계로가 귀신 섬기는 것을 물으니, 공자께서 말씀하시기를 "사람을 능히 섬기지 못하면서 어찌 귀신을 섬길 수 있겠는가?" 하였다.

b) 子張曰 執德不弘 信道不篤 焉能爲有 焉能爲亡 (《論語》〈子張〉)

자장이 말하기를 "德을 가지기를 크게 하지 못하며, 道를 믿기를 독실히 하지 못하면, 〈이런 사람을〉 어찌 道와 德이 있다고 할 수 있으며, 어찌 道와 德이 없다고 할 수 있겠는가?" 하였다.

c) 曰 行 或使之 止 或尼之 行止非人所能也 吾之不遇魯侯 天也 臧氏之子 焉能使予不遇哉 (《孟子》〈梁惠王〉)

행하는 것도 혹 시켜서 하며 그치는 것도 혹 그치게 할 수 있으니, 행하는 것과 그치는 것은 사람이 할 바가 아니다. 내가 노나라 왕을 만나지 못하는 것은 하늘의 뜻이니 장씨의 아들이 어찌 나로 하여금 만나지 못하게 할 수 있겠는가?

d) 爾爲爾 我爲我 雖袒裼裸裎於我側 爾焉能浼我哉 (《孟子》〈公孫丑〉)

너는 너요, 나는 나이니, 비록 내 곁에서 어깨를 드러내고 몸뚱이를 드러낸들 네가 어찌 나를 더럽힐 수 있겠느냐?

a)의 '焉能事鬼', b)의 '焉能爲有'와 '焉能爲亡'의 '焉能'은 의문 부사 '焉'과 조동사 '能'이 배합되어 '安能'과 동일한 작용을 하는 것으로, 動詞類 '事', '爲' 앞에 위치하여 '焉能＋V'의 구조를 이루며 '어찌 V할 수 있겠는가?(있겠느냐?)'라는 反語의 뜻을 나타내고 있다. 그러나 '焉能'과 호응되는 句末 語氣詞 '哉, 乎, 也' 등이 배합되지 않고 있다.

c)의 '焉能使予不遇哉'와 d)의 '爾焉能浼我哉'의 '焉能'은 의문 부사 '焉'과 조동사 '能'이 배합되어 '安能'과 동일한 작용을 하는 것으로, 動詞類 '不遇'와 '浼' 앞에 위치하여 '焉能＋V～＋哉'의 구조를 이루며, '어찌

V할 수 있겠는가?(있겠느냐?)'라는 反語의 뜻을 나타내고 있으며, '焉能'과 句末 語氣詞 '哉'가 호응되어 '焉能~哉'의 유형을 이루고 있다.

《論語》와 《孟子》에 나타난 '焉得'은 句末 語氣詞 '也', '乎'와 호응되어 '焉得~也(乎, O)'의 유형으로 나타나고 '焉得~哉'의 유형은 나타나고 있지 않으나, '焉能'의 경우는 구말 어기사 '也, 乎'와는 호응되지 않고 다만 구말 어기사 '哉'와 배합되어 '焉能~哉(O)'의 유형으로 나타나 있는 것이 '焉得'과 '焉能'의 構造的 차이라 하겠다. 이것은 語調와 聲調的인 차이에서 기인된 것이라 하겠다. 그리고 '焉足'은 전연 나타나지 않고 있으며, 다만 '焉可'가 《孟子》에는 없고 《論語》에 한 개 나타나고 있을 뿐이다.

> 君子之道 焉可誣也 有始有卒者 其惟聖人乎 (《論語》〈子張〉)
> 군자의 도가 어찌 속일 수 있겠는가? 처음과 끝이 한결같음(처음이 있고 끝이 있는 것)은 오직 성인일 따름이로다.

### 3) 語氣詞

語氣詞는 實際 意味를 갖지 아니하고 다만 語調나 聲調를 조절하여 話者의 陳述(判斷), 疑問, 感歎 등의 語氣를 표현케 하는 것으로, 助字, 助詞, 語助詞라고도 한다.

#### 가) 句首 語氣詞

語氣詞 '夫', '抑' 등이 문장의 앞에 위치하여 語氣를 나타내는 것으로 古人들은 이것을 發語辭 또는 發聲辭라고 했다.

a) 夫天地者萬物之逆旅 光陰者百代之過客 (李白, 〈春夜宴桃李園序〉)
무릇 천지는 만물의 여관이요, 광음은 백대의 과객이다.

b) 抑王興甲兵 危士臣 構怨於諸侯 然後快於心與 (《孟子》〈梁惠王〉)
무릇 왕께서는 전쟁을 일으켜 병사와 신하를 위태롭게 하고 제후와 원한을 맺어야 마음이 상쾌하시겠습니까?

a)의 '夫'와 b)의 '抑'은 문장의 머리에 위치하여 '무릇, 대저'의 語調로, 시작하는 語氣를 나타내고 있다. 그러므로 옛날에는 發語辭라 했던 것이다.

### 나) 句中 語氣詞

語氣詞 '之', '卽', '也' 등이 문장 중간에 위치하여 語氣를 조절한다.

a) 人之有 是四端也 (《孟子》〈公孫丑〉)
사람에게는 이 四端이 있다.

b) 近之卽不孫 遠之卽怨 (《論語》〈陽貨〉)
그(女子와 小人)를 가까이하면 不遜하고 그를 멀리하면 원망한다.

c) 中也者 天下之大本也 (《中庸》)
中이라는 것은 천하의 큰 근본이다.

### 다) 句末 語氣詞

語氣詞 '也', '乎', '哉' 등이 문장의 끝에 위치하여 陳述(判斷), 疑問, 感歎 등의 語氣를 조절한다.

a) 知仁勇三者 天下之達德也 (《中庸》)
知, 仁, 勇 세 가지는 천하의 達德이다.

b) 齊桓晉文之事 可得聞乎 (《孟子》〈梁惠王〉)
제나라의 환공과 진나라의 문공의 일을 들을 수 있습니까?

c) 舍其路而不由 放其心而不知求 哀哉 (《孟子》〈告子上〉)
그 길을 버리고서 따르지 아니하며 그 마음을 잃어버리고서 찾을 줄 모르니, 슬프다(애처롭다).

a)의 구말 어기사 '也'는 문장의 끝에 위치하여 陳述(判斷)의 語氣를 나타내고 있다. 그리고 b)의 구말 어기사 '乎'는 문장의 끝에 위치하여 疑問의 語氣를 나타내고, c)의 구말 어기사 '哉'는 감탄의 어기를 나타내고 있다. 이들 '也'나 '乎', '哉'는 獨立해서 홀로 쓰이게 되면 아무 의미도 나타내지 못하나, 문장의 끝에 놓이면 위와 같은 어기를 나타내게 된다. 이와 같은 語氣詞를 句末 語氣詞라 한다.

형태소 '焉'이 句末에 위치할 때 '於是'나 '之' 또는 '於此'와 동일한 작용을 하면서 語氣를 조절하기도 하나, '於是, 於此, 之'의 구실을 하지 않고 다만 어기만을 조절하는 句末 語氣詞가 있다.

馬建忠의 《馬氏文通》에서 "焉爲助字, 所以助陳述之口氣也, 焉字之用, 在'也, 矣'兩字之間, 其爲口氣, 案而不斷, 而以之結句, 隱然有坐鎭之槪焉."[20]이라 하여, 형태소 '焉'이 助字로써 陳述의 語氣를 돕는 것으로 '也, 矣'와 같은 어기를 나타내며, 案而不斷하여 문장을 끝맺고 은연

20) 楊家駱 主編, 《文通校註》, p.446.

중 진정된 氣運을 갖게 한다고 했다. 이것은 형태소 '焉'이 句末 語氣詞로써 陳述의 語氣를 나타냄을 말하고 있는 것이다.

이와 같이 구말 어기사 '焉'은 문장의 末尾에서 陳述, 疑問, 感歎 등의 語氣를 나타내고 있다.

① 陳述 語氣詞

형태소 '焉'이 句의 말미에 위치하여 '也', '矣'와 같이 陳述의 語氣를 나타낸다.

a) 子貢曰 君子之過也 如日月之食焉 過也 人皆見之 更也 人皆仰之 (《論語》〈子張〉)

자공이 말하기를 "군자의 허물은 일식, 월식과 같아서 허물이 있으면 사람이 다 보게 되고, 고치면 사람이 다 우러러보게 된다."고 하였다.

b) 叔孫武叔毁仲尼 子貢曰 無以爲也 仲尼不可毁也 他人之賢者 丘陵也 猶可踰也 仲尼日月也 無得而踰焉 (《論語》〈子張〉)

숙손 무숙이 중니를 헐뜯으니 자공이 말하기를 "아니 된다. 중니는 감히 헐뜯을 수 없다. 다른 사람의 어진 것은 언덕과 같아서 오히려 넘을 수 있거니와 중니는 해와 달 같아서 넘을 수가 없다.

c) 古之人所以大過人者 無他焉 善推其所爲而已矣 (《孟子》〈梁惠王〉)

옛날 사람이 지금 사람보다 크게 월등한 까닭은 다름이 아니다. 그가 하는 것을 잘 미루어 나갔기 때문이다.

d) 左右皆曰 賢 未可也 諸大夫皆曰 賢 未可也 國人皆曰 賢 然後察之 見賢焉 然後用之 (《孟子》〈梁惠王〉)

좌우가 모두 다 어질다 해도 옳지 아니하며, 모든 대부가 다 어질다 해도 또한 옳지 아니하고, 나라 사람이 다 어질다고 한 연후에 잘 살펴서 어진 것을 본 연후에야 그를 등용한다.

a)의 '如日月之食焉'의 句末 形態素 '焉'은 '於是'의 작용으로 볼 수 없다. 만약 '於是'로 대치한다면 '如日月之食於是'가 될 터인데, 이때 '是'가 지시하는 名詞가 없다. 그러므로 이때의 구말 형태소 '焉'은 진술하는 구말 어기사 '也'와 같은 구실을 한다. 그리고 b)의 '無得而踰焉'의 구말 형태소 '焉'은 '日月'을 지시하는 대명사 '之'로 볼 수도 있으나, '猶可踰也'와 '無得而踰焉'은 相對되는 構文 構造이기 때문에 斷定을 나타내는 구말 어기사 '也'로 보아야 할 것이다.

c)의 '無他焉'의 구말 어기사 '焉'은 斷定을 나타내는 구말 어기사 '也'와 같은 작용을 한다. '無他' 다음에 '焉'이 생략되어도 意味傳達이나 構文 構造에 있어서 아무 지장이 없고 다만 話者의 語氣的인 문제가 있을 뿐이다. 《孟子》 〈梁惠王〉에 나오는 "父子不相見, 兄弟妻子離散, 此無他, 不與民同樂也, ……吾王庶幾無疾病與, 何以能田獵也, 此無他與民同樂."('父子之間에 서로 보지 못하며 형제와 처자가 떠나고 흩어져 버렸다.' 하고 원망하는 것, 이것은 다름이 아니라 백성과 더불어 즐거움을 함께하지 않기 때문이다. …… '우리 임금이 질병이 없으심이로다. 어이하여 저토록 사냥을 하실 수 있으실까?' 하면, 이것은 다름이 아니라 백성과 더불어 즐거움을 함께하시기 때문이다.)에서 두 곳 모두 '此無他'로 표현되어 있지 '此無他焉'이라고 하지 않은 것을 보면 '焉'은 語氣的인 구실만 하고 있음을 알 수 있다.

d)의 '見賢焉'의 句末 形態素 '焉'은 '於是'와 같은 작용을 한다고 설명할 수 없고, 다만 진술을 나타내는 句末 語氣詞 '也'와 동일한 작용을 하고 있다.

구말 어기사 '焉'은 句末에서 '於是, 於此, 之'의 작용을 하는 형태소 '焉'과 동일한 位置素를 가지고 있기 때문에 판단하기 어려우나, '於是, 於此, 之' 등은 지시하는 名詞가 분명하고 거기에 語氣的인 작용이 겸하게 된다. 그러나 語氣詞의 경우는 지시하는 名詞가 분명하지 않고, 다만 語調를 맞추기 위한 語氣가 작용할 뿐으로 구말 어기사 '也'나 '矣'와 같은 구실을 한다.

② 疑問 語氣詞

형태소 '焉'이 句末에 위치하여 의문 어기사 '乎'와 같은 구실을 하는 것으로, 대개 의문사 '何', '孰', '奚' 등과 호응하여 '何~焉', '奚~焉'의 유형을 이루고 있다.

중국의 文法家 裵學海, 王引之, 許世瑛 등은 句末 疑問 語氣詞 '焉'은 '乎'와 같다고 하고 있다. 한편 呂叔湘은 이와 같은 '焉'을 句末 語氣詞로 볼 수 없고, '於是'로 보아야 한다고 말하고 있으나 믿기 어려운 견해라 생각된다. 한 예로써 《孟子》 〈梁惠王〉의 '牛羊何擇焉'은 '牛羊何擇乎'로 보아야 마땅하다. 그것은 의문 부사 '何~焉'의 구조를 이루고 있다. 형태소 '焉'을 '於是'로 본다면 '是'가 지시하는 것이 분명치 않다. 呂叔湘은 이것을 '牛羊何擇於其間'으로 보고 있으나 '牛羊'은 處所 補語, '何'는 동사 '擇'의 목적어로 '處所 補語+V+O+焉'의 구조를 이루고 있는데, 여기에 또한 처소보어 '於其間'이 첨가될 수 없고 마땅히 구말의문 어기사 '乎'로 보아 '何~乎'의 構造類型을 이루고 있다고 보아야 한다.

a) 子適衛 冉有僕 子曰 庶矣哉 冉有曰 既庶矣 又何加焉 曰 富之 曰 既富矣 又何加焉 曰 教之 (《論語》 〈子路〉)

공자께서 위나라에 가실 적에 염유가 御車하더니 공자께서 말씀하시기를 "백성이 많구나!" 하니, 염유가 말하기를 "이미 백성이 많은데 무엇을 더해야 하겠습니까?" 하였다. 말씀하시기를 "부유하게 해야 한다." 하니, 말하기를 "이미 부유하면 또 무엇을 더해야 하겠습니까?" 하니, 말씀하시기를 "백성들을 가르쳐야 한다."고 하였다.

b) 子曰 予欲無言 子貢曰 子如不言則小子何述焉 (《論語》〈陽貨〉)

공자님께서 말씀하시기를 "나는 말을 아니하고자 한다." 하니, 자공이 말하기를 "선생님께서 만일 말씀하지 않으시면 저희들은 무엇을 遵行하리잇가?" 하였다.

c) 孟子曰 昔齊景公田 招虞人以旌 不至 將殺之 志士不忘在溝壑 勇士不忘喪其元 孔子奚取焉 取非其招不往也 (《孟子》〈滕文公〉)

맹자께서 말씀하시기를 "예전에 제나라 경공이 사냥을 하실 때 우인을 깃발로써 불렀더니 이르지 않거늘 그를 죽이려 하였으니, 〈공자께서〉 '志士는 〈그 시체가〉 개천과 구렁에 있음을 잊어버리지 아니하고, 勇士는 그 머리를 잃는 것을 잊어버리지 않는다.'고 하시니, 공자께서는 무엇을 취하셨는가? 그 부름을 그르게 여겨, 가지 않는 것을 취하셨다." 하였다.

d) 萬章曰 舜流共工于幽州 放驩兜于崇山 殺三苗于三危 殛鯀于羽 四罪而天下咸服 誅不仁也 象至不仁 封之有庳 有庳之人奚罪焉 (《孟子》〈萬章〉)

만장이 말하기를 "순임금이 공공을 유주에 귀양 보내시고, 환두를 숭산으로 추방하시고, 삼묘를 삼위에서 죽이시고, 곤을 우산에서 베어 죽이시어 넷을 죄 주시니 천하가 다 항복한 것은 어질지 않은 이들을 죽였기 때문이다. 그런데 상은 지극히 어질지 못한 사람인데 그를 유비에 봉하시니, 유비의 사람들이 어찌 죄가 있겠습니까?" 하였다.

a)에 표현된 두 개의 '何加焉'의 구말 형태소 '焉'은 '乎'와 동일한 구실을 하는 句末 疑問 語氣詞로써 의문 부사 '何'와 호응되어 '何~焉' 즉

'何~乎'의 유형을 구성하며, '何加焉'은 '목적어 + V + 焉'의 구문 구조를 이루어 '무엇을 더해야 하겠습니까?'라는 뜻을 나타낸다. 이때 목적어인 '何'가 동사 앞에 위치한 것은 疑問詞이기 때문에 'V + 目的語'여야 될 것이 倒置된 것이다.

b)의 '小子何述焉'의 구말 형태소 '焉'은 '乎'와 동일한 구실을 하는 句末 疑問 語氣詞로써 의문 대명사 '何'와 호응되어 '何~焉' 즉 '何~乎'의 유형을 구성하며, '小子何述焉'은 '主語 + 目的語 + V + 焉'의 구문 구조를 이루어 '저희들은 무엇을 遵行하리잇가?'라는 뜻을 나타낸다. 이때 '述'은 말로 '陳述한다.'는 뜻보다는 행동으로 '遵守하여 行한다.'는 뜻으로 보아야 한다. 許世瑛도 '小子何述焉'을 白話文으로 '弟子們遵行什麽呢?'로 풀이하고 있다.[21]

c)의 '孔子奚取焉'의 구말 형태소 '焉'은 '乎'와 동일한 구실을 하는 句末 疑問 語氣詞로써 의문 대명사 '奚'와 호응되어 '奚~焉' 즉 '奚~乎'의 유형을 구성하며 '孔子奚取焉'은 '主語 + 目的語 + V + 焉'의 구문 구조를 이루어 '공자께서는 무엇을 취하셨는가?'라는 뜻을 나타낸다.

d)의 '有庳之人奚罪焉'의 구말 형태소 '焉'은 '乎'와 동일한 구실을 하는 句末疑問 語氣詞로써 의문 부사 '奚'와 호응되어 '奚~焉' 즉 '奚~乎'의 유형을 구성하며 '有庳之人奚罪焉'은 'D + S + A + V + 焉'의 구문 구조를 이루어 '유비의 사람들이 어찌 죄가 있겠습니까?'라는 뜻을 나타낸다. 이 構文의 直接成分 關係를 圖示하면 다음과 같다.

---

21) 許世瑛, 前揭書, p.358.

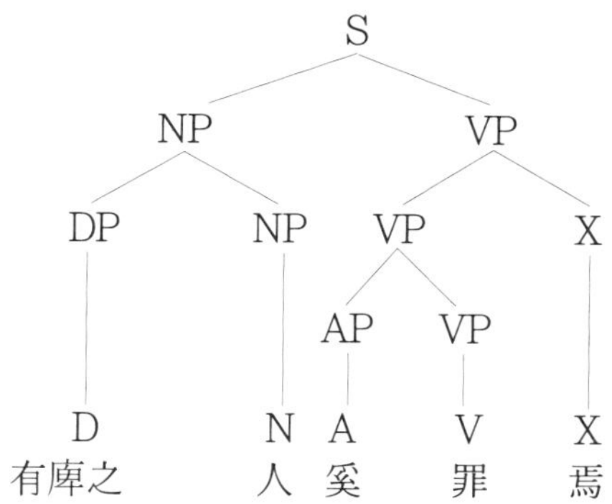


D=Determinative : 冠形詞
A=Adverb : 副詞
X=句末 語氣詞

이것을 構造圖로 표시하면 다음과 같다.

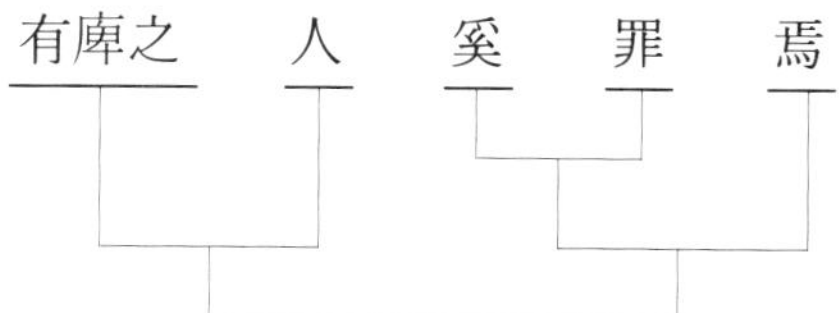


형태소 '焉'이 句末에 위치하여 마치 의문 어기사 '乎'와 같은 구실을 하는 것으로 이것을 句末 疑問 語氣詞라 한다. 이것은 의문사 '何, 奚' 등과 호응되어 '何~焉?', '奚~焉?'의 구조를 이루며, 疑問이나 反語의 뜻을 나타낸다. 그러나 반드시 의문사와 호응되는 것은 아니다. 《孟子》〈公孫丑〉에 나오는 '自反而不縮 雖褐寬博 吾不惴焉'(스스로 반성하여 곧지 아니하면 비록 천한 사람이라도 내가 어찌 두려워하지 않겠는가?)에서 '吾不惴焉'은 '吾豈不惴乎'와 같은 反語形으로써 구말 형태소 '焉'이 의문 어기사 '乎'의 작용을 하면서도 의문사 '何', '奚' 등과 호응되지 않고 다만 否定詞 '不'과 호응하고 있을 뿐이다. 이것은 아마도 의문 어기사 '乎'의 용법과 '不~乎'(~하지 않겠는가)와 같기 때문이라 여겨진다.

### 4) 接尾辭

형태소 '焉'이 形容詞나 副詞 또는 疊語로 이루어지는 擬聲語나 擬態語의 後面에 接尾되어 '然'과 동일한 구실을 하는 경우가 있다. '焉'과 '然'은 上古에 그 聲母가 같지 않았으나 같은 部首 '火(灬)'部이기 때문에 '焉'과 '然'은 같이 쓸 수 있다.[22]

이러한 구실을 하는 接尾辭는 '然, 焉, 乎, 爾, 如' 등을 찾아볼 수 있다.

a) 顔淵喟然歎曰 仰之彌高 鑽之彌堅 瞻之在前 忽焉在後 (《論語》〈子罕〉)

안연이 탄식하여 말하기를 "선생님의 道는 우러러볼수록 더욱 높고, 뚫을수록 더욱 굳으며, 그것을 바라보면 앞에 계시다가 홀연히 뒤에 계시도다." 하였다.

b) 夫我乃行之 反而求之 不得吾心 夫子言之 於我心有戚戚焉 (《孟子》〈梁惠王〉)

무릇 내가 행하고 돌이켜 구해도 내 마음에 납득되지 아니하더니, 선생님께서 말씀해 주시니 내 마음에 가엾은 생각이 떠오릅니다.

c) 昔者有饋生魚於鄭子産 子産使校人畜之也 校人烹之 反命曰 始舍之 圉圉焉 少則洋洋焉 攸然而逝 (《孟子》〈萬章〉)

옛적에 산 물고기를 정나라 자산에게 준 이가 있었는데 자산이 校人으로 하여금 그것을 연못에 기르게 하였는데 교인이 그것을 삶아 먹고 명을 어기고 말하기를 "처음에 고기를 연못에 놓았을 때는 비실비실하더니 조금 있다가 힘차게 헤엄쳐 멀리 가 버렸습니다." 하였다.

---

22) 許世瑛, 前揭書, p.362.

a)의 '忽焉'은 '忽然'과 같은 말로 접미사 '焉'이 부사 '忽' 뒤에 접미되어 동사 '在'를 限定하는 부사어 구실을 하고 있다.

b)의 '戚戚焉'은 '戚戚然'과 같은 말로 접미사 '焉'이 의태어 '戚戚'의 후면에 접미되어 마음이 움직이는 모양을 나타내고 있으며, 동사 '有'를 보충하는 補語의 구실을 하고 있다. '焉'이 '戚戚'과 直接成分의 관계에 있기 때문에 구말 어기사로는 볼 수 없다.

c)의 '洋洋焉'과 '圉圉焉'은 접미사 '焉'이 의태어 '洋洋'과 '圉圉'의 뒤에 접미되어 움직이는 모양을 형용하는 서술어를 구성하고 있다.

그리고 형태소 '焉'이 句中 語氣詞로써 停頓의 語氣를 나타낸다고 하여 蘇軾의 〈前赤壁賦〉 '少焉, 月出於東山之上'에 나오는 '焉'을 구중 어기사로 보고 있으나,[23] 이것은 형용사 '少'에 접미되어 부사어를 형성하는 접미사로 보아야 할 것이다.

끝으로 형태소 '焉'이 比較를 나타내는 전치 개사 '於'와 같은 구실을 하는 경우가 있다. 《孟子》 〈盡心〉에 '人莫大焉亡親戚君臣上下'라는 문장이 있다. 이때 형태소 '焉'을 比較 前置 介詞 '於'로 보아 '사람이 친척과 君臣, 上下가 없는 것보다 큰 것은 없다.'는 뜻으로 보아야 하지, 句末代名詞 '於是'로 보아 '人莫大焉, 亡親戚君臣上下' 즉 '사람이 이보다 큰 것이 없거늘, 친척, 君臣, 上下가 없으니'로 보아서는 문맥이 통하지 않는다. 형태소 '焉'이 이와 같이 전치 개사 '於'로 쓰이는 용례는 그리 많지 않으나 깊이 고찰해야 할 문법적 기능이라 하겠다.

23) 許世瑛, 《常用虛字用法淺釋》(復興書局, 1969), p.153.

## 3. 結論 및 要約

1) 형태소 '焉'은 實詞로써 노란 빛을 하고 있던 새 이름이었던 것이 후대에 와서 虛詞로 널리 쓰이게 되었다. 漢文文法에서 虛詞는 매우 중요한 문법적 기능을 가지고 있다.

형태소 '焉'의 語法的 구조를 그 位置素나 分布狀態로 보아 代名詞, 疑問 副詞, 句末 語氣詞, 接尾辭로 분류한다.

2) 代名詞 : 指示 代名詞와 疑問 代名詞로 분별되며, 문장 구조상 補語나 目的語의 구실을 한다.

가) 指示 代名詞

형태소 '焉'이 句末에 분포되어 '於是', '之'와 같은 구실을 하며, 處所, 受事, 比較를 나타내는 補語나 目的語, 또는 被動 構造를 이룬다.

(1) 형태소 '焉'이 句末에 분포되어 '於是'와 같은 문법적 구실을 한다.

① 處所 補語

형태소 '焉'이 句末에 분포되어 處所를 나타내는 補語를 구성한다.

· 子曰 三人行 必有我師焉 (《論語》〈述而〉)

공자께서 말씀하셨다. "세 사람이 가면 그 세 사람 중에는 반드시 나의 스승이 있다.

'焉'은 '於是'로 '三人之中'을 가리키는 처소보어이다.

② 受事 補語

형태소 '焉'이 句末에 분포되어 사람을 지시하는 補語를 구성한다. 이 보어 앞에는 사물을 나타내는 목적어가 분포되어 'S+V+O+受事 補語'의 구조를 이룬다.

· 長沮桀溺耦而耕 孔子過之 使子路問津焉 (《論語》〈微子〉)

장저와 걸익이 밭을 가는데 공자께서 지나시다가 자로로 하여금 장저와 걸익에게 나루를 묻게 했다.

'焉'은 '於是'로 長沮와 桀溺을 가리키는 수사 보어이다.

③ 比較 補語

형태소 '焉'이 句末에 분포되어 比較를 나타내는 補語를 구성한다. 이 보어를 지배하는 서술어는 형용사인 것이 특징이다.

· 晉國天下莫强焉 (《孟子》〈梁惠王〉)

진나라가 천하에서 이보다 더 강한 나라가 없다.

'焉'은 '於是'로써 '於'는 比較를 나타내는 전치 개사이며 '是'는 晉國을 가리키는 지시 대명사로 '晉國보다'라는 비교 보어를 구성하며 형용사 '强'의 지배를 받고 있다.

④ 被動 構造

형태소 '焉'이 句末에 분포되어 '於'는 被動 前置 介詞의 구실을 하고 '是'는 지시 대명사 역할을 하여 피동을 나타내는 구문 구조를 이룬다.

· 終身不養焉 (《孟子》〈離婁〉)

종신토록 처자에게 봉양받지 못했다.

'焉'은 '於是'로 '於'는 피동을 나타내는 전치 개사이며, '是'는 '妻子'를 가리키는 대명사로 '처자에게 봉양받지 못한다.' 즉 '처자가 봉양하지 않는다.'는 뜻으로 '焉'은 '於妻子'로 被動의 구실을 하는 피동구조를 이룬다.

(2) 형태소 '焉'이 句末에 분포되어 대명사 '之'와 같은 구실을 하며 목적어를 구성한다.

· 子曰 衆惡之 必察焉 衆好之 必察焉 (《論語》〈衛靈公〉)

공자님께서 말씀하셨다. "모든 사람이 그를 미워하더라도 반드시 그를 살피고 모든 사람이 그를 좋아하더라도 반드시 그를 살펴야 한다.

'焉'은 '之'로 앞의 '焉'은 '衆人所惡之人'을 가리키며, 뒤의 '焉'은 '衆人所好之人'을 가리키는 대명사로 타동사 '察'의 지배를 받아 목적어를 구성하고 있다.

#### 나) 疑問 代名詞

형태소 '焉'이 動詞類 앞에 분포되어 의문 대명사 '何', '安'과 같은 구실을 하며 處所 補語를 구성한다.

· 魯無君子者 斯焉取斯 (《論語》〈公冶長〉)

노나라에 군자가 없으면 이 사람(子賤)이 어디에서 이 덕을 취했겠는가?

'焉'은 '安'으로 동사 '取' 앞에 분포되어 의문 대명사 '어디에서'의 뜻을 나타내는 처소 보어를 구성한다.

3) 疑問 副詞 : 副詞語를 구성한다. 형태소 '焉'이 동사 앞에 분포되어 '何, 安, 惡, 曷'과 같이 疑問이나 反語의 뜻을 나타내며 動詞類를 限定하는 부사어를 구성한다. 配合形으로 '焉得 + V', '焉能 + V'의 구조를 이루기도 한다.

· 焉有君子而可以貨取乎 (《孟子》〈公孫丑〉)

어찌 군자로서 재물을 취할 수 있겠는가?

'焉'은 '安'으로 동사 '有' 앞에서 부사어를 구성한다.

· 棖也慾 焉得剛 (《論語》〈公冶長〉)

정은 욕심이 많으니 어찌 강할 수 있겠는가?

'焉得'은 '安得'으로 동사 '事' 앞에 분포되어 '焉得 + V'의 구조를 이루고 있다.

· 未能事人 焉能事鬼 (《論語》〈先進〉)

능히 사람을 섬기지 못하면서 어찌 귀신을 섬길 수 있겠는가?

'焉能'은 '安能'으로 동사 '事' 앞에 분포되어 '焉能 + V'의 구조를 이루고 있다.

4) 句末 語氣詞 : 형태소 '焉'이 句末에 분포되어 陳述, 疑問, 感歎 등의 語氣를 나타내는 것으로 助字, 助詞, 語助詞라고도 한다.

가) 陳述 語氣詞

형태소 '焉'이 句末에 분포되어 '也, 矣'와 같이 陳述의 뜻을 나타내는 어기사이다.

· 君子之過也 如日月之食焉 (《論語》〈子張〉)

군자의 허물은 일식, 월식과 같다.

'焉'은 '也'와 같은 형태소로 句末에 분포되어 語調를 고르게 하는 진술 어기사이다.

나) 疑問 語氣詞

형태소 '焉'이 句末에 분포되어 의문사 '乎'와 같은 구실을 하는 어기사로 '何', '奚' 등과 호응되어 '何~焉', '奚~焉'의 구조를 이루기도 한다.

· 小子何述焉 (《論語》〈陽貨〉)

저희들은 무엇을 遵行하리잇가?

'焉'은 의문 어기사 '乎'와 같은 형태소로 句末에 분포되어 의문의 어기를 나타내고 있으며, '何'와 호응되어 '何~焉'의 유형을 이루고 있다.

· 孔子奚取焉 (《孟子》 〈滕文公〉)
공자께서는 무엇을 취하셨는가?

'焉'이 '奚'와 호응되어 '奚~焉' 즉 '奚~乎'의 구조를 이루어 의문의 뜻을 나타내는 어기사 구실을 하고 있다.

5) 接尾辭 : 형태소 '焉'이 形容詞나 副詞 또는 疊語로 이루어지는 擬聲語나 擬態語의 뒤에 접미되어 '然'과 동일한 구실을 한다.

· 忽焉在後 (《論語》 〈子罕〉)
홀연히 뒤에 계시도다.

'焉'이 부사 '忽' 뒤에 접미되어 부사어를 구성하고 있다.

· 夫子言之 於我心有戚戚焉 (《孟子》 〈梁惠王〉)
선생님께서 말씀해 주시니 내 마음에 가엾은 생각이 떠오릅니다.

'焉'이 疊語 '戚戚' 뒤에 접미되어 '戚戚焉'이라는 自立形態素를 이루어 '有'의 보어 구실을 한다.

형태소 '焉'이 比較를 나타내는 전치 개사 '於'와 같은 구실을 하는 경우도 있으나 극소수에 지나지 않는다.

《국어교육 53 · 54》(한국국어교육연구회, 1985. 12, pp.123~147)에 발표

| 參考文獻 |

高明凱, 《國語語法》, 臺北 : 洪氏出版, 1976.
高本漢, 《中國語與中國文》, 臺北 : 文史哲出版社, 1977.
高本漢, 《中國語之性質及其歷史》, 臺北 : 國立編譯館, 中華叢書編審委員會, 1963.
《文言虛字》, 臺北 : 臺灣開明書店, 1967.
馬建忠, 《馬氏文通 上 · 下》, 臺北 : 新興書局, 1979.
裘學海, 《古書虛字集釋》, 臺北 : 鄉粹出版社, 1977.
楊伯峻, 〈文言文法〉, 《語文彙編 第十一輯》, 北京 : 中國語文學社, 1958.
楊家駱(主編), 《交通校註》, 臺北 : 世界書局, 1979.
黎錦熙, 《比較文法》, 北京 : 中國語文學社, 1957.
呂叔湘, 《中國文法要略 上 · 中 · 下》, 臺北 : 商務印書館, 1977.
王力, 《古代漢語 上 · 中 · 下》, 北京 : 科學出版社, 1962.
王叔岷, 《古書虛字新義》, 臺北 : 聯經出版事業公司, 1978.
周法高, 《中國語文研究》, 臺北 : 華岡出版有限公司, 1975.
周法高, 《中國語言學論文集》, 臺北 : 聯經出版事業公司, 1975.
許世瑛, 《常用虛字用法淺釋》, 臺北 : 復興書局, 1969.
許世瑛, 《許世瑛先生論文集 一 · 二 · 三》, 臺北 : 弘道文化事業有限公司, 1974.
《南洋大學中國語文學報 第五期》, 臺北, 1972.
劉景農, 《漢語文言語法》, 北京 : 萬葉出版社, 1958.
高橋君平, 《漢語形體文法論》, 東京 : 大安株式會社, 1963.
松下大三郎, 《標準漢文法》, 東京 : 勉誠社, 1938.
太田辰夫, 《論語孟子檀弓文法研究》, 東京 : 江南書院, 1964.
許璧, 《史記稱代詞與虛詞研究》, 臺北 : 國立臺灣師範大學, 國文研究所, 博士學位論文集, 1973.
Noam. Chomsky, 《Syntactic Structure》, The Hague:Mouton & co., 1962.
H. A. Gleason Jr., 《An Introduction to Descriptive Linguistics》, New York, Chicago, San Francisco, Toronto, London:Holt, Rinehnrt and Winston, 1966.
Ronald W. Langacker, 《Language and its Structure》, New York, Chicago, San Francisco, Atlanta:Harcourt brace jovanovich, inc., 1973.
康允浩 譯, 《言語學序說》, 서울 : 梨大出版部, 1975.
《論語》, 大東文化研究院.
《孟子》, 大東文化研究院.

# 제6절 虛詞 用法의 實際

앞에서 밝혔듯이 虛詞의 개념상의 범주는 일정하지 않다. 構文 構造上 自立性이 있는 形態素냐 아니면 自立性이나 獨立性과는 관계없이 主要成分을 이루지 못하는 副詞나 助動詞까지도 虛詞로 보느냐 하는 문제다. 여기에서 말하는 허사는 자립성이 없는 의존 형태로써 다른 형태소와 결합했을 때 비로소 文法的 機能을 발휘하는 語氣詞(語助詞)나 介詞(前置詞), 連詞(接續詞) 등을 말하고 이들을 주로 고찰하고자 한다.

## 1. 語氣詞(語助詞)

어기사는 文頭에서 語氣를 조절하는 文頭 語氣詞와, 文中에서 語氣를 조절하는 文中 語氣詞와, 文末에서 語氣를 조절하는 文末 語氣詞로 분류한다.

### 1) 文頭 語氣詞

[夫] 대저 : 대체로 보아서, 무릇

· 夫天地者 萬物之逆旅 (李白, 〈春夜宴桃李園序〉)
무릇 천지라는 것은 만물의 여관이다.

· 夫死生有命 富貴在天 (《三國史記》)

무릇 죽고 사는 것은 운명에 달렸고 부귀는 하늘에 있다.

· 夫讀書者 將以何爲也 (《燕巖集》)

무릇 독서라는 것은 장차 무엇을 하기 위한 것인가?

[抑] 무릇, 대저

· 抑王興甲兵 危士臣 (《孟子》)

무릇 왕이 전쟁을 일으키면 선비와 신하를 위태롭게 한다.

文頭 語氣詞를 말문을 연다는 뜻으로 發語辭라고도 한다.

### 2) 文中 語氣詞

성분과 성분 사이에서 語氣를 조절한다.

[之] ~이, 주격 어기사, 관형격 어기사

· 民之歸仁也 猶水之就下 獸之走壙也 (《孟子》)

백성이 仁으로 돌아가는 것은 마치 물이 아래로 내려가는 것과 같고, 짐승이 들로 달려가는 것과 같다.

'之'는 한 句에서 주어와 서술어 사이에 끼어 이들을 연접시켜 주어의 語氣를 조절하고 있다.

· 惻隱之心 仁之端也 (《孟子》)

측은한 마음은 仁의 실마리이다.

'之'는 관형어와 명사류 사이에서 이들을 연접시켜 수식 관계를 이루고 있다.

[也] ~하는, ~이라는

· 中也者 天下之大本也 (《中庸》)

중이라는 것은 천하의 큰 근본이다.

'也'는 '中'과 '者' 사이에서 修飾의 語氣를 조절하고, '之'는 '天下'와 '大

本' 사이에서 이들을 연접하고 수식의 어기를 조절하고 있다.

· 孝弟也者, 其爲仁之本與.(《論語》)

효제라는 것은 그 仁의 근본인저.

· 道也者 不可須臾離也 可離非道也 (《中庸》)

도라고 하는 것은 잠시도 떠날 수 없는 것이니, 떠날 수 있다면 도가 아니다.

孝弟也者의 '也'와 道也者의 '也'는 각각 '~라는, ~하는'의 뜻을 지닌 文中 語氣詞의 구실을 하고 있다.

### 3) 文末 語氣詞

어기사 '也', '乎', '哉', '焉' 등이 문장의 끝에 위치하여 陳述(判斷), 疑問, 感歎 등의 語氣를 조절한다.

[也] ~이다

· 物與我 皆無盡也 (蘇軾, 〈赤壁賦〉)

사물과 나는 모두 다함이 없다.

· 德者本也 財者末也 (《大學》)

덕이란 것은 근본이며, 재물이라는 것은 말(끝)이다.

· 仁人心也 義人路也 (《孟子》)

仁은 사람의 마음이요, 義는 사람의 길이다.

[乎] ~인가?, ~하겠는가?

'乎'가 文末에 붙어서 의문의 뜻을 나타내는 어기사 구실을 한다.

· 王侯將相 寧有種乎 (《史記》)

왕후장상이 어찌 씨가 있겠는가?

· 天下之事 有難易乎 (《白鶴唐詩文集》)

천하의 일이 어렵고 쉬운 일이 있는가?

[不亦~乎] ~아니하겠는가?

不亦과 호응하여 反語의 뜻을 나타낸다.

· 學而時習之 不亦說乎 (《論語》)

배우고 때때로 이것을 익히면 또한 기쁘지 아니한가?

· 有朋自遠方來 不亦樂乎 (《論語》)

어떤 벗이 먼 곳으로부터 찾아온다면 또한 즐겁지 아니한가?

· 人不知而不慍 不亦君子乎 (《論語》)

남이 알아주지 않더라도 화내지 아니하면 또한 군자가 아니겠는가?

[豈~哉] ① ~인가, ~이리오(疑問이나 反語)

· 以此爲治 豈不難哉 (《呂氏春秋》)

이로써 정치를 한다면 어찌 어렵지 않겠는가?

· 志之立 知之明 行之篤 皆在我耳 豈可他求哉 (《栗谷集》)

뜻이 서는 것과 앎이 밝음과 행동이 독실함이 모두 나에게 있을 따름이니 어찌 다른 곳에서 구할 수 있겠는가?

② ~이로구나, 이구나(感歎)

· 放其心而不知求 哀哉 (《孟子》)

그 마음을 놓아 버리고 찾을 줄을 모르니 슬프도다!

· 愚哉 汝也 (《三國史記》)

어리석구나! 너는.

[與] ① ~인가? ~는가?(疑問)

· 學何所至與 (《列女傳》)

배움이 어디까지 이르렀는가?

· 子非三閭大夫與 (屈原, 〈漁父詞〉)

그대는 삼려대부가 아닌가?

② ~일진저, ~이로구나(感歎)

· 孝弟也者 其爲仁之本與 (《論語》)

효제라는 것은 그 仁의 근본이로다.

· 舜其大者也與 (《中庸》)

순은 큰 효자로다.

· 是魯孔丘與 (《論語》)

이는 노나라 공구로다.

[焉] ① 그것에(於之), 이것에, 여기에(於是)

· 猶且從師而問焉 (韓愈, 〈師說〉)

오히려 또한 스승을 따라 그에게서 물었다.

· 三人行 必有我師焉 (《論語》)

세 사람이 길을 감에 반드시 여기에 나의 스승이 있다.

· 有君子之道四焉 (《論語》)

군자의 도가 여기에 네 가지가 있다.

· 衆惡之必察焉 衆好之必察焉 (《論語》)

뭇사람이 미워하더라도 반드시 이것을 살펴보아야 하며, 뭇사람이 좋아하더라도 반드시 이것을 살펴보아야 한다.

[耳] ~일 따름이다, ~일 뿐이다(限定)

· 直不百步耳 (《孟子》)

다만 백 보를 가지 않았을 뿐이다.

· 是以泣耳 (《燕巖集》)

이런 까닭으로 울고 있을 뿐이다.

· 豈不願如此 但無錢耳 (《燕巖集》)

어찌 이와 같기를 원치 않으리오? 다만 돈이 없을 뿐이다.

[矣] ~이다, ~일 것이다

· 今之衆人 其何聖人也 亦遠矣 (韓愈, 〈師說〉)
지금의 뭇사람은 그 성인보다 못하기가 또한 멀다.

· 牧丹之愛 宜乎衆矣 (周敦頤, 〈愛蓮說〉)
모란을 사랑함은 당연히 많으리라.

· 過而不改 是以過矣 (《論語》)
잘못을 하고서도 고치지 않는 것, 이것이 허물이 되느니라.

· 溫故而知新 可以爲師矣 (《論語》)
옛것을 익히고 새것을 알면 스승이 될 만하다.

## 2. 前置 介詞

介詞에는 前置 介詞와 後置 介詞가 있다. 여기서는 전치 개사에 한하여 다루기로 한다.

[於] ① ~에, ~에서(處所)

· 良藥苦於口而利於病 忠言逆於耳而利於行 (《孔子家語》)
좋은 약은 입에 쓰나 병에는 이롭고, 충고의 말은 귀에 거슬리나 행동에는 이롭다.

· 君子 食無求飽 居無求安 敏於事而愼於言 (《論語》)
군자는 먹는 것에 배부름을 구하지 않으며, 거처함에 편안함을 구하지 않으며, 일에 민첩하고 말에 신중해야 한다.

· 一年之計 在於春 一日之計 在於晨 (《明心寶鑑》)
일 년의 계획은 봄에 있고, 하루의 계획은 새벽에 있다.

② ~에게(對象)

· 己所不欲 勿施於人 (《論語》)

자기가 하고자 하지 않는 바를 남에게 베풀지 말라.

· 齊景公問政於孔子 (《論語》)

제나라 경공이 공자에게 정치를 물었다.

· 孝於父母 忠於國家 (〈鄕約文〉)

부모에게 효도하고 국가에 충성하라.

③ ~을(目的)

· 君子欲訥於言而敏於行 (《論語》)

군자는 말을 더듬거리고 행동을 빠르게 하고자 한다.

· 古人爲詩 貴於意在言外 (《詩人玉屑》)

옛사람은 시를 지음에 뜻이 말 밖에 있는 것을 귀하게 여겼다.

④ ~보다(比較)

· 春月色勝於秋月色 (《東坡志林》)

봄 달빛이 가을 달빛보다 낫다.

· 霜葉紅於二月花 (《唐詩選》)

서리 맞은 잎(단풍)이 2월의 꽃보다 붉다.

· 苛政猛於虎 (《禮記》)

가혹한 정치는 호랑이보다 사납다.

· 師不必賢於弟子 (韓愈, 〈師說〉)

스승이 반드시 제자보다 현명하지는 않다.

· 靑出於藍而靑於藍 (《荀子》)

푸른 것은 쪽에서 나왔으나 쪽빛보다 푸르다.

'於'가 비교를 나타내는 전치사로 쓰일 때에는 서술어가 形容詞로 이루어지는 것이 특색이다.

[與] ~와 더불어

· 與朋友交而不信乎 (《論語》)

친구와 더불어 사귐에 신뢰롭지 못했던가?

· 與文字 不相流通 (〈訓民正音序〉)

문자와 더불어 서로 유통하지 않는다.

· 得志 與民由之 不得志 獨行其道 (《孟子》)

뜻을 얻으면 백성과 더불어 그것을 같이하고, 뜻을 얻지 못하면 홀로 그 길을 행하다.

[于] ~에, ~에서, ~으로

· 子曰 吾 十有五而志于學 三十而立 (《論語》)

공자께서 말씀하셨다. "나는 열다섯에 학문에 뜻을 두었고, 삼십에 뜻을 세웠다."

· 友于兄弟 弟于長上 (〈鄕約文〉)

형제간에 우애하고 윗사람에게 공손해야 한다.

· 三歲之習, 至于八十 (《耳談續纂》)

세 살의 버릇이 팔십에 이른다.

[乎] ①~에, ~에서, ~에게

· 不信乎朋友 不獲乎上 (《中庸》)

벗에게 믿음을 얻지 못하면 윗사람에게서 믿음을 얻지 못한다.

· 相與枕藉乎舟中 (蘇軾, 〈赤壁賦〉)

서로 더불어 배 속에서 베기도 하고 깔기도 하다.

· 學之義 始乎爲士 終乎爲聖人 (《荀子》)

배움의 뜻은 선비가 되는 데서 시작되고 성인이 되는 데서 마친다.

② ~보다, ~와(比較)

· 莫見乎隱 莫顯乎微 (《中庸》)

은밀한 것보다 더 잘 나타나는 것이 없고, 미세한 것보다 더 잘 나타나는 것이 없다.

· 孝子之至 莫大乎尊親 (《孟子》)

효자의 지극함은 어버이를 존경하는 것보다 큰 것이 없다.

· 國之語音 異乎中國 (〈訓民正音序〉)

나라의 말소리가 중국과 다르다.

'乎'가 비교의 뜻인 '~보다'나 '~와(~과)'로 쓰일 때는 '於', '于'와 같이 서술어가 형용사일 경우이다.

[以] ①~으로써

· 以五十步笑百步 (《孟子》)

오십 보로써 백 보를 비웃다.

· 能以禮通於中國 (《東文選》)

능히 예로써 중국과 상통하였다.

· 孟母以刀斷其織 (《列女傳》)

맹자의 어머니가 칼로써 그 베를 끊어 버렸다.

② 때문에, 이유, 까닭

· 衆人皆醉 我獨醒 是以見放 (屈原, 〈漁父詞〉)

뭇사람이 모두 취했어도 나 홀로 깨어 있으니, 이런 까닭으로 추방을 당했다.

· 何以附耳相語 (《芝峯類說》)

무엇 때문에 귀에 대고 말하십니까?

· 其夫以盜牛被囚 (《芝峯類說》)

그 남편이 소를 도둑질했기 때문에 갇힌 것이다.

[以爲] 여기다, 삼다, 생각하다, 되다

· 人生斯世 非學問無以爲人 (《擊蒙要訣》)

사람이 이 세상에 태어나서 배우고 묻지 않으면 사람이 될 수 없다.

· 君子義以爲上 (《論語》)

군자는 의를 위로 삼는다.

· 人之爲事 必立志以爲本 (《退溪集》)
  사람이 일을 함에도 반드시 뜻을 세우는 것으로써 근본을 삼는다.

## 3. 連詞(接續詞)

節句나 文 사이에 끼어서 그 관계를 명확하게 하는 구실을 하는 品詞를 連詞(接續詞)라고 한다. 이 연사에는 語句와 語句, 文과 文을 이어주는 구실을 하며 때로는 접속과 부사의 뜻을 겸하는 경우도 있다.

[且] ~또는, ~한편으로는, 장차 ~하려고 한다

· 所見所期 不可不遠且大 (《近思錄》)
  보는 바와 생각하는 바는 멀고 또 크게 하지 않을 수 없다.

· 述等且戰且行 (《三國史記》)
  우문술 등이 한편으로는 싸우면서 한편으로는 행군했다.

· 一人蛇先成 引酒且飮之 (《戰國策》)
  한 사람이 뱀을 먼저 그리고 술을 당겨 장차 그것을 마시려고 했다.

[與] ~과(와)~

· 富與貴 是人所欲也 (《論語》)
  부와 귀는 사람마다 하고자 하는 바이다.

· 客亦知夫水與月乎 (蘇軾, 〈赤壁賦〉)
  손님은 또한 저 물과 달을 아는가?

· 君子與君子 以同道爲朋 (《論語》)
  군자와 군자는 같은 도로써 벗을 삼는다.

[而] '~해서 ~하다', '~이고 그리고 ~이다', '~은/는 ~다'와 같이 병렬의 뜻을 지니면서 順接의 뜻을 나타내는 경우가 있다. 이와 같은 접속사를 順接 連詞라 하고, '이다. 그러나(그런데) ~이다'의 뜻으로 文句의 뜻을 반전시키는 구실을 하는 것을 逆接 連詞라 한다.

① 順接 (~해서, 그리고)

· 生乎吾前 其聞道也 固先乎吾 吾從而師之 (韓愈, 〈師說〉)

나보다 먼저 나서 그 도를 들은 것이 진실로 나보다 앞섰다면 나는 그를 따라서 그를 스승으로 삼겠다.

· 猶且從師而問焉 (韓愈, 〈師說〉)

오히려 또한 스승을 따르고, 그리고 그에게 물었다.

· 男子由左而行 女子由右而行 (《九雲夢》)

남자는 왼쪽을 따라서 가고, 여자는 오른쪽을 따라서 간다.

② 逆接 (그러나, 그렇지만, 그런데)

· 父母養其子而不教 是不愛其子也 (《古文眞寶》)

부모가 자기의 자식을 기르면서도 가르치지 않는다면, 이것은 자기 자식을 사랑하지 않는 것이다.

· 人不知而不慍 不亦君子乎 (《論語》)

남이 알아주지 않더라도 성내지 않으면 또한 군자가 아닌가?

· 樹欲靜而風不止 子欲養而親不待 (《韓詩外傳》)

나무는 고요하고자 하나 〈그러나〉 바람이 그치지 아니하고, 자식은 봉양하고자 하나 〈그러나〉 어버이는 기다리지 않는다.

이상에서 살펴본 虛詞는 '如, 欲, 尙, 雖, 寧, 勿, 使, 不' 등과 같이 自立性이 있으면서 副詞나 助動詞의 성격을 띤 語詞는 虛詞로 다루지 않았다. 다만 자립성이 없어서 獨立 形態素에 의존했을 때만이 語法的

구실을 하는 從屬形態인 '夫, 之, 也, 乎, 哉, 與, 焉' 등과 같은 語氣詞나 '於, 于, 乎, 與, 以' 등과 같은 前置 介詞, 그리고 '且, 與, 而' 등과 같은 連詞(接續詞) 등 基礎的이며 簡易한 虛詞만을 다루었다.

〈漢文의 虛字 硏究〉, 《서울敎育大學校 論文集》(第11輯(1976), 第20輯(1977))에 발표

| 參考文獻 |


馬建忠, 《馬氏文通 上 · 下》, 臺北 : 新興書局, 1959.
裵學海, 《古書虛字集釋》, 臺北 : 鄕粹出版社, 1977.
王力, 《古代漢語 上 · 中 · 下》, 北京 : 科學出版社, 1962.
劉景農, 《漢語文言語法》, 北京 : 萬葉出版社, 1958.
許世瑛, 《常用虛字用法淺釋》, 臺北 : 復興書局, 1969.

# 제4장 漢字의 敎授·學習 方法

# 제1절 漢字敎育의 必要性

우리는 2천여 년 전부터 漢字를 借用하여 文字生活을 영위해 왔다. 世宗大王께서 訓民正音을 창제한 후에도 朝鮮王朝 말엽까지 漢字를 公用文字로 사용해 왔음을 《朝鮮王朝實錄》이나 각종 文集에서 그 實證을 찾아볼 수 있다. 이러한 文字言語의 환경 속에서 生成되고 發展해 온 것이 우리 言語인 것이다. 다시 말하면, '登山', '讀書', '積金', '愛國', '獨立', '長短', '上下' 등 우리말의 70% 이상이 漢文에서 생성된 漢字語로 구성된 것이다.

이러한 言語文化 속에서 살고 있는 우리가 漢字를 배우지 않고서 어찌 올바른 文字生活을 할 수 있겠는가? 그러기에 요즈음 신문이나 잡지에서 심각하게 거론되고 있는 漢字敎育 문제는 매우 중요하고도 시급한 課題인 것이다.

陸軍 3士官學校 金鍾煥 교수가 조사한 바에 의하면 49개 대학 61개 학과의 男子 졸업생 100명을 대상으로 韓國漢字能力檢定會의 4급 문제지로 시험을 치른 결과 평균점수가 29.5점이었고, 50점 미만이 89%였다(朝鮮日報, 1998. 3. 17)고 보도되었다. 조선일보(1998. 7. 10(금)) '색연필'에서 全北 지방경찰청 소속 전 · 의경들이 不審檢問 중 주민등록증을 제시받고도 漢字를 읽지 못해 시간을 지체하거나 그대로 돌려보내는 사례가 많아 전체 전 · 의경을 대상으로 漢字 시험을 치르기로 했고, 경찰은 이 시험에서 90점 이상 받은 전 · 의경에게는 3박 4일 특별휴가를, 60점

미만자는 2개월간 외박 · 외출을 금지키로 했다고 보도되었다. 뿐만 아니라, 金德翰(월간조선 기자)은 《월간조선》 5월호에서 〈'韓國', '哲學'을 못 읽는 서울大生〉이라는 주제 하에,

· 漢字 읽기 시험에서 반도 못 맞히는 서울大生이 수두룩하고, 0점짜리 나오다.
· 知識人의 下向平準化 深刻한 地境.

이라 했고, 東一女子高等學校 교사 高銀珠는(《월간조선》 8월호) 〈한글 전용이 科學敎育을 망쳤다〉는 주제로,

· 漢字語 科學用語를 한글로 표기하니 暗號 책을 읽는 기분이다.
· 漢字表記 科學用語 이해도는 한글표기 때의 두 배, 순 우리말 용어 때의 9배나 된다.
· 科學 교과서의 90.05%가 한글로 표기된 漢字語의 科學用語로 되어 있다.

고 발표하였다.

그리고 金容三(월간조선 기자)은 《월간조선》 9월호에서 〈IMF보다 더 심각한 國家的 危機 - 漢字 死亡 5분 전의 韓國社會〉라는 주제로 다음과 같이 발표하고 있다.

· 漢字表記로 인해 韓國社會는 總體的 知性의 崩壞現象에 直面하고 있다.
· 漢字文盲世代 父母들이 子女들의 漢字敎育을 더 원한다.

· 안동 교도소에서 漢字敎育 실시 후 교도소가 학교로 변해 人倫道德 敎育에 크게 이바지하고 있다.
· 漢字 포기는 우리 民族에게 '時間과 空間의 切斷'이라는 生態的 不均衡을 초래하고 있다.
· 漢字가 쫓겨난 자리에 英語가 침투하여 한글이 吏讀化하고 있다.

이상에서 살펴본 바와 같이 우리는 漢字敎育이 어느 때보다 절실하고 시급한 때임을 깊이 깨달을 수 있다. 그러기에 漢字를 왜 가르치고 배워야 하는가? 하는 理由와 必要性을 정리해 보기로 한다.

**첫째, 漢字는 우리 國語 槪念의 核心을 이루고 있다.**

우리 국어의 70% 이상이 漢字語로 되어 있다. 그러므로 漢字를 배우면 國語 語彙의 理解와 그 活用에 매우 효과적이다. 우리나라 憲法 제1조를 보면 "大韓民國은 民主共和國이다."라고 規定하고 있다.[24] 이 문장을 분석해 보면 의미의 核은 한자어인 '大韓民國', '民主共和國'으로 구성되어 있고, 순수 우리말은 '은'과 '이다'뿐이다. 이 '은', '이다'만 가지고 意味傳達은 不可能한 것이다. 이와 같이 우리 국어의 대부분의 글자는 漢字語로 이루어져 있다.

그러므로 漢字를 알면 우리 國語의 말하기와 듣기, 그리고 읽기와 쓰기 등 올바른 理解와 表現을 할 수 있을 뿐만 아니라 제반 學術用語의 槪念을 정확히 파악할 수 있는 것이다. 앞에서 소개했듯이 科學 교과서에 나오는 漢字用語의 90.05%가 漢字 語源으로 되어 있는 것도 학술용어가 한자어로 되어 있음을 證明하는 根據가 될 것이며, 과학 교과서

---

24) 吳之湖, 《국어에 대한 重大한 誤解》(1971. 8).

에 사용되는 漢字의 威力을 가히 짐작할 수 있을 것이다. 이러한 漢字의 힘은 오랜 歷史 속에서 형성되어 온 언어문화의 영향도 있으려니와, 무엇보다도 漢字가 가지는 뛰어난 造語力 때문인 것이다.

大(큰 대) 한 글자가 大小, 大國, 大學, 大韓民國, 大洋, 大統領, 大家, 大權, 大道, 大盜, 大量, 大門, 大文字, 大凡, 大使, 大事, 大任, 大將, 大地, 大川, 大寒, 巨大, 寬大, 莫大, 偉大, 重大, 最大, 特大 등 823개의 한자어를 생성한다.[25)]

光復 후 한글 專用을 강제로 시행해 온 北韓에서도 漢字學習을 獨立敎科로 실시하고 있는 이유는 語彙力의 貧困을 극복하기 위한 대책인 것이다. 金日成이 南韓의 신문이나 잡지에서 漢字를 쓰고 있으니 남한을 解放시키려면 한자를 가르쳐야 한다고 말하고 있으나, 實은 한글 전용으로 저하되어 가는 國語의 어휘력을 향상시키기 위한 것이 漢字敎育의 직접적 動機인 것이다.

이와 같이 漢字는 강한 造語力을 가지고 있을 뿐만 아니라, 漢字가 배합되어 생성되는 漢字語들은 어휘가 갖는 思想과 感情의 전달 기능에서 한글만으로는 전달할 수 없는 아름다운 情緖的 感情 전달을 가능케 한다.

가령 忠南 泰安半島 근방에 있는 '看月島'가 볼 간(看), 달 월(月), 섬 도(島) 세 글자로 이루어졌다는 것을 아는 사람과 이것을 알지 못하고 한글만으로 된 '간월도'로만 아는 사람과 비교할 때 두 사람이 受容하는 意味나 感情의 전달 정도는 큰 차이가 있을 것이다.

예컨대 "看月島에서 그대와 더불어 거닐던 감회가 나를 사로잡습니

---

25) 〈《東亞漢韓大辭典》 造語力 統計〉.

다."라는 문장에서 漢字로 '看月島'를 쓰면, 밝은 달을 바라보면 아름답기 그지없기 때문에 달을 바라보는 섬이라는 뜻을 설명하지 않아도 알 수 있는 것이다. 그러므로 위 문장의 深層에 깔려 있는 생각과 情緖를 제대로 받아들여 밝은 달이 아름답기 그지없는 看月島에서 생긴 사랑의 멜로디를 그대로 이해할 수 있는 것이다. 그러나 한글로만 표기했을 때는 평범한 고유명사 '간월도'로만 이해되어 깊이 있는 정서나 사상이 전달되지 못하는 것이다.

이와 같이 뛰어난 造語力을 가진 漢字語는 國語科 敎育의 基礎道具가 되는 것이다. 그러므로 국어가 모든 敎科의 基礎道具 敎科라면 漢字는 基礎道具 敎科의 基礎文字가 되는 것이다. 그러므로 우리 국어의 정확한 이해와 표현, 그리고 造語力 신장을 위해서는 이 漢字敎育을 철저히 시행해야 한다. 한자를 가르친다는 것은 漢文의 復古가 아니라 우리 말을 폭넓고 體系的이며 經濟的으로 손쉽게 이해하고 활용하는 수단으로써 필요한 것이다.

漢字는 時間과 空間으로 經濟的인 文字인 것이다. 즉, 한자는 知識이나 情緖의 空間擴大 수단일 뿐 아니라, 시간확대의 수단이요 매체이기도 하다. 공간확대란 한글이 우리나라에서만 사용되는 문자라면 漢字는 韓·中·日語의 共通文字로 사용됨을 말함이요, 時間擴大란 한글이 世宗 이후에 사용된 문자로 550년밖에 되지 않았지만 한자가 우리 문자로 사용된 것은 2천여 년이 되기 때문에 時間的으로 한글에 비해 훨씬 오래되었다는 말이다. 그러기에 한자를 가르치는 것이 우리 국어를 이해하는 데 시간적으로나 공간적으로 經濟性이 있는 것이다.

**둘째, 漢字는 우리 傳統文化를 계승 발전시키고, 바람직한 人性을 기른다.**

傳統文化의 槪念은 매우 넓고도 깊다. 콩을 재료로 해서 만들어 내는 된장으로부터 四物놀이, 唱, 타령, 춤, 그리고 우리 哲學에 이르기까지 모두가 전통문화에 속한다. 그러나 여기서 말하는 전통문화는 漢字나 漢文으로 이루어진 지난날의 전통을 알 수 있는 99%나 되는 文獻的 傳統性을 말한다.

漢字는 一字一義의 문자이기도 하려니와 一字一哲의 문자이기도 하다. 다시 말하면 한 글자 한 글자에 訓과 音이 있을 뿐 아니라, 哲學이 담겨져 있다는 말이다. 예컨대 '孝' 자는 '老+子'로 이루어진 글자로 아들이 父母를 등에 업고 있는 글자이다. '孝'는 부모님을 등에 업듯이 精誠을 다하여 恭敬해야 한다는 뜻이다. 부모님께 고기음식과 비단옷을 입혀 드리는 것보다 精神的으로 尊敬하고 받들어 平和롭고 행복하게 해 드려야 함을 의미하는 것이다.

예로부터 '孝는 莫大於尊親이라' 했다. '孝' 자를 배우면서 德의 根本은 孝道라든가, 孝는 天下之大本이라는 깊은 뜻을 이해하고 天下의 萬物 중에서 사람이 가장 귀한 까닭은 人倫道德이 있기 때문이며, 이 人倫道德의 근본은 '孝道'에 있음을 일깨워 줄 수 있는 것이다. 漢字敎育을 통하여 우리 後孫들에게 우리의 아름다운 전통문화를 이해하고 계승시키려는 마음을 갖게 할 수 있는 것이다. 한자는 이러한 전통문화를 계승하고 있는 문자로써 傳統文化 形成의 核이 되고 있다.

東洋哲學의 淵源은 孔孟思想에 있다. 이 孔孟思想이 담겨 있는 四書三經은 漢字로 되어 있는 典籍으로 東洋의 人倫道德 및 價値觀의 寶鑑이기도 하다. 오늘날 人倫과 道德이 파괴되고 인간성이 마비되어 인간의 終末을 고하는 듯, 세상이 매우 어지러워졌다. 이에 現代教育에서는 人性教育을 重視하게 되었다. 그러나 교육현장에서는 이 인성교육의 德目이 무엇인지조차 분명치 않다. 너무 抽象的이고 西歐的이기 때문이다. 우리 동양에서는 仁義禮智는 人性之綱이라고 하여 '仁'과 '義', '禮'와 '智'를 기본으로 人性을 길러 왔다.

가령 '仁' 자의 구조를 '人+二'로 분석하여 '人'은 사람을 가리키고 '二'는 짝수로써 '相對'가 있음을 의미한다. 그러므로 '仁'이란 人間生活에서 이루어지는 것으로써 '相對'가 있어야 '仁'이 이루어지는 것이지 '相對'가 없으면 '仁'이 형성되지 못한다. 그러므로 '人' 변에 '二' 자가 배합된 것이다. 만약 '仁'이 相對性이 없다면 짝을 상징하는 두 이(二) 자가 아니라 한 일(一), 또는 석 삼(三) 자로 써서 '亻一, 亻三' 자로 만들어졌을지 모른다. 이러한 한자교육에서 '仁' 자의 뜻과 音을 알고 '仁'은 측은한 마음에서 비롯된다는 人性의 根源을 알게 된다. 그러므로 漢字를 배우면 傳統文化를 계승하고 人倫道德과 人性의 벼리(綱)를 알게 되는 것이다.

**셋째, 漢字는 東洋 文化圈의 調和를 이룬다. 漢字는 韓·中·日 東洋 言語文化의 共通文字 구실을 하고 있다.**

우리는 지금 온 세상 人類가 한 마을 사람같이 살려는 地球村 시대에 살고 있다. 이러한 現代生活의 추세로 볼 때, 日本이나 中國, 臺灣 등은 아주 가까운 이웃이 될 것이다. 이러한 國家들과 精神的, 文化的 調和를 이루자면 무엇보다도 先行되어야 할 것이 言語文化의 調和인 것이다. 漢字는 이러한 동양 언어문화의 근간을 이루고 있는 문자로써 동양문화 형성의 核이 되고 있다. 그러므로 현재 韓國, 中國, 日本, 北韓, 臺灣에서 쓰고 있는 現實的 漢字 使用實態를 살펴볼 필요가 있다.

### 1) 韓國

1972년 8월 16일 文敎部에서 제정한 漢文敎育用 基礎漢字 1,800자를 中·高等學校 한문교육용으로 쓰고 있다. 한국은 1945년 광복 이후 漢字廢止에 대한 補充策으로 1951년 9월에 문교부에서, 처음으로 敎育漢字 1,000자를 제정하였다. 그 후 1957년 11월에 문교부에서, 1951년에 선정한 1,000자에 1955년의 漢字頻度調査를 기초로 하여 선정한 300자를 추가하여 1957년에 常用漢字 1,300자를 제정하게 되었다.

현행 한문교육용 기초한자 1,800자는 문교부에서 漢文科 敎育課程 審議委員會를 거쳐 1972년 8월 16일에 확정 공포하였다. 이는 1957년에 선정한 상용한자 1,300자를 기본으로 하여 당시 우리나라 고등학교 漢文 교과서에서 사용된 漢字와, 예일大學과 日本의 當用漢字 등에서 추출한 500자를 합하여 한문교육용 기초한자 1,800자를 제정한 것이다.[26] 그리고 1990년 11월 24일 韓國語文敎育研究會(회장 南廣祐), 韓國國語敎育研究會(회장 李應百), 韓國國語敎育學會(회장 陳泰夏), 韓國漢文敎育研究會(회장 鄭愚相) 4개 학술단체에서 상용한자 2,000자와 姓名用을 별도로 선정한 바 있다.

### 2) 中國

毛澤東 집권 후 강력한 漢字改革 政策을 추진해 온 中國은 1952년 6월 中國人民政府敎育部 公布 常用漢字(2,000자)라는 것이 있어 一等常用字 1,010자와 次等 상용자 490자, 補充 상용자 500자로 되어 있었는데, 최근 中國文字改革委員會 漢字處에서 나온 자료에 의하면 常用

26) 《漢字漢文敎育》(창간호).

漢字 3,500자(常用漢字 2,500자 次等 常用漢字 1,000자)로 되어 있다. 臺灣은 標準字體表 4,808자와 次常用漢字 標準字體表 4,399자가 中華民國 71년(1982)에 敎育部에서 공포된 바 있다.

### 3) 日本

1946년 常用漢字 1,850자, 1951년 人名用 漢字別表 92자이던 것이, 1981년부터 1,945자의 常用漢字와 166자의 人名用 漢字에, 다시 118자의 人名用 漢字를 추가하여 人名用 漢字로 284자를 사용하고, 2010년 말에는 196字를 다시 追加하고 5字를 삭제, 現行 1,945字를 2,136字로 改正하였다.

### 4) 北韓

8·15 光復 후 한글 전용을 철저히 시행해 오던 北韓은 1964년, 1966년 두 차례에 걸친 金日成 敎示에 의해 1968년부터 漢字敎育을 복원하고 漢文 시간에 國漢文 混用讀本으로 한자교육을 시행하고 있다. 우리 學制로 따지면 초등학교 5학년부터 중학교 2학년까지 1,500자, 技術學校에서 500자, 大學에서 1,000자, 도합 3,000자의 漢字를 가르치고 있다.[27)]

1979년 평양에서 발행한 한문교육용 《國漢文用讀本》과 1983년 3월 북한의 '人民學校 高等學校 課程案'에 의하면 初校 5년에서는 주 2시간, 초교 6학년에서는 1학기에 주 2시간, 2학기에 1시간의 漢字敎育을 하고 있다.[28)]

---

27) 北韓 漢字敎育 資料 1,500자와 3,000자는 《語文硏究 59·60호》(1988.12).

東洋 三國에서 常用漢字나 當用漢字 또는 敎育用 基礎漢字를 선정하여 사용하고 있는 것은 한자가 동양의 共通 文字言語이기 때문인 것이다. 한자는 동양문화의 조화를 이루는 觸媒的 작용을 하고 있는 것이다. 그러므로 동양 문화권의 조화를 위해서는 한자교육이 반드시 이루어져야 한다.

**넷째, 漢字는 經濟發展의 觸媒劑 구실을 한다.**

現代社會는 경제적으로 富强한 나라를 요구하는 産業社會로서 經濟戰爭時代라고 한다. 더구나 21세기는 知識化, 情報化, 世界化의 시대로서 세계의 經濟的 觸角이 아세아-太平洋으로 쏠리는 亞太時代인 것이다. 이웃 나라인 日本은 이미 經濟大國으로 GNP가 우리보다 훨씬 높은 31,300달러(2002년)로 우리의 3배가 되며 近代化도 우리보다 50여 년이 앞서 있는 선진국이다. 그리고 中國은 韓半島의 44배의 面積인 넓은 國土와 13억이 넘는 인구에 풍부한 지하자원을 가지고 있는 나라로 무서운 經濟成長을 하고 있다. 上海, 北京, 浦東 등에서는 80층 건물들이 雨後竹筍처럼 솟아오르고 있다. 年 8%의 高度成長과 경제의 급성장을 위한 계획이 치밀하게 세워지고 있다고 한다.

특히 요즈음 그들은 경제발전을 도모하기 위하여 韓國 專用 工團을 만들어 공장 부지로 50년간 무상으로 사용하도록 하는 파격적인 조건을 내걸고 韓國企業들을 유치하고 있다(조선일보, 2004. 2. 27). 이것도 세계 제1위의 經濟大國으로 발돋움하기 위한 한 조치일 것이다.

漢字는 우리와 가장 가깝게 이웃하고 있는 日本이나 中國의 共通文

---

28) 〈北韓의 漢字敎育〉, 《語文硏究(61호)》(1989. 5).

字로써 中國語나 日本語를 이해하는 데 필수적인 문자인 것이다. 한자를 알면 일본어나 중국어로 발음은 못한다 하더라도 筆談으로라마 意思疏通을 할 수 있으나, 한자를 모르면 완전히 孤立되어 명함도 읽지 못하고 筆談도 하지 못해서 亞太 文化圈에서 소외될 뿐 아니라 경제발전에도 큰 걸림돌이 될 것이다.

우리나라는 국토가 좁고 지하자원이 없기 때문에 경제발전을 무엇보다도 貿易에 기대할 수밖에 없다. 그러나 이 貿易도 세계의 經濟戰爭의 와중에서 순탄하게 黑字를 내기는 그리 쉬운 일이 아니다. 그러기에 우리는 사계절의 아름다운 江山을 資源으로 하는 觀光事業에 눈을 돌려야 할 것이다.

21세기는 관광사업이 경제발전의 큰 몫을 차지한다고 한다. 2003년 11월 발표한 外國 觀光客 統計를 보면 427만 명 중 70%가 中國, 日本 등 漢字 文化圈 사람들이었다 한다.

경기도 고양시에 사는 박성희는 조선일보의 독자편지에서 案內文이나 標識板, 看板 등에 漢字를 倂記해서 관광객의 편의를 도모해야 한다고 주장하고 있다. 앞으로는 濟州道를 비롯하여 東海岸, 金剛山, 雪嶽山, 白頭山에 이르기까지 관광사업에서 경제적 소득을 기대해야 하고, 이를 위하여 친절하게 봉사하는 國民意識의 宣揚과 국가적인 차원에서도 안내문이나 표지판 등에 漢字倂記를 해서 관광객들의 불편을 덜어 주어야 할 것이다.

현재는 漢字가 'Be-Se-To Belt' 구실을 하는 시대라 한다. 즉 漢字가 北京(Beijing), 서울(Seoul), 東京(Tokyo)의 Belt 작용을 한다는 말로 韓·中·日 三國의 文化, 經濟, 教育 등 상호 交流關係는 漢字가 맡게 된다는 말이다. 2003년 12월 30일 경제 5개 단체(全國經濟人聯合會, 大韓

商工會議所, 中小企業協同組合中央會, 韓國經營者總協會, 韓國貿易協會)에서는 서울 리츠칼튼 호텔에서 2004년 신입사원 채용시험부터 漢字試驗을 포함하기로 결정하고, 그 이유로는,

첫째, 韓·中·日 간 경제교류 증가로 漢字의 重要性은 갈수록 높아지고 있으나 漢字實力은 이에 미흡하다.

둘째, 漢字實力 저하로 漢字 文化圈 국가와의 비즈니스에서 걸림돌이 되고 있다.

셋째, 大卒 신입사원들의 漢字能力 부족으로 外國人 去來處와의 명함 교환이나 人脈構築, 情報蒐集 등 업무수행에 어려움이 많다.

고 말하고 있다. 결국 漢字를 제대로 알지 못하면 對內的으로는 우리 國語를 올바르게 이해하거나 표현하지 못하며, 語彙力과 思考力이 현저하게 저하되어 愚民化의 결과를 가져오게 될 것이다. 또한 對外的으로는 日本이나 中國, 臺灣 등 東洋 言語文化와의 조화를 이루지 못하고, 日本語나 中國語를 공부하는 데도 어려움이 많을 것이다. 더구나 21세기 아세아-太平洋 시대의 경제활동에 있어서도 큰 어려움을 겪게 될 것이다.

우리는 광복 후 50여 년 동안 혼란된 國語政策의 와중에서 국어표현의 혼란을 초래했고, 言語文化 발전을 저해하는 愚를 범해 왔다. 그러나 이제는 한자교육의 중요성을 깊이 깨닫고 初等學校에서부터 早期에 漢字指導를 철저히 해야 할 것이다.

한글과 漢字는 우리 文字言語의 두 날개다. 한글과 漢字 중에서 어느 한쪽만 쓰게 되면 우리 국어는 言語文化의 창공을 날지 못하고 날개 부

러진 새와 같이 추락하는 悲運을 맞게 될 것이다. 그러나 한글과 漢字를 조화롭게 활용하면 그 어느 言語에서도 찾아볼 수 없는 아름다운 言語文化의 꽃을 피울 것이다.

# 제2절 漢字의 三段階 學習

漢字를 왜 가르쳐야 하는가? 漢字敎育은 우리 國語의 정확한 理解와 表現, 그리고 生産性 있는 言語活動 등 對內的인 중요성은 말할 것도 없으려니와, 對外的으로도 中國이나 日本 등 東洋 文化圈의 調和나 協同, 나아가서는 21세기의 情報化 時代에 있어서 産業發達의 중요한 촉매제로써 威力을 가지고 있는 것이다. 漢字는 15억 東北亞人이 사용하는 國際文字이다. '世界經濟大戰'에서 살아남으려면 경제대국 日本과 中國을 비롯 臺灣, 泰國, 말레이시아 등 '漢字 經濟圈'에서 사용하는 글자를 알아야 한다.[29]

漢字敎育의 중요성을 인식하고 있는 많은 초등학교에서는 아침 자습이나 학교 裁量時間, 또는 特活時間에 학교 나름대로 자율적으로 한자교육을 실시해 온 것으로 알고 있다. 1994년 2월 24일자 조선일보가 한국갤럽과 공동 실시한 '漢字 使用에 대한 國民 輿論調査'에서 초등 학교 때부터 한자를 배우도록 해야 한다는 의견에 찬성하느냐, 반대하느냐는 질문에 82.5%가 초등학교에서 한자교육을 실시해야 한다고 찬성하고 있다. 뿐만 아니라 그동안 많은 초등학교에서는 敎育課程上 公式的으로 한자교육을 허용하지 않고 있음에도 불구하고 자발적으로 실시해 온 것이다. 이렇게 한자교육에 熱意를 表하는 것은 그만치 한자교육이 언어생

29) 조선일보, 〈亞太時代 '우리들의 國際文字' 漢字를 배웁시다(1)〉(1994. 2. 7).

활에 필요하고 또한 중요하기 때문이다. 다만 우리는 초등학생들에게 어떠한 한자를 어떻게 가르칠 것인가 하는 관점에서 한자의 段階性이나 難易度, 그리고 實用性을 배려하여 어린이들의 수준에 알맞는 기본적인 한자를 선정해서 여기에 적절한 漢字敎育 學習方法을 연구해야 한다.

그러나 초등학교에서 현재 실시하고 있는 요즈음에는 初等 漢字敎育에 대한 관심이 높아져서 연구기관이나 학회들의 활동이 활발해지고 각 신문사들도 어린이 한자교육에 높은 관심을 보이고 있을 뿐 아니라, 각 초등학교 현장에서도 기초가 되는 한자 600자 내지 1,000자 정도를 선정하여 자율적으로 初等 漢字敎材를 개발하여 가르치고 있음을 볼 수 있다.

다만 우려되는 바는 漢字 敎授·學習 方法에 있어서 한자의 難易度나 段階性을 고려하여 어린이들로 하여금 재미있고 효과 있는 공부를 할 수 있도록 학습을 전개하고 있느냐 하는 것이 문제이다. 아침 자습시간에 교장 선생님의 지시에 따라 마지못해서 실시하다 보면 어린이들이 떠드는 것을 막기 위하여 무조건 한자를 노트에 쓰게 하는 경우도 있을 수 있다. 한자의 訓音 또는 筆順 등을 科學的으로 지도하지 않고 무조건 수십 번씩 쓰게 하면 한자공부에 대한 恐怖症이나 忌避症을 조장시키는 결과만 초래하게 된다. 한자를 어떻게 가르칠 것인가 하는 漢字의 敎授·學習 方法에 대한 연구가 깊이 있게 이루어지지 않고, 무조건 暗誦하게 하는 데서 파생되는 漢字敎育의 破局은 매우 심각한 문제이기도 하다.

모든 敎科의 교수·학습 방법이 새로 연구 개발되어 눈부신 발전을 하고 있는 現代敎育에서 科學的인 學習方法을 배려하지 않고 무작정 暗記시키려는 漢字 敎授·學習 方法은 이제는 허용되지 않는다는 데

漢字教育의 深刻性이 있는 것이다.

漢字는 形 · 音 · 義 3要素로 구성되어 있는 表意文字이다. 그러므로 漢字의 生成原理를 분석 이해하는 과정에서 한자의 訓音을 알고, 그 한자들이 결합해서 이루어지는 漢字語의 구조를 이해하고, 그 한자어들이 우리 言語 속에서 適用되는 原理를 알아야 할 것이다.

漢字教育에 있어서 한자의 訓音을 認知하는 단계, 한자들이 결합해서 이루어지는 造語段階에서 생성된 한자어들이 文章 속에서 활용되는 適用段階, 이 段階的 學習이 한자학습의 3단계 전략인 것이며 이 단계를 거치는 과정에서 한자의 反復學習이 이루어지고 한자 · 한자어의 효과적인 학습이 성취될 것이다.

## 1. 漢字學習의 段階

漢字공부는 어렵고 흥미 없는 학습이라는 先入見을 拂拭하는 것이 漢字教育에서 매우 중요한 課題로 대두되고 있다. 그것은 學習教材나 學習方法이 舊態依然하고 無計劃的이며 無誠意하기 때문에 학생들이 한자를 대하기조차 두려워한다. 이러한 한자학습의 장애를 純化시키자면 한자학습을 科學的 方法으로 실시하되, 한자의 構成原理와 難易度나 段階性으로 보아 학생들의 수준에 맞는 能力別 學習段階가 마련되어야 한다.

### 1) 訓音段階

漢字學習의 궁극의 目的은 漢字가 지니고 있는 訓(뜻)과 音을 아는 일이다. 옛날에는 한자공부만 하면 무엇이든지 할 수 있다는 漢字 萬能時代였기 때문에 時間的으로나 實用面으로 무조건 외우고 暗誦하는 학습방법이 허용되었지만 現代의 漢字·漢文 教育은 數學, 科學 등 많은 教材 중의 한 교과이며 그것도 必須教科가 아니라 選擇教科이다. 초등학교에서는 학교 裁量時間이나 아침 自習時間에 학습할 수 있게 되어 있다. 이러한 시대적 조건을 전제로 하여 한자학습을 해야 하기 때문에 漢字 教授·學習 方法이 더욱 새로워져야 하고 科學的이어야 한다. 그러므로 漢字가 지니고 있는 특성을 바탕으로 하여 한자의 訓音을 알 수 있도록 연구 개발하여야 할 것이다. 즉 表意文字로서 '形·音·義' 3요소를 지니고 있는 漢字 特性의 原理를 基底로 한, 漢字學習이 연구 개발되어야 할 것이다. 즉 한자가 만들어진 과정이나 짜임새를 통하여 한자의 訓音을 이해시키는 방법으로 部首를 先習하는 과정과 한자의 構造를 분석 종합하는 과정에서 습득되는 학습방법으로 類別할 수 있다.

### 가) 部首先習 過程을 통한 理解

部首란 漢字 構成의 基本 글자로서 214자로 되어 있다.

數萬 자가 되는 한자는 214자의 部首字가 기본이 되기 때문에 이 部首字는 각각 意味機能을 가지고 있을 뿐만 아니라, 部首字 중 萬物의 模樣을 본떠서 만들어진 象形文字가 147자로 약 70%를 차지하고 있어서 部首先習 過程은 漢字의 基礎學習으로써는 매우 흥미 있고 적절한 방법인 것이다.

예컨대, '雲, 雪, 露, 霜, 霧, 霞' 자의 部首는 '雨' 자이다. 이 '雨' 자는 하늘에서 빗물이 뚝뚝 떨어지는 모양을 본뜬 글자로 '비'의 뜻을 지니고 있는 象形文字이다. 그러므로 이 글자들은 모두 기후(비)와 관계되는 구름(雲), 눈(雪), 이슬(露), 서리(霜), 안개(霧), 노을(霞)의 뜻을 가진 글자로 漢字의 의미(訓) 發見學習에 매우 효과적일 것이다.

또한 '貝' 자를 통하여 漢字學習을 전개한다면, '貝'는 조개(貝)의 모양을 본떠서 만든 象形文字이다. 옛날에는 돈이 없었기 때문에 조개껍질로 貨幣를 대신해서 사용하였다. 그러기에 돈을 뜻하는 '貝' 자와 결합해서 만들어진 '財, 資, 貯, 賤, 貧, 貴, 貨, 貿' 자들은 모두 財物과 關係되는 글자이다.

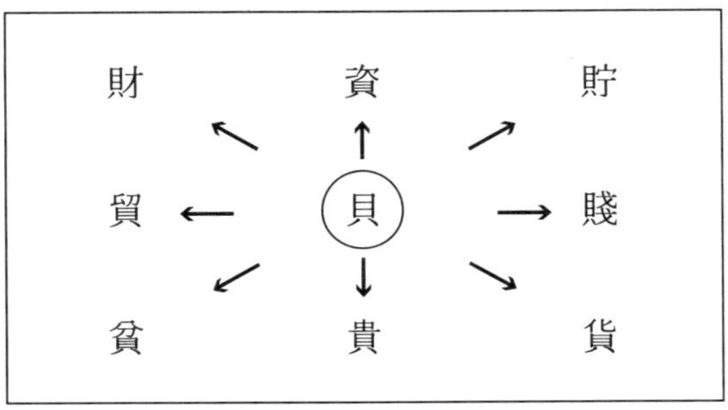


그러므로 '貝' 자의 字源을 통하여 이 글자들의 訓과 音을 推理하는 發見學習을 할 수 있는 것이다.

이상에서 살펴본 바와 같이 財物의 뜻을 나타내는 '貝' 자를 擴大 展開시켜 보면, 象形文字에서 形聲文字나 會意文字로 발전된다. 그러므로 한자학습은 事物의 形態를 묘사한 象形文字나 符號로써 事物의 뜻을 표시한 指事文字를 기초로 하여 會意文字나 形聲文字로 發展學習을 시키고, 이 한자를 다시 결합하여 漢字語를 構成하게 하는 學習을 통하여 造語力을 신장시키고 우리 國語와의 適用關係를 認知토록 해야 한다.

部首先習 과정에 있어서도 무작정 部首字를 모두 가르치려고 하지

말고, 초보자들이 應用하거나 活用하기에 편리한 '人, 水, 木, 口, 貝, 雨' 등을 先習시키고, 造字하는 데 효과적이고 필요한 部首字를 차례로 지도하는 것이 효과적이다.

가령 '霜' 자를 학습할 때 部首字인 '雨, 木, 目'을 배웠다면 '霜' 자의 구조를 分析的인 안목으로 이해할 수 있기 때문에 訓에서는 비(雨)의 일종인 서리(霜)가 되며 音에서는 '相'의 소리인 '상'을 내게 됨을 한 번만 보고 들어도 알 수 있을 것이다. 또한 '鳴' 자의 경우도 입 구(口), 새 조(鳥)가 部首 글자이기 때문에 새[鳥]가 입[口]으로 운다[鳴]로 분석해서 학습하게 되면 흥미도 있으려니와 쉽게 익히고 오래 기억할 수 있는 학습의 最大效果를 누릴 수 있을 것이다. 뿐만 아니라, 여자가 다소곳이 앉아 있는 모양을 본뜬 글자인 '女' 자가 '母, 妹, 娘, 婦, 妓, 妖' 등 많은 漢字를 만들어 낸다. 즉 부수자인 '女' 자를 배우면 많은 漢字의 構造에 영향을 끼치게 된다. 그러므로 漢字學習의 初心者들에게는 알기 쉬운 部首字를 先習시켜 漢字의 構造를 이해시키고 漢字의 訓音을 익히도록 해야 한다.

### 나) 漢字의 構造分析을 통한 理解

한글이나 로마자는 音만을 表記하는 表音文字이지만 漢字는 글자마다 形·音·義 3요소를 內包하고 있기 때문에 '形'을 보고서 '音'이나 '義'를 추리할 수 있다. 이렇게 漢字가 生成된 淵源을 찾아서 漢字의 訓音을 聯想, 發見, 認知시키기 위해서는 漢字의 構造를 바탕으로 해야 할 것이다.

漢字의 構造란 數萬 자가 되는 한자를 組立된 構造類型에 따라 여섯 가지로 분류한 象形, 指事, 會義, 形聲, 轉注, 假借 등 六書를 말한다. 敎

師는 이 六書에 근거하여 漢字字體의 구조를 분석하고, 그 분석된 要素들을 結合하는 과정에서 한자의 訓音을 發見學習케 하는 방법이다. 여기에서 특별히 유념해야 할 것은 가르치는 교사들은 六書의 原理를 알 필요가 있지만 학습자인 學生들에게까지 六書 字學 그 자체를 가르칠 필요는 없다. 이것은 構造分析 學習方法에서 자칫 잘못하기 쉬운 방법 중의 하나임을 명심해야 한다. 한자의 구조인 六書를 간략하게 살펴보기로 한다.

(1) 象形文字

"象形이라는 것은 그 物體를 그려서 이루되 물체를 따라서 구부러지게 하였으니 日, 月이 그것이다(象形字, 畵成其物, 隨體詰詘, 日月是也)."(〈說文解字敍〉) 즉 可視的인 有形物의 형태를 繪畵的으로 묘사한 漢字로써 漢字構造 중 指事文字와 더불어 가장 基本이 되는 文字인 것이다. 이 상형둔자의 분류는 字形에 따라 분류하는 것으로 事物의 분류에 따라 天上, 地理, 動物, 植物, 服飾, 器物 등으로 구분하고 視點에 따라 仰觀, 俯察, 迎視, 隨視, 側視로 구분하기도 하나, 한자의 구조적 분석을 통한 한자학습을 실현하기 위해서는 造字方法에 따라 분별되는 純體象形(獨體象形), 合體象形(增體象形), 變體象形(省體象形)을 學習對象으로 삼아야 할 것이다.

㉮ 純體象形 : 사물의 형태를 그대로 묘사한 象形文字.

 : 山  : 子  : 川

㉯ 合體象形 : 두 가지 뜻의 형태를 함께 묘사하여, 한 가지의 뜻을 나타내는 象形文字.

· 石 : 厂(언덕) + 口(돌) (언덕 밑에 돌이 굴러 떨어진 모양을 묘사한 글자).

· 果 : 木(나무) + 田(과일) (나무 위에 많은 과일들이 매달려 있는 모양을 묘사한 글자).

㉰ 變體象形 : 사물 그대로의 형태가 아니라 변한 사물의 형태를 묘사한 象形文字.

· 烏 : 鳥 → 烏(까마귀는 새의 일종이지만 몸도 검고 눈동자도 검기 때문에 눈이 보이지 않는다. 그러므로 '鳥'에서 한 획을 빼어 '烏' 자가 된 것이다).

· 入 : 人 → 入(사람이 허리를 굽히고 동굴 안으로 들어가는 형태를 묘사한 글자).

(2) 指事文字

"指事라는 것은 물건의 모양을 보고서 알 수 있고 觀察해서 뜻을 발견할 수 있는 것이니 上이나 下 자가 그것이다(指事字, 視而可識, 察而見意, 上下是也)."(《說文解字敍》) 즉 數나 位置 등 형태가 없는 抽象的인 概念을 圖形 혹은 符號로써 形態化한 문자로 純體指事(獨體指事)와 合體指事(增體指事), 變體指事(變體指事)로 분류한다.

㉮ 純體指事 : 增加나 減少 혹은 變化가 전혀 없는 單純形體로 가장 原始的이고 단순한 指事文字.

· 一, 二, 三, ……, 十, 上, 中, 下.

㉯ 合體指事 : 文을 이룬 형태와 文을 이루지 못하는 符號가 합해져서 이루어지는 指事文字.

· 本 : 木(나무) + 一(뿌리 부분 표시) (나무를 묘사한 '木'과 뿌리 부분을 표시하는 '一'이 합해져서 이루어진 指事文字로, 근본이나 뿌리를 나타낸다).

· 末 : 木(나무) + 一(끝 부분 표시) (나무를 본뜬 '木'과 나무의 끝을 표시하는 '一'이 합해져서 이루어진 指事文字).

㈐ 變體指事 : 이미 이루어진 文字의 형태에서 부분적으로 筆劃을 빼거나 생략하여 어떠한 思想을 나타내는 指事文字.

· 夕 : 月에서 한 획을 뺀 글자로 해가 지고 달이 뜨기 전에 희미하게 보이기 때문에 月에서 한 획을 생략하여 變體한 指事文字.

(3) 會意文字

"會意라는 것은 몇 가지를 나열하여 뜻을 합하여 가리키는 것을 발견하는 것인데, '武'와 '信'이 그것이다(會意字, 比類合誼, 以見指撝, 武信是也)."(〈說文解字敍〉) 즉 두 개 이상의 旣成文字(象形, 指事)를 組合하여 그들이 가진 意味의 結合으로 다른 뜻을 나타내는 글자로 異體會意와 同體會意로 분류된다.

㈎ 異體會意 : 形體가 각각 다른 두 개의 旣成文字를 綜合하여 새로운 뜻을 나타내는 會意文字.

· 看(手 + 目) : 각각 다른 형체인 '手'와 '目'이 결합해서 이루어진 글자로 눈 위에 손을 대고서 살펴보는 字形의 會意文字.

· 孝(老 + 子) : 각각 다른 형체의 '老'와 '子'가 결합해서 이루어진 글자로 아들이 노인(父母)를 머리 위에 받들고 있는 字形으로 된 會意文字.

㈏ 同體會意 : 같은 形體의 旣成文字를 두 개 이상 결합하여 하나의

새로운 뜻을 나타내는 會意文字.

· 林(木 + 木) : 같은 형체인 나무(木)가 나란히 결합되어, 나무가 많이 있는 '숲'의 뜻을 나타내는 會意文字.

· 炎(火 + 火) : 같은 형체인 불(火)이 위아래로 중첩되어 '덥다', '뜨겁다'는 뜻을 나타내는 會意文字.

(4) 形聲文字

"形聲이라는 것은 事物(事)로써 글자의 뜻(名)을 삼고, 비유를 취하여 서로 이룬 것이니, '江', '河'가 그것이다(形聲字, 以事爲名, 取譬相成, 江河是也)."(《說文解字敍》) 즉 두 개 이상의 旣成文字를 결합하여 만든 문자로 한쪽은 뜻(形)을 나타내고 한쪽은 音(聲)을 나타내는 문자로, 意部와 音部의 위치에 따라 左形右聲, 右形左聲, 上形下聲, 下形上聲, 外形內聲, 內形外聲으로 구분된다.

㉮ 左形右聲 : 왼쪽에 意部가 위치하고 오른쪽에 音部가 위치하는 形聲文字.

· 燈(火 : 뜻, 登 : 音), 課(言 : 뜻, 果 : 音)

· 洞(水 : 뜻, 同 : 音), 城(土 : 뜻, 成 : 音)

㉯ 右形左聲 : 오른쪽에는 意部, 왼쪽에는 音部가 위치한 形聲文字.

· 功(工 : 音, 力 : 뜻), 仁(人 : 音, 二 : 뜻)

· 和(禾 : 音, 口 : 뜻), 頭(豆 : 音, 頁 : 뜻)

㉰ 上形下聲 : 위쪽에는 意部, 아래쪽에는 音部가 위치한 形聲文字.

· 界(田 : 뜻, 介 : 音), 景(日 : 뜻, 京 : 音)

· 空(穴 : 뜻, 工 : 音), 露(雨 : 뜻, 路 : 音)

㉣ 下形上聲 : 아래쪽에는 意部, 위쪽에는 音部가 위치한 形聲文字.

· 想(相 : 音, 心 : 뜻), 貨(化 : 音, 貝 : 뜻)

· 怒(奴 : 音, 心 : 뜻), 製(制 : 音, 衣 : 뜻)

㉤ 外形內聲 : 바깥쪽에는 意部, 안쪽에는 音部가 위치한 形聲文字.

· 固(口 : 뜻, 古 : 音), 園(口 : 뜻, 袁 : 音)

· 圓(口 : 뜻, 員 : 音), 閣(門 : 뜻, 各 : 音)

㉥ 內形外聲 : 안쪽에는 意部, 바깥쪽에는 音部가 위치한 形聲文字.

· 問(門 : 音, 口 : 뜻), 聞(門 : 音, 耳 : 뜻)

· 閔(門 : 音, 文 : 뜻), 閅(門 : 音, 丁 : 뜻)

形聲文字는 意部와 音部를 분류할 수 있기 때문에 意部에서 그 글자의 뜻을 생각할 수 있고, 音部에서 그 글자의 音을 推理할 수 있다. 이미 학습한 漢字의 實力을 바탕으로 추측하여 글자의 뜻과 音을 발견할 수 있는 문자이기 때문에 한자학습에 매우 效果的인 문자인 것이다. 더구나 總 漢字의 80%가 이 形聲文字로 되어 있기 때문에 그 適用性이나 活用度가 높은 문자이다.

(5) 轉注文字

이미 만들어진 漢字만으로는 文化 · 文明의 발달로 무수히 늘어나는 事物과 概念을 다 表記할 수 없기 때문에 既成文字 중에서 類似한 뜻을 가진 한자를 다른 뜻으로 轉用하는 문자이다. "轉注라는 것은 의미의 종류를 한 머리로 세워서 같은 뜻으로 서로 받는 것이니 考와 老가 그것이다(轉注者, 建類一首, 同意相受, 考老是也)."(〈說文解字敍〉)

· 道 : 본래 '발로 걸어다니는 길'의 뜻인데, 의미가 확대되어 '道德,

道理'에서의 '道'와 같이 '정신적인 길'이라는 뜻으로도 쓰인다.

· 惡 : 본래 '악하다'는 뜻으로 音은 '악', 악한 것은 모두 미워하기 때문에 '憎惡, 惡寒'의 '惡'는 '미워하다'라는 뜻과 '오'라는 音으로 쓰인다.

(6) 假借文字

文化·文明이 발달함에 따라 기존의 漢字만으로는 모든 事物과 槪念을 다 적을 수 없기 때문에 旣成文字의 音이나 形態를 빌어다가 사물과 개념을 기록하는 문자이다. "假借라는 것은 본래 그 글자가 없어서 音에 의거하여 뜻을 기탁하는 것이니 令과 長이 그것이다(假借者, 本無其字, 依聲託事, 令長是也)."(《說文解字敍》)

· America : 亞米利加　　· Berlin : 伯林

· London : 論敦　　· Cocacola : 可口可樂

이상에서 漢字의 構造類型인 六書를 대략 살펴보았다. 이 六書 중에서 轉注나 假借 文字는 한자의 구조적 학습을 위해서는 크게 도움이 되지 못한다. 그러므로 象形, 指事, 會意, 形聲 文字의 구조분석을 통하여 한자를 학습하는 것이 효과적이다. 한자의 구조적 학습을 위해서는 造字의 基本字인 象形·指事와 이 기본자의 결합으로 이루어진 會意·形聲인 文과 字의 說明과 解釋을 통한 한자교육이 필요하며, 用字法인 轉注와 假借는 그리 중요하게 활용되지 않는다.

漢字가 生成되는 造字法은 造字의 基本字인 象形文字와 指事文字로 구별되며, 다시 이 기본자가 결합해서 이루어지는 會意文字와 形聲文字로 類別된다. 이것을 圖示하면 다음과 같다.

- 六書
  - 造字法(構造法)
    - 造字의 基本字 …… 象形, 指事 …… 文
    - 基本字의 結合字 …… 會意, 形聲 …… 字
  - 用字法(應用法) …… 轉注, 假借 …… 用字

그러므로 한자교육의 구조적 분석과정은 六書 중에서 造字의 기본적인 象形文字와 指事文字를 우선적으로 학습해야 한다. 象形이나 指事文字는 단순할 뿐 아니라, 사물의 形態를 묘사하거나 記號化했기 때문에, 可視性이 있어서 音과 뜻을 알기 쉽고 재미있게 학습할 수 있는 한자학습의 기본이 되는 문자들이다.

새의 모양을 본떠서 만든 '鳥' 자나 말의 모양을 본떠서 만든 '馬' 자, 사람 눈의 모양을 본떠서 만든 '目' 자, 입의 모양을 본떠서 만든 '口' 자 등은 象形文字이기 때문에, 새나 말이나 눈, 그리고 입 등의 모양을 그림으로 그려서 글자를 이해시키면 매우 효과적인 학습이 이루어질 것이다. 뿐만 아니라, 하나나 둘 등 숫자를 나타내는 '一, 二, ……', 위치를 나타내는 '上, 中, 下' 등의 指事文字는 한자학습의 初步段階로서는 학습활동에 매우 중요한 문자들이다. 이러한 象形이나 指事 文字들이 결합해서 會意文字나 形聲文字를 구성한다. 전술한 바 있는 부수자의 70%가 상형문자임을 고려할 때 한자학습의 科學化를 위해서는 한자의 구조분석 학습의 첫 단계로 상형문자와 지사문자를 우선적으로 교육하는 것이 효과적일 것이다.

다음 단계는 상형문자나 지사문자가 결합해서 구성되는 會意文字나

指事文字를 학습해야 할 것이다. 회의문자나 지사문자는 상형문자나 지사문자가 두 자 이상 결합해서 이루어진다. 가령, 회의문자인 '休' 자는 '人 + 木'으로 구성되는 글자로써 사람(人)이 나무(木) 밑에서 쉬고(休) 있는 모양을 나타낸 글자이다. 그리고 '休' 자는 상형문자인 '人'과 '木'이 결합된 글자이므로 이 字源을 통해서 학습하면 흥미 있고 쉽게 익힐 수 있을 것이다. 그리고 形聲文字는 상형문자나 지사문자 등 기성문자가 결합해서 이루어진 글자로 한쪽은 音, 한쪽은 뜻(訓)을 나타내는 문자이기 때문에 형성문자의 구성원리를 통하여 한자학습을 했을 때, 그 학습의 효과는 매우 클 것이다.

가령, 나무의 의미를 나타내는 '木' 자를 기본으로 하여 이루어진 형성문자 '材, 村, 杖, 松, 桂, 植, 樹, 桐, 梧' 자들은 모두 나무와 관계되는 글자들로써 일부분은 意味를 나타내며 일부분은 音을 나타내는 형성문자들이므로, 音과 뜻을 쉽게 알 수 있는 효과적인 學習材가 되는 것이다. 이러한 형성문자가 총 한자의 80%를 차지하고 있음을 고려할 때 능률적인 한자학습을 위해서는 形聲文字를 통한 한자학습은 더욱 절실해지는 것이다. 그러므로 構造分析 段階의 造字法에서 한자학습의 기본자인 象形文字나 指事文字를 학습하는 基本段階와, 상형문자나 지사문자들이 결합해서 이루어지는 會意文字나 形聲文字를 학습하는 結合段階로 분류할 수 있는 것이다.

### 2) 造語段階

漢字의 構造分析 과정인 기본과정과 결합과정에서 학습한 한자들을 배합하여 우리 國語語彙인 漢字語를 구성하는 단계를 造語段階라 한다. 가령 象形文字인 '木'을 바탕으로 하여 구성되는 '材, 村, 杖, 松,

柱, 桂, 植, 樹, 桐' 자의 造語狀態를 살펴보면 다음과 같다.

① 材→材料→材料收集→材料收集活動→材料收集活動開始

② 村→村長→長官→官廳→廳舍→舍宅→宅內→內外→外國→國家

③ 杖→竹杖

④ 松→松柏

⑤ 柱→柱石

⑥ 桂→桂樹

⑦ 植→植木

⑧ 樹→樹木

⑨ 桐→梧桐

①의 '木→材→材料→材料收集→材料收集活動→材料收集活動開始'는 한 글자의 漢字가 바탕이 되어 점점 글자가 첨가되면서 漢字語가 구성되는 방법이고, ②의 '村→村長→長官→官廳→廳舍→舍宅→宅內→內外→外國→國家'는 앞의 漢字와 관계되는 漢字語가 連續的으로 생성되어 가는 造語法이다.

또한 '人' 자가 다른 漢字와 배합되어 漢字語를 구성하는 造語法을 살펴보면 '人' 자가 다른 漢字의 앞뒤에 위치하며 '美人', '人心' 등으로 造語된다. 이것을 圖示하면 다음과 같다.

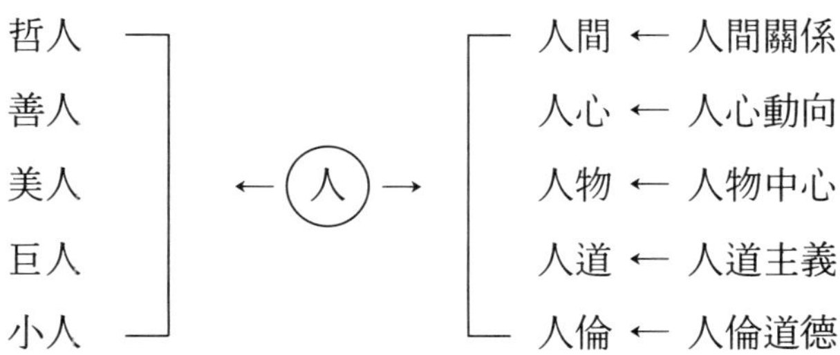

漢字의 대부분은 이와 같이 어떤 하나의 漢字가 다른 漢字의 前後에 배합되어 새로운 單語를 구성한다.

이와 같이 漢字의 造語法은 매우 흥미롭다. 그렇기 때문에 語彙를 구성하는 막강한 造語力을 갖게 되는 것이며, 이 造語力 때문에 풍부하고 심오한 表現力을 발휘할 수 있게 되는 것이다. 國語教育에서 漢字教育이 필요함을 주장하는 이유 중의 하나가 이 탁월한 造語力 때문이다. 北韓에서 한글 전용만 하다가 1968년부터 漢字를, 우리나라 초등학교 5학년부터 중학교 2학년 사이에 1,500자를 가르치게 한 것도 바로 이 語彙力 신장에 막강한 힘을 발휘하는 한자의 造語力 때문이다.

### 3) 適用段階

造語的 段階를 거쳐서 생성된 漢字語를 우리 언어생활에 適用하는 단계를 말한다. 가령 나무의 모양을 본떠서 만든 '木' 자와 손의 모양을 본떠서 만든 '手' 자를 가지고 생각해 보면, '木' 자와 '手' 자가 배합된 '木手'라는 단어를 구성한다. 이렇게 구성된 '木手'라는 한자어를 가지고 우리 國語에 適用해 보면 '木手가 기영이네 집을 고치고 있다.'라는 언어활용이 되는 것이다. 또한 '木' 자가 造字的 結合段階를 거쳐서 '植' 자를 생성하게 되고, 이 '植' 자가 다시 造語的 段階를 거쳐서 '植木'이라는 어휘를 형성한다. 이 '植木'이라는 한자어를 우리 국어에 適用해 보면 '우리 집 식구들은 植木日에 산에 가서 나무를 심었다.'는 언어활용이 된다.

이와 같이 造語段階에서 생성된 漢字語가 우리 言語生活에 適用되는 단계가 국어어휘 학습의 대단원이 되는 것이다.

## 2. 學習方法

漢字學習의 方法은 연역적(演繹的)인 방법과 귀납적(歸納的)인 방법의 두 가지로 類別되고, 이 두 방법은 모두 (1) 訓音段階, (2) 造語段階, (3) 適用段階의 3단계 학습을 거쳐서 이루어진다.

### 1) 演繹的 方法

(1) 訓音段階→(2) 造語段階→(3) 適用段階의 3단계가 演繹的으로 학습되는 방법으로, 訓音을 먼저 학습하고 造語段階와 適用段階를 거쳐서 이루어지는 학습방법이다.

#### 가) 訓音段階

漢字의 音과 뜻을 漢字構造(六書)에 근거하여 분석 종합하는 과정에서 認知하게 되는 단계이다.

예컨대 '休' 자는 사람(人)이 나무(木) 밑에서 쉬고(休) 있는 모양을 본뜬 글자이다. '人'은 사람의 모양을 본뜬 글자요, '木'은 나무의 모양을 본뜬 글자이다. '休' 자를 분석 종합하는 과정에서 '休' 자의 구조를 이해할 수 있고, '쉴 휴(休)' 자가 된 연유를 알 수 있다. 이러한 '休' 자를 構造的으로 認知하는 과정에서 한자에 대한 흥미를 갖게 되고 오래 기억할 수 있는 능력이 신장되는 것이다.

#### 나) 造語段階

漢字의 뛰어난 造語力을 활용하여 漢字語를 생성하는 단계이다.

예컨대 '休'가 다른 漢字의 앞뒤에 배합되어 이루어진 造語의 예를 살펴보면 다음과 같다.

公休 無休 連休 産休 ← 休 → 休日 休暇 休息 休學

**다) 適用段階**

학습한 漢字語를 일상용어나 文章 속에 適用시켜 思考力이나 創意力을 신장시키는 단계이다.

예컨대 '公休日인 3월 1일이 월요일이니까 일요일과 겹쳐서 連休가 되었다.'는 문장에서 '公休'와 '連休'가 우리말 속에서 알맞게 適用되어 있음을 알 수 있다.

학습하고자 하는 漢字를 (1) 訓音段階, (2) 造語段階, (3) 適用段階의 3단계를 거쳐서 반복학습하는 과정에서 나선형(螺旋形) 反復·深化 學習이 이루어져, 漢字를 흥미롭게 배우고 오래 기억할 수 있으며, 사고력이나 창의력이 신장되는 言語訓練을 성취시킬 수 있다. 이를 圖示하면 다음과 같다.

〈演繹的 螺旋形 反復學習〉

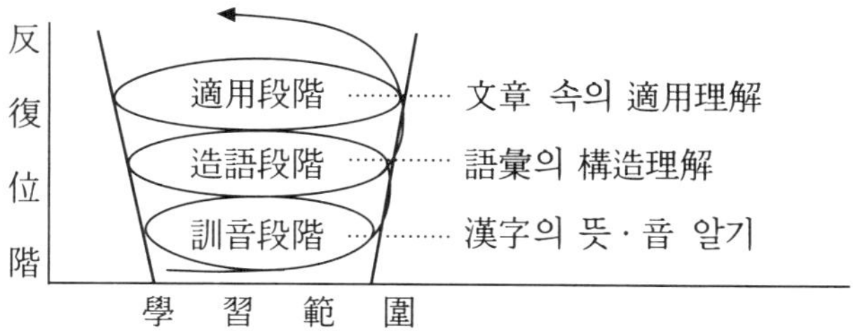

### 2) 歸納的 方法

演繹的 方法을 逆으로 運營하는 방법으로 우리말이나 文章 속에 있는 漢字語를 색출하여 분석하고 한자의 구조를 통해서 한자의 音과 뜻을 익혀, 문장 속의 한자와 한자어를 이해하는 방법이다.

즉 (1)適用段階 (2)造語段階, (3)訓音段階의 순으로 반복학습하는 과정에서 한자의 音과 뜻, 그리고 造語力과 適用力을 신장시켜 나가는 방법이다. 이러한 방법은 주로 國漢 混用文 속의 한자를 학습하는 데 적절한 방법이 될 것이다. 圖示하면 다음과 같다.

〈歸納的 螺旋形 反復學習〉

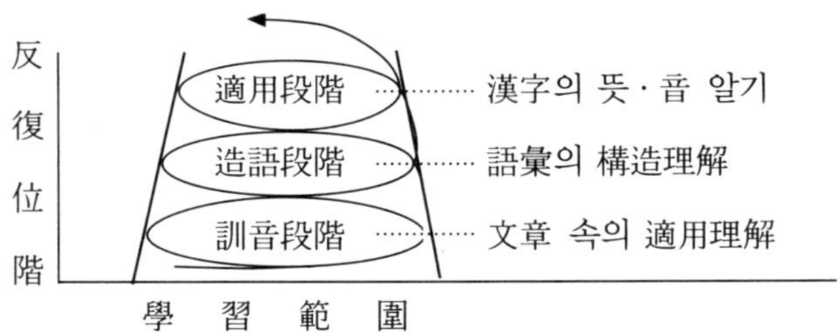


語彙學習은 反復學習이 前提된다. 그리고 敎育은 直線보다는 나선형(螺旋形)으로 이루어져야 한다. 나선형으로 교육하는 과정에서 자연스럽게 반복학습이 이루어지는 것이 螺旋形 反復學習이다. 가령 '休'를 학습하려면 適用段階인 문장 속에서 '公休日'이라는 造語(漢字語)를 찾은 다음 '休'의 짜임을 파악하여 '쉴 휴'라는 訓音을 발견하는 학습방법으로 適用, 造語, 訓音의 3단계를 거치는 과정에서 螺旋形으로 반복학습하게 된다.

## 2) 漢字學習의 活用方法

일차적으로 학습한 漢字를 정확하게 기억하고 완전 소화시키자면 학습 활동의 방법이 모색되어야 한다.

### 1) 反復法

漢字들의 音과 뜻을 되풀이하여 읽고 써서 익히는 방법으로, 言語學習에 있어서는 이 反復法이 반드시 전제된다.

漢字學習의 反復은 ①訓音段階, ②造語段階, ③適用段階의 3단계 학습을 거치는 과정에서 이루어진다.

### 2) 適用法

이미 학습한 漢字를 漢字語나 言語活動에 適用하는 방법이다.

가령, 사람의 모양을 본떠서 만든 '人' 자를 가지고 漢字語를 만들거나 언어생활에 활용한다면 다음과 같다.

가) 造字例

이미 학습한 '人' 자가 部首가 되어 글자가 만들어지는 경우.

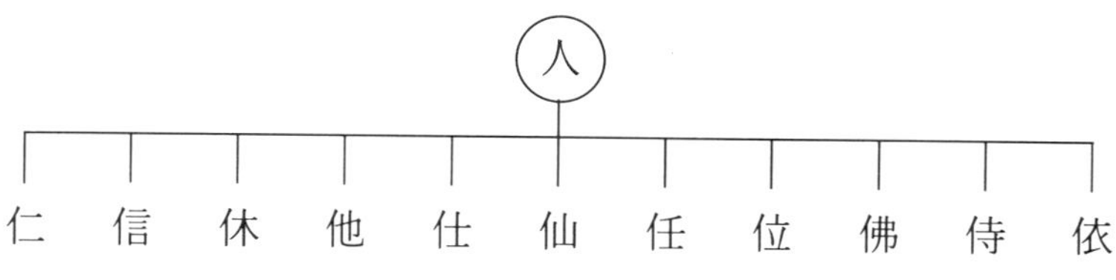


나) 造語例

'人' 자가 다른 漢字와 배합되어 漢字語를 구성하는 경우.

| | | |
|---|---|---|
| 哲人 | | 人間→人間關係 |
| 善人 | | 人心→人心動向 |
| 美人 | ← 人 → | 人物→人物中心 |
| 巨人 | | 人道→人道主義 |
| 小人 | | 人倫→人倫道德 |

다) 適用例

'人' 자가 기본이 되어 구성된 漢字語 '人間', '人倫 · 道德'을 국어에 적용하는 경우.

'우리 人間은 짐승과는 달리 지켜야 할 人倫道德이 있다.'

### 3) 索出法

漢字, 漢字語, 漢文으로 되어 있는 典籍이나 신문, 잡지, 간판 등에서 이미 학습한 한자를 索出하여 記憶을 되살리는 방법이다.

### 4) 完成法

한글로 표기된 漢字語를 漢字로 쓰거나 未完成된 漢字語를 完成시키는 방법으로 받아쓰기와 관련된다.

· 인간(人間), 인심(人心), 사고(思考, 事故), 입학(入學)

· 竹馬(故)友, 歷(史)的 人物, 仁者無(敵), 敬(老)孝親

### 5) 比較法

비슷한 글자나 相對되는 漢字를 比較하는 방법이다.

(1) 비슷한 글자(類似字)

兎-免　鳥-烏　鳴-嗚　衆-象　晝-書

(2) 뜻이 비슷한 글자(類義字)

乾-天　犬-狗　經-書　念-思　意-義

(3) 相對되는 글자(反對字 또는 相對字)

善↔惡　大↔小　老↔少　多↔少　前↔後

長↔短　高↔低　强↔弱　陰↔陽　左↔右

(4) 反對되는 한자어(反對語 또는 相對語)

建設↔破壞　富裕↔貧窮　靈魂↔肉體

苦痛↔快樂　晩成↔速成　薄待↔厚待

## 4. 視聽覺 資料의 開發

이상에서 밝힌 3단계 漢字學習 方法에서 필수적으로 개발해야 하는 것이 視聽覺 資料이다. 現代學習에 있어서는 모든 자료가 다 그러하듯이 白墨만 가지고 授業하는 前近代的인 平面學習은 허용되지 않는다. 그 教科에 적절한 視聽覺 器機를 활용하여 立體性 있게 학습이 진행되어야 한다.

가령, '栽, 哉, 裁, 載'를 학습할 때 音을 나타내는 '𢦏'와 뜻을 나타내는 '木, 口, 衣, 車' 자를 구별하여 지도하되 黑板에 써서 학습시키는 맨손 수업보다는 色彩로 部首와 意部를 구별해서 융판에 '𢦏'를 먼저 제시하고, 意部인 '木, 口, 衣, 車'를 比較하면서 그 訓音을 설명하면 매우 흥미 있고 효과 있는 한자학습이 이루어질 것이다. 그러므로 한자학습의 現代化를 위해서는 掛圖, 카드, 융판, OHP, 비디오, 그리고 VTR, 컴퓨터 등의 교수매체를 활용하여야 하며, 특히 컴퓨터를 활용하는 학습은 적극적으로 연구 개발해야 한다. 이제 우리는 世界化, 情報化가 실현되는 21세기를 살고 있다. 이러한 시대적 소명 속에서 구태의연한 漢字教育에서 머뭇거릴 수만은 없다. 하루 빨리 교수매체인 시청각 기기를 활용하는 科學的인 漢字 · 漢文 教育이 이루어져야 한다.

《新漢文科教育論》(전통문화연구회, 2000, pp.330~414)에 발표

| **參考文獻** |

李應百, 《漢字語의 實態와 그 教育》, 亞細亞文化社, 1988.
安承德, 《漢字教育論》, 서울, 亞細亞文化社, 1993.
鄭愚相, 《漢文科教育論》, 韓國漢字漢文教育學會 編, 한샘, 1994.
《漢字漢文教育(創刊號)》, 韓國漢字漢文教育學會 編, 1994.
《漢字教育新講》, 漢字教育活性化推進會 編, 1998.
南廣祐, 《東北亞時代와 漢字 · 漢文教育》, 韓國語文教育會, 1996.

# 제5장 漢字語의 構造와 漢文學習

# 제1절 漢字의 造語力

漢字語란 漢字가 하나 또는 두 자 이상이 모여서 이루어진 우리 國語의 낱말을 말한다. 원래 한자는 造語力이 강해서 많은 단어를 생성하는 轉移性과 낱말과 낱말을 이어주는 連語性이 강해서 수많은 낱말을 만들어 낼 수 있다.

그 실태를 《東亞漢韓大辭典》을 대상으로 조사한 '造語力 統計'를 살펴보면, '大(823), 不(633), 無(584), 自(427), 高(265), 公(317), 國(416), 金(365), 內(375), 同(270), 文(306), 白(344), 分(319), 水(393), 生(359)'으로 나타나 있다. 漢字 2,000자 정도를 교육하면 약 10여만 단어의 漢字語를 익힐 수 있다.[30)]

'國' 자와 '敎' 자를 중심으로 앞뒤에 다른 한자를 연결시켜 造語하면 다음과 같이 여러 가지 뜻을 나타내는 많은 漢字語를 생성할 수 있다.

〈'國' 자의 경우〉

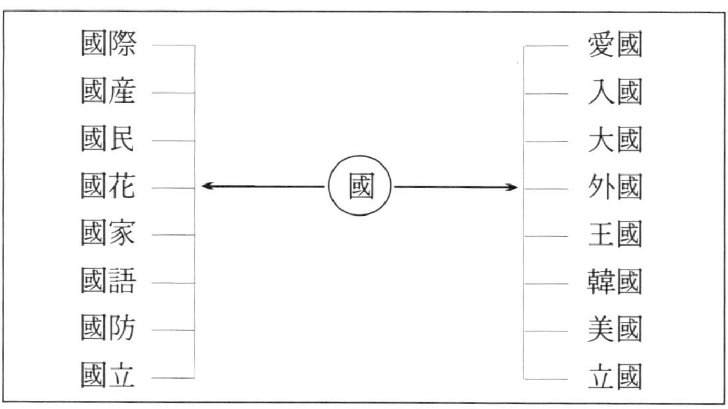

〈'敎' 자의 경우〉

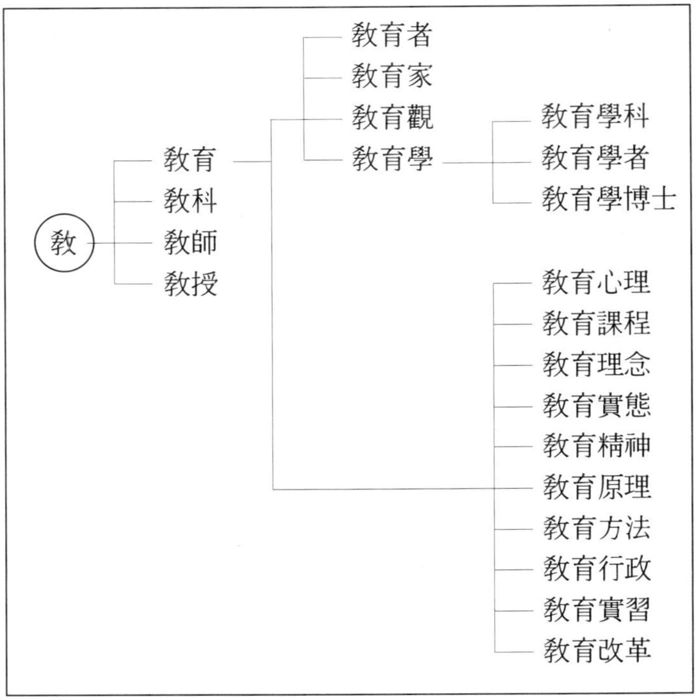


위에서 본 바와 같이 漢字의 結合으로 다양한 漢字語를 구성할 수 있다. 이러한 한자어의 特性을 생각해 보도록 한다.

30) 南廣祐, 《東北亞時代와 漢字 · 漢字敎育》(韓國語文敎育會, 1996), p.14.

# 제2절 漢字語 構造의 特性

漢字語의 構造는 漢文의 構造에서 파생된 것이다. 우리 國語는 다음 표와 같이 體言 뒤에는 반드시 助詞가 붙고 용언인 動詞나 形容詞는 語幹과 語尾가 있어 語尾活用을 한다.

| 體言 | 助詞 | 語幹 | 語尾 |
|---|---|---|---|
| 나무(사람) | 가(이) | 먹(보) | 다 |
| | 를(을) | | 고 |
| | 에 | | 지 |
| | 에서 | | 으니 |
| | 의 | | 어서 |
| | | | 으면 |

그러나 漢字는 國語와 같이 助詞가 붙거나 語尾活用을 하지 않는다. 한자는 表意文字이기 때문에 한 글자가 하나의 뜻을 나타내는 특성을 지니고 있으며, 文法的 機能도 語順에 의하여 결정된다.

다음 한자어들을 비교해 보면 그 어순에 따라 뜻이 달라지는 것을 알 수 있다.

- 月明 → 달이 밝다.
- 明月 → 밝은 달.

- 青山 → 푸른 산.
- 山青 → 산이 푸르다.

山高 → 산이 높다.
高山 → 높은 산.

名人 → 유명한 사람.
人名 → 사람의 이름.

夜深 → 밤이 깊다.
深夜 → 깊은 밤.

그리고 '讀書' 하면 우리는 '책을 읽는다.'는 뜻으로 아무런 거부반응 없이 받아들인다. 그러나 英語의 경우는 북(book)이라는 어휘만은 外來語로 받아들이고 있으나, 'Read a book'이라는 文章構造까지는 외래어로 받아들이고 있지 않다. 이것이 한자어가 다른 외래어와 相異한 점이다.

다시 말하면, 漢字語는 漢字는 물론 漢文 文法體系까지도 수입하여 우리말로 사용해도 아무런 거부감이 없이 받아들인다.

이것은 한자어의 構造는 오랫동안 우리 조상들이 사용해 온 한문의 문법체계와 직접적인 관련이 있기 때문이다. 이러한 점을 감안하여 한자어를 構造的인 입장에서 이해한다면 이것은 한자어를 바르게 이해하는 것은 물론 한자어의 구조를 통하여 漢文文章의 구조를 이해할 수 있는 방법이 될 것이다. 그렇기 때문에 한자어의 基本構造를 이해하고 이것을 한문문장 구조와 관련시켜 학습해 보고자 하는 것이다.

# 제3절 漢字語의 構造와 漢文의 構造

漢字語의 構造는 매우 다양하다. 이와 같이 다양한 한자어 중에서 漢文 構造와 관련되는 漢字語 構造를 정리해 보면 다음과 같다.

〈成分間의 關係를 표시하는 기호〉

| | |
|---|---|
| · 주어와 서술어의 관계 | □‖□ |
| · 수식어와 체언의 관계<br>부사어와 동사류의 관계 | □ □ (└─↑) |
| · 서술어와 목적어의 관계 | □\|□ |
| · 서술어와 보어의 관계 | □/□ |
| · 병렬관계 | □·□ |

〈漢字語의 構造〉

1. 主述關係 (主語 ‖ 敍述語)
2. 修飾關係 (冠形語 體言) (└─↑)
3. 限定關係 (副詞語 動詞類) (└─↑)
4. 竝列關係 (名詞類 · 名詞類)
5. 述目關係 (敍述語 | 目的語)
6. 述補關係 (敍述語 / 補語)

## 1. 主述關係(主語+敍述語)

### 1) 漢字語

| | |
|---|---|
| · 月 ‖ 出 | · 夜 ‖ 深 |
| · 心 ‖ 痛 | · 年 ‖ 少 |
| · 國 ‖ 立 | · 海 ‖ 溢 |
| · 地 ‖ 震 | · 心 ‖ 亂 |
| · 馬 ‖ 肥 | · 天 ‖ 高 馬 ‖ 肥 |
| · 腹 ‖ 痛 | · 苦 ‖ 盡 甘 ‖ 來 |

이 漢字語들은 모두 主語와 敍述語로 이루어진 한자어들이다. 이 主述關係의 한자어들은 그 語順만으로 볼 때는 우리 국어의 어순과 같으나 助詞가 붙거나, 語尾活用을 이루는 관계는 전혀 나타나지 않고 있다. 이러한 한자어들은 완전히 우리말에 동화되어서 국어 속에서 거리낌 없이 사용되고 있다.

이와 같이 주술관계로 이루어지는 한자어의 基本構造를 통하여 漢文文章構造의 이해로 발전시킬 수 있다.

### 2) 漢文

〈主述構造〉

| | |
|---|---|
| · 日 ‖ 出 | · 月 ‖ 落 |
| · 花 ‖ 開 | · 蝶 ‖ 舞 |
| · 山 ‖ 深 | · 夜 ‖ 深 |
| · 客愁 ‖ 深 | · 天 ‖ 高 |
| · 日月 ‖ 明 | · 地 ‖ 厚 |
| · 草木 ‖ 生 | |

이 漢文들은 모두 主語와 敍述語로 이루어진 한문들이다.

## 2. 修飾關係(冠形語+體言)

### 1) 漢字語

| | |
|---|---|
| · 青山 | · 白雲 |
| · 綠水 | · 春雪 |
| · 流水 | · 老人 |
| · 吉夢 | · 佳緣 |

이 修飾關係의 漢字語들은 冠形語가 名詞類 앞에서 그 名詞類를 꾸며 관계를 이루는 한자어들이다.

그러면 修飾關係의 한자어를 바탕으로 修飾構造를 이루는 漢文文章을 살펴보도록 한다.

### 2) 漢文

〈修飾構造〉

| | |
|---|---|
| · 青山 ‖ 高 | · 白雲 ‖ 飛 |
| · 綠水深 | · 綠竹 ‖ 君子節 |
| · 青松 ‖ 丈夫心 | |

'靑山'이라는 수식관계의 한자어에 '高'라는 서술어만 첨가하면 '靑山高'라는 한문문장이 이루어지며 '白雲'이라는 수식관계의 한자어에 '飛'라는 서술어만 첨가하면 '白雲飛'라는 한문문장이 이루어진다. 그리고 '綠水'라는 수식관계의 한자어에 '深'이라는 서술어만 첨가하면 '綠水深'이라는 한문문장이 이루어진다.

## 3. 限定關係(副詞語+動詞類)

이 限定關係의 한자어의 구조는 修飾關係의 한자어와 같은 것이나 副詞語가 動詞類를 한정하는 것이다. '綠竹君子節'은 '綠竹'이라는 수식관계의 한자어에 수식관계의 '君子節'이라는 서술어가 첨가된 한문문장이며, '靑松丈夫心'은 '靑松'이라는 수식관계의 한자어에 수식관계의 '丈夫心'이라는 서술어가 첨가된 한문문장이다.

다만, 修飾關係의 한자어는 冠形語가 名詞類를 수식하는 관계이지만, 限定關係의 한자어는 副詞語들이 動詞類를 한정해 주는 관계를 이루는 것이다.

### 1) 漢字語

| | | | |
|---|---|---|---|
| ·必 勝 | ·雲 集 | ·過 食 | ·徐 行 |
| ·博 愛 | ·廣 告 | ·豫 防 | ·濫 用 |

## 2) 漢文

| ·弟子 ‖ 雲 集 | ·諸車 ‖ 徐 行 | ·吉童 ‖ 過 食 |
|---|---|---|

副詞語들이 動詞類를 限定해 주는 문장들이다. '雲集'이라는 한자어에 主語 '弟子'를 첨가하면 '弟子雲集'이라는 한문문장이 이루어지며, '徐行'이라는 한자어에 '諸車'라는 주어를 發生시키면 '諸車徐行'이라는 한문문장의 구조가 이루어진다. 그리고 '過食'이라는 한자어에 주어 '吉童'을 첨가하면 '吉童過食'이라는 한문문장이 이루어진다.

한자어의 구조 중에서 主述關係, 修飾關係, 限定關係의 구조를 통하여 한문 문장구조로 발전시켜 보았다.

이 세 가지 한자어의 구조들이 상호 관련되어 이루어지는 漢文의 文章構造를 살펴보도록 하겠다.

| 淸 | 風 | 徐 | 來 |
|---|---|---|---|

라는 한문문장이 있다. 이 문장을 분석해 보면 主述關係의 짜임새는 '風來'(바람이 불어온다)이다. 그리고 '淸風'은 '맑은 바람'이라는 뜻으로 '淸'이 '風'을 꾸며 주는 修飾關係이다. 또한 '徐來'는 '천천히 불어온다'는 뜻으로 '徐'가 '來'를 한정해 주는 限定關係를 이루고 있다.

| 淸 風 ‖ 徐 來 |
|---|

'맑은 바람이 서서히 불어온다'는 뜻으로, '冠形語+主語+副詞語+敍述

語'의 한문 문장구조를 이루고 있는 것이다.

## 4. 竝列關係

竝列關係의 漢字語는 같은 成分끼리 나란히 배열되는 漢字들로써 對立關係의 한자어와 類義關係의 한자어가 있다.

### 1) 漢字語

#### 가) 對立關係

| | | | |
|---|---|---|---|
| 上 · 下 | 長 · 短 | 善 · 惡 | 生 · 死 |
| 大 · 小 | 晝 · 夜 | 貴 · 賤 | 前 · 後 |
| 多 · 少 | 往 · 來 | | |

#### 나) 類義關係

| | | | |
|---|---|---|---|
| 江 · 河 | 樹 · 木 | 溫 · 暖 | 希 · 望 |
| 到 · 達 | 喜 · 悅 | 貧 · 困 | 視 · 察 |

竝列關係는 對立關係와 類義關係로 유별된다.

'上下', '長短' 등은 서로 反對되는 意味를 나타내는 漢字들이 배합되어서 이루어진 對立關係의 한자어들이며, '江河', '樹木' 등은 비슷한 의미를 나타내는 한자끼리 배합되어서 이루어진 類義關係의 한자어들이다.

이러한 竝列關係로 이루어진 한자어의 짜임새도 역시 漢文의 構造와 깊은 관련이 있다.

그러면 竝列關係의 漢字語의 構造와 관련되는 漢文文章을 살펴보도록 하겠다.

### 2) 漢文

〈竝列關係〉

· 上下 : 上下交征利
· 天地 : 天地之間唯人最貴
· 長短 : 長短家家有
· 陰陽 : 陰陽處處同

위와 같은 漢文構造는 한갓 單語의 구조에서만 나타나는 것이 아니라 單語와 單語, 文章과 文章의 구조에서도 나타나고 있다.

#### 가) 單語와 單語의 竝列關係

· 富與貴, 是人之所欲也.
· 君子與君子, 以同道爲朋.
· 小人與小人, 以同利爲黨.

단어 '富'와 '貴', '君子'와 '君子', '小人'과 '小人'을 連詞 '與'가 연결시켜 주어서 병렬관계를 이루고 있다.

나) 文章의 竝列關係

· 樹欲靜(而)風不止
(樹欲靜 而 風不止: 竝列關係)

· 子 ‖ 欲養(而)親 ‖ 不待
(欲養 而 親 ‖ 不待: 竝列關係)

主述關係로 이루어진 '樹欲靜'+'風不止'와 '子欲養'+'親不待'의 두 문장을 連詞 '而'가 연결시켜서 竝列文을 구성하고 있다.

## 5.述目關係(敍述語 | 目的語)

述目關係의 한자어는 '敍述語, 目的語'로 이루어지는 한자어들이다.

### 1) 漢字語

| | | |
|---|---|---|
| · 讀 \| 書 | · 修 \| 身 | · 齊 \| 家 |
| · 治 \| 國 | · 積 \| 金 | · 築 \| 城 |
| · 乘 \| 車 | · 愛 \| 鄕 | · 授 \| 業 |

述目關係의 한자어들의 짜임새야말로 漢文의 文章構造를 대표하는 것들이다. 이 한자어들이 우리 국어의 語順과 같이 짜여진다면, '讀書'는 '書讀', '積金'은 '金積' 등으로 짜여져야 할 것이지마는 '讀書', '積金'으로 구성된 것은 한문문장의 구조에서 유래된 것이기 때문이다. 이러한 한자어들의 구조를 통하여 한자어의 뜻을 확실하게 하고 나아가서는 한문 문

장구조의 이해에 접근할 수 있다.

### 2) 漢文

· 讀書 → 我 ‖ 讀 | 書
· 修身 → 先 修 | 其 身
· 齊家 → 先 齊 | 其 家
· 治國 → 欲治 | 其 國

우리말의 順序와는 다른 짜임새들이다.

'讀書'라는 한자어 앞에 '我'라는 主語만 첨가시키면 '我讀書'라는 한문 문장이 이루어지며, '修身, 齊家, 治國' 모두 똑같은 述目構造로 이루어진 한문문장들이다.

또한 '修身'이라는 한자어에다 修飾構造인 '先', '其'를 첨가시키면 '先修身', '先修其身'으로 확장되며, '齊家'라는 짜임새에 修飾成分인 '先', '其'를 첨가시키면 '先齊家', '先齊其家'라는 한문문장으로 확장된다. 그리고 '治國'이라는 한자어에다 '先', '其'를 첨가시키면 '先治其國'이라는 확장된 문장이 된다. 이것을 더욱 확장시키면 다음과 같은 구조의 한문문장이 된다.

· 欲治 | 其 國 者 ‖ 先 齊 | 其 家
· 欲齊 | 其 家 者 ‖ 先 修 | 其 身

간단한 '修身', '齊家', '治國'이라는 한자어 구조가 바탕이 되어 이와 같이 복잡한 한문문장이 이루어진다. 이와 같은 한자어의 구조를 생각하지 않고 막연하게 한자어를 공부할 것이 아니라, 이러한 한자어의 구조를 통하여 漢文의 構造를 이해하고 漢文讀解力을 효과적으로 신장시켜야 한다.

## 6. 述補關係(敍述語/補語)

述補關係에서는 '敍述語/補語'로 짜여진 漢字語를 말한다. 述目關係의 한자어에서처럼 그 짜임새가 國語와 다르다.

### 1) 漢字語

| · 登/山 | · 登/校 | · 歸/家 | · 下/山 |
|---|---|---|---|
| · 有/産 | · 無/産 | · 有/心 | · 無/心 |

이 한자어들은 모두 '敍述語/補語'로 구성된 述補關係의 한자어들이다. '登山'이나 '下山'을 우리말 順序로 배열하면 '山登', '山下'가 되어야 할 것이지마는 '登山', '下山'으로 배열된 것은 漢文 文章構造에서 유래된 것이다. 이러한 한자어들을 우리는 일상생활에서 무심코 사용하고 있다. 우리는 이와 같은 한자어의 짜임새를 이해함으로써 한자어의 뜻을 확실하게 알고, 나아가서는 한문의 문장구조를 이해하는 데로 接近, 發展시켜야 할 것이다.

### 2) 漢文

'登山'과 '下山'에, 主語 '我'와 '汝'를 첨가하면 '我登山', '汝下山'이라는 한문문장이 이루어지며 '有産', '無産', '有心', '無心'에 修飾成分 '恒' 자를 첨가하면

> 有/恒 産 有/恒 心
>
> 無/恒 産 無/恒 心

이라는 한문문장이 이루어진다. 이것을 다시 정리해서 한문문장으로 표현하면

> 有恒産 者 有/恒 心
>
> 無恒産 者 無/恒 心

이라는 《孟子》에 나오는 훌륭한 한문문장이 이루어지는 것이다.

(1) 述補構造

· 登山 : 산에 오르다.

· 登山乎 : 산에 오르겠는가?

· 不登高山乎 : 높은 산에 오르지 않겠는가?

· 不登高山, 不知天之高也 : 높은 산에 오르지 않으면 하늘이 높음을 알지 못한다.

> 不登/高 山 不知 | 天之 ‖ 高也

### (2) 述目關係

· 事君 : 임금을 섬긴다.

· 事君乎 : 임금을 섬기겠는가?

· 不事君 : 임금을 섬기지 않는다.

· 臣事君 : 신하가 임금을 섬긴다.

· 臣事君乎 : 신하가 임금을 섬기겠는가?

· 臣不事君乎 : 신하가 임금을 섬기지 않겠는가?

· 忠臣事君 : 충성스런 신하가 임금을 섬긴다.

· 忠臣事君乎 : 충신이 임금을 섬기겠는가?

· 忠臣不事君乎 : 충신이 임금을 섬기지 않겠는가?

· 忠臣不事二君 : 충성된 신하는 두 임금을 섬기지 않는다.

忠 臣 ‖ 不 事 | 二 君

이제까지 漢字語의 짜임새를 통하여 그 낱말들의 構造와 뜻을 이해하는 방법을 생각해 보았다.

특히 한자어의 구조를 활용하여 漢文文章의 構造를 생각해 보았다. 이와 같이 한자어의 구조와 한문문장의 구조는 밀접한 관계가 있다. 한자어를 대할 때마다 먼저 그 짜임새를 생각해 보는 것은 漢字語나 漢文을 공부하는 데 있어서 매우 중요한 방법이 될 것이다.

效果的인 漢文學習을 위해서는 우선 學習 興味를 유발해야 한다. 그렇기 때문에 매 시간마다 적절한 한문의 字源的 構造를 통하여 한자를 이해시키고 그 漢字가 가지는 造語力을 보여 줌으로써 한자의 重要性도 깨닫게 해야 할 것이다.

특히 우리 國語의 70% 이상이 한자어로 이루어진 상황에서 한자어를 막연하게 이해시키지 말고 가능한 한 構造的인 측면에서 이해하도록 해야 할 것이다. 물론 모든 한자어를 구조적으로 分析·理解하기는 어렵지마는 가능한 한 漢文 文章構造와 관련이 깊은 漢字語의 構造를 탐구하여 학습하면 한자어의 이해는 물론 은연중에 한문문장의 구조를 이해할 수 있기 때문에 一石二鳥의 學習效果를 거둘 수 있다.

《東洋學簡報 1, 2, 3》(1985, 檀大出版部)에 발표

# 제6장 文型學習

# 제1절 文型學習의 目的과 意義

文型은 대체로 文章의 構造를 公式化한 틀이라 할 수 있으나, 견해에 따라 文章 構造에 관한 文型, 表現方法에 관한 文型, 語法에 관한 文型 등으로 細分하여 생각할 수 있다. 그런데 여기서는 주로 文章 構造에 관한 文型에 중점을 두고, 文章 構造는 構造 線上에서 다루려고 한다.

言語形式의 傳達은 內的 要素로서의 表現意圖가 外的 要素로서의 語句連結 및 言語構成 등과 결합함으로서 가능해진다.

外的 要素로서의 語句連結은 다시 構文의 '틀'에 의하여 統合되고, 語調構成은 言語의 틀에 의하여 실현된다.

中國의 語調는 平, 上, 去, 入의 四聲이 기본이 되어 이루어진다. 그러나 漢文의 경우는 중국어의 古文이기 때문에 '語調의 틀'은 再生하기가 불가능하다. 그러므로 語順으로 구성되는 語句 連結에 의존할 수밖에 없다.

論理的 思考方式과 신속함을 요하는 현대에 있어서 從來의 무조건 暗記式 漢文學習은 容認되지 않는다. 그것은 努力과 時間과 經濟의 큰 손실을 가져오기 때문이다. 불필요한 노력과 시간적 낭비를 막고 現代的이고 科學的인 漢文學習을 하자면 우선 漢文에 대한 科學的인 연구와 學問的인 체계가 先行되어야 할 것이다. 그러나 우리나라의 한문학습은 기나긴 역사를 가지고 있으면서도 아직 이러한 연구가 되어 있지 않다.

그러므로 여기에 試圖해 보는 것이 文型學習인 것이다. 한문학습을 좀 과학적이고 現代 言語的 學習方式에 의하여 최소의 시간과 노력을 가지고 최대의 효과를 거두자는 것이다. 漢文構造의 특징은 語彙의 活用이나 屈折이 없이 다만 語順에 의하여 文法的 職能과 意味가 달라지며 또 文章의 成分도 결정되는 것이다.

이러한 漢文의 語順關係를 정리하여 체계화한 것이 文型인 것이다. 그러기에 이 문형을 학습하는 것은 한문을 과학적으로 학습하는 결과가 될 것이다.

이러한 과학적이고 현대적 언어학습 방법으로 한문을 쉽고도 효과적으로 학습하자는 데에 문형학습의 目的과 意義가 있는 것이다.

# 제2절 漢文의 語順과 文型

## 1. 漢文의 語順과 成分의 分布

漢文의 文章構造는 각 成分들이 자리잡는 分布에 따라 文法的 機能이 달라진다.

중국의 文法家 王力은 構文 構造上의 位置素를 固定하기 위하여 成分間의 分布關係를 다음과 같이 9개로 규정하고, 이것은 중국어의 가장 重要하고도 큰 特色이라 했다.

(1) 主語는 그 動詞 앞에 온다.

(2) 目的語는 動詞 뒤에 온다.

(3) 領格은 그 所有名詞 앞에 온다.

(4) 形容詞(冠形詞)는 반드시 그것이 修飾하는 名詞 앞에 온다.

(5) 副詞는 반드시 그 制限하는 動詞, 形容詞, 다른 副詞 앞에 온다.

(6) 空間副詞는 '於'자로써 介詞(前置詞)를 삼으면 그 單語(成分)는 動詞의 뒤에 온다.

(7) 方式副詞는 '以'자로써 介詞(前置詞)를 삼으면 그 單語(成分)는 動詞의 前後에 고르게 온다.

(8) 被動詞는 3가지로 나눈다.

① 助動詞 '爲'자를 쓸 때에는 主動者가 動詞의 앞에 온다.

② '於'자를 쓸 때에는 主動者가 動詞의 뒤에 온다.

③ 助動詞 '被, 見'자가 쓰일 때는 助動者가 動詞의 앞에 온다.

(9) 附加句는 반드시 主要句 앞에 온다.

王力이 규정한 9가지 位置素의 分布 原則을 기본으로 하여 線上 配列로 표시하면 다음과 같다.

(1) 冠形語 + 主語 + 副詞語 + 敍述語 + 冠形語 + 目的語 · 補語

(2) 附加句+ 主語句

## 2. 文型의 成分과 略號

文型의 기준을 세우는 데 있어서 글의 틀(型)이 되는 成分的 要素는 다음과 같다.

### 1) 略號

說明의 簡潔을 기하기 위하여 다음과 같은 略號를 사용하기로 한다.

S : 主語

P : 敍述語

A : 副詞語

D : 冠形語

C : 補語(補充語)

O : 目的語

I : 獨立語

### 2) 成分間의 記號

主述關係 : ‖

述目關係 : |

述補關係 : /

修飾關係 : └─┘

### 3) 成分의 種類

成分은 主要成分과 附加成分으로 二大別한다. 主要成分은 문장 구조에 있어서 직접 관여하는 성분으로 主語(S), 敍述語(P), 目的語(O), 補語(C)를 말하고, 附加成分은 문장 구조에 있어서 직접 관여하지는 않으나 주요성분을 修飾하거나 限定하는 성분으로 副詞語(A), 冠形語(D)를 말한다.

감탄사는 독립성분으로 다른 성분과 직접적인 관계없이 독립적으로 문장 구실을 한다.

# 제3절 基本文型과 擴張文型

文章 類型의 主要成分인 S, P, O, C가 배합되어 主述文型(SP), 述目文型(SPO), 述補文型(SPC), 述目補文型(SPCO)의 기본문형을 이룬다.

이러한 기본문형에 附加成分인 'D, A'를 投入하면 많은 확장문형의 문장이 생성된다.

가령 기본문형 'SP'에 'D'를 投入하면 DSP, DSDP의 문형이 생성되어 SP의 확장문형을 이루게 되며, 이때의 公式은 D(S, P)가 되는 것이다.

이러한 漢文文章의 類型을 體系化한 것을 圖示하면 다음과 같다.

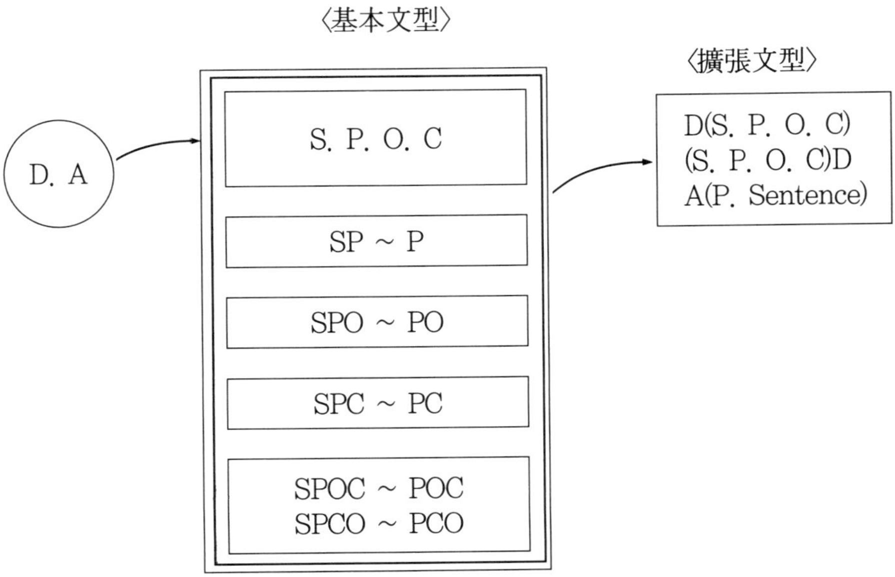

# 제4절 文型學習의 實際

## 1. SP(主述文型)

### 1) 基本文型

(1) SP

① 鳥 飛, 風 吹. (새가 날고, 바람이 분다.)

② 山 高, 水 深. (산은 높고, 물은 깊다.)

③ 周公弟也, 管叔兄也. (주공은 아우요, 관숙은 형이다.)

①은 서술어가 동사 '飛', '吹'로 이루어졌으며, ②는 형용사 '高', '深'으로 이루어졌다. 그리고 ③은 서술어가 명사로 이루어지고, 文末에 斷定을 나타내는 語氣詞 '也'가 배합되어 이루어진 문장이다. 중국의 許世瑛은 그의 《中國文法講話》에서 서술어가 동사로 이루어진 문장을 敍事句라 하고, 형용사로 이루어진 문장을 表態句라 했다. 그리고 서술어가 명사로 이루어지거나 '爲', '謂'로 이루어진 문장을 判斷句라 했다.

### 2) 主述 擴張文型

이러한 SP의 기본문형에 'D'와 'A'를 投入하면 다음과 같은 主述 擴張文型이 생성된다.

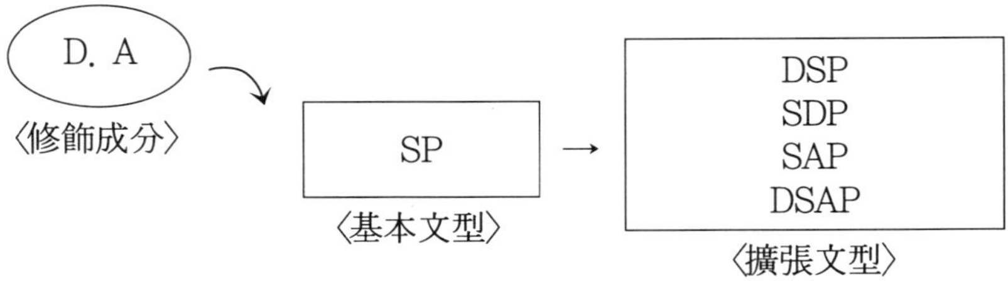


(1) DSP

· 青山 ‖ 高, 綠水 | 深. (푸른 산은 높고, 푸른 물은 깊다.)

(2) SDP

· 周公 ‖ 管叔之弟也. (주공은 관숙의 아우이다.)
· 文章 ‖ 經國之大業, 不朽之盛事. (문장은 나라를 경영하는 큰 업이요, 썩어 없어지지 않는 성왕된 일이다.)

(3) SAP

· 牛馬 ‖ 疾走. (소와 말이 빨리 달린다.)
· 骨肉 ‖ 相爭. (형제가 서로 다툰다.)

(4) DSAP

· 淸風 ‖ 徐來. (맑은 바람이 서서히 불어온다.)
· 素朴之心 ‖ 日薄. (소박한 마음이 날로 없어진다(얇아진다).)

## 2. SPO(述目文型)

### 1) 主述目 基本文型

(1) SPO

· 吾 ‖ 從 | 周 (나는 주나라를 따른다.)

· 孔子 ‖ 過 | 泰山 (공자가 태산을 지나다.)

· 周公 ‖ 相 | 武王 (주공이 무왕을 돕다.)

(2) PO

· 挾 | 泰山 (태산을 낀다.)

· 保 | 天下 (천하를 보호하다.)

· 事 | 父母 (부모를 섬기다.)

### 2) 主述目 擴張文型

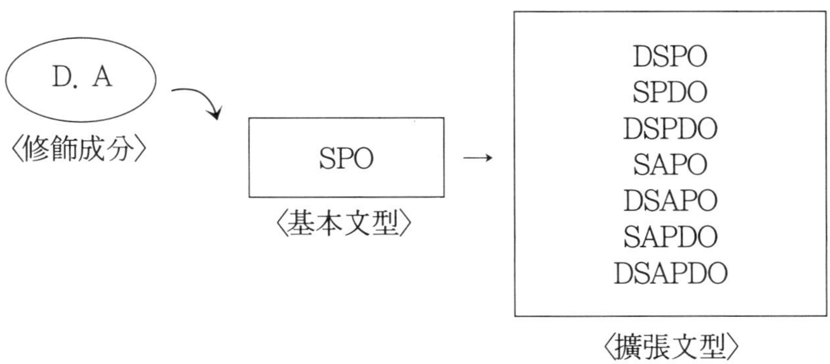


기본문형 SPO에 부가성분 D(관형어)와 A(부사어)가 投入되면 DSPO, SPDO, DSPDO, SAPO, DSAPO, SAPDO, DSAPDO의 擴張文型이 이루어진다. 'PO'의 확장문형은 'SPO'의 확장문형과 동일하게 확장된다.

(1) DSPO

· 知者 ‖ 樂 | 水 (지혜로운 사람은 물을 좋아한다.)

· 仁者 ‖ 樂 | 山 (어진 사람은 산을 좋아한다.)

· 樂天者 ‖ 得 | 民 (하늘을 즐기는 사람(天理를 따르는 사람)은 백성을 얻는다.)

'樂天'을 'P | O'로 分析하지 않고, '者'를 수식하는 冠形語로 보는 것은 文法(文章構造)이 微視的 分析을 하는 것에 비하여 文型은 巨視的 안목으로 分析하기 때문이다. 이런 점이 文型과 構造와의 차이이기도 하다.

(2) SPDO

· 耳 ‖ 不聞 | 人之非 (귀로는 다른 사람의 그릇됨을 듣지 않는다.)

· 目 ‖ 不視 | 人之短 (눈으로는 다른 사람의 단점을 보지 않는다.)

· 得 | 百里之地 (백 리의 땅을 얻는다.)

(3) DSPDO

· 旅鳥 ‖ 懷 | 舊林 (떠돌이 새는 옛 숲을 그리워한다.)

· 池魚 ‖ 思 | 故淵 (연못 속의 고기는 옛날의 연못을 생각한다.)

· 烈女 ‖ 不更 | 二夫 (열녀는 두 지아비로 바꾸지 않는다.)

(4) SAPO

· 君子 ‖ 以文會 | 友 (군자는 글로써 벗을 모은다.)

· 君子 ‖ 不以言擧 | 人 (군자는 말로써 다른 사람을 천거하지 않는다.)

· 君子與君子 ‖ 以同道爲朋 (군자와 군자는 도를 함께함으로써 벗을 삼는다.)

(5) DSAPO

· 鄕人 ‖ 皆好 | 之 (마을 사람들이 그를 모두 좋아한다.)

· 萬民 ‖ 皆仰 | 之 (많은 백성들이 모두 그를 우러러본다.)

· 吾道 ‖ 一以貫 | 之 (나의 도는 하나로써 모든 것을 꿰뚫는다.)

(6) SAPDO

· 君子 ‖ 必誠 | 其意 (군자는 반드시 그 뜻을 정성되이 한다.)

· 君子 ‖ 先行 | 其言 (군자는 그 말을 먼저 행한다.)

· 君子 ‖ 必愼 | 其獨也 (군자는 반드시 그 홀로 있음을 삼간다.)

(7) DSAPDO

· 欲修其身者 ‖ 先正其心 (그 몸을 닦고자 하는 자는 먼저 그 마음을 바르게 한다.)

· 欲正其心者 ‖ 先誠 | 其意 (그 마음을 바르게 하고자 하는 자는 먼저 그 뜻을 정성되이 한다.)

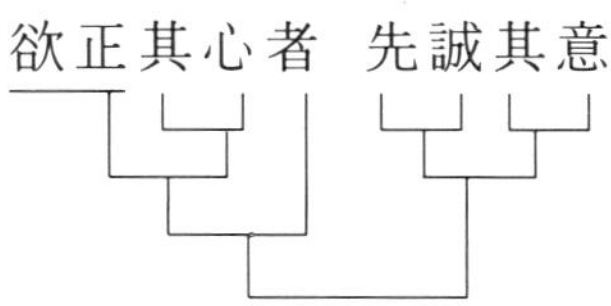


이때 '欲修其身'과 '欲正其心'은 PDO의 구조를 이루어 '者'를 수식해 주는 冠形節이 된다. 이때도 '欲修其身'이나 '欲正其心'을 微視的으로 細分하지 않는 文型의 특성에 따라 巨視的 안목으로 분석하여 冠形語 'D'로 본 것이다. 述目文型에서 목적어가 대명사로 이루어지고, 이것이 否定副詞와 배합하게 되면 목적어인 대명사가 本動詞 앞에 倒置되어 '否定副詞 + 代名詞 + 本動詞'의 구조를 이룬다. 가령 '我未之見也'(나는 아직 그를 보지 못했다.)는 '我未見之也'와 같이 '見之'가 '之見'으로 도치된 구조로 목적어인 '之'가 도치된 것이요, '父母之不我愛'(부모가 나를 사랑하지 않는다.)는 '我愛'가 '愛我'로 도치되어 '父母之不愛我'의 구조로 이루어져 목적어인 대명사 '我'가 도치된 것이다.

## 3. SPC(主述補文型)

'主語 + 敍述語 + 補語'로 이루어지는 문형을 '述補文型'이라고 한다.

### 1) 補語의 概念

補語에 관해서는 基本類型에서 간략하게 설명했다. 그러나 이 보어에 대한 견해는 區區不一하여 그 概念을 규정짓기는 매우 어렵기 때문에 다음과 같이, ① 主語를 補充하는 경우, ② 目的語를 보충하는 경우, ③ 詞를 限定, 補充하는 경우의 세 가지 경우로 유별한다.

#### (1) 基本文型

SPC

① 青 ∥ 出 / 於藍而青 / 於藍 (푸른색은 쪽에서 나왔으나 쪽색보다 푸르다.)

② 爾 ∥ 爲 / 爾　我 ∥ 爲/我 (너는 너고 나는 나다.)

③ 少年 ∥ 易 / 老　學 ∥ 難 / 成 (소년은 늙기 쉽고 학문은 이루기가 어렵다.)

④ 物 ∥ 有 / 本末　事 ∥ 有/終始 (物에는 본말이 있고, 일에는 종시가 있다.)

①의 '青出於藍'의 '於藍'은 名詞類 앞에 前置 介詞 '於'가 배합된 것으로 동사 '出' 뒤에 위치하고, '青於藍'의 '於藍'은 명사류 '藍' 앞에 '於'

가 배합되어 형용사 '靑' 뒤에 위치하고 있다. 앞의 '於藍'은 處所를 나타내는 補語이고, 뒤의 '於藍'은 比較를 나타내는 補語이다.

②의 '爾'와 '我', 그리고 ③의 '老', '成', ④의 '本末', '終始'는 서술어 '爲', '難', '易', '有' 등을 보충해 주는 補語들이다.

### (2) 擴張文型

기본문형 SPC에 從屬成分 'D'와 'A'가 投入되면 다음과 같은 擴張文型이 이루어진다.

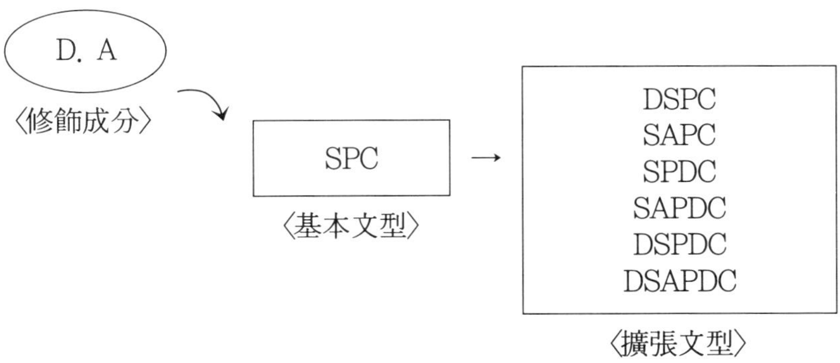


'家有慶'에 수식성분 'D'나 'A'를 投入하면 다음과 같은 擴張文型이 생성된다.

· 家 ‖ 有 / 慶 (집에는 경사가 있다.)

· 家 ‖ 必有 / 慶 (집에는 반드시 경사가 있다.)

· 積善之家 ‖ 有 / 慶 (착함을 쌓는 집에는 경사가 있다.)

· 積善之家 ‖ 必有/慶 (착함을 쌓는 집에는 반드시 경사가 있다.)

· 家 ‖ 必有 / 餘慶 (집에는 반드시 넘치는 경사가 있다.)

· 積善之家 ‖ 必有 / 餘慶 (착함을 쌓는 집에는 반드시 넘치는 경사가 있다.)

DSPC

· 和氣 ‖ 滿 / 堂 (화화로운 기운이 집에 가득하다.)

· 吾夫 ‖ 死 / 於虎 (내 남편이 호랑이에게 죽었다.)

· 忠言 ‖ 逆 / 於耳 (충성된(충고하는) 말은 귀에 거슬린다.)

SAPC

· 弟子 ‖ 不 / 必不如師 (제자가 반드시 스승만 못한 것이 아니다.)

· 師 ‖ 不必賢 / 於弟子 (스승이 반드시 제자보다 어진 것은 아니다.)

· 人 ‖ 皆有 / 善 (사람은 모두 착함이 있다.)

SPDC

· 無 / 羞惡之心 (부끄러워하고 미워하는 마음이 없다.)

· 君子 ‖ 無 / 所爭 (군자는 다투는 바가 없다.)

('所爭'은 수식하는 관형어 'D'가 피수식 성분인 '所' 뒤에 위치하여 이것을 수식하고 있어 SPDC의 文型을 이루고 있다.)

· 人 ‖ 皆有 / 所不忍 (사람은 모두 차마 하지 못하는 바가 있다.)

('所不忍'은 관형어인 '不忍'이 보어인 '所' 뒤에 위치하여 이것을 수식하고 있어 SPDC의 文型을 이루고 있다.)

· 人 ‖ 皆有 / 善心 (사람은 모두 착한 마음을 가지고 있다.)

DSPDC

· 有恒産者 ‖ 有 / 恒心 (항산이 있는 사람은 항심이 있다.)

· 無恒産者 ‖ 無 / 恒心 (항산이 없는 사람은 항심이 없다.)

· 百聞 ‖ 不如 / 一見 (백 번 듣는 것이 한 번 보는 것만 못하다.)

DSAPDC

· 國家之存亡 ‖ 必有 / 天命 (국가가 존재하느냐 망하느냐 하는 것은 반드시 하늘의 명에 있다.)

· 積善之家 ‖ 必有 / 餘慶 (착한 것을 쌓는 집에는 반드시 넘치는 경사가 있다.)

· 積惡之家 ‖ 必有 / 餘殃 (악을 쌓는 집에는 반드시 넘치는 재앙이 있다.)

'積善之'와 '積惡之'도 巨視的으로 본 것이다.

## 4. SPOC(主述目補文型)

主述目文型 'SPO'에 補語 'C'가 첨가되는 漢文의 文型이다. 이 보어를 間接 目的語로 보느냐, 아니면 보어로 보느냐 하는 문제는 앞에서 詳述했기 때문에 여기에서는 더 이상 말하지 않겠다. 다만 'SPOC'의 'O+C'가 경우에 따라 'C+O'로 倒置되어 'SPCO'의 文型을 이룬다. 그리고 이 'SPOC'의 文型은 擴張文型을 이루는 경우가 그리 많이 나타나지 않는다.

### 1) 基本文型

SPOC

· 孔子 ‖ 問 | 禮/於老子 (공자가 예를 노자에게 물었다.)

· 季康子 ‖ 問 | 政/於孔子 (계강자가 정치를 공자에게 물었다.)

· 齊宣王 ‖ 見 | 孟子/於雪宮 (제나라 선왕이 맹자를 설궁에서 보았다.)

### 2) 倒置文型

SPCO

· 后稷 ‖ 敎 / 民 | 稼穡 (후직이 백성에게 농사를 가르쳤다.)

· 張良 ‖ 遺 / 漢王 | 書 (장량이 한왕에게 책을 물려주었다.)

· 子噲 ‖ 不得與 / 人 | 燕 (자쾌가 연나라를 다른 사람에게 줄 수 없다.)

· 帝 ‖ 錫 / 禹 | 玄圭 (황제가 우임금에게 玄圭를 주었다.)

(※玄圭 : 검은빛의 옥으로 만든 홀(笏))

· 項梁 ‖ 乃敎 / 籍 ‖ 兵法 (항량이 곧 항적에게 병법을 가르쳤다.)

이러한 倒置文型은 서술어가 敎示나 授與를 나타내는 動詞일 경우에 발생되는 것으로 '於 + NP'의 補語가 目的語 앞으로 倒置되면서 전치 개사 '於'가 생략된다.

'后稷敎民稼穡'을 正置文型으로 변형하면 '后稷敎稼穡於民'으로 구성된다. 이와 같은 도치문형에 전치 개사 '於'와 '以'를 투입하면 다음과 같은 文型이 이루어진다.

① 噲 ‖ 不得與 / 人 | 燕

② 噲 ‖ 不得與 | 燕 / 於人 ('於'의 투입)

③ 噲 ‖ 不得以燕與 / 人 ('以'의 투입)

④ 噲 ‖ 不得以燕與 / 於人 ('於', '以'의 투입)

'以燕'은 副詞語의 위치에 있으나 수여동사의 '與'의 영향으로 도치된 목적어인 것이다.

이상에서 句文을 중심으로 漢文의 文型을 살펴보았다. 물론 構文 構

造上에서 볼 때 더 복잡한 複合文 구조를 생각할 수 있으나, 한문의 基本的 文型을 이해하기 위해서는 短文의 文型을 기본으로 해야 할 것이다. 이러한 문형들이 連詞(接續詞)나 副詞들과 배합되어 복잡한 문형을 이루기도 한다. 예컨대, '樹欲靜而風不止, 子欲養而親不待'라는 문장의 構造를 살펴보면, 'SP' 문형으로 이루어진 문장에 連詞(접속사) '而'가 삽입되어 'SP 而 SP'의 문장을 구성하고 있는 것이다. 이 문장의 類型을 圖示하면 다음과 같다.

樹 ‖ 欲 靜 ( 而 ) 風 ‖ 不 止

즉 S인 '樹'와 '風', P인 '欲靜', '不止'로 이루어진 SP 문형을 連詞(접속사) '而'가 연결하여 'SP 而 SP'의 文型을 이룬 것이다. '國雖大 好戰 必亡'(나라가 비록 크더라도 싸움을 좋아하면 반드시 망한다.)의 경우도 '國雖大' '好戰' '必亡' 즉 'SAP', 'PO', 'AP'라는 세 文型이 부사인 '雖'에 의하여 연결지어진 複合文型을 이루고 있는 것이다.

※ 文型論은 본인이 집필한 문교부 발행 중학교용 '한문' 교사용 지침서(1972년 발행)에 근거하였다.

### | 參考文獻 |

《漢文科教育論》, 韓國漢字漢文教育學會 編, 한샘, 1993.
高明凱, 《漢語語法論》, 臺灣開明書店, 1985.
周遲明, 《國文比較文法》, 正中書局, 1987.
鄭愚相, 《漢文構造文法研究》, 東亞出版社, 1990.
鄭愚相(共), 《漢文文型新講》, 誠信女大出版部, 1981.
王力, 《中國語法理論(上 · 下)》, 中華書局, 1954.

# 제7장 文章形式의 理解

文章의 形式이란, 話者와 聽者 사이에서 이루어지는 言語事實의 형식을 의미한다. 즉 어떠한 意向을 가지고 어떠한 形式으로 말을 하느냐 하는 문장의 性質上의 分類를 말한다. 문장을 올바르게 이해하자면 基本的인 漢文의 文章形式을 알아야 한다. 이 문장의 형식은 오랫동안 習慣化된 言語形式으로써 거의 公式化된 形式들이다.

漢文文章의 類型, 즉 文形(Sentence form)이 語順에 의하여 構成되는 것이라면, 이 문장의 형식은 말하는 형식을 基本으로 하여 이루어지는 습관화된 언어형식으로 否定形, 疑問形, 反語形, 比較形, 假定形, 限定形, 感歎形, 使動形, 被動形 등으로 類別한다.

# 제1절 否定形

이 否定의 형식은 動作이나 狀態, 그리고 어떤 일을 否定하는 뜻을 나타내는 文章形式이다. 肯定的인 문장형식에 否定詞 '不, 弗, 非, 匪, 無, 莫, 毋, 勿, 靡, 亡, 无, 罔, 未, 蔑, 微' 등이 사용되어 否定의 의미를 나타내는 문장형식을 구성한다. 가령 '登山'은 '산에 오른다.'는 긍정의 뜻을 나타내지만, 여기에 否定詞 '不'을 첨가하면 '不登山' 즉 '산에 오르지 않는다.'는 부정의 뜻을 나타내게 된다. 이와 같은 문장형식을 否定形이라 한다.

## 1. 基本否定形

### 1) 不, 弗, 非, 匪, 未

'不'과 '弗'은 字形은 다르지만 讀音이 같은 '불'이며 用法도 같아서 '不 · 弗 + VP(動詞類)'의 구조를 이루어 '不 · 弗'은 動詞類 앞에 배합된다. 그러나 '非 · 匪'는 名詞類 앞에 배합되어 '非 · 匪 + NP(名詞類)'의 구조를 이루고, '不 + VP'는 '~하지 않는다.'는 의미를 나타내지만 '非 · 匪 + NP'는 '~가 아니다.'라는 뜻을 나타낸다. 그러므로 '不 · 弗'과 動詞類가 배합되어 否定을 나타내는 서술어를 형성하고 '非 · 匪 + NP'는 '非 · 匪' 다음에 補語 구실을 하는 名詞類가 배합된다.

[不]

· 目不視非觀禮之色 耳不聽非禮之聲 口不道非禮之言 足不踐非禮之地 (《明心寶鑑》)

눈으로는 예가 아닌 색을 보지 아니하고, 귀로는 예가 아닌 소리를 듣지 아니하고, 입으로는 예가 아닌 말을 말하지 아니하고, 발로는 예가 아닌 땅을 밟지 아니한다.

· 不知獸畏己而走也 (《戰國策》)

짐승이 자기를 두려워해서 달아나는 줄을 알지 못한다.

· 不有佳作 何伸雅懷 (〈春夜宴桃李園序〉)

아름다운 글(作品)이 있지 않으면 어찌 아담한 회포를 펼 수 있으리오.

동사 '視, 聽, 道, 踐, 知, 有' 앞에 否定詞 '不'이 배합되어 '不視, 不聽, 不道, 不踐, 不知, 不有' 등으로 否定形을 구성하고 있다.

[弗]

· 弗食不知其旨也 (《孟子》)

먹지 아니하면 그 맛을 알지 못한다.

· 其人弗能應也 (《韓非子》)

그 사람이 응답하지 못했다.

· 孟子曰 仁人心也 義人路也 舍其路而弗由 放其心而不知求 哀哉 (《孟子》)

맹자께서 말씀하셨다. "仁은 사람의 마음이요, 義는 사람이 다니는 길이라, 그 길을 버리고서 말미암지 아니하고, 그 마음을 놓아 버리고 구할 줄을 알지 못하니, 슬프도다!"

동사 '食, 應, 由' 앞에 否定詞 '弗'이 배합되어 '弗食, 弗能, 弗由' 등으로 否定形을 구성하고 있다.

앞에서 보았듯이 '不'이나 '弗'은 모두 動詞類 앞에 배합되어 否定의 뜻을 나타내며 '不, 弗 + VP'의 구조를 이루어 敍述語 구실을 한다.

[非]

· 無惻隱之心 非人也 無羞惡之心 非人也 無辭讓之心 非人也 無是非之心 非人也 (《孟子》)

측은한 마음이 없으면 사람이 아니요, 자기의 잘못을 부끄러워하고 미워하는 마음이 없으면 사람이 아니요, 사양하는 마음이 없으면 사람이 아니요, 시비하는 마음이 없으면 사람이 아니다.

· 非先王之德行 不敢行 (《孝經》)

선왕의 덕행이 아니면 감히 행하지 않는다.

· 子曰 我非生而知之者 (《論語》)

공자께서 말씀하셨다. "나는 나면서 아는 사람이 아니다."

· 兵非君子之器

무기는 군자의 도구가 아니다.

[匪]

· 匪道曷依 匪善奚敦 (陶潛, 〈榮木〉)

바른 도가 아니면 어찌 의지하며, 선이 아니면 어찌 돈독하게 하리오.

· 我心匪石 (《詩經》)

내 마음은 돌이 아니다.

'不', '弗'은 動詞나 形容詞 앞에서 이것을 도와주는 否定副詞 구실을 하지만 '非', '匪'는 직접 敍述語가 되어 '補語'를 이끌게 된다. '非人也', '非先王之德行', '非生而知之者', '非君子之器', '匪道', '匪善', '匪石'들은 모두 '非 · 匪 + NP'의 구조로써 否定詞 '非, 匪'가 서술어가 되어 명사류를 補語로 이끄는 文章形式이다.

[未] '아직 ~이 아니다.' 두 번 해석하게 되는 再譯文字로써 否定의 뜻을 나타낸다.

· 未有仁而遺其親者也 未有義而後其君者也 (《孟子》)

어질고서 그 어버이를 버리는 자는 아직 있지 않으며, 의로우면서 그 임금을 뒤로 하는 자는 아직 있지 않았다.

· 有子曰 其爲人也孝弟 而好犯上者鮮矣 不好犯上而好作亂者未之有也 (《論語》)

유자가 말했다. "그 사람 됨됨이가 효성스럽고 공경스러우면서 윗사람 범하기를 좋아하는 자는 적으며, 윗사람 범하기를 좋아하지 아니하면서 亂을 일으키기를 좋아하는 자는 아직 있지 않다."

· 見牛 未見羊也 (《孟子》)

소를 보고 아직 양은 보지 않았다.

· 然而不王者 未之有也 (《孟子》)

그렇게 하고서 왕노릇하지 못하는 자 아직 있지 않았다.

### 2) 無, 莫, 毋, 亡, 勿

'無'는 否定의 뜻을 나타내는 동사로써 '不'과는 類別된다. '不'은 否定副詞로서 직접 敍述語 구실을 못하지만 '無'는 本動詞로써 직접 敍述語의 구실을 한다. 그러므로 '有'와 대립되는 語詞로써 漢文文法에서는 '有'와 '無'를 '有無動詞' 또는 '同動詞'라 하여 특별하게 처리하고 있다.

[無]

· 人無遠慮 必有近憂 (《論語》)

사람이 먼 걱정이 없으면 반드시 가까운 근심이 있다.

'無遠慮'와 '有近憂'는 '無'와 '有'가 서로 對를 이루고 있다. 그리고 構文構造로 볼 때에도 '無'나 '有' 다음에는 補語成分이 와서 '有 · 無 + 補

語'의 구조를 이루어 '~이 있다', '~이 없다'는 뜻을 나타낸다. 圖示하면 다음과 같다.

人 ‖ 無 / 遠 慮　必 有 / 近 憂

· 貧而無諂 富而無驕 何如 (《論語》)

가난하면서 아첨함이 없고, 부하면서 교만함이 없으면 어떠합니까?

· 人性之無分於善不善也 猶水之無分於東西也 (《孟子》)

사람의 성품이 선과 불선에 대해서 분별함이 없는 것은 마치 물의 흐름이 東西를 분간함이 없는 것과 같다.

[莫]

· 吾盾之堅 莫能陷也 (《韓非子》)

내 방패의 견고함은 뚫을 수가 없다 .

· 罪莫大於不孝 (《孝經》)

죄는 불효보다 큰 것이 없다.

· 在天者 莫明於日月 在地者 莫明於水火 (《荀子》)

하늘에 있는 것은 해와 달보다 밝은 것이 없고, 땅에 있는 것은 물과 불보다 밝은 것이 없다.

위 두 문장에서는 比較를 나타내는 前置 介詞 '於'가 사용되어 比較形을 구성하고 있으며, 否定副詞 '莫'이 '陷, 大, 明' 등과 배합되어 否定을 나타내는 서술어를 구성하고 있다.

[毋]

· 子絕四 毋意 毋必 毋固 毋我 (《論語》)

공자께서 근절하셨던 네 가지는 恣意가 없고, 期必이 없고, 固執이 없고, 獨尊이 없는 것이다.(※'絕'은 根絕의 뜻, '意'는 私意, 恣意, 즉 主觀的이고 一方的인 臆測이고, '必'은 期必, 즉 억지를 무릅쓰고 관철하는 것.)

'毋'는 순수한 否定의 뜻을 나타내는 것보다는 禁止 또는 命令의 의미를 나타내는 경우가 많다.

· 所惡於上 毋以使下 所惡於下 毋以事上 所惡於前 毋以先後 所惡於後 毋以從前 所惡於右 毋以交於左 所惡於左 毋以交於右 此之謂 絜矩之道也 (《大學》)

위에서 싫어하는 바로써 아래를 부리지 말 것이며, 아래에서 싫어하는 바로써 위를 섬기지 말 것이며, 앞에서 싫어하는 바로써 뒤에서 먼저 하지 말 것이며, 뒤에서 싫어하는 바로써 앞에 따라하지 말 것이며, 오른편에서 싫어하는 바로써 왼편에 건네지 말 것이며, 왼편에서 싫어하는 바로써 바른편에 건네지 말 것이다. 이러한 것을 絜矩之道(법도에 비추어 행동하는 方法)라 하는 것이다.

[亡]

· 子曰 夷狄之有君 不如諸夏之亡也 (《論語》)

공자께서 말씀하셨다. "오랑캐가 군주를 가지고 있음이 君主 없는 中華만 못하다."

· 孔子對曰 有顏回者好學 不遷怒 不貳過 不幸短命死矣 今也則亡 未聞好學者也 (《論語》)

공자께서 대답하셨다. "顏回라는 사람이 있었는데 배우기를 좋아했다. 노여움을 옮기지 않고 과실을 두 번 거듭하지 않았다. 불행히도 短命하여 죽고 지금은 없다. 그 후로는 배우기를 좋아하는 자를 듣지 못하였다."

[勿]

· 勿謂今日不學而有來日 勿謂今年不學而有來年 (朱熹, 〈勸學文〉)

오늘 배우지 아니하고 내일이 있다고 말하지 말고, 금년에 배우지 아니하고 내년이 있다고 말하지 말라.

· 非禮勿視 非禮勿聽 非禮勿言 非禮勿動 (《論語》)

예가 아니면 보지 말고, 예가 아니면 듣지 말고, 예가 아니면 말하지 말고, 예가 아니면 행동하지 말라.

· 太公曰 勿以貴己而賤人 勿以自大而蔑小 勿以持勇而輕敵 (《明心寶鑑》)

태공이 말하였다. "자기가 귀하다고 해서 다른 사람을 천히 여기지 말고, 스스로 크다고 해서 작은 것을 업신여기지 말고, 용기를 가지고 있다고 해서 적을 가벼이 여기지 말라."

'勿'은 강한 否定의 뜻을 가지고 있기 때문에 禁止나 命令의 뜻을 나타낸다. 그러므로 禁止形이나 命令形으로 類別하기도 한다.

이상에서 고찰한 것은 기본이 되는 否定形들이다.

## 2. 二重否定形

二重否定은 否定을 다시 否定하는 형식으로 '不~不, 無~無' 등과 같이 동일한 否定詞가 重複되어 肯定의 뜻을 强調하는 형식으로, 보통 긍정의 뜻을 陳述하는 방법보다는 語調上으로나 意味上으로 보다 더 강한 긍정의 뜻을 나타내는 文章形式이다.

[不~不]

· 爲人者必不可不學 爲學者必不可不知道 知道者必不可不行

다른 사람을 위하는 사람은 반드시 배우지 아니할 수 없고, 학문을 하는 사람은 반드시 도를 알지 아니할 수 없고, 도를 아는 사람은 반드시 실천하지 아니할 수 없다.

· 自古英才敦行之士 不爲不多 然知道者 鮮矣

옛날부터 영재와 행동이 독실한 선비가 많지 않았던 것은 아니나 도를 아는 사람은 적으니라.

[不~, 不~]

· 玉不琢 不成器 人不學 不知道 (《禮記》)

옥은 쪼지 않으면 그릇을 이루지 못하고, 사람이 배우지 않으면 도를 알지 못한다.

'不~, 不~'은 동일한 문장 속에서 否定詞 '不'이 二重으로 사용되어 '不~不'의 배합을 이루는 것과는 類別된다. 이것은 앞의 문장과 뒤의 문장으로 구별되는 複文線上에서 否定詞 '不'이 '不~, 不~'의 구조를 이룬다. 이때 前文에서는 假定이나 條件을 나타내고, 後文에서는 그 結課를 나타내는 문장형식으로, '~않으면 ~하지 않는다.'는 條件의 뜻을 나타낸다.

· 苟爲後義而先利 不奪不饜 (《孟子》)

진실로 義를 뒤로 하고서 利를 먼저 하면 빼앗지 않으면 만족하지 않는다.

· 割不正不食 (《論語》)

자른 것이 바르지 않으면 먹지 않는다.

[非不]

· 城非不高也 池非不深也 兵革非不堅利也 米粟非不多也 委而去之 (《孟子》)

성이 높지 않은 것이 아니며, 연못이 깊지 않은 것이 아니며, 무기와 갑옷이 견고하고 날카롭지 않은 것이 아니며, 곡식이 많지 않음이 아니로되 버리고 그곳을 떠난다.

'城非不高也'는 '城이 매우 높다.'는 뜻을 강하게 나타내기 위하여 否定詞 '非'와 '不'을 배합해서 사용한 것이다.

· 非不說子之道也 (《論語》)

선생님의 도를 기뻐하지 않음이 아니다(즉 선생님의 도를 매우 기뻐한다).

[無不~]

· 吾矛之利 於物無不陷也 《韓非子》)

내 창의 날카로움은 어떤 물건에 있어서도 뚫리지 않는 것이 없다.

· 橐駝所種樹 或移徙無不活 (柳宗元, 〈種樹郭橐駝傳〉)

탁타가 심은 바 나무는 혹 옮겨 심어도 살고 또한 크게 무성하지 않은 것은 없다.

[莫不~, 莫非~]

· 人莫不飮食也 鮮能知味也 (《中庸》)

사람들이 먹고 마시지 않는 자가 없건마는 맛을 아는 이는 적다.

· 莫非命也 順受其正 (《孟子》)

명 아닌 것이 없으나 명의 올바른 것을 순리로 받아 갈 일이다(사람이 죽는 것은 명 아닌 것이 없다. ※'順受其正'은 명의 올바른 것을 順理로 받아 감을 말함).

[無~不~]

· 苟得其養 無物不長 苟失其養 無物不消 (《孟子》)

진실로 길러 주는 힘을 얻기만 하면 자라지 않는 물건이 없고, 길러 주는 힘을 잃어버리기만 하면 소멸되지 않는 물건이 없는 것이다.

· 幽泉怪石 無遠不到 (柳宗元, 〈始得西山宴游記〉)

그윽한 샘과 괴이한 돌이 멀리 이르지 않는 곳이 없다.

## 3. 部分否定形

部分否定이란 否定副詞의 位置에 의하여 부정하는 부분이 全面的 否定이 아니고, 部分的 否定을 하는 문장형식을 말한다. 그렇기 때문에 이 부분부정은 全部否定과 相對되는 구조를 이룬다. 즉 부정부사 '不'과

副詞인 '必, 常, 甚, 皆, 俱, 復' 등이 배합되는 前後 位置에 따라 부분부정과 전부부정이 결정된다.

| 副詞語 | 部分否定 | | 全部否定 |
|---|---|---|---|
| 必 → | 不必 | ⟷ | 必不 |
| 常 → | 不常 | ⟷ | 常不 |
| 甚 → | 不甚 | ⟷ | 甚不 |
| 皆 → | 不皆 | ⟷ | 皆不 |
| 俱 → | 不俱 | ⟷ | 俱不 |
| 復 → | 不復 | ⟷ | 復不 |

### 1) 不必과 必不

[不必]

· 有德者必有言 有言者不必有德 仁者必有勇 勇者不必有仁 (《論語》)

덕 있는 사람은 반드시 올바른 말을 하지만, 올바른 말을 하는 사람이라고 반드시 덕이 있는 것은 아니다. 仁者는 반드시 용맹이 있으나 용맹한 사람이라고 반드시 仁이 있는 것은 아니다.

'有言者, 不必有德'은 '올바른 말을 하는 사람이라고 반드시 덕이 있는 것은 아니다.' 즉 올바른 말을 하는 사람은 모두 덕이 있는 것이 아니라 一部分은 있기도 하고 一部分은 덕이 없는 사람도 있다는 뜻으로 完全否定이 아니라 일부분만 부정하는 의미를 갖는다. 이때의 形態構造는 '否定副詞＋副詞＋VP'의 구조를 이룬다. 즉 부정 부사가 부사 앞에 위치하여 '不 + 副詞'의 語順排列을 하게 된다.

· 聖人之行 雖不必同 然其要歸在潔其身而已 (《孟子》 朱注)
성인의 행동이 비록 반드시 한결같지는 않으나 그 중요한 것은 자신을 깨끗하게 하는 데 귀결할 따름이다.

· 學者但當用力於仁 而不必求合於義也 (《孟子》 朱注)
배우는 자는 마땅히 힘을 仁에 쓸 것이고 반드시 의에 합하기를 구할 것이 아니다.

이상에서 살펴본 '不必同', '不必求'는 모두 부분부정으로써 '반드시 한결같은 것은 아니다', '반드시 구할 것은 아니다.'라는 일부분은 한결같고 일부분은 한결같지 않음을 표현한 문장형식이다.

[必不]

'副詞 + 否定副詞 + VP'의 形態構造를 이루는 것으로, 부사 '必'이 부정부사 '不' 앞에 위치한다. 이때 '必不'은 부분부정의 '不必'과는 달리 '반드시 ~하지는 않는다, 반드시 ~이 아니다.'는 全部否定을 나타내는 문장형식을 이룬다.

· 此言人能孝弟 則其心和順 少好犯上 必不好作亂也 (《論語》 朱注)
이것은 사람이 효도하고 공손하면 그 마음이 화순하여 윗사람 범하기를 좋아하는 것이 적어서 반드시 난을 일으키기를 좋아하지 않는다는 것을 말한 것이다.

· 言人雖不用 神必不舍也 (《孟子》 朱注)
사람이 비록 쓰지 않더라도 神이 반드시 버리지 않는다는 것을 말한 것이다.

· 民無食必死 然死者人之所必不免 (《孟子》 朱注)
백성은 먹지 않으면 반드시 죽는다. 그러나 죽음이라는 것은 사람이 반드시 면할 수 없는 것이다.

'必無'나 '必勿'도 '必不'과 같이 '副詞 + 否定副詞'의 형태구조를 이루며, '반드시 ~이 없다, 반드시 ~하지 말라.'의 뜻으로 全部否定을 나타내는 문장형식이다.

· 願大王與趙 從親天下爲一 則燕國必無患矣 (《史記》)

원컨대 大王이 趙나라와 더불어 서로 따르고 친해져서(同盟을 해서) 천하가 하나로 통일되면 燕나라는 반드시 外患은 없어질 것이다.

## 2) 不常, 常不

· 千里馬常有 伯樂不常有 (韓愈, 〈雜說〉)

하루에 천 리를 달리는 名馬는 항상 있지만, 명마를 감정하는 伯樂은 항상 있는 것은 아니다.

'不常有'는 部分否定을 표현하는 형식으로, 있기는 있는데 항상 있는 것은 아니라는 부분부정의 의미를 지니는 문장형식이다.

· 其食足而有餘 則種之常不後時 而斂之常及其熟 (蘇軾, 〈稼說〉)

그 먹을 것이 풍족해서 여유가 있으면 씨를 뿌려서 항상 時節에 뒤지지 않아서 그 곡식을 거둬들이되 항상 다 영글 수 있게 한다.

'常不後'는 '항상 뒤지지 않는다.'는 뜻으로 全部否定의 뜻을 나타낸다. 이 형태구조는 '副詞+否定副詞+VP'의 구조를 이룬다. 이것은 부분부정인 '不常有'와 전부부정인 '常不有'가 相反되는 의미와 구조를 이룬다.

## 3) 不皆, 皆不

'不皆'는 '否定副詞+副詞+VP'의 구조를 이루어 '모두 ~은 아니다.'는 뜻으로 半은 그러하고 半은 그러하지 않다는 부분부정의 의미를 나타내는 문장형식이다. 그리고 '皆不'은 '副詞+否定副詞+VP'의 구조를 이루어, '모두 ~이 아니다.'는 뜻으로 전부를 부정하는 문장형식이다.

· 春秋傳引詩 不皆與今說詩者同 (《左傳》)

《春秋左傳》에 《詩經》을 인용하는 것은 지금(晉)의 《詩經》을 설명하는 것과 모두 같지는 않다.

· 君子小人皆不可以不學 (《論語》 朱注)

군자와 소인은 모두 배우지 않을 수 없다.

# 제2절 疑問形

疑問形은 상대방의 意思를 묻는 뜻을 나타내는 文章形式으로써 聽者가 중심이 되는 文章이다. 漢文文章에서 이루어지는 의문형의 구성은 1) 終結 語氣詞가 文末에 첨가되는 경우, 2) 疑問 代名詞나 疑問 副詞가 쓰이는 경우로 분류한다.

## 1. 終結 語氣詞가 文末에 쓰이는 경우

終結 語氣詞 '乎, 耶(邪), 與(歟), 諸, 何如' 등이 쓰이어 話者가 聽者에게 疑問의 뜻을 나타내는 문장형식이다.

'事君, 事親.'(임금을 섬기고, 어버이를 섬긴다.)는 平敍文이지만, 여기에 疑問을 나타내는 종결 어기사 '乎'를 첨가하면 '事君乎, 事親乎.'라는 문장이 이루어져 '임금을 섬기겠는가? 어버이를 섬기겠는가?'라는 의문의 뜻을 나타내게 된다. 이와 같은 疑問形들을 좀 더 구체적으로 살펴보기로 한다.

### 1) ~乎

疑問을 나타내는 어기사 '乎'가 文末에 붙어서 是非, 選擇, 推測 등의 의문을 나타내는 문장형식을 구성한다.

### (1) 是非

話者가 聽者에게 可否를 묻는 의문형이다. 許世瑛은 이것을 '用於是非問句之末和白話的「嗎」字相當'[31]이라 했다.

· 齊宣王問曰 齊桓晉文之事 可得聞乎 (《孟子》〈梁惠王〉)
제 선왕이 맹자에게 묻기를 "제 환공과 진 문공의 일에 관해서 말씀을 들어 볼 수 있습니까?" 하였다.

· 敢問不動心有道乎 曰 有 (《孟子》〈公孫丑〉)
"감히 묻노니 마음을 움직이지 아니함에 도가 있습니까?" 하니, 대답하기를 "〈도가〉 있다."고 하였다.

· 孟子曰 許子必種粟而後食乎 曰 然 許子必織布而後衣乎 曰 否 (《孟子》〈公孫丑〉)
맹자가 말하기를 "허자는 반드시 곡식을 심은 뒤에 먹습니까?" 하니, 대답하기를 "그렇습니다." 하였다. "허자는 반드시 베를 짠 뒤에 옷을 입습니까?" 하니, 대답하기를 "아닙니다." 하였다.

· 此可謂知義與不義之別乎 (《墨子》〈非政〉)
이것이 義와 不義를 아는 분별이라 말할 수 있습니까?

· 昭公知禮乎 (《論語》〈述而〉)
소공은 예를 압니까?

· 孟武伯問 子路仁乎 (《論語》〈公冶長〉)
맹무백이 묻기를 "자로는 어집니까?" 하였다.

· 有一言而可以終身行之者乎 (《論語》〈衛靈公〉)
한마디 말로써 종신토록 행할 수 있는 것이 있습니까?

---

31) 許世瑛, 《常用虛字用法淺釋》, p.166.

(2) 選擇

두 句가 竝列되어 x : y를 이루며 x와 y를 比較해서 選擇의 의미를 나타내는 문장형식으로써, 上文이나 下文의 文末에 모두 疑問을 나타내는 '乎' 자가 접미되는 유형이다. 이것은 上下文 모두 '乎' 자가 連接되는 경우와 上文은 '乎' 자, 下文은 '也' 자가 연접되는 두 유형이 있다.

a) [X]乎 + [Y]乎

b) [X]乎 + [Y]也

a) [X]乎 + [Y]乎 : x와 y 중에서 어느 하나를 택할 것인가? 하는 選擇의 疑問을 나타내는 문장형식이다.

· 滕小國也 間於齊楚, 事齊乎 事楚乎 (《孟子》〈梁惠王〉)

등나라는 소국이다. 제나라와 초나라 사이에 끼었으니, 제나라를 섬길 것인가? 초나라를 섬길 것인가?

· 吾何執 執御乎 執射乎 (《論語》〈子罕〉)

내가 무엇을 맡아야 할까? 수레 모는 일을 맡을까? 활 쏘는 일을 맡을까?

· 孟子曰 敬叔父乎 敬弟乎 (《孟子》〈告子〉)

맹자가 말하기를 "숙부를 존경하느냐? 동생을 존경하느냐?" 하였다.

b) [X]乎 + [Y]也 : x, y 중에서 어느 것을 택할 것인가 하는 選擇의 疑問을 나타내는 문장형식으로 上下文 모두 '乎'가 접미되는 것이 아니라 上文은 '乎'가 접미되고 下文은 '也'가 접미되는 유형으로 'x乎 + y乎'와 똑같은 의미를 나타낸다.

· 吾謂吾弟曰 爾今日將外出乎 抑蟄居於家也 (《列子》)

내가 내 아우에게 말했다. "너는 오늘 외출할 것인가? 아니면 집에 있을 것인가?"

· 敢問天道乎 抑人故也 (《史記》)

감히 묻노니 天道인가? 아니면 人故인가?

### (3) 推測

'乎' 자가 文末에 붙어서 聽者의 回答을 기대하는 추측 또는 反語의 의미를 나타내는 문장형식으로, '乎' 자가 '得無', '無乃'와 호응하여 ① '得無~乎', ② '無乃~乎' 등의 유형을 이루어 '~이 아닌가? ~하지 않겠는가?'의 뜻을 나타낸다.

[得無~乎]

· 日食飮得無衰乎 (《戰國策》〈趙策〉)
매일 음식을 먹으면 쇠함이 없지 않겠는가?

· 子曰, 爲之難 言之得無訒乎 (《論語》〈顔淵〉)
공자가 말씀하시기를 "실천하기가 어려우니 말함에 참아서 하지 않을 수 있겠느냐?" 하였다.

[無乃~乎]

· 居簡而行簡 無乃簡乎 (《論語》〈雍也〉)
몸가짐이 소탈하고 남에게 관후하면 지나치게 소략하지 않겠는가?

· 丘何爲是栖栖者與 無乃爲佞乎 (《論語》〈憲問〉)
자네(丘)는 무엇 때문에 그다지도 바쁘게 돌아다니는가? 말재주나 부리고자 하는 것이 아닌가?

· 此君小異 無乃是乎 (《戰國策》〈趙策〉)
이 임금은 조금 다르니, 이것이 없지 않겠는가?

이 추측의 疑問形은 反語的인 의미를 동반하고 있는 것이 특색이다.

### 2) ～耶(邪)

의문을 나타내는 終結 語氣詞 '耶, 邪'가 文末에 붙어서 의문의 문장 형식을 구성한다. '耶' 자와 '邪' 자는 같은 疑問終結 語氣詞로써 옛날에는 '邪' 자가 많이 쓰였다. 이 '耶, 邪' 자도 앞에서 설명한 의문종결 어기사 '乎'의 用法과 大同小異하여 是非, 選擇, 推測 등의 의미를 나타내는 의문형을 구성한다.

#### (1) 是非

話者가 聽者에게 可否를 묻는 의문형이다. 許世瑛은《常用虛字用法淺釋》에서 白話文의 '嗎' 자와 相當하다고 했다.[32)]

· 將軍怯邪 (《史記》)
  장군께서는 겁이 납니까?

· 其眞無馬耶 其眞不識馬邪 (韓愈, 〈雜說〉)
  참으로(정말) 말이 없느냐? 참으로(정말) 말을 알지 못하느냐?

· 天之蒼蒼, 其正色邪 其遠而無所至極邪 (《莊子》〈逍遙遊〉)
  하늘이 푸르디푸른 것은 그것이 본래의 하늘색인가? 그것이 멀어서 極에 이르는 바가 없어서인가? (끝이 없어서 저렇게 푸르른 것인가?)

#### (2) 選擇

두 문장이 竝列되어 선택의 의미를 나타내는 疑問 語氣詞로써 上下 문장의 文末에 모두 '耶, 邪'가 접미되는 유형이다.

---

32) 許世瑛, 《常用虛字用法淺釋》, p.175.

· 知不足邪 意(抑)知而力不能行邪 (《莊子》〈盜跖〉)

아는 것이 부족한가? 아니면 비록 알기는 하나 행할 능력이 없는가?

이 선택을 나타내는 疑問形은 어기사 '耶, 邪'가 上下文의 文末에 접미되어 '[X]耶(邪)+[Y]耶(邪)'의 문장구조를 이루는 것이 특색이다.

### 3) ~與

'與'는 의문을 나타내는 終結 語氣詞가 文末에 붙어서 의문의 뜻을 나타내는 문장형식을 구성한다. 종결 어기사로서의 '與'는 '歟' 자와 동일하게 쓰인다. 즉 고대에는 '與' 자가 '歟'의 의미까지 포함하여 쓰이다가 후대에 와서는 의문 어기사로써 '歟'가 발생하게 되었다.[33)]

'與'가 의문종결 어기사로 쓰이는 경우는 크게 ①是非, ②選擇, ③推測 등 세 유형으로 구분할 수 있다.

#### (1) 是非

'與'가 문말에 단독으로 쓰이어 시비를 가리는 의문형을 구성한다. 이때의 '與'는 의문종결 어기사 '乎' 자의 용법과 상통하는 것으로 白話文에서는 '嗎'로 쓰이고 있다.[34)]

· 抑王興甲兵 危士臣 構怨於諸侯 然後快於心與 王曰 否 (《孟子》〈梁惠王〉)

"왕께서는 전쟁을 일으켜 병사와 신하를 위태롭게 하고 제후와 원한을 맺어야 마음이

---

33) a. 裘學海, 《古書虛字集釋》(臺北, 廣文書局有限公司, 1962), p.245.
b. 許世瑛, 《常用虛字用法淺釋》(臺北, 復興書局, 1969), p.245.

34) 許世瑛, 《常用虛字用法淺釋》(臺北, 復興書局, 1969), p.179. "用於是非問句之末, 和, 白話的'嗎'字相當."

상쾌하시겠습니까?" 하니, 왕이 말하길 "아닙니다." 하였다.

· 王曰 舍之 吾不忍其觳觫若無罪而就死地 對曰 然則廢釁鍾與 (《孟子》〈梁惠王〉)

왕이 말하기를 "그것(소)을 버려라. 나는 소가 벌벌 떨면서 죄 없이 죽을 곳에 나아가는 것을 차마 보지 못하겠다." 하니, 대답하기를 "그러면 흔종의 틈바구니를 메우는 제사(희생)를 그만둘까요?" 하였다.

· 子貢問 師與商也 孰賢 子曰 師也過 商也不及 曰 然則師愈與 曰 過猶不及 (《論語》〈先進〉)

자공이 묻되 "師(子張)와 商(子夏) 중에서 누가 어집니까?" 하니, 공자께서 말씀하시되 "사는 지나치고 상은 미치지 못한다." 하였다. 자공이 말하되 "그렇다면 사가 낫습니까?" 하니, 공자께서 말씀하시기를 "지나친 것은 마치 미치지 못하는 것과 꼭 같다." 하였다.

· 君所謂踰者 前以士 後以大夫 前以三鼎 而後以五鼎與 (《孟子》〈梁惠王〉)

임금께서 지나치다고 하는 것은 앞에서는 士의 禮로써 하고 뒤에서는 大夫의 禮로써 하며, 앞에서는 三鼎으로써 하고 뒤에서는 五鼎을 쓴 것을 말씀하십니까?

· 君子之爲道也 其志亦將以求食與 (《孟子》〈滕文公〉)

군자가 도를 행하는 데 있어서 그 뜻이 또한 장차 먹을 것을 구하려는 것인가?

이상에서 살펴본 예들은 모두 '與' 자가 文末에 쓰여서 是非(그렇다, 그렇지 않다)를 판단하는 의문형들이다.

(2) 選擇

'與' 자가 上下 兩文의 文末에 각각 쓰여서 양자 중 선택하여 시비를 가리는 의문형으로, 下文에 '抑, 意, 其' 등이 쓰이어 선택의 의미를 나타내는 문장형식이다. 즉 '[X]+與, 抑(其)+[Y]耶+與'의 構文構造를 이룬다.

· 仲子所居之室 伯夷之所築與 抑亦盜跖之所築與 (《孟子》〈滕文公〉)
중자가 사는 집은 백이가 지은 것인가? 아니면 도척이 지은 것인가?

· 所食之粟 伯夷之所樹與 抑亦盜跖之所樹與(《孟子》〈滕文公〉)
먹는 곡식은 백이가 심은 것인가? 아니면 도척이 심은 것인가?

위의 예문들은 의문종결 어기사 '與'가 각각 上文과 下文의 文末에 위치하고 下文의 文頭에 어기사 '抑'이 사용되어 양자 중 선택하는 의문을 나타내고 있다.

(3) 推測

'與'가 文末 語氣詞로 쓰여 추측의 語氣를 나타낸다. 이때에는 '其, 其諸, 惟, 庶幾, 蓋' 등이 文頭에 위치하여 文末의 '與'와 호응해서 추측의 뜻을 나타낸다.

[惟~與]

· 操則存 舍則亡 出入無時 莫知其鄕 惟心之謂與 (《孟子》〈萬章〉)
잡으면 있고 버려두면 없어져 드나듦이 때가 없어 그 向(鄕)할 곳을 알지 못한다고 했으니 오직 마음을 이르는 것인가?

'惟心之謂與'는 文頭語氣詞 '惟'와 文末의 疑問 語氣詞 '與'가 호응된 추측을 나타내는 의문형을 구성하고 있다.

[庶幾~與]

· 吾王庶幾無疾病與 (《孟子》〈梁惠王〉)

우리 임금님이 아마도 질병이 없으신가?

'庶幾'가 文末의 疑問 語氣詞 '與'와 호응되어 추측을 나타내는 의문형을 구성하고 있다.

[其~與]

· 語之而不惰者 其回也與 (《論語》〈子罕〉)

말해 준 것을 게을리 하지 않는 사람은 안회뿐일 것이리라.

文中 語氣詞 '其'와 文末 語氣詞 '與'가 호응되어 '~뿐일 것이리라.'라는 추측을 나타내는 의문형을 구성하고 있다.

4) ~諸

'諸'는 '之於', '之乎'의 결합형으로써 文中에서는 '之於'의 작용을 하고 文末에 위치하게 되면 '之乎'의 구실을 하여 의문을 나타내는 문장형식을 구성하게 된다.

· 一言而可以興邦 有諸 (《論語》〈子路〉)

한마디로 나라를 흥하게 만들 수 있는 말이 있겠는가?

'有諸'는 '有之乎'로써 '이것(말)이 있겠는가?'의 뜻을 나타내는 의문형이다.

· 人皆謂我毁明堂 毁諸 已乎 (《孟子》〈梁惠王〉)

사람들이 모두 나에게 명당을 헐라고 말하는데 〈명당을〉 헐어야 합니까? 헐지 말아야 합니까?

'毁諸'는 '毁之乎'로써 '之'는 明堂을 가리키는 지시 대명사 구실을 하고, '乎'는 의문 어기사이다. 그러므로 '이것을 즉, 명당을 헐어야 합니까?'라는 의문형을 구성한다.

### 5) 何如

말한 內容, 狀態, 程度, 眞僞, 是非 등이 '어떠한가'를 물을 때 쓰이는 의문사이다.

· 貧而無諂 富而無驕 何如 (《論語》〈學而〉)
가난해도 아첨함이 없고 부유하면서도 교만함이 없으면 어떻습니까?

· 以子之矛 陷子之盾 何如 (《韓非子》)
그대의 창으로써 그대의 방패를 뚫으면 어떠하겠는가?

· 以五十步 笑百步則 何如 (《孟子》〈梁惠王〉)
오십 보로써 백 보를 비웃는다면 어떻습니까?(어떻다고 생각하십니까?)

· 鄕人皆好之 何如 子曰 未可也 (《論語》〈子路〉)
"同鄕 사람들이 모두 그를 좋아하면 어떻습니까?" 하니, 선생님께서 말씀하시기를 "〈그것만으로는〉 좋지 못하다." 하였다.

· 扁鵲曰 其死 何如時 曰 鷄鳴 至今 (《史記》〈扁鵲列傳〉)
편작이 말하기를 "그가 죽은 것이 몇 시인가?" 하니, 〈中庶子가〉 말하기를 "닭 우는 때(오전 2시경)였다. 그리고 지금에 이르렀다." 하였다.

이때의 '何如時'는 '何時'와 같은 말로써 '何如'가 '何' 자와 같은 의미로 사용되고 있다. '何如'와 같은 의미로 쓰이는 '如之何', '奈之何', '若之何' 등 '之'가 배합된 유형이 의문형으로 나타나고 있으나 '何之如'는 나타나지 않고 있다.

· 不仕無義 長幼之節 不可廢也 君臣之義 如之何其廢之 (《論語》〈微子〉)
나라에 출사하지 않으면 君臣의 義가 없다. 사람이란 長幼의 예절을 폐할 수 없다. 그렇거늘 군신의 의를 어찌 폐할 수 있겠는가?

'如之何'에서 '之'가 생략되어 '如何'로 사용되는 경우도 있다.

이상에서 文末에 의문 어기사 '乎', '耶(邪)', '與(歟)', '諸', '何如' 등이

배합되어 의문을 나타내는 문장형식을 살펴보았다.

## 2. 疑問 代名詞나 疑問 副詞가 쓰이는 경우

의문 대명사 '何, 奚, 誰, 孰, 安'이나 의문 부사 '何, 奚, 安, 焉, 曷' 등이 動詞類 앞에 위치하여 疑問形을 구성한다.

### 1) 의문 대명사 '何, 奚, 誰, 孰, 安' 등이 動詞類 앞에 위치하여 名詞類 구실을 하며 疑問의 뜻을 나타내는 문장형식이다.

漢文의 統辭構造는 목적어가 동사류 뒤에 위치하는 것이 일반적인 構造體系인데 목적어가 의문사일 때는 동사류 앞에 위치하여 'V＋O'의 구조가 'O＋V'의 구조로 轉位한다.

(1) 何＋V : 의문 대명사 '何'가 동사류 앞에 위치하여 의문의 뜻을 나타내고 目的語나 補語 구실을 한다.

· 既庶矣 又何加焉 (《論語》〈子路〉)

이미 백성이 많아졌다면 또 무엇을 더해야 합니까?('何'는 목적어 구실도 한다.)

· 何謂四維 (《管子》〈牧民〉)

무엇을 四維라 이르는가?('何'는 목적어 구실도 한다.)

＊四維 : 國家를 維持하는 네 가지 벼리로 '禮, 義, 廉, 恥'를 말한다.

· 客何好 (《戰國策》〈齊策〉)

손님은 무엇을 좋아하는가?('何'는 목적어 구실도 한다.)

· 牛何之 (《孟子》〈梁惠王〉)
소는 어디로 가는가?('何'는 보어의 구실을 한다.)

· 胡爲乎遑遑欲何之 (陶潛, 〈歸去來辭〉)
무엇 때문에 다급히 어디로 가고자 하는가?('何'는 보어 구실을 한다.)

(2) 奚+V : 의문 대명사 '奚'가 동사류 앞에 위치하여 의문의 뜻을 나타내는 목적어나 보어의 구실을 한다.

· 衛君待子而爲政 子將奚先 (《論語》〈子路〉)
위나라 임금이 선생님을 대우하여 정치를 한다면, 선생님께서는 장차 무엇을 먼저 하시겠습니까?

(3) 安+V : 의문 대명사 '安'이 동사류 앞에 위치하여 의문의 뜻을 나타내며 목적어나 보어의 구실을 한다.

· 子將安之 (《說苑》)
그대는 장차 어디로 가려는가?('安'은 보어 구실도 한다.)

· 我安適歸矣 (《史記》)
나는 어디로 돌아갈 것인가?('安'은 보어 구실도 한다.)

(4) 誰·孰+V : 의문 대명사 '誰'나 '孰'이 동사류 앞에 위치하여 의문의 뜻을 나타내며 주어나 목적어 등의 구실을 한다.

· 誰習計會能 爲文收責於薛者乎 (《戰國策》〈齊策〉)
누가 계산에 익숙해서 나(文 : 孟嘗君의 이름)를 위하여 薛에서 未納金을 징수할 수 있을까?('誰'는 주어 구실을 한다.)

· 誰爲大王 爲此計者 (《史記》〈項羽本紀〉)

누가 대왕께 이 계책을 진언했는가?('誰'는 주어 구실도 한다.)

· 子行三軍則誰與 (《論語》〈述而〉)
선생님이 三軍(大軍)을 움직인다면 누구와 함께하시겠습니까?('誰'는 보어 구실도 한다.)

· 夫執輿者爲誰 (《論語》〈微子〉)
저 고삐를 잡고 있는 사람이 누구지요?('誰'는 보어 구실도 한다.)

· 哀公問 弟子孰爲好學 (《論語》〈雍也〉)
애공이 묻기를 "제자 중에서 누가 학문을 좋아한다고 생각하십니까?" 하였다.('孰'은 주어 구실도 한다.)

· 師與商也 孰賢 (《論語》〈先進〉)
師(子張)와 商(子夏)은 누가 어집니까?('孰'은 주어 구실도 한다.)

· 鄒人與楚人戰 則王以爲孰勝 (《孟子》〈梁惠王〉)
추나라 사람과 초나라 사람이 싸운다면 왕께서는 누가(어느 쪽이) 이길 것이라고 생각하십니까?('孰'은 주어 구실도 한다.)

· 創業與守成 孰難 (《十八史略》)
창업과 수성(이루어진 것을 지키는 것)은 어느 것이 어렵습니까?('孰'은 주어 구실도 한다.)

· 赤也爲之小 孰能爲之大 (《論語》〈先進〉)
적이 작다고 하면 누가 큰 것이 되겠는가?('孰'은 주어 구실도 한다.)

2) 의문 부사 '何, 何以, 奚' 등이 동사류 앞에 위치하여 부사어 구실을 하며, 의문의 뜻을 나타내는 문장형식을 이룬다.

· 何爲不去也 曰 無苛政 (《禮記》)
"어찌해서 떠나지 않는가?" 하니, 말하기를 "가혹한 정치가 없습니다." 하였다.

· 何爲則民服 (《論語》〈爲政〉)
어떻게 하면 백성이 복종합니까?

· 何以不降 而敢拒戰 (《三國志》)
어찌해서 항복하지 않고서 감히 대항해서 싸웁니까?

· 不爲者與不能者之形 何以異 (《孟子》〈梁惠王〉)
하지 않는 것과 할 수 없는 것의 형태가 어떻게 다릅니까?

· 何以利吾國 (《孟子》〈梁惠王〉)
어떻게 하면 내 나라를 이롭게 할까?

· 子奚不爲政 (《論語》〈爲政〉)
선생님께서는 어째서 정치를 하지 않으십니까?

· 許子奚爲不自織 (《孟子》〈告子〉)
허자는 어찌해서 자기가 그것을 짜지 않는가?

· 君奚爲不見孟軻也 (《孟子》〈梁惠王〉)
임금님께서는 어째서 맹자를 만나 보시지 않으십니까?

3) 의문사 '何'가 명사류 앞에 위치하여 '何故, 何心, 何世, 何日, 何人, 何處, 何年'과 같이 '何+NP'의 구조로 '무슨(어느)+NP'의 修飾關係를 이루어 의문을 나타내는 문장형식을 이룬다.

· 何故深思高擧 自令放爲 (屈平, 〈漁父辭〉)
무슨 까닭으로 생각을 깊이 하고 거동을 높게 하여 스스로 추방당했는가?

· 何故至於斯 (屈平, 〈漁父辭〉)
무슨 까닭으로 여기에 이르렀는가?

· 是誠何心哉 (《孟子》〈梁惠王〉)

이것은 진실로 무슨 마음이었던가?

· 今時何世 (陶潛, 〈桃花源記〉)
지금이 어느 세상인가?

· 今春看又過 何日是歸年 (杜甫, 〈絕句〉)
올 봄도 지나감을 보니, 어느 날에 돌아갈 해인가?

· 何處秋風至 蕭蕭送雁群 (劉禹錫, 〈秋風〉)
어느 곳에서 가을바람이 불어오는지 알수는 없으나 쓸쓸하게 기러기 떼를 불어 보낸다.

· 人間相見是何年 (白居易, 〈與元微之書〉)
이 세상에서 다시 만날 수 있는 것은 어느 해인가?

· 蓮之愛 同予者 何人 (周敦頤, 〈愛蓮說〉)
연꽃을 사랑함이 나와 같은 사람은 어느 사람인가?

# 제3절 反語形

反語形이란 終結 語氣詞 '乎, 哉, 諸' 등이 文末에 쓰이거나 이들이 疑問 副詞 '豈, 安, 何, 焉, 寧, 庸, 惡, 奚' 등과 어울려서 '豈(何, 安, 焉, 寧, 庸, 惡, 奚)~乎(哉, 也)'의 呼應關係의 문장구조를 이루어 '어찌 ~하리오? 어찌 ~하겠는가? 어찌 ~이겠는가?' 하는 疑問의 형식을 취하나, 오히려 강한 肯定의 뜻을 나타내는 反語的, 反詰的 문장형식을 이룬다.

## 1. 종결 어기사 '乎, 哉, 諸'가 文末에 쓰이는 경우

'乎, 哉, 諸' 등이 文末에 위치하여 '~하겠는가?', '~하리오?'라는 반어의 뜻을 나타내는 문장형식을 구성한다.

### 1) ~乎

· 以臣弑君 何以謂仁乎 (《史記》〈伯夷列傳〉)
신하로서 임금을 죽이는 것을 仁이라 할 수 있습니까?

### 2) 不亦~乎

· 學而時習之 不亦說乎 有朋自遠方來 不亦樂乎 人不知而不慍 不

亦君子乎 (《論語》〈學而〉)

배워서 때로 익히면 또한 기쁘지 아니한가? 벗이 있어 먼 곳으로부터 오면 또한 즐겁지 아니한가? 남이 알아주지 아니하여도 화내지 아니하면 또한 군자가 아니겠는가?

· 仁以爲己任 不亦重乎 (《論語》〈太伯〉)

인으로써(인을 천하에 실천하는 것으로써) 자기의 책임으로 여기니 또한 무겁지 않겠는가?

'仁以'는 '仁으로써'의 뜻으로 '以＋仁'으로 구성되어야 할 것이나 '仁'을 강조하기 위해서 '以＋NP'의 形態素 배합이 'NP＋以'로 倒置된 것이다. 《論語》의 '吾道一以貫之'의 '一以'와 같은 倒置構造인 것이다.

· 不亦善乎 (《孟子》〈滕文公〉)

또한 착하지 아니한가?

종결 어기사 '乎'가 '不亦'과 배합되어 '不亦~乎'의 慣用句를 이루어 '또한 ~하지 아니하겠는가?'라는 반어의 문장형식을 구성한다.

3) ~哉

· 不仁者可與言哉 (《孟子》〈離婁〉)

어질지 아니한 사람과 더불어 말할 수 있겠는가?

· 鄙夫可與事君也與哉 (《論語》〈陽貨〉)

비부는 다른 사람과 더불어 임금을 섬길 수 있겠는가? (섬길 수 없다.)

· 禮云禮云 玉帛云乎哉 樂云樂云 鐘鼓云乎哉 (《論語》〈陽貨〉)

예라고 예라고 말하지만 구슬과 비단을 이르는 것이겠는가? 또 음악이라 음악이라 이르지만 종이나 북을 이르는 것이겠는가?

'與哉', '乎哉' 등은 의문종결 어기사 '與'와 '乎'가 결합되어 反語形을 구성한다.

· 觚不觚 觚哉觚哉 (《論語》〈雍也〉)

觚에 모서리가 없으면 觚라고 하겠는가? 觚하고 하겠는가?

＊觚는 禮器의 일종으로 모난 술잔.

### 4) ~諸

· 善哉 信如君不君 臣不臣 父不父 子不子 雖有粟 吾得而食諸 (《論語》〈顔淵〉)

좋은 말이오. 진실로 만약 임금이 임금답지 못하고 신하가 신하답지 못하며, 아비가 아비답지 못하고 자식이 자식답지 못하면 비록 곡식이 있은들 내 어찌 이 곡식을 먹을 수 있겠는가?

'諸'는 '之乎'가 결합된 것으로 '之'는 곡식을 가리키는 대명사이며 '乎'는 의문종결 어기사로써 '得'과 호응되어 反語形을 구성한다.

· 寇至 盍去諸 (《孟子》〈離婁〉)

침입군이 왔는데 어찌 이곳에서 물러나지 않으십니까?

＊'盍去諸'는 '何不去之乎'와 같다.('盍'는 '何', '諸'는 '之乎')

## 2. 의문 부사 '豈, 何, 安, 寧, 庸, 惡, 奚' 등이 '乎, 哉, 也'와 호응하는 경우

의문 부사 '豈, 何, 安, 寧, 庸, 惡, 奚' 등이 동사류 앞에 위치하고 종결 어기사 '乎, 哉, 也'가 文末에 호응되어 '어찌 ~하겠는가? 어찌 ~하리오?'와 같은 反語의 뜻을 나타내는 문장형식을 구성한다.

### 1) 豈~哉

의문 부사 '豈'가 동사류 앞에 위치하고 의문종결 어기사 '哉'가 文末에 호응되어 '어찌 ~하겠는가?'라는 反語의 뜻을 나타내는 문장형식을 구성한다.

· 雖有臺池鳥獸 豈能獨樂哉 (《孟子》〈梁惠王〉)
비록 대와 연못과 새와 짐승이 있으나 어찌 홀로 즐길 수 있겠는가?

· 此豈山之性也哉 (《孟子》〈告子〉)
이것이 어찌 산의 본래 모습이라고 하겠는가?

· 雖存乎人者 豈無仁義之心哉 (《孟子》〈離婁〉)
비록 사람에게 있어서인들 어찌 인과 의의 마음이 없겠는가?

· 是豈人之情也哉 (《孟子》〈告子〉)
이것이 어찌 사람의 정이겠는가?

· 是豈水之性哉 (《孟子》〈告子〉)
이것이 어찌 물의 성질이겠는가?

· 子曰 夫召我者而豈徒哉 (《論語》〈陽貨〉)
공자께서 말씀하셨다. "무릇 나를 부르는 것이 어찌 헛된 것이겠는가?

· 豈爲厲農夫哉 (《孟子》〈滕文公〉)
어찌 농부를 피곤하게 하는 것이겠는가?

· 豈無所用其心哉 (《孟子》〈滕文公〉)
어찌 그 마음을 쓰는 바가 없겠는가?

· 豈不誠大丈夫哉 (《孟子》〈滕文公〉)
어찌 진실로 대장부가 아니겠는가?

· 豈得暴彼民哉 (《孟子》〈萬章〉)
어찌 저 백성을 난폭하게 하겠는가?

· 庶人豈敢往哉 (《孟子》〈萬章〉)
서인이 어찌 감히 갈 수 있겠는가?

· 予豈好辯哉 (《孟子》〈滕文公〉)
내가 어찌 변론하기를 좋아하겠는가?

· 陳仲子豈不誠廉士哉 (《孟子》〈滕文公〉)
진중자는 어찌 진실로 청렴한 선비가 아니겠는가?

### 2) 何~乎(哉 , 焉)

의문 부사 '何'가 동사류 앞에 위치하고 종결 어기사 '乎'가 文末에 호응되어 反語의 뜻을 나타내는 문장형식을 구성하는 유형으로 '乎' 대신으로 '哉, 焉' 등이 쓰이기도 한다.

[何~乎]

· 何可廢乎 (《孟子》〈梁惠王〉)
어찌 폐할 수 있겠는가?

· 從者見之 出曰 二三子何患於喪乎 天下之無道也 久矣(《論語》〈八佾〉)
종자가 공자를 뵙게 해 주니, 뵙고 나와서 말하기를 "그대들은 어찌 벼슬 잃은 것을 걱정합니까? 천하에 도가 없음이 오래되었습니다." 하였다.

[何~哉]

· 彼丈夫也 我丈夫也 吾何畏彼哉 (《孟子》〈滕文公〉)
그도 장부요, 나도 장부인데 내가 어찌 그를 두려워하겠는가?

· 子何尊梓匠輪輿 而輕爲仁義者哉 (《孟子》〈滕文公〉)
그대는 어째서 목수나 수레공을 높이면서, 인의를 행하는 사람을 가볍게 여기는가?

· 父母之不我愛 於我 何哉 (《孟子》〈萬章〉)
부모가 나를 사랑하지 않는 것이 나에게 무슨 잘못이 있어서인가?

[何~焉]

· 雖大 何畏焉 (《孟子》〈滕文公〉)
비록 크지만은 어찌 두려워하겠는가?

· 王若隱其無罪 而就死地 則牛羊何擇焉 (《孟子》〈梁惠王〉)
왕께서 만약 그것이 죄 없이 죽을 곳(도살장)으로 나아가는 것을 측은하게 여겼다면 소와 양을 어찌 가리겠습니까?

3) 何~

의문 부사 '何'가 동사류 앞에 분포되어 종결 어기사 '乎, 哉, 焉' 등과 호응되지 않고 단독으로 '어찌 ~하겠는가?'라는 反語形을 구성하는 문장 형식이다.

· 吾何快於是 (《孟子》〈梁惠王〉)
내가 어찌 그런 것을 통쾌하게 여기겠는가?

'於是'의 '是'는 지시 대명사로써 앞 문장의 '興甲兵 危士臣 構怨於諸侯'(군대를 일으켜 군사와 신하들을 위태롭게 하고 제후들에게 원한을 맺는 일)를 가리킨다.

· 齊國雖褊小 吾何愛一牛 (《孟子》〈梁惠王〉)
제나라가 비록 작다고 하더라도 내가 어찌 한 마리의 소를 아끼겠는가?

· 不有佳作 何伸雅懷 (李白, 〈春夜宴桃李園序〉)
아름다운 시 작품이 있지 않으면 어찌 아담한 회포를 펴리오?

· 內省不疚 夫何憂何懼 (《論語》〈顔淵〉)

속으로 반성하여 허물이 없다면 어찌 근심하고 어찌 두려워하겠는가?

### 4) 何以~乎(哉, 爲)

'何以'가 동사류 앞에 위치하고 종결 어기사 '乎'가 文末에 호응되어 '어찌 ~하겠는가?'라는 反語의 뜻을 나타내는 형식으로 의문사 '何'와 전치 개사 '以'가 결합된 '何以'가 '乎'와 호응하기도 하고 때로는 생략되기도 한다. 그리고 '何'가 '必, 獨, 敢'과 배합되어 '何必'(어찌 반드시 ~이겠는가?), '何獨'(어찌 ~만 ~하겠는가?), '何敢'(어찌 감히 ~하겠는가?)의 反語形을 이루기도 한다.

· 子曰 今之孝者是謂能養 至於犬馬 皆能有養 不敬何以別乎 (《論語》〈爲政〉)
공자께서 말씀하셨다. "지금의 효는 봉양할 수 있는 것을 이르니, 개와 말에 이르러서도 모두 기르는 것이 있으니, 공경하지 아니하면 어찌 다름이 있겠는가?"

· 何以異於人哉 堯舜與人同耳 (《孟子》〈離婁〉)
어찌 일반 사람과 다르겠는가? 요임금 순임금도 일반 사람과 같을 따름이다.

· 子曰 人而無信 不知其可也 大車無輗 小車無軏 其何以行之哉 (《論語》〈爲政〉)
공자께서 말씀하셨다. "사람이 믿음이 없으면 그가 무엇을 할 수 있을지 모르겠다. 큰 수레에 수레채가 없고 작은 수레에 멍에가 없으면 어찌 갈 수 있겠는가?"

· 何以其志爲哉 (《孟子》〈滕文公〉)
어찌 그런 뜻으로 한 말이겠느냐?

· 子曰 居上不寬 爲禮不敬 臨喪不哀 吾何以觀之哉 (《論語》〈八佾〉)
공자께서 말씀하셨다. "윗자리에 거하면서 너그럽지 않고, 예를 행하되 공경스럽지 않고, 초상에 임해서도 슬퍼하지 않으면, 내가 이런 사람에게서 무엇을 보겠느냐?"

· 我何以湯之聘幣爲哉 (《孟子》〈萬章〉)
내가 어찌 탕임금의 초빙하는 폐백 때문에 하겠는가?

[何以~] 어찌 ~하겠는가?

· 是社稷之臣也 何以伐爲 (《論語》〈季氏〉)
이는 사직의 신하이니 어찌 칠 수 있겠는가?

· 若孔子主癰疽與侍人瘠環 何以爲孔子 (《孟子》〈萬章〉)
만약 공자께서 옹저와 시인 척환을 주인으로 삼으셨다면 어찌 공자라 하겠는가?

· 不然, 籍何以至此 (《史記》〈項羽本紀〉)
그렇지 않으면 籍(항우)이 어찌 이에 이르렀는가?

[何必~] 어찌 반드시 ~하겠는가?

· 王何必曰利 亦有仁義而已矣 (《孟子》〈梁惠王〉)
왕께서는 어찌 반드시 이익을 말씀하십니까? 오직 인의가 있을 따름입니다.

· 仍舊貫如之何 何必改作 (《論語》〈先進〉)
옛 것을 그대로 수리하는 것이 어떠한가? 어찌 반드시 고쳐 지으려고 하는가?

[何獨~] 어찌 ~만 ~하겠는가?

· 古之賢者 何獨不然 (《孟子》〈盡心〉)
옛날의 어진 선비만 어찌 그러하지 아니하겠는가?

· 心泰身寧是歸處 故鄕何獨在長安 (白居易, 〈香爐峰下〉)
마음이 태평하고 몸이 편안하면 그곳이 돌아갈 곳이니, 고향이 어찌 장안에만 있겠는가?

· 凡同類者擧相似也 何獨至於人而疑之 (《孟子》〈告子〉)
무릇 동류의 것이라면 모두 서로 비슷한 것이니, 어찌 다만 사람에 있어서만 그 점을 의심하겠는가?

[何敢~] 어찌 감히 ~하겠는가?

· 子畏於匡 顔淵後 子曰 吾以女爲死矣 曰 子在 回何敢死 (《論語》〈先進〉)

공자께서 광 땅에서 곤경을 당하셨을 때 안연이 뒤늦게 왔더니 공자께서 말씀하시기를 "나는 네가 죽은 줄로 알았다." 하니, 안회가 말하기를 "선생님께서 살아 계신데 제가 어찌 감히 죽겠습니까?" 하였다.

· 賜也何敢望回 回也聞一以知十 賜也聞一以知二 (《論語》〈公冶長〉)

제가 어찌 안회를 바라볼 수 있겠습니까? 안회는 하나를 들으면 열을 알고 저는 하나를 들으면 둘을 압니다.

· 以位則子君也我臣也 何敢與君友也 (《孟子》〈萬章〉)

지위로써 따진다면 당신은 임금이고 나는 신하이니, 어찌 감히 임금과 벗이 되겠습니까?

### 5) 安~乎(哉, 也)

의문 부사 '安'이 종결 어기사 '乎, 哉, 也'와 호응되어 '어찌 ~하겠는가?'라는 反語의 뜻을 나타내는 문장형식이다.

· 子毋讀書遊說 安得此辱乎 (《史記》〈張儀列傳〉)

그대가 책을 읽고(학문을 하고) 유세하는 일이 없었다면 어찌 이러한 욕을 당하겠는가?

· 且欲與常馬等不可得 安求其能千里也 (韓愈, 〈雜說〉)

그리고 보통 말과 더불어 같고자 하나 같을 수가 없으니, 어찌 그 말이 천 리를 달릴 수 있기를 구하겠는가?

· 燕雀安知鴻鵠之志哉 (《十八史略》)

제비와 참새가 어찌 기러기와 고니의 큰 뜻을 알겠는가?

### 6) 安能(敢)~

의문 부사 '安'이 조동사 '能, 敢'과 배합되어 '어찌 ~할 수 있겠는가? 어찌 감히 ~하겠는가?'라는 강한 反語의 뜻을 나타낸다.

· 蛇固無足 子安能爲之足 (《戰國策》〈齊策〉)
뱀은 본래 발이 없는데, 그대는 어찌 뱀의 발을 그릴 수 있겠는가?

*'之'는 지시 대명사로써 뱀을 가리키고, '之足'은 뱀의 발이다.

· 安能以身之察察 受物之汶汶者乎 (屈平, 〈漁父辭〉)
어찌 깨끗하고 깨끗한 몸으로써 더러운 물건을 받을 수 있겠는가?

· 安敢毒耶 (柳宗元 〈捕蛇者說〉)
어찌 감히 고통스럽다고 할 수 있겠습니까?

위의 예에서 보듯 '安能', '安敢'이 종결 어기사 '乎, 哉, 也, 耶' 등과 호응되어 강한 反語의 뜻을 나타내기도 한다.

### 7) 焉~

의문 부사 '焉'이 동사 앞에 분포되어 疑問이나 反語의 뜻을 나타내며, '得', '能', '足' 등과 결합되어 '焉得', '焉能', '焉足', '焉可' 등의 配合形을 이루어 종결 어기사 '乎, 哉, 也, 耶' 등과 호응되어, '焉(得, 能)+V+乎(哉, 也)'의 문장구조를 이루어, '어찌 ~하겠는가? 어찌 ~할 수 있겠는가? 어찌 ~할 수 있으랴?'라는 강한 反語의 뜻을 나타낸다.

[焉~哉]

· 子曰 視其所以 觀其所由 察其所安 人焉廋哉 人焉廋哉 (《論語》〈爲政〉)
공자께서 말씀하시기를 "그 하는 바를 보고, 그 따르는 바를 자세히 보며, 그 편안한 것을 살피면, 사람이 어찌 숨기겠는가? 사람이 어찌 숨기겠는가?" 하였다.

'人焉廋哉'는 '人安廋哉'와 같은 구조로써, 형태소 '焉'이 의문 부사 '安'과 동일한 자격으로 동사류 '廋' 앞에 위치하여 '焉 + V + 哉'의 構文構造를 이루어 '어찌 ~하겠는가?'라는 反語의 뜻을 나타낸다.

[焉~也]

· 後生可畏 焉知來者之不如今也 (《論語》〈子罕〉)

후생이 두려운 것이니 어찌 오는 자가 지금만 같지 않다는 것을 알겠는가?

형태소 '焉'은 의문 부사 '安'과 동일한 작용을 하기 때문에 '安知來者之不如今也'로 표현할 수도 있다. 의문 부사 '焉'이 동사류 '知' 앞에 위치하여 부사어를 이루고 종결어기사 '也'와 호응되어 '焉 + V + 也'의 構文構造를 이루어 '어찌 ~하겠는가?'라는 反語의 뜻을 나타낸다.

[焉~乎]

· 若於齊 則未有處也 無處而餽之 是貨之也 焉有君子而可以貨取乎 (《孟子》〈公孫丑〉)

제나라에서는 까닭(쓸 곳)이 있지 아니하니, 까닭이 없이 주는 것은 이것을 재물로 하는 것이니, 어찌 군자로서 재물을 취할 수 있겠는가?

형태소 '焉'이 의문 부사 '何(安)'와 동일한 구실을 하기 때문에 '何(安)有君子而可以貨取乎'로써 표현할 수도 있다. '焉'이 동사류 '有' 앞에 위치하여 의문 부사어 구실을 하고, 의문을 나타내는 종결 어기사 '乎'와 호응되어 '焉 + V + 乎'의 構文構造를 이루어 '어찌 ~할 수 있겠는가?'라는 反語의 뜻을 나타낸다.

이상에서 살펴본 바와 같이 형태소 '焉'이 동사류 앞에 위치하여 反語의 뜻을 나타내는 의문 부사어 구실을 한다. 그리고 '焉'은 종결 어기사 '哉,

也, 乎' 등과 호응하여 '焉＋V＋哉', '焉＋V＋也', '焉＋V＋乎'의 구문구조를 이루며 종결 어기사와 전연 호응되지 않는 '焉＋V＋O'[35]의 구조를 이루기도 한다. 이것은 中國語가 聲調言語이기 때문에 言語環境에 따라 종결 어기사 '哉, 也, 乎, O'를 선택하기 때문이다.

### [焉得]

의문 부사 '焉'이 조동사 '得'과 결합되어 '焉得＋V'의 구조를 이루며, '어찌 ~할 수 있겠는가?'라는 反語의 뜻을 나타낸다.

a) 或曰 管仲儉乎 曰 管氏有三歸 官事不攝 焉得儉 (《論語》〈八佾〉)
어떤 사람이 말하기를 "관중은 검소합니까?" 하니, 말씀하시기를 "관중이 三歸라는 좋은 대를 두며, 관사를 겸하지 아니했으니, 어찌 검소하다고 할 수 있겠는가?" 하였다.

b) 里仁爲美 擇不處仁 焉得知 (《論語》〈里仁〉)
마을이 어진 것은 아름다운 것이니 골라서 인에 처하지 아니하면 어찌 슬기롭다고 할 수 있겠는가?

c) 子曰 吾未見剛者 或對曰 申棖 子曰 棖也慾 焉得剛 (《論語》〈公冶長〉)
공자께서 말씀하시기를 "나는 아직 강한 자를 보지 못하였다." 하니, 어떤 사람이 대답하기를 "신정입니다." 하였다. 공자께서 말씀하시기를 "정은 욕심이 많으니 어찌 강할 수 있겠는가?" 하였다.

d) 孟子曰 是焉得爲大丈夫乎 (《孟子》〈滕文公〉)
맹자께서 말씀하시기를 "이들이 어찌 대장부가 될 수 있겠는가?" 하였다.

a)의 '焉得儉', b)의 '焉得知', c)의 '焉得剛'에 나타나는 '焉得'은 동사류 '儉, 知, 剛' 앞에 위치하여 '焉得＋V＋O'의 구조를 이루어 '어찌 검소하

---

35) O : 終結 語氣詞가 없는 것(제로型).

다고 할 수 있겠는가? 어찌 슬기롭다고 할 수 있겠는가? 어찌 강할 수 있겠는가?'라는 反語의 뜻을 나타내며, d)는 종결 어기사 '乎'와 호응되어 '焉得 + V + 乎'의 구조를 이루고 있다. 일반적으로 '焉得'이 사용될 때는 종결 어기사가 잘 호응되지 않는 것이 특색이다.

### [焉能~]

의문 부사 '焉'이 조동사 '能'과 배합되어 '焉能 + V + 乎(O)'의 구조를 이루며, '어찌 ~할 수 있겠는가?'라는 反語의 뜻을 나타낸다.

a) 子路問事鬼神 子曰 未能事人 焉能事鬼 (《論語》〈先進〉)
자로가 귀신 섬기는 것을 물으니, 공자께서 말씀하셨다. "능히 사람을 섬기지 못하면서 어찌 귀신을 섬길 수 있겠는가?" 하였다.

b) 子張曰 執德不弘 信道不篤 焉能爲有 焉能爲亡 (《論語》〈子張〉)
자장이 말하기를 "덕을 가지기를 크게 하지 못하며, 도를 믿기를 독실히 하지 못하면, (이런 사람을) 어찌 道와 德이 있다고 할 수 있으며, 어찌 없다고 할 수 있겠는가?" 하였다.

c) 行或使之 止或尼之 行止 非人所能也 吾之不遇魯侯 天也 臧氏之子 焉能使予不遇哉 (《孟子》〈梁惠王〉)
행하는 것도 혹 시킬 수 있고 그치는 것도 혹 그치게 할 수 있으나, 행하는 것과 그치는 것은 사람이 할 바가 아니다. 내가 노나라 왕을 만나지 못하는 것은 하늘의 뜻이니, 장씨의 아들이 어찌 나로 하여금 만나지 못하게 할 수 있겠는가?

d) 爾爲爾 我爲我 雖袒裼裸裎於我側 爾焉能浼我哉 (《孟子》〈公孫丑〉)
너는 너요, 나는 나이니, 비록 내 곁에서 어깨를 드러내고 몸뚱이를 드러내더라도 네가 어찌 나를 더럽힐 수 있겠느냐?

a)의 '焉能事鬼', b)의 '焉能爲有'와 '焉能爲亡'의 '焉能'은 '安能'과 동일

한 작용을 하는 것으로 의문 부사 '焉'과 조동사 '能'이 배합되어, 동사류 '事, 爲' 앞에서 이를 限定하는 '焉能 + V + O'의 문장구조를 이루며 종결 어기사 '哉, 乎, 也' 등과는 호응되지 않고 '어찌 V할 수 있겠는가?'라는 反語形을 구성하고 있다.

c)의 '焉能使予不遇哉'와 d)의 '爾焉能浼我哉'의 '焉能'은 의문 부사 '焉'과 조동사 '能'이 배합되어 동사류 '不遇'와 '浼'를 限定하는 부사어를 이루며 '焉能 + V + 哉'의 문장구조를 이루어, '어찌 ~할 수 있겠는가?'라는 反語의 뜻을 나타내고 있다.

《論語》와 《孟子》에 나타난 '焉得'과 '焉能'을 비교해 볼 때, '焉得'은 종결 어기사 '也, 乎'와 호응되어 '焉得~也(乎, O)'의 구조를 이루고 '焉得~哉'의 구조는 이루지 않고 있으나, '焉能'의 경우는 종결 어기사 '也, 乎'와는 호응되지 않고 다만 '哉'와 호응되어 '焉能~哉(O)'의 構造類型으로 나타나는 것이 '焉得'과 '焉能'의 構造的 차이라 하겠다. 이것은 語調와 聲調的인 차이에서 기인된 것이라 하겠다. 그리고 '焉足'은 전연 나타나지 않고 있으며, 다만 '焉可'가 《孟子》에는 없고 《論語》에 한 구절 나타나고 있을 뿐이다.

· 君子之道 焉可誣也 有始有卒者 其惟聖人乎 (《論語》〈子張〉)
  군자의 도를 어찌 속일 수 있겠는가? 처음이 있고 끝이 있는 것(처음과 끝이 한결같음)은 오직 성인일 따름이다.

8) 寧~

형태소 '寧'이 동사 앞에 분포되어 '寧 + V + 乎(O)'의 문장 구조를 이루며 '어찌 ~하겠는가?'라는 反語의 뜻을 나타낸다.

[寧~乎]

· 王侯將相寧有種乎 (《史記》〈陳涉世家〉)

왕후장상이 어찌 종자가 있겠는가?

의문 부사 '寧'이 동사류 '有' 앞에 위치하여 副詞類를 이루고 있으며 종결 어기사 '乎'와 호응되어 '寧+V+乎'의 構文構造를 이루어 '어찌 종자가 있겠는가?'라는 反語의 뜻을 나타내고 있다.

[寧~]

· 吾寧不能言而富貴子 (《史記》〈張儀列傳〉)

내가 어찌 〈임금에게〉 진언해서 高官('富貴子'는 高官을 의미함)으로 만들 수 없겠는가?

의문 부사 '寧'이 동사류 '不能' 앞에 위치하여 부사어를 이루고 있으며, 종결 어기사 '哉, 乎, 也' 등과 호응되지 않는 '寧+V+O'의 문장구조를 이루어 '어찌 ~할 수 없겠는가?'라는 뜻을 나타내고 있다.

9) 奚~

의문 부사 '奚'가 동사류 앞에 위치하여 이를 限定하는 부사어 구실을 하며, '奚+V+哉(O)'의 문장구조를 이루어 '어찌 ~하겠는가?'라는 反語의 뜻을 나타낸다.

[奚~哉]

· 奚暇治禮義哉 (《孟子》〈梁惠王〉)

어느 겨를에 禮와 義를 다스리겠는가?

의문 부사 '奚'가 명사 '暇'와 결합되어 부사어를 형성하여 동사류인 '治' 앞에서 이를 限定하고, 종결 어기사 '哉'와 호응하여 '奚+NP+V+

哉'의 문장구조를 이루고 있다. '어느 겨를에 예의를 다스리겠는가?' 즉 '예의를 다스릴 시간이 없다.'라는 뜻을 강하게 표현하는 反語形을 구성하고 있다.

[奚~]

a) 子曰 由之瑟 奚爲於丘之門 (《論語》〈先進〉)

공자께서 말씀하시기를 "자로가 비파 타는 것을 어찌하여 나의 집에서 하는가?" 하였다.

b) 三家者 以雍徹 子曰 相維辟公 天子穆穆 奚取於三家之堂 (《論語》〈八佾〉)

삼가(노나라의 세 대부인 季孫, 叔孫, 孟孫)에서 《詩經》의 雍章으로써 제사를 거두거늘, 공자님께서 말씀하시기를 "'돕는 이는 오직 제후이니, 천자는 거룩하시더라.' 하는 것을 어찌 삼가의 집에서 취할 수 있겠는가?" 하였다.

a), b)의 의문 부사 '奚'는 동사류 '爲, 取' 앞에 분포되어 부사어를 이루고 있으며, 종결 어기사 '哉, 乎, 也' 등이 호응되지 않는 '奚+V+O'의 문장구조를 이루어 '어찌 ~에서 ~하는가?', '어찌 삼가의 집에서 취할 수 있겠는가?'라는 反語의 뜻을 나타내고 있다.

10) 惡~

의문 부사 '惡'가 동사류 앞에 위치하여 이를 限定하는 부사어 구실을 하며, '惡+V+O'의 문장 구조를 이루어 '어찌 ~하겠는가?'라는 反語의 뜻을 나타낸다.

· 以小易大 彼惡知之 (《孟子》〈梁惠王〉)

작은 것으로써 큰 것과 바꾸니, 저들이 어찌 이(왕의 마음)를 알겠습니까?

의문 부사인 '惡'가 동사류 '知' 앞에 위치하여 '惡+V+O'의 문장 구조를 이루어 '저들(백성들)이 어찌 〈왕의 마음을〉 알겠는가?' 즉 '알 수 없다.'는 의미를 강하게 표현하는 反語形을 이루고 있다.

11) 庸~

의문 부사 '何'와 동일한 구실을 하는 '庸'이 동사류 앞에 분포되어 부사어의 구실을 하며, '庸 + V + 乎(O)'의 문장 구조를 이루어 '어찌 ~할 수 있겠는가?'라는 反語의 뜻을 나타낸다.

· 吾師道也 夫庸知其年之先後生於吾 (韓愈, 〈師說〉)

나는 도를 스승 삼는다. 무릇 어찌 그 나이가 나보다 먼저 나고 나중 난 것을 알려고 하겠는가?

의문 부사 '庸'이 동사류인 '知' 앞에 분포되고 종결 어기사 '乎'와 호응되어 '庸 + V + 乎'의 문장구조를 이루어 反語의 의미를 나타내고 있다.

# 제4절 比較形

比較形이란 비교의 의미를 지닌 '若, 如, 猶, 譬如, 不如, 不若, 莫如, 莫若' 등이 서술어로 쓰이거나 전치 개사 '於, 于, 乎'가 형용사 뒤에 위치하여, '마치 ~같다, ~만 못하다, ~만 같지 못하다, ~이 보다 낫다' 등 比較나 選擇의 의미를 나타내는 문장형식과 '與其~ 寧~', '與其~不如(不若)' 등의 呼應語가 사용되어 '~보다는 차라리 ~이 낫다.'는 비교의 뜻을 나타내는 문장형식을 말한다.

## 1. '若, 如, 猶, 譬如, 不如, 莫如, 孰與' 등이 서술어로 쓰이는 경우

'若, 如, 猶, 譬如, 不如, 莫如, 孰與' 등이 서술어로 쓰여 'A가 B와 같다, A가 B만 같지 못하다.'라는 뜻을 나타내는 比較의 문장형식을 구성한다.

### 1) 若

· 民望之 若大旱之望雲霓也 (《孟子》〈梁惠王〉)
백성이 그것을 바라는 것이 큰 가뭄에 비를 바라는 것과 같다.

· 信能行此五者 則隣國之民仰之 若父母矣 (《孟子》〈公孫丑〉)

진실로 이 다섯 가지를 잘 행한다면 이웃나라의 백성들이 그를 우러르기를 부모와 같이 할 것이다.

### 2) 如

· 從之者 如歸市 (《孟子》〈梁惠王〉)
그를 따르는 사람이 시장에 가는 것과 같다.

· 仁者如射 射者正己而後發 (《孟子》〈公孫丑〉)
인을 실천하는 것은 활을 쏘는 것과 같다. 활 쏘는 사람은 자신을 바로잡고 난 후에 쏜다.

### 3) 猶

· 人之有是四端也 猶其有四體也 (《孟子》〈公孫丑〉)
사람에게 이 사단이 있는 것은 사체가 있는 것과 같다.

· 今之樂 猶古之樂也 (《孟子》〈梁惠王〉)
지금의 음악은 옛날의 음악과 같다.

### 4) 譬如

· 子曰 爲政以德 譬如北辰居其所 而衆星共之 (《論語》〈爲政〉)
공자께서 말씀하기를 "덕으로써 다스림은 마치 북극성이 제자리에 있으되 모든 별들이 그것을 향하는 것과 같다." 하였다.

· 子曰 譬如爲山 未成一簣 止吾止也 譬如平地 雖覆一簣 進吾往也 (《論語》〈子罕〉)
공자께서 말씀하기를 "〈학문함을〉 비유컨대 산을 만드는 데 흙 한 삼태기를 이루지 못하고 그만두어도 내가 그만둔 것이요, 또 비유컨대 평지에 흙 한 삼태기를 덮었다 해도 그만큼 나아간 것도 내가 나아간 것이다." 하였다.

### 5) 不如

· 天時不如地利 地利不如人和 (《孟子》〈公孫丑〉)

하늘의 때는 땅의 이로움만 같지 못하고, 땅의 이로움은 사람의 화목함만 같지 못하다.

· 知之者 不如好之者 好之者 不如樂之者 (《論語》〈雍也〉)

아는 것은 좋아하는 것과 같지 못하고, 좋아하는 것은 즐거워하는 것만 같지 못하다.

### 6) 莫如

· 齊人 莫如我敬王也 (《孟子》〈公孫丑〉)

제나라 사람들은 내가 왕을 공경하는 것만 같지 못하다.

· 天下有達尊三 爵一齒一德一 朝廷莫如爵 鄕黨莫如齒 輔世長民 莫如德 (《孟子》〈公孫丑〉)

천하에 보편적으로 존경되는 것이 세 가지가 있으니, 작위가 하나요, 나이가 하나요, 덕망이 하나이다. 조정에 있어서는 작위만 같은 것이 없고 마을에서는 나이만 같은 것이 없고, 세상을 돕고 백성을 기르는 데는 덕망만 한 것이 없다.

### 7) 孰與

· 卿之功 孰與武安君 (《史記》〈甘茂列傳〉)

경의 공은 무안군과 비교할 때 누가 나은가?

· 坐而待伐 孰與伐人之利 (《史記》〈甘茂列傳〉)

앉아서 정벌을 기다리는 것과 사람을 쳐서 유리하게 하는 것과 어느 것이 나은가?

형태소 '孰'과 '與'의 結合形인 '孰與'가 서술어 구실을 하는 것으로 '~과 누가 나은가? ~과 어느 것이 나은가?'와 같이 比較의 뜻을 나타낸다.

## 2. 前置 介詞 '於, 于, 乎' 등이 쓰이는 경우

전치 개사 '於, 于, 乎' 등이 명사류 앞에 배합되고 형용사 뒤에 분포되어 'A가 B보다 어떠하다.'라는 比較의 뜻을 나타내는 문장형식으로 '主語 + 於(乎, 于) + 名詞類'의 문장구조를 이룬다.

### 1) 於 + NP

· 苛政猛於虎也 (《禮記》〈檀弓〉)
가혹한 정치는 호랑이보다 사납다.

· 青出於藍而青於藍 (《荀子》〈勸學〉)
푸른색은 쪽에서 나왔으나 쪽색보다 푸르다.

이 문장은 '青出於藍'과 '青於藍' 두 문장이 연사(접속사) '而'에 의하여 연결된 複合文이다. '青出於藍'의 서술어는 동사인 '出'이요, '青於藍'의 서술어는 형용사인 '青'으로 '形容詞 + 於 + NP'의 문장구조를 이루고 있다. 그러므로 형용사 '青' 다음에 오는 전치 개사 '於'는 '~보다'라는 比較의 뜻을 나타내는 문장형식을 구성한다.

· 無望民之多於隣國也 (《孟子》〈梁惠王〉)
백성이 이웃나라보다 많아지길 바라지 마시오.

· 德之流行 速於置郵而傳命 (《孟子》〈公孫丑〉)
덕이 퍼져 나가는 것이 역마를 갈아타고 명령을 전하는 것보다 빠르다.

· 鄉人長於伯兄一歲 (《孟子》〈告子〉)
고을 사람이 큰형보다 한 살 어른이다.

· 民之於仁也 甚於水火 (《論語》〈衛靈公〉)
백성이 인에 대해서 물불보다도 더 심하다.

· 陳子禽謂子貢曰 子爲恭也 仲尼豈賢於子乎 (《論語》〈子張〉)

진자금이 자공에게 말하기를 "그대가 공손하기 때문이다. 중니(공자)가 어찌 그대보다 더 현명하겠는가?" 하였다. 이 문장은 '於~乎'의 호응관계 문장으로 '~보다'라는 比較와 '어찌 ~하겠는가?'라는 反語의 뜻을 나타내는 두 문장형식으로 이루어져 있다.

이상에서는 전치 개사 '於'가 명사류 앞에 배합되어 比較의 뜻을 나타내는 문장형식을 살펴보았다. 이러한 比較形은 문장 구조상으로 볼 때 목적어가 비교의 客體가 되는 'S + P(形) + O + 於 + NP'의 문장 구조와 주어가 비교의 主體가 되는 'S + P(形) + 於 + NP'의 構造類型으로 구별할 수 있다.

a) 其爲人也 必有以異於人矣 (《三國史記》〈金庾信〉)

그 사람됨이 반드시 다른 사람과 다른 바가 있다.

b) 劍君死非其所 可謂輕泰山於鴻毛者也 (《三國史記》〈劍君〉)

검군이 그곳이 아닌 데서 죽은 것은 泰山을 鴻毛보다 가벼이 했다고 말할 수 있다.

a)는 構文構造上으로 볼 때 'S + P(形) + 於 + NP'로 된 構造類型으로 比較의 대상이 주어로 되어 있으나, b)의 경우는 'S + P(形) + O + 於 + NP'로 된 구문구조로써 비교의 대상이 목적어로 되어 있다.

즉 b)의 '於鴻毛'는 比較主體인 '泰山'이라는 목적어 뒤에 배합되어 泰山과의 程度를 비교하고 있다. 물론 형용사인 '輕'의 지배를 받고는 있으나 주어와 직접 비교하는 것이 아니라 목적어인 '泰山'과 비교하고 있음이 a)의 경우와 다르다.

### 2) 于 + NP

· 天下莫柔弱于水(《老子》)

천하에 물보다 유약한 것은 없다.

· 則取于殘 殺伐用張 于湯有光 (《孟子》〈滕文公〉)
잔학한 자를 취함으로써 살벌의 공이 크게 베풀어지니 탕임금보다 더욱 빛이 있도다.

전치사 '于'가 명사류인 '水'와 '湯' 앞에 배치되어, 형용사 '柔弱'과 '有'의 지배를 받고 있기 때문에 比較의 의미를 나타내고 있다.

### 3) 乎 + NP

· 以吾一日長乎爾 (《論語》〈先進〉)
내 나이가 너보다 하루 정도 많다.

· 孝子之至 莫大乎尊親 (《孟子》〈萬章〉)
효자의 지극함은 어버이를 존중하는 것보다 큰 것이 없다.

· 德隆乎三皇 功羨於五帝 (《史記》)
덕은 삼황보다 융성했고, 공은 오제보다 부러웠다.

· 夫子之求之也 其諸異乎人之求之與 (《論語》〈學而〉)
선생님께서 그것을 〈듣기〉 구하는 것은 다른 사람이 그것을 구하는 것과는 다릅니다.

· 莫見乎隱 莫顯乎微 (《中庸》)
숨어 있는 것보다 더 드러남이 없으며, 細微한 것보다 나타남이 없다.

전치사 '乎'가 명사류 앞에 놓여 '乎 + NP'의 形態素가 結合을 이루며, 형용사 '長, 大, 隆, 羨, 異, 顯' 등이 서술어로 쓰였기 때문에 比較의 뜻을 나타내는 문장의 형식을 이룬 것이다.

## 3. '與其~ 寧~', '與其~ 不若' 등의 呼應關係

'與其~ 寧~', '與其~ 不若' 등의 呼應關係가 이루어져 '~보다는 차라

리 ~이 낫다.'는 양자 比較에서 A보다 B를 선택하든지 또는 B보다 A를 선택하는 뜻을 나타내어 選擇的 比較를 나타내는 문장형식으로 그 호응 관계는 다음과 같다.

1) 寧爲~ 不(無 · 勿) : 차라리 ~할지언정 ~하지 말라.

· 寧爲鷄口 無爲牛後 (《十八史略》)

차라리 닭의 부리가 될지언정 소의 뒤(꼬리)는 되지 말라.

· 寧爲刑罰所加 不爲陳君所短 (《蒙求》〈陳寔遺盜〉)

차라리 형벌을 받을지언정 陳君에게서 비난을 받지 않겠다.

· 寧死 不顯聞子孫有此行也 (《十八史略》)

차라리 죽을지언정 자손에게 이러한 행실이 있었다는 것을 알리기(듣기)를 원치 않는다.

2) 與(其)~也 寧~ : ~보다는 차라리 ~이 낫다.

· 禮與其奢也 寧儉 喪與其易也 寧戚 (《論語》〈八佾〉)

예절은 사치하게 꾸미는 것보다는 차라리 검소한 것이 낫고, 喪禮는 형식을 차려 익숙하게 처리하기보다는 차라리 슬퍼함이 낫다.

· 且予與其死於臣之手也 無寧死於二三子之手乎 (《論語》〈子罕〉)

또 내가 家臣의 손에 죽느니보다는 차라리 너희의 손에 죽는 것이 낫지 않겠느냐?

· 與其媚於奧 寧媚於竈 (《論語》〈八佾〉)

아랫목 神(임금)에게 잘 보이기보다는 차라리 부엌신(權臣)에게 잘 보이는 것이 낫다.

3) 與(其)~也, 不若(不如) : ~보다 ~이 낫다.

· 吾與其富而畏人 不若貧而無屈 (《孔子家語》)

나는 부자가 되어서 남을 두려워하는 것보다는 가난하더라도 비굴함이 없는 것이 낫다.

· 喪禮與其哀不足而禮有餘也 不若禮不足而哀有餘也 (《禮記》〈檀弓〉)
상례는 슬퍼함이 부족하고 예가 넘치느니(有餘)보다는 예가 부족하더라도 슬퍼함이 넘치는 것이 낫다.

· 與其生而無義 固不如烹 (《史記》〈田單列傳〉)
살아서 의리가 없는 것보다는 진실로 끓는 물에 삶겨서 죽는 것이 낫다.

## 4) 與其~, 孰若~ : ~것보다는 ~ 어느 것이 낫겠는가?

· 與其有譽於前 孰若無毁於其後 (韓愈, 〈送李愿歸盤谷序〉)
앞에서 칭찬함이 있는 것보다는 뒤에서 허물함이 없는 것이 어느 쪽이 더 낫겠는가?

· 與其有樂於身 孰若無憂於其心 (韓愈, 〈送李愿歸盤谷序〉)
몸에 쾌락이 있는 것보다 차라리 그 마음에 근심이 없는 것이 낫다.

## 5) 與(其)~也, 豈若~哉 : ~하느니보다는 어찌 ~만 같겠는가?

· 且而與其從辟人之士也 豈若從辟世之士哉 (《論語》〈微子〉)
또한 사람을 피하는 선비(孔子)를 따르느니보다는 어찌 세상을 피하는 선비를 따르는 것만 같겠는가?

· 與我處畎畝之中 由是以樂堯舜之道 吾豈若使是君 爲堯舜之君哉 吾豈若使是民 爲堯舜之民哉 吾豈若於吾身 親見之哉(《孟子》〈萬章〉)
내가 밭두둑 가운데서 살면서 이로 말미암아 堯舜의 도를 즐기기보다는 차라리 내가 어찌 임금(湯王)으로 하여금 요임금과 순임금과 같은 군주를 만드는 것만 하며, 내가 어찌 이 백성으로 하여금 요순의 백성이 되게 하는 것만 하며, 내가 어찌 내 자신에서 직접 이것을 보는 것만 하겠는가?

# 제5절 假定形

前句와 後句가 연결되는 데 있어서 前句는 假定, 條件, 原因, 讓步 등을 나타내고 後句는 그 結果를 나타내는 문장형식으로서 어떤 條件이나 原因을 假定해서 그 結果를 假想하는 因果關係를 나타내는 表現形式이다.

이 假定形은 부사어 '若, 如, 苟, 使, 微' 등이나 '雖, 縱, 縱令, 設, 設使, 假使, 設令' 등이 사용되어 '만약 A한다면 B한다, 진실로 A한다면 B한다.'는 假定의 뜻을 나타낸다. 그러나 漢文의 문장형식에는 文頭에 이와 같은 부사어가 쓰이지 않더라도 가정의 뜻을 나타내는 표현형식이 있음에 留意하여야 한다.

## 1) 若~

부사어 '若'이 동사류 앞에 쓰여 '若 + VP'의 구조를 이루며 '만약 ~한다면'이라는 假定의 뜻을 나타내는 문장형식을 이룬다.

· 家若貧 不可因貧而廢學 家若富 不可恃富而怠學 貧若勤學 可以立身 富若勤學 名乃光榮 (《明心寶鑑》)

집이 만약 가난하더라도 그 가난으로 인해서 학문을 폐하지 말고, 집이 만약 부유하더라도 부유함을 믿고서 학문을 게을리 하지 말라. 가난하면서 만약 학문에 힘쓰면 가히 몸을 세울 수 있고, 부유하면서도 만약 학문에 힘쓴다면 이름이 곧 빛나고 영화로울 것이다.

· 若有作奸犯科 及爲忠善者 宜付有司 論其刑賞 以昭陛下平明之理 (諸葛亮, 〈前出師表〉)

만약 간사한 일을 꾸미거나 죄를 범하거나 또는 忠善을 하는 자가 있으면 마땅히 有司에 붙여서 그 형벌과 포상을 논함으로써 폐하가 공평하고 밝은 정치하는 것을 밝힐 것입니다.

· 若金 用汝作礪 若濟巨川 用汝作舟楫 若歲大旱 用汝作霖雨 (《書經》〈說命〉)

만약 〈내가〉 금이라면 너를 써서 숫돌로 삼으며, 만약 〈내가〉 큰 내를 건넌다면 너를 써서 배와 돛배를 만들며, 만약 해가 크게 가물 것 같으면 너를 써서 장맛비를 삼으리라.

### 2) 若~ 則~

형태소 '若'과 '則'이 서로 호응되어 '若 + VP~, 則~'의 구조를 이루며 '若'은 부사어의 위치에서 假定으로 條件이나 原因을 나타내고, '則'은 문장을 연결시키는 구실을 하면서 假想의 結果를 나타내는 문장형식으로 '만약 A한다면 곧 B한다.'는 뜻을 나타낸다.

· 王若隱其無罪而就死地 則牛羊何擇焉 (《孟子》〈梁惠王〉)

왕께서 만약 그것(소)이 죄 없이 死地에 나아가는 것을 측은하게 여기신다면 소와 양을 어찌 가리십니까?

· 其培之也 若不過焉 則不及 (柳宗元 〈種樹郭橐駝傳〉)

그 북돋우는 것도 만약 지나치지 않으면 미치지 못한다.

· 若民 則無恒産 因無恒心 (《孟子》〈梁惠王〉)

만일 백성에게 일정한 생업이 없다면 따라서(그 때문에) 일정한 마음이 없게 된다.

· 若是 則弟子之惑滋甚 (《孟子》〈梁惠王〉)

만일 이와 같다면 저의 의혹이 더욱 심합니다.

### 3) 如~

형태소 '如'가 동사류 앞에 위치하여 '如 + VP'의 구조를 이루며 '만약 A한다면 B한다.'는 假定의 뜻을 나타내는 문장형식이다.

· 如詩不成 罰依金谷酒數 (李白, 〈春夜宴桃李園序〉)
만일 시가 이루어지지 않으면 금곡의 술잔 수로써 벌주리라.

· 如有用我者 吾其爲東周乎 (《論語》〈陽貨〉)
만일 나를 등용하는 자가 있다면 내가 그 동쪽의 주나라로 만들겠도다.

· 如恥之 莫若師文王 (《孟子》〈離婁〉)
만일 그것을 부끄러워한다면 문왕을 스승 삼는 것만 같지 못합니다.

· 王如好貨 與百姓同之 於王何有 (《孟子》〈梁惠王〉)
왕께서 만일 재화를 좋아하시거든 백성과 더불어 함께하시면 왕 노릇하는 데 무슨 어려움이 있겠습니까?

· 如知其非義 斯速已矣 (《孟子》〈滕文公〉)
만일 그것이 의롭지 않은 것임을 알면 이에 빨리 그만둘 일이다.

### 4) 如~ 則~

형태소 '如'와 '則'이 서로 호응하여 '如 + VP~ 則~'의 구조를 이루며 '如'는 부사어의 위치에서 假定으로 條件이나 原因을 나타내고, '則'은 문장을 연결시키는 구실을 하면서 假想의 結果를 나타내는 문장형식으로 '만약 A한다면 〈곧〉 B한다.'는 뜻을 나타낸다.

· 王如知此 則無望民之多於隣國也 (《孟子》〈梁惠王〉)
왕께서 만일 이것을 아신다면 백성이 이웃나라보다 많기를 바라지 마십시오.

· 王如善之 則何爲不行 (《孟子》〈梁惠王〉)
왕께서 만일 그것을 좋게 여기신다면 무엇 때문에 행하지 않습니까?

· 王如用予 則豈徒齊民安 (《孟子》 〈公孫丑〉)

왕께서 만일 저를 등용하신다면 어찌 다만 제나라 백성만 편안해지겠습니까?

· 子如不言 則小子何述焉 (《論語》 〈陽貨〉)

선생님께서 만일 말씀하지 않으신다면 저희가 어떻게 진술하겠습니까?

· 如用之 則吾從先進 (《論語》 〈先進〉)

만일 그것(禮樂)을 쓴다면 나는 선진의 예악을 따르겠다.

### 5) 苟~

부사어 '苟'가 동사류 앞에 위치하여 '苟 + VP~'의 구조를 이루며 '만일(진실로) A한다면 B한다.'라는 假定의 뜻을 나타내는 문장형식을 이룬다.

· 苟得其養 無物不長 (《孟子》 〈告子〉)

만일 그 培養하는 것이 적절하면 만물이 成長하지 않는 것이 없다.

· 苟能充之 足以保四海 苟不充之 不足以事父母 (《孟子》 〈公孫丑〉)

만일 이것(四端)을 확충할 수 있다면 사해를 보호할 수가 있고, 만일 이것을 확충하지 못한다면 부모를 섬기기에도 부족하다.

· 苟志於仁矣 無惡也 (《論語》 〈里仁〉)

만약 인에 뜻을 둔다면 악함이 없다.

· 苟行王政 四海之內 皆擧首而望之 欲以爲君 (《孟子》 〈滕文公〉)

만약 王道政治를 행한다면 사해 안(천하 사람들)이 모두 머리를 들고서 바라보고서 임금으로 삼고자 할 것이다.

· 苟非其人 簞食豆羹見於色 (《孟子》 〈盡心〉)

만일 그러한 사람이 아니라면 하찮은 대그릇의 밥과 나무그릇의 국에도 얼굴색에 나타난다.

### 6) 苟爲~

형태소 '苟'와 '爲'가 배합된 '苟爲'가 동사류 앞에 위치하여 '苟爲 + VP'의 구조를 이루며, '만약 A한다면 B한다.'는 假定의 뜻을 나타내는 문장형식을 이룬다.

· 苟爲不畜 終身不得 (《孟子》 〈離婁〉)
만일 〈쑥을 얻어〉 묵히지 않는다면 죽을 때까지 〈쑥을〉 얻지 못하게 됩니다.

· 苟爲無本 七八月之閒雨集 溝澮皆盈(《孟子》 〈離婁〉)
만일 근본이 없다면 7, 8월 사이에 비가 내려 크고 작은 개천이 모두 〈빗물로 쉽게〉 채워질 것이다.

· 苟爲不熟 不如荑稗 (《孟子》 〈告子〉)
만일 〈오곡이〉 익지 않으면 피만도 못하다.

· 苟爲後義而先利 不奪不饜 (《孟子》 〈梁惠王〉)
만일 의를 뒤로 하고 이로움을 앞세운다면 빼앗지 않고는 만족하지 못합니다.

### 7) 苟~, 則~

형태소 '苟'와 '則'이 호응되어 '苟 + VP~, 則~'의 구조를 이루며 '苟'는 동사 앞에 위치하여 부사의 구실을 하며, '則'은 句와 句를 연결해 주는 구실을 하면서 '만약 A한다면 〈곧〉 B한다.'는 假定의 뜻을 나타내는 문장형식으로 그 예는 四書 중에서 다음 두 개에 지나지 않는다.

· 夫苟好善 則四海之內 皆將輕千里而來 (《孟子》 〈告子〉)
만일 선을 좋아한다면 사해의 안(천하의 백성들)이 모두 천 리를 가볍게 여겨(멀다 않고) 올 것입니다.

· 夫苟不好善 則人將日訑訑 予旣已知之矣 (《孟子》 〈告子〉)
만일 선을 좋아하지 않는다면 사람들이 장차 "잘난 체하는군, 내가 벌써 그를 알아보았어!"라고 할 것입니다.

### 8) 縱~

형태소 '縱'이 文頭에서 '만약 ~한다면'이라는 假定의 뜻으로 쓰여 '縱+NP'의 구조를 이루며, '若', '如'와 같이 동사류 앞에 위치하여 '縱+NP'의 구조를 이루기도 한다.

· 縱江東父兄憐而我王 我何面目復見之 (《史記》〈項羽本紀〉)
만약 江東의 父兄이 가엾이 여겨 나를 왕으로 맞이한다 하더라도 내가 무슨 면목으로 다시 그들을 보겠는가?

· 縱彼不言 籍獨不愧於心乎 (《史記》〈項羽本紀〉)
만일(비록) 그가 말하지 않더라도 내(籍)가 어찌 마음에 부끄럽지 않겠는가?

· 且予縱不得大葬 予死於道路乎 (《論語》〈子罕〉)
또한 내가 만약(비록) 성대한 장례식은 치르지 못한다 하더라도 내가 설마 길에서 죽기야 하겠는가?

'縱江東'과 '縱彼'는 '縱+NP'의 구조로 '縱'이 명사류 앞에 위치하여 假定의 뜻을 나타내지만 '縱不得'은 '縱'이 동사류 앞에 위치한 '縱+VP'의 구조의 유형이다.

### 9) 使~

형태소 '使'는 원래 '使動形'의 대표적인 형태소이다. 이때는 대부분이 '使+NP'의 구조를 이루어 'A로 하여금 B하게 한다.'의 使動의 뜻을 나타낸다.

· 使子路問津 (《論語》〈微子〉)
자로로 하여금 나루를 묻게 하다.

그러나 형태소 '使'가 동사류 앞에 위치하여 '使 + VP'의 구조를 이루어, '만일 A하면 B한다.'는 假定의 뜻을 나타내는 경우가 있다.

· 使驕且吝 其餘不足觀也已 (《論語》〈泰伯〉)

만일 교만하고 인색하다면 그 나머지는 보잘것없다.

10) 誠~

형태소 '誠'이 동사류 앞에 위치하여 '誠 + VP'의 구조를 이루며 '만일 A하면 B한다.'는 假定의 뜻을 나타내는 문장형식이다. 그러나 이 '誠'은 '眞實로'라는 부사어로 쓰이는 경우가 많고, 이와 같이 假定形으로 쓰이는 예는 그리 흔치 않다.

· 誠如是也 民歸之 猶水之就下 (《孟子》〈梁惠王〉)

만일(진실로) 이와 같다면 백성이 그에게 돌아옴이 마치 물이 아래로 흘러가는 것과 같이 된다.

· 誠如父言 不敢忘德 (《漢書》〈高帝紀〉)

만일 아버님의 말과 같다면 감히 덕을 잊을 수가 없다.

# 제6절 限定形

限定形은 文頭에 '唯, 惟, 但, 直, 徒, 祇, 只, 獨'이 분포되거나 文末에 終結 語氣詞 '已, 也已, 也已矣, 已矣, 而已矣, 耳, 焉耳矣, 爾, 爾也, 云也' 등이 배합되어 '다만(오직) ~뿐이다, 다만(오직) ~할 따름이다.'라는 限定의 뜻을 나타내는 문장형식이다.

## 1. '唯, 惟, 但, 直, 徒, 祇, 只, 獨' 등이 文頭에 분포되는 경우

'唯, 惟, 但, 直, 徒, 祇, 只, 獨' 등이 분포되어 '副詞語+S+V~' 또는 '副詞語+VP~'의 문장구조를 이루어 '다만(오직) ~할 뿐이다, 다만 ~할 따름이다, 다만(오직) ~만이 ~하다.'라는 限定의 의미를 나타내는 문장형식으로, 行動인 서술어만 한정하는 것이 아니라 문장 전체를 한정하는 경우이다.

### 1) 唯~

· 大哉 堯之爲君也 巍巍乎 唯天爲大 唯堯則之 (《論語》〈泰伯〉)
크도다, 堯의 임금됨이여! 위대하도다, 오직 하늘만이 그토록 클 수 있나니 오직 堯만이 큰 하늘을 본받았도다.

· 用之則行 舍之則藏 唯我與爾有是夫 (《論語》〈述而〉)

나를 써 주면 〈내 뜻을〉 실천하고, 버리면 숨는 태도는 오직 나와 그대만이 할 수 있는 것일세.

'唯天爲大'는 '唯SPC'의 構文構造로 '오직 하늘만이 크다.'는 限定의 뜻을 나타내며, '唯堯則之'는 '唯SPO' 구문구조로 '오직 요만이 하늘을 본받는다.'는 限定의 뜻을 나타내며, '唯我與爾有是夫'는 '唯SPC'의 문장구조로 '오직 너와 나만이 이것을 가지고 있다.'는 뜻을 나타낸다. 이들은 모두 限定의 뜻을 나타내는 부사어 '唯'가 文頭에 분포되니 '唯 + Sentence'의 構造 類型을 이루며 부사어 '唯'는 그 문장 전체를 限定하는 작용을 하고 있다.

### 2) 惟~

· 無恒產而有恒心者 惟士爲能 (《孟子》〈梁惠王〉)

항산이 없어도 항심이 있는 것은 오직 선비만이 할 수 있다.

· 惟大人爲能格君心之非 (《孟子》〈離婁〉)

다만 큰 덕을 가진 사람만이 國君의 마음속에 있는 그릇된 것을 바로잡아 낼 수 있는 것이다.

'惟士爲能'은 '惟SP'의 構文構造로 '오직 선비만이 할 수 있다.'는 뜻을 나타내며, '惟大人爲能格君心之非'는 '惟SPC'의 구문구조로 構文構造圖로 표시하면 다음과 같다.

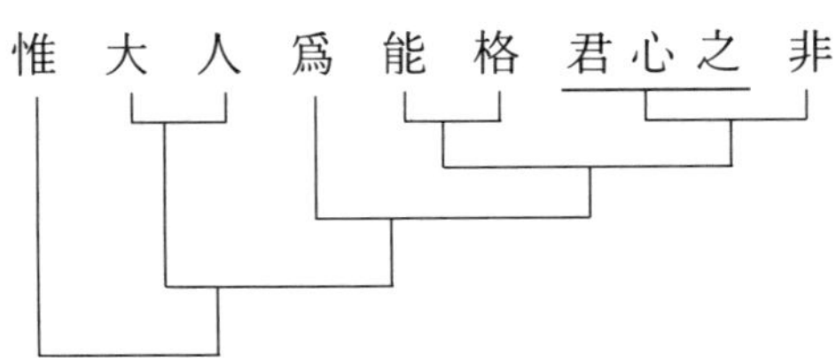

이 문장에서 本動詞는 '爲'가 되며 '格君心之非'는 補語句가 되어 '惟+SPC'의 구문구조를 이루며, '다만 大人만이 임금의 마음속에 있는 그릇된 것을 바로잡을 수 있게 되는 것이다.'라는 限定된 뜻을 나타낸다.

### 3) 但~

· 但服葛根湯二旬 而復故 (《史記》〈扁鵲列傳〉)

다만 20일 葛根湯을 마시기만 하면 회복이 된다.

· 但令心似金鈿堅 天上人間會相見 (白居易, 〈長恨歌〉)

다만 마음이 금비녀와 자개처럼 굳기만 하다면 天上界와 人間界에서 서로 만날 수 있을 것이다.

'但服葛根湯二旬'은 '但POC'의 構文構造로 '다만 二旬 동안 갈근탕을 마시기만 하면'이라는 뜻을 나타내며, '但令心似金鈿堅'은 '但ASAP'의 구문구조를 이루어 '다만 마음이 금비녀와 자개처럼 굳기만 한다면'이라는 限定의 뜻을 나타내는 문장형식을 이루고 있다.

### 4) 直~

· 直不百步耳 是亦走也 (《孟子》〈梁惠王〉)

다만 백 보가 아닐 뿐이지, 이것 또한 달아난 것이다.

· 夫齊者固寡人之讐 所欲伐也 直患國敝力不足也 (《史記》〈蘇秦列傳〉)

무릇 齊國은 진실로 나의 원수여서 치고자 하는 바이다. 다만 나라가 피폐하고 힘이 부족함을 근심할 뿐이다.

'直不百步耳'는 '直PC'의 構文構造로 '直~耳'의 배합을 이루어 '다만 ~할 뿐이다.'라는 限定의 뜻을 나타내고 있다. '直患國敝力不足也'는 '直PO也'의 구문구조로 '國敝力不足'은 主述構造 '國敝'와 '力不足'이 竝列

되어 目的節을 이루어 '다만 나라가 피폐하고 힘이 부족한 것을 근심할 뿐이다.'라는 限定의 뜻을 나타내고 있다. 이것을 構文 構造圖로 圖示하면 다음과 같다.

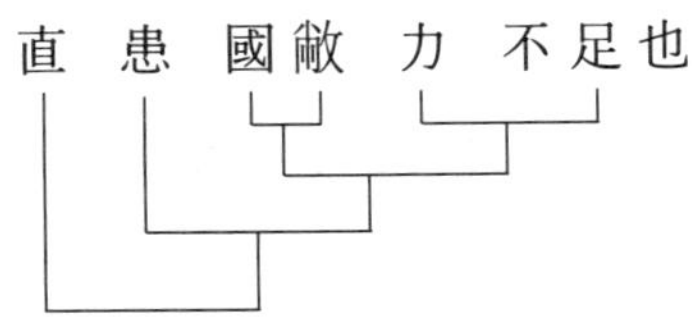


여기에서 구문구조상 주목해야 할 것은 限定의 뜻을 나타내는 부사어 '直'이 모두 서술어 앞에 분포되어 '直+VP'의 구조를 이루고 있는 것이다.

5) 徒~

· 相如素賤人 徒以口舌居我上 (《十八史略》)

인상여는 본디 천한 신분이다. 다만 구설(구변)로써 나의 上席에 거할 뿐이다.

· 王如用予 則豈徒齊民安 天下之民擧安 (《孟子》〈公孫丑〉)

임금께서 만일 나를 쓰게 된다면 어찌 다만 제나라 백성만 평안하겠습니까? 천하의 백성들이 모두 편안할 것입니다.

'徒以口舌居我上'은 '徒APDC'의 構文構造를 이루어 '다만 구설로써 나의 윗자리에 거할 뿐이다.' 하는 限定의 뜻을 나타내며 '豈徒齊民安'은 '豈徒DSP'의 구문구조로 '어찌 다만 제나라 백성만 편안하리오?'라는 反語와 限定의 문장형식을 이루고 있다.

6) 祇

· 祇辱於奴隷人之手 (韓愈, 〈雜說〉)

다만 노예의 손에서 욕을 본다.

· 晉未可滅 而殺其君 祇以成惡 (《春秋左氏傳》 僖公 15년)

晉나라는 멸할 수 없다고 해서 그 임금을 죽이면 다만 이 때문에 晉나라와 秦나라 사이가 험악하게 될 뿐이다.

'祇辱於奴隸人之手'는 '祇PDC'로 '다만 노예의 손에서 욕을 볼 뿐이다.'라는 限定의 뜻을 나타내며, '祇以成惡'은 '祇APO'의 구문구조로 '다만 이 때문에 晉나라와 秦나라 사이가 험악하게 될 뿐이다.'라는 限定의 뜻을 나타내는 문장형식을 이룬다.

### 7) 獨~

· 然則治天下 獨可耕且爲與 (《孟子》 〈滕文公〉)

그렇다면 천하를 다스리는 데만은 다만 농사지으면서 같이할 수 있단 말인가?

'耕且爲'는 농사일을 하면서 한편 나라를 다스리는 일을 한다는 뜻이고, '與'는 疑問 語氣詞이다.

· 今獨臣有船 漢軍至 無以渡 (《史記》 〈項羽本紀〉)

이제 다만 臣만이 배를 가지고 있을 뿐이니, 한나라 군사가 이른다 해도 건널 수가 없다.

'獨可耕且爲與'는 '獨V與?'의 구문구조로 V는 '耕'과 '爲'가 竝立되어 분포되고 疑問을 나타내는 語氣詞 '與'가 배합되어 '다만 농사를 지으면서 같이할 수 있는가?'라는 뜻을 나타내며, '今獨臣有船'은 'A獨SPO'의 구문구조로 '이제 臣만이 다만 배를 가지고 있다.'라는 限定의 뜻을 나타내는 문장형식을 이루고 있다.

## 2. 終結 語氣詞 '已, 也已, 也已矣, 已矣, 而已矣, 而已乎, 耳, 耳矣, 焉耳矣, 爾, 爾也, 云爾' 등이 文末에 분포되는 경우

### 1) ~已

· 苟無恒心 放辟邪侈 無不爲已 (《孟子》〈梁惠王〉)

진실로 일정한 마음이 없게 되면 방탕, 편벽, 사악, 사치 등 못하는 짓이 없을 따름입니다.

· 援而止之而止者 是亦不屑去已 (《孟子》〈公孫丑〉)

끌어당겨서 머물러 있는 것은 이것은 또한 물러나는 것을 떳떳하게 여기지 않을 따름입니다.

語氣詞 '已'가 文末에 분포되어 'Sentence + 已'의 구문구조를 이루며 語氣를 調節하고 '~할 따름이다, ~할 뿐이다.'라는 限定의 의미를 나타내는 문장형식이다. 그러므로 '無不爲已'는 '못하는 짓이 없을 따름이다.'로 풀이되며, '是亦不屑去已'는 '이것은 또한 물러나는 것을 떳떳하게 여기지 않을 따름입니다.'로 풀이된다.

### 2) ~也已

· 敏於事而愼於言 就有道而正焉 可謂好學也已 (《論語》〈學而〉)

일에 민첩하고 말에 신중하며 도 있는 데 나아가서 이 도를 바르게 고치면 가히 배우기를 좋아한다고 할 수 있을 따름이다.

· 四十五十而無聞焉 斯亦不足畏也已 (《論語》〈子罕〉)

사십, 오십이 되어도 이름이 나지 않으면 이것 또한 두려워할 것이 못 될 따름이니라.

### 3) ~已矣

· 夫章子 豈不欲有夫妻子母之屬哉 爲得罪於父 不得近 出妻屛子 終身不養焉 其設心 以爲不若是 是則罪之大者 是則章子已矣 (《孟子》〈離婁〉)

저 장자가 어찌 부부와 모자라는 권속을 갖고 싶지 않았겠습니까마는, 아버지에게 잘못하여 가까이할 수 없었기 때문에 아내를 내보내고 아들을 물리치고서 죽을 때까지 그들의 봉양을 받지 못하게 된 것이다. 그가 마음먹기를 그렇게 하지 않는다면 그것은 죄가 더욱 커지는 것이라 여겼던 것이다. 이것은 장자만이 한 짓일 따름이다.

'已矣'는 어기사 '已'와 '矣'가 결합되어 限定의 뜻을 나타내는 어기사를 구성하고, 이것이 文末에 분포되어 'Sentence + 已矣'의 구문구조를 이루어 '~할 따름이다, ~할 뿐이다.'라는 限定의 의미를 나타내는 문장형식을 이룩한다.

그러므로 '其可已矣'는 '그것은 옳을 따름입니다.'로 풀이되며, '是則章子已矣'는 '이것은 장자만이 한 짓일 따름이다.'로 풀이된다.

### 4) ~而已矣

· 夫子之道 忠恕而已矣 (《論語》〈里仁〉)

선생님의 도는 忠과 恕일 따름이다.

· 學問之道 無他 求其放心而已矣 (《孟子》〈告子〉)

학문의 도는 다른 데 있는 것이 아니라 그 마음이 방자해짐을 방지할 따름이다.

'而已矣'는 語氣詞 '而', '已', '矣'가 결합되어 限定의 뜻을 나타내는 어기사로 '而已'보다 완만한 限定의 語調를 나타낸다. 'Sentence + 而已矣'의 구조를 이루며 '~할 따름이다, ~할 뿐이다.'라는 限定의 의미를 나타낸다. 그러므로 '忠恕而已矣'는 '忠과 恕일 따름이다.'로 풀이되며, '求其

放心而已矣'는 '그 마음이 방자해짐을 방지할 따름이니라.'로 풀이된다.

5) ~而已乎

· 子路問君子 子曰 修己以敬 曰 如斯而已乎 曰 修己以安人 曰 如斯而已乎 (《論語》〈憲問〉)

자로가 군자에 대하여 묻자 공자께서 말씀하시기를 "자기수양을 공경으로써 한다."고 하셨다. 자로가 "이와 같이 할 따름입니까?" 하자, 공자께서 말씀하시기를 "자기수양을 남을 안락하고 평안하게 하는 것으로써 한다." 하셨다. 자로가 말하기를 "이와 같이 할 따름입니까?" 하였다.

· 明乎郊社之義 嘗禘之禮 治國其如指諸掌而已乎 (《禮記》〈仲尼燕居〉)

天地之神에게 제사 지내고 종묘에 제사 지내는 禮義를 분명하게 하면 나라를 다스리는 것은 손바닥을 가리키는 것과 같을 따름입니까?

'而已乎'는 限定 語氣詞 '而已'에 疑問 語氣詞 '矣'가 결합되어 疑問과 限定을 나타내는 어기사를 구성하고 文末에 분포되어 'Sentence + 而已乎'의 구조를 이루며 '~할 따름입니까? ~할 뿐입니까?'라는 의문과 한정의 문장형식을 이룬다. 그러므로 '如斯而已乎'는 '이와 같이 ~할 따름입니까?'로 풀이되며, '治國其如指諸掌而已乎'는 '나라를 다스리는 것은 손바닥을 가리키는 것과 같을 따름입니까?'로 풀이된다.

6) ~耳

· 何以異於人哉 堯舜與人同耳 (《孟子》〈離婁〉)

어찌 다른 사람과 다르겠는가, 요순도 사람과 같을 따름이다.

· 二三子 偃之言是也 前言戲之耳 (《論語》〈陽貨〉)

애들아, 언(子游)의 말이 옳다. 아까 말한 것은 농담일 따름이다.

어기사 '耳'가 文末에 분포되어 'Sentence + 耳'의 구조를 이루며 '~할 따름이다, ~할 뿐이다.'라는 限定의 뜻을 나타내는 문장형식을 이룬다. 그러므로 '堯舜與人同耳'는 '요순도 사람과 같을 따름이다.'로 풀이되며, '前言戱之耳'는 '아까 말은 농담일 따름이다.'로 풀이된다.

### 7) ~耳矣

· 仁義禮智, 非由外鑠我也 我固有之也 弗思耳矣 (《孟子》〈告子〉)

인의예지는 밖으로 나를 아름답게 꾸미는 것이 아니라, 내가 본디 그것을 가지고 있으나 다만 생각하지 않았을 뿐이다.

· 人之易其言也 無責耳矣 《孟子》〈離婁〉)

사람들이 말을 쉽게 하는 것은 책임을 지지 않는다는 것을 의미할 뿐이다.

'耳矣'는 종결어기사 '耳'와 '矣'가 결합되어 限定을 나타내는 어기사를 구성하며 이것이 文末에 분포되어 限定 語氣詞 '耳'보다는 완만한 限定의 語氣를 나타낸다. 'Sentence + 耳矣'의 구조를 이루며 '~할 따름이다, ~할 뿐이다.'라는 限定의 뜻을 나타낸다. 그러므로 '弗思耳矣'는 '생각하지 않았을 따름이다.'로 풀이되며, '無責耳矣'는 '책임지지 않았을 따름이다.'로 풀이된다.

### 8) ~焉耳

· 愛之斯錄之矣 敬之斯盡其道焉耳 (《禮記》〈檀弓〉)

그(死者)를 사랑해서 그 이름을 기록하고, 그를 공경해서 여기서 그 道(존경의 道)를 다할 따름이다.

· 孟軻之書 非軻自著 軻旣沒 其徒萬章公孫丑 相與記軻所言焉耳 (韓愈, 〈讀孟子〉)

《孟子》라는 책은 孟軻가 스스로 지은 것이 아니라, 孟軻가 죽은 후 그의 제자 萬章, 公孫丑가 서로 더불어 孟軻가 말한 것을 기록했을 뿐이다.

'焉耳'는 종결 어기사 '焉'과 '耳'가 결합되어 限定을 나타내는 어기사를 구성하며, 이것이 文末에 위치하여 'Sentence＋焉耳'의 구조를 이루며 '~할 뿐이다, ~할 따름이다.'라는 限定의 뜻을 나타낸다. 그러므로 '斯盡其道焉耳'는 '여기에 그 도를 다할 따름이다.'로 풀이되며, '其徒萬章公孫丑, 相與記軻所言焉耳'는 '그의 제자 萬章, 公孫丑가 서로 더불어 孟軻가 말한 것을 기록했을 뿐이다.'로 풀이된다.

#### 9) ~爾

· 孟子曰 原泉混混 不舍晝夜 盈科而後進 放乎四海 有本者如是 是之取爾 (《孟子》〈離婁〉)

맹자가 말씀하기를 "근원의 샘물은 졸졸 끊임없이 밤낮을 가리지 않고 흘러, 파인 구덩이(웅덩이)를 채우고 난 후에 앞으로 나아가게 하여 사방의 바다로 도달한다. 근본이 있는 것은 이와 같음으로 이 점을 취할 따름이다." 하셨다.

#### 10) ~爾也

· 得其心有道 所欲與之聚之 所惡勿施爾也 (《孟子》〈離婁〉)

그 마음을 얻는 데는 방법이 있으니 하고자 하는 바를 주어서 모이게 하고 싫어하는 바를 베풀지 않는 것뿐이다.

#### 11) ~云爾

· 女奚不日 其爲人也 發憤忘食 樂以忘憂 不知老之將至云爾 (《論語》〈述而〉)

자네는 왜 말하지 않았는가? "그의 사람됨은 학문에 발분하면 식사를 잊고 학문을 즐김에 근심을 잊으며 늙어 가는 것조차도 알지 못할 뿐이다."라고.

### 12) ~焉爾

· 能順木之天 以致其性焉爾 (柳宗元, 〈種樹郭橐駝傳〉)

나무의 천성을 따라서 그 본성을 다할 따름이다.

'爾'는 文末에 위치하여 限定을 나타내는 어기사 구실을 하며, '爾也'는 限定을 나타내는 어기사 '爾'와 斷定을 나타내는 어기사 '也'가 결합되어 限定을 나타내는 어기사를 구성한다. 그리고 '云爾'는 동사 '云'과 어기사 '爾'가 결합되고 '焉爾'는 斷定을 나타내는 어기사 '焉'과 한정 어기사 '爾'가 결합되어 限定을 나타내는 어기사를 구성한다. 이들은 모두 文末에 분포되어 'Sentence+爾(爾也, 云爾, 焉爾)'의 구조를 이루며 '~할 따름이다, ~할 뿐이다.'라는 限定의 뜻을 나타낸다. 그러므로 '是之取爾'는 '이 점을 취할 따름이다.'로, '不知老之將至云爾'는 '늙어 가는 것조차도 알지 못할 따름이다.'로, '所惡勿施爾也'는 '싫어하는 것을 베풀지 않는 것뿐이다.'로, '以致其性焉爾'는 '그 성을 다할 따름이다.'로 풀이된다. 어기사 '爾', '爾也', '云爾', '焉爾'는 모두 文末에 분포되어 限定의 뜻을 나타내는 것으로 의미의 차이는 없고 다만 文脈上 語氣的인 차이가 있을 뿐이다.

# 제7절 使動形

A가 B에게 어떤 動作을 하게 하는 言語形式으로 'A가 B로 하여금 ~ 하게 하다, A가 B에게 ~을 시키다.'로 풀이되며, 문장 구조상으로 볼 때 使役 助動詞가 쓰이는 경우와 사역 조동사가 쓰이지 않고 다만 문맥상 使役으로 쓰이는 경우로 類別할 수 있다.

## 1. 使役 助動詞 '使, 令, 遣, 敎, 俾'가 쓰이는 경우

### 1) 使

· 夫子式而聽之 使子路問之 (《禮記》〈檀弓〉)

선생님께서 수레 앞에 있는 橫木에 손을 얹고 그것(묘 앞에서 우는 소리)을 듣고 자로로 하여금 묻게 했다.

· 天帝 使我長百獸 (《戰國策》〈楚策〉)

천제가 나로 하여금 모든 짐승의 어른이 되게 했다.

· 古之君有以千金 使涓人求千里馬者 (《十八史略》)

옛날의 임금이 천금으로써 涓人으로 하여금 천리마를 구하게 한 일이 있었다.

· 欲使人人易習 便於日用耳 (《訓民正音序》)

사람 사람으로 하여금 쉽게 익혀서 날마다 쓰는 데 편하게 하고자 할 따름이다.

## 2) 令

· 吾令人望其氣 皆爲龍虎 成五采 此天子氣也 (《史記》〈項羽本紀〉)

내가 사람으로 하여금 그 기운(沛公의 머리 위에 피어오르는 雲氣)을 바라보게 했는데, 모두 龍虎가 되어서 五色을 이루니 이것은 천자가 될 기운이다.

· 遂令天下父母心 不重生男重生女 (白居易, 〈長恨歌〉)

드디어 천하의 부모 마음으로 하여금 사내 낳는 것을 중히 여기지 아니하고 딸 낳는 것을 중히 여기게 했다.

· 何故 深思高擧 自令放爲 (屈平, 〈漁父辭〉)

무슨 까닭으로 생각을 깊이 하고 거동을 높이 해서 스스로 추방당하게 했는가?

· 今者有小人之言 令將軍與臣有隙 (《十八史略》)

이제 소인배들이 말을 퍼뜨려서 장군과 臣으로 하여금 틈이 나게 했다.

## 3) 遣

· 大王遣一介之使至趙 趙立奉璧來 (《史記》〈廉頗藺相如列傳〉)

대왕이 한 사람의 使臣을 시켜서 조나라에 이르게 하자 조나라에서는 곧 구슬을 받들고 왔다.

· 所以遣將守關者 備他盜之出入與非常也 (《史記》〈項羽本紀〉)

장군으로 하여금 함곡관을 지키게 한 까닭은 다른 도적들의 출입과 비상사태의 발생을 수비하기 위한 것이다.

· 太守卽遣人隨其往 尋向所誌 遂迷不復得路 (陶潛, 〈桃花源記〉)

태수가 곧 사람으로 하여금 그가 간 곳을 따라서 표시한 바를 찾게 했으나, 곧 혼미해져서 다시 길을 얻지 못했다.

· 遣從者懷璧間行先歸 (《十八史略》)

종자로 하여금 구슬을 품속에 감추고 샛길로 먼저 가게 했다.

### 4) 敎

· 遂敎方士殷勤覓 (白居易, 〈長恨歌〉)

드디어 방사로 하여금 은근히 찾게 했다.

· 打起黃鶯兒 莫敎枝上啼 (金昌緖, 〈春怨時中〉)

자는 꾀꼬리를 두드려 깨워 가지 위에서 울게 하지 말라.

· 轉敎小玉報雙成 (白居易, 〈長恨歌〉)

바로 이어서 소옥으로 하여금 쌍성에게 알리게 했다.

### 5) 俾

· 下民其咨 有能 俾乂 (《書經》 〈堯典〉)

아래 백성이 이에 탄식하고 있으니 능력 있는 자가 있거든 〈그로 하여금〉 다스리게 하리라.

· 俾予從欲以治 (《書經》 〈大禹謨〉)

나로 하여금 하고자 함에 따라 다스리게 했다.

이상에서 살펴보았듯이 使役 助動詞 '使, 令, 遣, 敎, 俾'는 명사류 앞에 분포되어 '使(使役 助動詞를 말함) + NP'의 구조를 이룬다. 그리고 '使 + NP'는 술어 앞에 분포되어 'S + 使 + NP + P~'의 문장구조를 이루어 'S가 NP로 하여금 P하게 하다.'로 풀이된다.

## 2. 文脈上 使役 구실을 하는 경우

· 今日病矣 予助苗長矣 (《孟子》 〈公孫丑〉)

오늘은 지쳤다. 나는 싹이 자라는 것을 도왔다.(즉 싹으로 하여금 자라게 했다.)

· 管仲以其君霸 晏子以其君顯 (《孟子》〈公孫丑〉)

관중은 자기 임금을 패왕이 되게 하였고, 안자는 자기 임금을 드러나게 해 주었다.

· 子路拱而立 止子路宿 殺鷄爲黍而食之 見其二子焉 (《論語》〈微子〉)

자로는 공손한 태도로 손을 모아 잡고 서 있었다. 그러자 자로를 머물러 자게 하고는 닭을 잡고 기장밥을 지어서 그것을 먹게 하고 또 자기의 두 아들을 보여 주었다.

· 曰 庖有肥肉 廐有肥馬 民有飢色 野有餓莩 此率獸而食人也 (《孟子》〈梁惠王〉)

〈맹자께서〉 말씀하시길 "주방에 살찐 고기가 있고 마구간에 살찐 말이 있는데, 백성들은 굶주린 기색이 있고 들에는 굶어죽은 시체가 있다면 이것은 짐승을 몰아다가 사람을 잡아먹게 하는 것입니다." 하였다.

· 舞幽壑之潛蛟 泣孤舟之嫠婦 (蘇軾, 〈前赤壁賦〉)

깊은 산속에 숨겨져 있는 교룡을 춤추게 하고, 외로운 배(舟) 속에 있는 과부를 울게 한다.

위의 '助, 以, 宿, 食, 舞, 泣' 등은 使役을 나타내는 助動詞가 사용되지 아니하고, 다만 문맥상으로 '~하게 한다.'는 使役의 뜻을 나타내는 문장형식을 이룬 것이다.

# 제8절 被動形

被動形은 主體가 어느 동작이나 작용을 받는 關係를 나타내는 문장형식으로 '~에게 ~당하다, ~하게 되다.'로 풀이되는 문장형식이다.

## 1. '見, 被, 爲' 등이 쓰이는 경우

· 信而見疑 忠而被謗 能無怨乎 (《史記》〈屈原賈生列傳〉)

믿음 있게 했으나 의심받고 충성되이 했으나 비방받으니 원망하지 않을 수 있겠는가?

被動 助動詞 '見'이 동사 '疑' 앞에 배합되어 '의심을 받는다.'는 피동형을 이루고 피동 조동사 '被'가 동사 '謗' 앞에 배합되어 '비방을 받는다.'는 피동형을 이루고 있다. 즉 '見(被) + VP'의 構文構造로 被動形을 이루고 있다.

· 厚者爲戮 薄者見疑 (《韓非子》〈說難〉)

〈이해관계가〉 두터운 사람은 죽임을 당하고 얇은(적은) 사람은 의심을 받는다.

被動 助動詞 '爲, 見'이 동사 '戮, 疑' 앞에 배합되어 '爲(見) + VP'의 구조를 이루어 '죽임을 당하다.', '의심을 받다.'라는 被動形을 구성하고 있다.

· 屈原曰 擧世皆濁 我獨淸 衆人皆醉 我獨醒 是以見放 (屈原, 〈漁父辭〉)

굴원이 말하기를 "온 세상이 모두 혼탁해도 나 홀로 깨끗하고 모든 사람이 다 취해 있어도 나만이 깨어 있으니 이런 까닭으로 쫓겨났소이다(추방당하다)."라고 하다.

피동 조동사 '見'이 동사 '放' 앞에 배합되어 '見 + VP'의 구조를 이루고 '추방을 당하다.'라는 被動形을 이루고 있다.

피동 조동사 '見, 被, 爲'가 동사 앞에 배합되어 '見(被, 爲) + VP'의 구조를 이루며 '~에게 ~당하다, ~하게 되다.'라는 被動形을 이룬다.

## 2. '于, 乎, 於'가 쓰이는 경우

· 窮者常制于人 (《荀子》〈榮辱〉)
궁한 사람은 항상 남에게 제압당한다.

· 獲乎上 有道 不信乎朋友 不獲乎上矣 (《中庸》 20章)
윗사람에게 〈신임을〉 얻어지는 데에 도가 있으니 친구에게 믿어지지 않으면 윗사람에게도 〈신임을〉 얻어지지 않을 것이다.

· 勞心者 治人 勞力者 治於人 (《孟子》〈滕文公〉)
마음을 수고로이 하는 사람(정신 노동자)은 다른 사람을 다스리고, 힘을 수고로이 하는 사람(육체 노동자)은 다른 사람에게 다스려지느니라.

被動 助動詞가 쓰이지 않고 前置 介詞 '于, 乎, 於'가 명사류 앞에 배합되어 '于(乎, 於) + NP'의 구조를 이루어 '~에게 ~당하다.'의 被動形을 이룬다.

## 3. '被, 見'과 '于(乎), 於'가 呼應되는 경우

· 萬乘之國 被圍于趙 (《戰國策》〈齊策〉)

만승의 나라가 조나라에게 포위당하다.

被動 助動詞 '被'가 동사 '圍' 앞에 있고, 前置 介詞 '于'가 '趙' 앞에 배합되어 '被 + VP~于 + NP'의 구조를 이루고, '조나라에게 포위당하다.'라는 피동형을 이루고 있다.

· 勿稽子有大功 以見憎於王孫 (《三國史記》〈勿稽子列傳〉)

물계자가 큰 공이 있었으나 王孫에게 미움을 받았다(당했다).

피동 조동사 '見'이 동사 '憎' 앞에 위치하고 전치 개사 '於'가 '王孫' 앞에 배합되어 '見 + VP~於 + NP'의 구조를 이루고 '王孫에게 미움을 당했다.'라는 피동형을 이루고 있다.

피동 조동사 '被, 見, 爲' 등이 전치 개사 '于, 乎, 於' 등이 사용되지 않고 被動의 뜻을 나타내는 動詞가 쓰이거나 또는 文脈上으로 피동을 나타내는 被動形이 있음에 유의해야 한다.

《東洋學簡報》(檀大出版部, 1986, 1987, 1988, 1989)에 발표.

**| 參考文獻 |**

權重求, 《漢文大綱》, 置文館.
柳町達也, 《漢文讀解辭典》, 東京, 角川書店, 1978.
劉景農, 《漢語文言語法》, 北京, 萬葉出版社, 1958.
許世瑛, 《中國文法講話》, 臺灣, 開明書店, 1966.
許世瑛, 《常用虛字用法淺釋》, 臺北, 復興書店, 1969.
王力, 《漢語史稿(上 · 中 · 下)》, 北京, 北京出版社, 1964.
裵學海, 《古書虛字集釋》, 臺北, 鄉粹出版社, 1977.

# 제9절 感歎形

感歎詞 '噫, 惡, 嗚呼, 于嗟, 嗟乎, 譆, 噫嘻, 嗚呼, 唉' 등이 文頭에 분포되거나 感歎終結 語氣詞 '哉, 也哉, 乎哉, 矣哉, 乎, 矣, 與, 夫' 등이 文末에 분포되어 '아, 오호, 슬프다, ~하도다, ~하는구나.' 등 詠嘆의 뜻을 나타내는 문장형식이다.

## 1. 文頭에 感歎詞 '噫, 唉, 嗟乎, 嗚呼' 가 분포되는 경우

### 1) 噫~

· 顔淵死 子曰 噫 天喪予 天喪予 (《論語》〈先進〉)

안연이 죽자 공자께서 말씀하시기를 "아아! 하늘이 나를 망치는구나! 하늘이 나를 망치는구나!" 하였다.

· 噫 微斯人 吾誰與歸 (范仲淹, 〈岳陽樓記〉)

아아! 이러한 사람이 아니면 누구와 함께 돌아가리오!

### 2) 唉~

· 唉 豎子不足與謀(《史記》〈項羽本紀〉)

아아, 그놈은 더불어 도모할 수 없다(더불어 천하의 大事를 상의할 수 없다).

### 3) 嗟乎~

· 嗟乎 士爲知己者死 女爲說己者容 (《史記》〈刺客列傳〉)

아아, 선비는 자기를 알아주는 사람을 위하여 죽고, 여자는 자기를 즐겨 사랑하는 사람을 위하여 화장을 한다.

· 嗟乎 師道不傳也 久矣 (韓愈, 〈師說〉)

아아, 도를 스승 삼는 것이 전하지 못한 지 오래되었도다.

### 4) 嗚呼~

· 嗚呼 國恥民辱 乃至於此 (閔泳煥, 〈遺書〉)

아아, 국가의 수치스러움과 백성의 욕됨이 이에 이르렀도다.

위의 感歎形들은 문장의 앞에 감탄사만 분포되고, 감탄을 나타내는 어기사 등이 전연 사용되지 않은 문장형식이다.

## 2. 文末에 感歎 語氣詞가 쓰이는 경우

漢文의 문장구조는 述語가 主語 다음에 분포되는 것이 원칙이다. 그러나 文意를 강조하거나 감탄의 뜻을 나타낼 때 述語 뒤에 感歎 語氣詞를 첨가시키거나 이를 주어 앞으로 倒置시키는 경우가 있다. 그러므로 이 감탄형은 正置와 倒置로 구분하여 설명할 수 있다.

### 1) 正置形

(1) ~哉

· 舍其路而弗由 放其心而不知求 哀哉 (《孟子》〈告子〉)

그 길을 버리고 따라가지 않으며, 그 마음을 놓아버리고 구할 줄 모르니 슬프도다!

· 子曰 沽之哉 沽之哉 我待賈者也 (《論語》〈子罕〉)

공자께서 말씀하시기를 "팔고말고! 팔고말고! 나는 좋은 값을 놓는 사람을 기다리고 있다."고 하셨다.

(2) ~乎哉

· 子曰 克己復禮爲仁 一日克己復禮 天下歸仁焉 爲仁由己 而由人乎哉 (《論語》〈顔淵〉)

공자께서 말씀하시기를 "자기를 이기고 예로 돌아감이 仁이다. 하루 종일 자기를 이기고 예로 돌아간다면 천하가 인으로 돌아갈 것이다. 인을 이룩함은 나로부터 비롯함이니 남에게 의존되는 것이겠는가!" 하셨다.

(3) ~矣哉

· 子適衛 冉有僕 子曰 庶矣哉 (《論語》〈子路〉)

공자께서 위나라에 가실 때 염유가 수레를 몰았다. 공자께서 말씀하시기를 "백성들이 번성하구나!" 하셨다.

(4) ~與

· 臨大節而不可奪也 君子人與 君子人也 (《論語》〈泰伯〉)

존망을 건 위급함에 임해서 굽히지 않으면 군자다운 사람이라 할 수 있겠도다! 군자다운 사람이다.

(5) ~夫

· 子在川上曰 逝者如斯夫 不舍晝夜 (《論語》〈子罕〉)

공자께서 냇가에서 말씀하시기를 "지나가는 것들은 흐르는 물과 같구나! 밤낮 없이 쉬지 않는다." 하셨다.

· 子謂顔淵曰 用之則行 舍之則藏 唯我與爾有是夫 (《論語》〈述而〉)

공자께서 안연에게 이르기를 "세상 사람들이 나를 알아주어 써 주면 〈내 뜻을〉 실천하고 버리면 깊이 숨는 태도는 다만 나와 자네만이 할 수 있는 것이로다." 하셨다.

文頭에 感歎詞가 오거나 문장이 도치되지 않고 오직 文末에 감탄 어기사 '哉, 乎哉, 矣哉, 與, 夫' 등이 첨가되어 感歎의 뜻을 나타내는 문장형식이다.

### 2) 倒置形

한문의 기본구조는 '主語+述語'로 구성되는 것이 원칙이다. 그러나 문장의 뜻을 强調하거나 感歎을 나타낼 때는 주어 다음에 분포되어야 할 술어를 주어 앞으로 倒置하여 感歎을 나타내는 어기사 '矣, 哉' 등이 술어 뒤에 첨가되거나 '矣, 哉'와 '也, 乎' 등이 호응되어 'P+矣(哉)+S' 또는 'P+矣(哉)+S也(乎)'의 문장구조를 이루어 詠嘆의 뜻을 나타내는 문장형식을 이룬다.

(1) P+矣(哉)+S

① 盆成括仕於齊 孟子曰 死矣 盆成括 (《孟子》〈盡心〉)
분성괄이 제나라에서 벼슬을 하게 되자, 맹자께서 말씀하시기를 "죽었도다! 분성괄은." 하였다.

② 久矣 吾不復夢見周公 (《論語》〈述而〉)
오래되었도다! 내가 주공을 꿈에서 다시 보지 못한 것이!

③ 惜乎 其不大 (《說苑》〈至公〉)
애석하도다! 그의 도량이 크지 못한 것이!

④ 惜乎 子不遇時 (《史記》〈李將軍列傳〉)
애석하도다! 그대가 때를 만나지 못한 것이.

①의 '死矣 盆成括'의 문장구조는 '盆成括 死矣'이어야 할 것이 술어인

'死矣'가 주어인 '盆成括' 앞에 도치되어 감탄형을 구성하고 있다. '死矣'는 동사 '死'와 감탄 어기사 '矣'가 배합되어 감탄을 나타내는 술어를 구성하고 'P + 矣 + S'의 문장구조를 이루어 '~하도다, ~여(가)'로 풀이된다.

②의 '久矣 吾不復夢見周公'의 문장구조는 술어인 '久矣'가 主語節인 '吾不復夢見周公' 앞으로 倒置되고 '久矣'는 형용사 '久'와 감탄 어기사 '矣'가 배합되어 感歎을 나타내는 술어를 구성하고 있어, 'P + 矣 + S'의 문장구조를 이루고 있다.

③의 '惜乎 其不大'의 문장구조도 '其不大 惜乎'여야 될 것이 술어인 '惜乎'가 주절인 '其不大' 앞에 倒置되어 感歎形을 구성하고 있다. '惜乎'는 형용사 '惜'과 감탄 어기사 '乎'가 배합되어 감탄을 나타내는 술어를 구성하고 'P + 乎 + S'의 문장구조를 이루고 있다.

④의 '惜乎 子不遇時'의 문장구조도 '子不遇時 惜乎'여야 될 것이 술어인 '惜乎'가 主節인 '子不遇時' 앞에 도치되어 感歎形을 구성하고 있다.

(2) P + 矣(哉) + S也(乎)

① 回也 不改其樂 賢哉 回也 (《論語》〈雍也〉)
回는 그의 즐거움을 고치지 않았으니, 회는 참으로 어질도다!

② 子曰 野哉由也 君子於其所不知 蓋闕如也 (《論語》〈子路〉)
공자께서 말씀하시기를 "由야, 너는 참으로 무식하고 무례하구나! 군자는 자기가 모르는 일에는 입을 다물고 있는 법이다."고 하셨다.

③ 子夏曰 富哉言乎 舜有天下 選於衆 擧皐陶 不仁者遠矣 (《論語》〈顔淵〉)
자하가 말하기를 "그 말씀은 참 풍부한 뜻을 지니고 있습니다. 순임금이 천하를 차지하자 여러 사람들 중에서 선출하여 고요를 등용하니 어질지 못한 사람이 멀어졌습니다." 하였다.

④ 久矣哉 由之行詐也 無臣而爲有臣 吾誰欺 欺天乎 (《論語》 〈子罕〉)
오래되었도다! 由가 속여 온 것이!(오래도록 유가 속여 왔구나!) 가신이 없으면서 가신이 있는 것같이 만들었으니 내가 누구를 속이겠는가? 하늘을 속이겠는가?

⑤ 子曰 甚矣吾衰也 (《論語》 〈述而〉)
공자께서 말씀하시기를 "심하구나! 내가 노쇠한 것이!(내가 참으로 심히 노쇠했구나!)" 하셨다.

⑥ 牧丹之愛 宜乎衆矣 (周敦頤, 〈愛蓮說〉)
모란을 사랑하는 사람이 많은 것은 당연한 것이로다.

①, ②의 '賢哉回也'와 '野哉由也'의 문장구조는 '回也賢哉', '由也野哉'로 되어야 할 것이 술어인 '賢哉'와 '野哉'가 주어인 '回也'와 '由也' 앞에 倒置되어 感歎形을 구성하고 있다. '賢哉'와 '野哉'는 형용사 '賢', '野'와 감탄 어기사 '哉'가 배합되어 感歎의 뜻을 나타내는 술어를 구성하고 있고, '回也'와 '由也'는 명사 '回'와 '由'가 어기사 '也'와 배합되어 주어 구실을 하고 있다. 이 문장은 감탄 어기사 '哉'와 '也'가 호응되어 'P+哉+S也'의 구조를 이루는 감탄형을 구성하고 있다.

③의 '富哉言乎'의 문장구조는 원래 '言乎富哉'여야 될 것이 술어인 '富哉'가 주어인 '言乎' 앞에 倒置되어 感歎形을 이루고 있다. '富哉'는 형용사 '富'와 감탄 어기사 '哉'가 배합되어 술어를 이루고 '言乎'는 명사 '言'과 어기사 '乎'가 배합되어 주어를 이루어 'P+哉+S乎'의 구조를 이루고 있다.

④의 '久矣哉 由之行詐也'의 문장구조는 '由之行詐久矣哉'여야 될 것이 술어인 '久矣哉'가 주어절인 '由之行詐也' 앞에 倒置되어 感歎形을 이루고 있다. '久矣哉'는 형용사 '久'가 감탄 어기사 '矣哉'와 배합되어 술어를 이루고 '由之行詐也'는 述目構造로 이루어진 주어절 '由之行詐'에 감

탄 어기사 '也'가 接尾되어 주어를 이루어 'P+矣哉+S也'의 구조를 이루고 있다.

⑤의 '甚矣吾衰也'의 문장구조는 '吾衰甚矣'여야 될 것이 술어인 '甚矣'가 주어절인 '吾衰也' 앞에 倒置되어 感歎形을 이루고 있다. '甚矣'는 형용사 '甚'과 감탄어기사 '矣'가 배합되어 술어를 이루고, '吾衰也'는 主述構造로 이루어진 주어절 '吾衰' 뒤에 감탄 어기사 '也'가 接尾되어 주어를 이루어 'P+矣+S也'의 구조를 이루고 있다.

⑥의 '宜乎衆矣'의 문장구조도 '衆矣宜乎'가 倒置된 유형으로 'P+乎+S矣'의 感歎形을 이루고 있다.

## 3. 感歎詞와 感歎 語氣詞가 呼應되는 경우

文頭에 感歎詞 '嗚呼, 嗟乎, 譆, 噫嘻, 惡' 등이 분포되고, 文末에 감탄을 나타내는 終結 語氣詞 '也(邪), 哉, 也哉, 矣' 등이 호응 분포되어 감탄의 뜻을 나타내는 문장형식이다.

### 1) 嗚呼~也(邪)

· 嗚呼 其眞無馬邪 其眞不識馬也 (韓愈, 〈雜說〉)

아아, 참으로 良馬가 없는 것인가! 그 良馬를 알지 못하는 것인가!

· 嗚呼 滅六國者 六國也 非秦也 (杜牧, 〈阿房宮賦〉)

아아, 六國(韓, 魏, 趙, 燕, 齊, 楚)을 멸망하게 한 것은 六國 자신이지 진나라가 아니로다!

### 2) 嗚呼~也哉

· 嗚呼 吾子其去此而務學也哉 (蘇軾, 〈稼說〉)

아아, 그대가 이곳을 떠나서 시골로 돌아가면 배움에 힘쓸 것이로다!

### 3) 嗚呼~矣

· 嗚呼 老矣 是誰之愆 (朱熹, 〈勸學文〉)

아아, 늙었도다. 이 누구의 허물인가!

### 4) 嗟乎~也

· 嗟乎 一人之心千萬人之心也 (杜牧, 〈阿房宮賦〉)

아아, 한 사람(天子)의 마음은 천만 인의 마음이로다!

### 5) 譆~哉

· 文惠君曰 譆 善哉 技蓋至此乎 (《莊子》 〈養生主〉)

문혜군이 말하기를 "아아, 선하도다!(훌륭하도다!) 재주가 어찌 이에 이르렀는가?" 하였다.

### 6) 嗚呼噫嘻~矣

· 嗚呼噫嘻 我知之矣 (蘇軾, 〈後赤壁賦〉)

아! 알았도다(나는 그것을 알았도다). '嗚呼噫嘻'는 놀람을 나타내는 감탄사.

### 7) 惡~也

· 惡 是何言也 (《孟子》 〈公孫丑〉)

아, 이 무슨 말인가!

文頭의 感歎詞와 文末의 感歎 語氣詞가 '也, 乎, 與' 등과 호응되어 疑問이나 反語的인 感歎形을 구성하는 경우가 있으나 反語形의 문장형식은 대개가 감정이 내포되어 있는 문장표현 형식이기 때문에 이 감탄형과의 분별이 모호하다. 그러므로 이러한 문장형식은 감탄형에서 다루지 않고 반어형이나 의문형에서 다루기로 했다.

# 제8장 漢文科 敎育의 새로운 方向

# 제1절 漢文敎育의 諸問題와 改善方向

## 1. 序論

韓國은 地政學的으로 中國大陸과 근접해 있기 때문에 政治的, 文化的으로 중국의 영향을 많이 받아 왔다. 특히 中國文化의 中樞를 이루는 漢文은 우리 文化에 지대한 영향을 끼쳐 왔을 뿐 아니라, 東洋文化 形成에 크게 이바지한 것이다.

15C 訓民正音이 創製되기 이전, 漢字를 빌어서 우리 文法構造에 맞도록 표기했던 誓記式 表記나 漢字의 音과 訓을 빌어서 우리말을 표기했던 吏讀 · 鄕札, 그리고 漢文의 吐로써 사용했던 口訣 등은 國字 없이 漢字를 빌어서 文字生活을 해 온 우리 선조들의 갈등과 지혜의 흔적이라 할 수 있으며, 古朝鮮의 〈箜篌引〉이나 고구려의 〈廣開土王碑文〉 등은 古代 中國語인 漢文을 그대로 옮겨서 文字生活을 했던 증거라 하겠다.

訓民正音이 창제된 이후에도 漢文을 公用文字로 계속 써 왔기 때문에 有識層에 속하는 사람들은 거의 전부가 문자생활을 漢文에 의존했음을 《朝鮮王朝實錄》과 많은 漢文文集에서 그 자취를 찾아볼 수 있다. 이와 같이 漢字 · 漢文이 우리의 문자생활 속에서 2천여 년 살아 왔기 때문에 우리의 言語文化는 자연히 漢文이 基幹이 되어 형성되어 왔던 것이다.

漢字 · 漢文이 우리 文字生活과 言語文化의 中樞的 구실을 하여 우리 固有文化 형성에 이바지한 바가 크고, 이것이 남겨 놓은 傳統文化遺産은 그 量이나 質로 보아 지대하고도 소중한 것이 아닐 수 없다. 이와 같이 漢文이 우리 문화에 끼친 심각한 영향을 配慮할 때 漢文敎育은 國語의 올바른 理解나 傳統文化의 繼承 · 發展을 위해서 중대한 비중을 차지하고 있는 것이다.

그러기에 文敎部에서는 1972년 2월 28일 改正한 교육법 시행령에 따라 漢文을 獨立敎科로 新設하고 漢文科 敎育課程에서 漢文敎育의 目標를 漢文의 讀解技能 伸張과 國語의 올바른 이해 및 전통문화를 계승 · 발전시키려는 태도, 그리고 東洋 文化圈의 調和에 두고 敎育用 基礎漢字 1,800자를 선정하여 발표한 것이다.

그러나 현행 漢文科 敎育에서 나타나는 실상은 그 목표를 충족시키지 못하고 있을 뿐 아니라, 非正常的인 한문교육이 이루어지고 있는 실정이다. 그러기에 본고에서는 현행 敎育制度 및 運營 속에서 漢文科 교육이 비정상으로 이루어지는 要因이 무엇인지, 그 문제점을 파헤쳐 보고 그 改善方案을 考究하고자 한다.

## 2. 本論

### 1) 專攻敎師 配置 問題

敎育現場에서 漢文科 敎育을 담당할 자격이 있는 교사가 적절하게 배치되어 있는가 하는 문제이다. 유능한 교사가 유능한 제자를 키울 수 있음은 두말할 나위 없다. 그런데 漢文을 專攻하지 않은 교사가 한문과 교사로서 유능할 리가 없다. 獨立敎科로 되어 있는 한문과 교육을 非專攻 敎師인 無資格 敎師가 한문을 담당한다면 그 敎育 內容이나 方法이 정상일 수가 없고, 敎育法規上으로 보아도 科目相馳가 되어서 違法이 되는 것이다.

그러나 교육현장의 漢文科 專攻敎師의 配置實態를 살펴보면 한문을 전공한 교사가 한문교육을 담당한 비율이 낮은 형편이다.

1989년도 7월 1일 韓國漢文敎育硏究會에서 주최한 발표대회에서 발표된 서울·釜山 지방의 전공교사의 배치실태는 다음과 같다(이 조사는 보고를 하기 위한 統計數字上의 조사가 아니라 실제로 시행되고 있는 사실 그대로의 실태조사이므로 신빙성이 있는 실태조사임).

### 가) 서울 지역

〈표 1〉[36]

| 학교 | 학교수 / 공사립 | 조사 학교수 | 전공교사 학교수 | 비율 |
|---|---|---|---|---|
| 중학교 | 공립 | 44 | 14 | 31.8% |
| | 사립 | 16 | 4 | 25.0% |
| | 합계 | 60 | 20 | 33.3% |
| 고등학교 | 공립 | 33 | 10 | 30.3% |
| | 사립 | 27 | 11 | 40.7% |
| | 합계 | 60 | 21 | 35.0% |
| 중·고 총계 | | | 120 | 34.1% |

36) 李三枝, 〈서울市內 中高校를 中心으로 한 漢文科 擔當敎師 現況〉(1989. 7. 1).

### 나) 부산 지역

〈표 2〉[37]

| 학교 | 학교수 / 공사립 | 조사 학교수 | 전공교사 학교수 | 비율 |
|---|---|---|---|---|
| 중학교 | 공립 | 71 | 2 | 2.8% |
| | 사립 | 42 | 9 | 21.4% |
| | 합계 | 113 | 11 | 9.7% |
| 고등학교 | 공립 | 41 | 0 | 0% |
| | 사립 | 71 | 20 | 28.1% |
| | 합계 | 112 | 20 | 17.9% |
| 중 · 고 총계 | | 225 | 31 | 13.7% |

서울 지역의 專攻敎師 配置實態를 〈표 1〉에서 살펴보면, 中學校에서는 조사대상 60個校 중 20個校만 漢文專攻 敎師가 漢文敎育을 담당하고 있어 약 33.3%의 전공교사가 배치되고 있으며, 高等學校에서는 조사대상 60個校 중 21個校만 한문전공 교사가 한문교육을 담당하고 있어 약 35%의 전공교사가 배치되어 있는 실정이다.

서울 지역 중학교를 합해서 비교해 보면 약 34%의 전공교사가 한문교육을 담당하고 있고, 60%가 넘는 학교에서는 漢文을 專攻하지 않은 無資格 敎師가 한문교육을 담당하고 있는 셈이다.

부산 지역의 專攻敎師 配置實態를 〈표 2〉에서 살펴보면, 中學校에서 조사대상 113個校 중 11個校만 漢文을 專攻한 敎師가 漢文敎育을 담당하고 있어 약 9.7%의 전공교사가 배치되고, 高等學校에서는 조사대상 112個校 중 20個校만 한문전공 교사가 담당하고 있어 약 17.9%의 한문전공 교사가 배치되어 있는 실정이다.

---

37) 李熙穆, 〈부산 地域 中等學校 漢文敎育의 實態調査 報告書〉(1989. 7. 1).

부산 지역 중학교를 합해서 비교해 보면 약 13.7%의 전공교사가 한문 교육을 담당하고 있고, 80%가 넘는 학교에서는 한문교사의 자격이 없는 無資格 教師가 담당하고 있는 실정이다.

漢文教育의 중요성이나 그 목적으로 볼 때 이와 같이 많은 무자격 교사가 漢文을 담당하고 있으니 漢文教育이 제대로 이루어질 리가 없다. 서울 지역의 무자격 교사가 60% 이상, 부산 지역의 무자격 교사가 80%가 넘는 教育現場의 실태를 더 자세히 보면,

音樂, 體育, 實業 教師들이 그들의 전공시간이 부족하니까 나머지 시간은 1, 2시간씩 한문을 나눠 맡아서 시간을 때워 버린다고 한다. 물론 學校運營의 어려움이 있겠지마는 漢文같이 중요한 과목을 이렇게 푸대접한다면 한문교육이 어찌 正常的으로 이루어질 수 있겠는가? 더구나 專攻教師가 없는 학교에서는 漢文時間을 타 교과목으로 바꾸어서 變態運營을 할 수 있다고 보아야 할 것이다.

그러므로 漢文科 教育의 目標를 달성하고 정상적인 한문교육을 이룩하기 위해서는 반드시 漢文을 專攻한 教師, 즉 大學의 漢文教育科를 졸업한 有資格 教師를 임용하여 學校現場에 배치해야 할 것이다.[38]

## 2) 週當 時間配定 問題

教育課程上 1주간 배당된 시간수가 言語教育의 측면에서 볼 때 부족하다는 말이다.[39]

---

38) 拙稿, 〈中學校 漢文科 教育課程과 漢文教育〉, 《語文研究 29》(一潮閣, 1981), p.60.

39) 拙稿, 〈漢文科의 教育課程과 評價로 본 漢文教育〉, 《漢文教育研究 第2號》(韓國漢文研究會 刊, 1988), pp.59~60.

### 가) 中學校

현행 中學校 漢文科 教育課程에서는 1학년에서는 1시간, 2 · 3학년에서 1시간 내지 2시간으로 배당되어 있다.

그러나 일선 學校에서는 2 · 3학년에서도 거의 1시간 정도 실시하고 있는 실정이다.

서울, 부산, 광주, 대전, 마산, 목포, 제주, 안성, 진천 所在의 男女 中學校 학생 각 2개반씩 860명을 대상으로 실시한 설문조사에 의하면, '週當 1시간씩 배운다.'가 97.9%로 거의 전부가 주당 1시간씩 실시하고 있는 실정이다.

주당 1시간씩 실시한다고 하지마는 학교행사나 공휴일 등으로 빠지게 되면 1시간도 못하는 週가 허다할 것이다.

言語教育은 최소한 주당 2시간은 실시해야 소기의 學習效果를 거둘 수 있는 것이다. 漢文을 담당한 한문교사들의 의견을 조사한 바에 의하면, 주당 2시간은 되어야 한다는 교사가 58.8%를 차지하고 있어 이를 뒷받침하고 있다.

모든 教育課程의 有機的인 調和나 타 교과와의 합리적인 운영을 위해서는 많은 어려움이 있을 것이나, 漢文教育의 重要性이나 言語學習理論의 效率性을 고려할 때 중학교 한문교육은 최소한 주당 2시간은 실시해야 漢文科 教育의 目標나 內容을 달성할 수 있을 것이다.

### 나) 高等學校

高等學校 漢文科 教育課程에서 굳이 單位數를 가지고 논하고 싶지 않다. 漢文科 教育의 重要性이나 機能을 볼 때 漢文教育은 道德的인 人格修養이나 國語 語彙力 伸張, 東洋 文化圈의 調和, 그리고 傳統文

化의 繼承·發展을 위하여 절대적인 작용을 하고 있는 것이다. 이렇게 중요한 敎科를 敎育課程上 共通必須로 하지 않고 選擇必須로 책정하고 있는 것은 한문교육의 구실이나 중요성으로 볼 때 매우 불합리한 처사라 생각된다.

다시 말하면 實業系 高等學校에서는 漢文이 선택과목이기 때문에 실업계 고교생은 漢文敎育에서 얻어지는 人格修養, 國語 語彙力 伸張, 傳統文化의 繼承·發展의 능력을 기르지 못하는 결과가 될 것이다. 그러므로 일반계 고교뿐 아니라, 실업계 고교에서도 한문과 교육을 필수적으로 이수해야 할 공통필수 교과로 설정해야 高校 漢文敎育의 正常化를 기할 수 있을 것이다.

### 3) 入試 評價 時 配點 問題

敎育課程에 규정한 중학교와 고등학교의 漢文科 履修時間과 고등학교 입학 연합고사와 대학입학 학력고사 시 漢文科目의 點數配定이 불합리하다는 말이다.

#### 가) 中學校 漢文科 履修時間과 聯合考査 點數配定

漢文科의 履修時間은 주당 1시간 내지 2시간을 이수하기로 되어 있고, 聯合考査의 評價配點은 4점으로 되어 있다. 그런데 음악이나 미술은 한문과와 같은 이수시간이면서도 연합고사 평가배점은 10점으로 되어 있다. 敎育課程上 履修時間은 漢文과 같으면서도 漢文은 겨우 6(4)점을 배당하고, 음악이나 미술은 한문의 倍에 가까운 10점을 배당하고 있다. 당국이 漢文敎科의 重要性을 깊이 認知하지 못하고 있다 하더라도 교육과정으로나마 합리적이고 균형 있는 배점을 해야 할 것이다. 교육과정상으로는 漢文을 獨立敎科로 인정하면서도 이와 같이 差等 있는 배점을 하면 학생들은 한문을 輕視하고, 학습하려는 의욕을 상실하게 될 것이며, 결과적으로 漢文學力을 低下시키게 되는 것이다.

漢文敎育의 중요성으로 볼 때 교육과정에 배당된 주당 1~2시간도 부족하지만, 기왕 배정된 시간을 감수한다 하더라도 聯合考査 評價配點을 6(4)점으로 한다는 것은 타 교과에서 찾아볼 수 없는 처사라 하겠다. 그러기에 연합고사에서 한문과의 평가배점을 최소한 10점은 배당하여야 교육과정의 이수시간과의 비율에 있어서도 合理性이 있으며, 또한 中學校 漢文敎育 正常化의 바탕을 이룰 수 있을 것이다.

### 나) 高等學校 漢文科 履修單位와 大入 學力考査의 點數配定

高等學校 漢文科 履修單位는 과정별 선택의 4~8단위로 되어 있다. 자연과정, 실업계, 기타계는 4단위를 이수해야 하고 人文社會 과정은 8단위를 이수할 수 있도록 되어 있다. 社會, 地理는 4~6단위를 이수하기로 되어 있으므로, 敎育課程에서 最小單位 配當基準은 漢文科와 同一한 이수단위로 되어 있다. 그러나 학력고사의 평가배점은 漢文을 國語에 포함시켜 겨우 7점을 배당하고 있다. 동일한 이수단위로 되어 있는 社會(社·文, 世界史, 國·地, 人·地)는 각각 15점씩 배점하고 있다. 漢文과 配點 關係를 비교해 보면 漢文科의 評價配點이 社會科의 2분의 1에 불과한 셈이다. 물론 社會科의 配點이 과다하다는 말은 결코 아니다. 교육과정상 履修單位가 同一하다면 評價配點도 대등해야 합리적인 敎科運營이 될 것이기 때문이다. 그리고 漢文科를 國語科에 포함시켜서 국어 50점 속에 한문 7점을 배점하고 있는 것이 漢文科 評價의 실정이다.

한문과가 국어과의 일부분이라고 생각하는 思考方式은 한문과가 독립교과로 설정되기 이전의 敎育課程 精神의 所産이다. 그러므로 독립교과인 漢文科 學力考査 評價配點 7점은 마땅히 시정되어야 할 것이다. 그리고 한문교육의 정상화와 우리 전통문화의 계승·발전과 동양 문화권의 조화를 위해서는 漢文科의 大入 學力考査 配點은 최소한 10~15점으로 조정되어야 하고, 國語科에 포함시키지 말고 독립교과로써 평가되어야 할 것이다.[40)]

漢文敎育이 成功되느냐 失敗되느냐 하는 관건은 바로 여기에 있는 것임을 명심해야 한다.

### 4) 漢文 敎科書 編纂 問題

#### 가) 敎育用 基礎漢字와 漢文 敎科書

名實相符한 漢文科 敎育을 이룩하자면 漢文 敎科書의 내용이 漢文文章으로 엮어져야 한다. 그럼에도 불구하고 현행 교과서 내용의 3분의 2 이상이 漢字語로 구성되어 있음은 漢文을 가르쳐야 할 漢文敎育이 國語에서 교육해야 할 漢字語 敎育에 치중하지 않으면 안 될 결과를 가져오게 된 것이다. 漢文敎育이 漢字語 敎育으로 바뀐다면 한문교육의 본연의 임무를 다하지 못하고, 한문교육의 獨自性을 상실하게 되며, 한문교육의 目標를 제대로 달성할 수 없게 되는 것이다.

물론 漢文敎育이 漢字語와 전연 무관한 것은 아니다. 그러나 한문교육이 정상적으로 이루어진다면, 漢字의 造語力이 탁월하기 때문에 漢字

---

40) 拙稿, 〈漢文科의 敎育과 評價〉, 《국어교육 51·52》(한국국어교육연구회, 1985), pp.470~472.

語의 理解는 자동적으로 해결될 것이다. 우리 國語 語彙의 70% 이상이 漢字로 이루어져 있는 까닭에 한문교육은 모든 교과의 기초가 되고 도구가 된다고 보아도 무리한 理論은 아니 될 것이다. 國語, 歷史, 科學 등 漢文敎育의 영향을 받지 않는 교과는 없다. 그것은 마치 저수지에 담겨진 물이 용도에 따라 農業用, 工業用, 食水用으로 쓰여지는 것과 같은 것이다.

이럼에도 불구하고 현행 교과서와 같은 內容으로 편찬하지 않을 수 없는 고충이 있다. 그것은 中 · 高校에서 사용할 수 있는 漢字가 1,800자로 제한되어 있기 때문이다. 이 敎育用 基礎漢字 1,800자가 漢文文章에 쓰일 수 있는 漢字보다 漢字語로 쓰일 수 있는 漢字가 絶對多數라는 점이다. 다시 말하면 漢文用 漢字보다 常用漢字 數가 훨씬 많기 때문에 漢文文章으로 구성할 수 없는 어려움이 있는 것이다. 그렇기 때문에 漢文敎育의 正常化를 위해서는 교육용 한자의 사용제한을 철폐하거나 상용한자와 교육용 한자를 별도로 선정하여 상용한자는 우리말인 한자어 표기에 사용하고 교육용 한자는 한문교육을 위하여 사용하여야 한다.

漢字를 쓰지 않으면 안 될 漢字만 골라서 상용한자로 선정한다면, 상용한자의 수를 대폭적으로 축소시킬 수 있을 것이다. 만일 교육용 기초한자를 1,800자로 현행대로 제한해 둔다면 현행 교과서 내용의 테두리를 벗어날 수 없고, 또한 漢文 本然의 敎育은 하기 어려울 것이다. 현행 교육용 기초한자 1,800자(中 · 高用)는 한글 전용과 國漢文 混用의 논쟁 속에서 태어난 畸形兒인 것이다. 이 기형아를 그대로 두고서는 한문교육의 목표를 달성하기 어려울 것이다.

### 나) 漢文文法의 體系 및 用語

漢文 敎科書에서 사용하고 있는 文法體系가 著者마다 다르며 文法用語도 동일한 개념을 여러 가지로 表記하고 있어 큰 혼란을 빚고 있다. 즉 品詞의 分類나 文章의 構造類型을 저자에 따라 다르게 보고 있고, 用語에 있어서도 目的語를 客語 또는 賓語라 하고 '哉, 焉, 矣, 也, 乎' 등 語助詞를 助詞, 語氣詞, 終結詞, 虛詞 등으로 표현하고 있다.

이러한 文法體系와 文法用語는 現場學習의 혼란을 빚게 하며, 체계 있고 일관성 있는 효율적인 한문교육을 방해하고 있는 터이니 하루 빨리 시정되어야 할 것이다.

### 5) 漢字 早期敎育 問題

이 문제는 敎育課程 運營上의 문제가 아니라, 敎育制度나 敎育課程을 改正한다는 전제 아래서 실현 가능한 문제이다.

漢字敎育은 하나의 文字敎育이기 때문에 어렸을 때부터 가르쳐야 효과를 거둘 수 있는 것이다. 특히 國語 語彙의 70% 이상을 차지하고 있는 漢字語를 바르게 이해하고 표현하려면 한자교육은 早期에 이루어져야 한다.

필자는 국민학교 교사 290명에게 漢字敎育에 관한 設問을 해 보았다. 현재 학교에서 한자교육 실시 여부를 묻는 설문에서 70.35%인 204명이 실시하고 있다고 했으며, 실시하지 않는 교사는 29.65%로 겨우 86명에 불과하고, 국민학교에서 한자교육의 필요성을 묻는 설문에서는 한자교육이 필요하다고 답한 교사가 290명과 249명으로 약 80.5%를 차지하고 있다. 현재 실시하고 있는 교사가 204명인데 필요하다고 생각하는 교사가 247명인 것을 보면 43명의 교사들은 必要性을 느끼면서도 어떤 사정 때문에 실시하지 못하고 있는 것으로 해석된다.

教育課程上 教育現場에서의 漢字教育을 正規的으로 학습하게 되어 있지 않는데도 이와 같이 많은 교사들이 漢字教育의 必要性을 절감하고 있으며, 교육현장에서 한자학습을 실시하고 있다는 것은 教育的 立場에서 볼 때 그대로 지나칠 수 없는 중대한 문제라고 思料된다. 이렇게 절실하게 요구되고 있는 漢字 早期教育 問題를 교육적으로 어떻게 처리해야 모든 국민의 言語生活의 원활을 위해서 가장 타당한 것일까? 教育用 基礎漢字의 선정은 國語生活에서 필요한 漢字語와 漢文 讀解를 위한 漢文文章 教育의 兩面性을 띠고 이루어졌다. 그렇기 때문에 국민학교 3~4학년부터 漢字教育을 600자 정도 선정하여 早期學習시킨다면 우리 國語教育은 물론 타 교과를 바르게 이해하는 데도 크게 이바지할 것이다.[41] 한글 전용만 주장하고 漢字·漢文 教育을 전폐했던 北韓이 근래에 와서 국민학교에서 한자를 조기교육하고 있음을 명심해야 하겠다. 그리고 中·高校에서 바라고 있는 한문교육 목표를 달성하는 데도 크게 도움이 될 것이며, 名實相符한 漢文教育을 실시하는 데 實效를 거둘 수 있을 것이다.

다시 말하면, 우리나라에서 漢字야말로 諸教科의 基礎道具가 되는 文字이기 때문에 중학교에서처럼 국민학교에서도 漢字·漢文 教科를 독립교과로 신설하고(國語 教科書에 漢字를 노출시키거나 併記시키지 말고) '漢字教本'을 별도로 편찬하여 과학적으로 철저히 지도해야 한다고 생각한다. 그리고 國漢文 混用이냐, 한글 전용이냐 하는 文字表記 問題는 문

41) 拙稿, 〈中學校 漢文科 教育課程의 改善方向〉, 《제5차 국어과, 한문과 교육과정 개정을 위한 세미나 자료집》(한국교육개발원, 1986. 5), pp.142~144.

자를 사용하는 사람에게 자유롭게 맡겨야 할 것이다.

## 3. 結論

漢文教育을 正常化하고 漢文教育의 窮極의 目標를 효과적으로 달성하기 위해서는 다음과 같은 것이 반드시 이루어져야 한다.

1) 漢文을 專攻한 有資格 教師가 漢文科 教育을 담당해야 한다.
2) 중학교 한문과 교육의 週當 配定時間은 최소한 2시간으로 늘려야 하고, 고등학교는 共通必須 科目으로 해야 한다.
3) 高入 聯合考査와 大入 學力考査에서 漢文科目의 點數配當은 적어도 10~15점은 되어야 한다. 이것은 한문교육의 成敗와 直結된다.
4) 教育用 基礎漢字는 名實相符한 한문 교과서를 편찬할 수 있도록 조정되어야 한다.
5) 漢字教育은 國語教育이나 漢文教育의 正常化를 위해서 국민학교 때부터 早期教育해야 한다.
6) 國譯 專門要員은 國家的인 차원에서 반드시 양성해야 한다.

《韓國 人文科學 教育의 諸問題》(韓國精神文化研究院 國內學術大會, 1989, pp.437~454)에 발표

**〈參考文獻〉**


朴天圭, 〈漢文教育과 그 方向 摸索〉, 《檀國大學校 師大學報》.

宋載卲, 〈漢文教育은 왜 필요한가?〉, 《漢文教育研究 第1號》, 韓國漢文教育研究會, 1986.

申用浩, 〈漢文教師들의 資格證 所持實態와 問題點〉, 《漢文教育研究 第2號》, 韓國漢文教育研究會, 1988.

李三枝, 〈서울市內 公私立 中高校를 中心으로 한 漢文科 擔當教師 現況〉, 韓國漢文教育研究會 發表, 1989. 7. 1.

李熙穆, 〈釜山 地域 中等學校 漢文教育의 實態調査 報告〉, 韓國漢文教育研究會 發表, 1989. 7. 1.

辛承云, 〈古典國譯〉, 《文藝年鑑》, 韓國文化藝術振興院 編, 1987.

鄭愚相, 〈漢文科 教育과 評價〉, 《國語教育(51, 52)》, 韓國國語教育研究會, 1985.

______, 〈中學校 漢文科 教育課程과 漢文教育〉, 《語文研究》, 一潮閣, 1981.

______, 〈漢文科 教育課程과 評價로 본 漢文教育〉, 《漢文教育研究 第2號》, 韓國漢文教育研究會, 1988. 6.

______, 〈中學校 漢文科 教育課程의 改善方向〉 第5次 國語·漢文 教育課程 改正을 위한 세미나, 韓國教育開發院, 1986. 5.

# 제2절 漢文敎育의 現況과 課題

## 1. 漢文敎育의 目的과 漢字 · 漢文 敎育

우리는 왜 漢文을 가르쳐야 하고 배워야 하는가 하는 漢字 · 漢文 敎育의 目的이나 必要性을 찾아봄으로써 여기에 제시된 漢字敎育과 漢文敎育의 二元論的 根據를 찾아보고 이와 관련된 한문교육의 현황과 과제를 생각해 보기로 한다.

漢文敎育의 目的은 다음과 같다.

① 우리 國語의 올바른 理解와 表現을 위해서이다.

② 亞太時代 國際文字이기 때문이다.

③ 東洋 文化圈의 調和를 위해서이다.

④ 빛나는 傳統文化의 繼承 · 發展을 위해서이다.

위에서 말한 二元論的 漢文敎育이란 漢字敎育과 직결되는 한문교육의 목적 ①, ②와 漢文文章 敎育과 직결되는 漢文敎育의 목적 ③, ④를 말한다.

물론 漢文敎育 하면 槪念上 漢字敎育도 포함되지만 敎育의 目的이나 實用面으로 볼 때 한자교육과 한문교육을 구별해서 二元論的으로 記述함이 한문교육 현실과 조화되기 때문이며, 記述의 편의상 學校敎育으로서의 漢文敎育과 社會敎育으로서의 漢文敎育으로 나누어 말하고자 한다.

## 2. 學校敎育으로서의 漢文敎育

學校敎育으로서의 漢文敎育은 敎育法에 의해서 敎育課程을 만들고 그 교육과정에 따라서 계획적으로 운영되는 국민학교, 중등학교, 대학교 등 각급 학교의 漢文科 敎育을 말한다.

### 1) 國民學校에서의 漢字敎育

현행 국민학교 교육과정에서는 漢字敎育을 特活時間에 학교장의 裁量에 의하여 지도할 수 있게 되어 있다.

학교에 따라서는 特別活動 시간에는 물론 매일 아침 自習時間에 하루 1~2자씩 지도하고 있다. 교사 경력 5, 6년인 젊은 교사들을 대상으로 조사한 결과, 80% 이상이 국민학교에서 漢字敎育이 이루어져야 한다고 보고 있고,[42] 조선일보가 지난 2월 24일 한국갤럽과 공동 실시한 漢字使用에 대한 '國民輿論調査' 결과에 따르면, '국민학교 때부터 漢字를 배우도록 해야 한다.'는 의견에 매우 찬성이 38.7%, 약간 찬성이 43.8%가 되어 전체 응답자의 82.5%가 국민학교에서 漢字敎育을 실시할 것을 희망하고 있다. 學校敎育 현장에 있는 일선 교사들의 80% 이상이 漢字敎育을 早期에 실시해야 한다고 보고 있고, 일반 국민들의 82.5%가 국민학교에서 漢字敎育을 실시해야 한다고 희망하고 있다. 이러한 현실을 直視하고 조선일보에서는 "亞太時代 '우리의 國際文字' 漢字를 배웁시다."라는 標題下에서 漢字敎育의 重要性과 必要性을 17회에 걸쳐(1994. 2. 7~1994. 2. 28) 연재하여 국민학교 교육에서의 한자교육의 當爲性을 피력

---

42) 拙稿, 〈國民學校 國語敎育의 診斷과 治療〉, 《語文硏究》(1986), p.52.

하였고, 기타 신문 및 TV에서도 같은 주장들을 아끼지 않았다. 漢字 · 漢文 敎育의 正當化를 위하여 고무적이기도 하려니와 매우 값진 일이다.

국민학교 때부터 漢字敎育이 正規敎科로 교육되어야 漢文敎育 目標의 ①, ②인 國語의 올바른 理解와 表現, 그리고 亞太時代의 國際文字를 이해할 수 있는 基本 言語能力을 신장시킬 수 있음은 明若觀火한 일이다. 韓國과 日本, 그리고 中國은 亞太의 主役國이 아닌가? 이 주역국들이 공통으로 쓸 수 있는 문자가 곧 漢字이며 亞太의 國際文字이기 때문에 漢字敎育이 정상화되지 않으면 亞太時代에서 經濟, 文化, 政治, 敎育 등이 소외되고 낙후된 후진국이 됨을 면치 못할 것이다(日本은 국민학교 1,006자, 중등 939자, 도합 1,945자. 北韓은 국민학교 500자, 중등 1,500자, 大學 1,000자, 도합 3,000자).

이와 같이 早期 漢字敎育이 절실함을 감안하여 敎育改革의 차원에서 과감하게 국민학교에서부터 한자교육이 독립된 정규교과로 실시되어야 할 것이다.

명년부터 시행될 국민학교 6차 교육과정에서도 漢字敎育에 관한 말은 한마디도 찾아볼 수 없고, 다만 어느 과목이든지 자유롭게 가르칠 수 있는 學校 裁量時間에 있을 뿐이다. 이 裁量時間에 漢字, 영어, 컴퓨터 등 학교장이 필요하다고 여기는 교과는 무엇이든지 가르칠 수 있게 되어 있으나, 사실상 영어나 컴퓨터에 밀려 漢字敎育은 제대로 이루어지기 어렵게 되어 있다. 뿐만 아니라 국민학교에서 漢字를 가르친다 해도 일선의 교사들이 어떤 한자를 어떻게 가르쳐야 할지 갈피를 잡지 못하는 실정이다. 중학교에서 900자, 고등학교에서 900자를 가르쳐 중등학교에서 가르칠 敎育用 基礎漢字는 교육부에서 1,800자를 선정하고 있으나, 정말 기초한자를 가르쳐야 할 국민학교의 교육용 기초한자는 선정하지 않고 있기 때문에 국민학교에서 어떤 漢字를 가르쳐야 漢字의 기초를 튼튼히 할 수 있을지 방향을 잡지 못하고 있는 실정이다.

그리고 국민학교 현장의 교사들의 대부분이 한글세대에 교육받은 교사들이어서 교사들 자신이 漢字의 構造나 機能(形, 音, 義)을 잘 이해하지 못하고 있기 때문에 現代教育에 맞는 漢字教育을 실현하기란 매우 어려운 실정에 있다. 그렇기 때문에 漢字教育의 難易度나 段階性을 고려하지 않고 억지로 쓰고 익히게 하여 무조건 暗記式으로 학습시키기 때문에 학습자들로 하여금 한자교육에 대한 공포심과 실증감만 일으켜 한자교육에 역효과를 나타내기 쉬운 실정에 있다.

교육부는 이러한 教育 環境이나 實態를 주의 깊게 통찰하여 국민과 교육자들이 주장하는 漢字教育의 當爲性을 외면하지 말고 제6차 국민학교 교육과정을 재개정하여 漢字教育의 正常化를 위한 조치를 급히 마련해야 할 것이다.

### 2) 中學校의 漢文教育과 教育課程

현행 중학교 교육과정에서는 漢文이 必須教科로써 1학년에서는 1시간, 2·3학년에서는 1시간 내지 2시간을 지도하도록 되어 있다. 그러나 서울, 부산, 광주, 대전, 마산, 목포, 제주, 안성 소재의 남녀 중학교 학생 각 2반씩 860명을 대상으로 실시한 교육개발원의 설문조사에 의하면, '주당 1시간씩 배운다.'가 97.9%로 거의 전부가 주당 1시간씩 실시하고 있다. 물론 言語學習의 효과적인 운영을 위해서는 적어도 주당 2시간은 학습해야 한다. 여기에 비춰 보면 주당 1시간씩 漢文教育을 실시한다는 것은 그 학습 효과로 볼 때 매우 부족한 편이다.

현재 필수교과로써 주당 1시간씩 실시해도 漢字教育의 正常化를 위해서는 반절도 미치지 못하는 판국에, 1995학년도부터 시행될 6차 교육과정에서는 選擇科目이기 때문에 1주일에 1시간씩 교육한다는 보장도 없는 실정이니 漢字敎育을 위해서는 매우 안타까운 일이다.

이렇게 중학교 漢文科 敎育이 선택과목으로 시행될 때 국민학교에서 배우지 않은 학생들은 中學校 課程에서는 한문을 선택하지 않으면 한문을 전혀 배우지 못하게 될 것이며, 이 학생들이 고등학교에서 한문을 배운다 하더라도 중학교 때 배워야 할 900자를 배우지 못했기 때문에 漢文學力이 미치지 못하여 결국 高校에서 漢文學習을 포기하고 말게 될 것이다. 그리고 학교장이 컴퓨터와 漢字敎育 중에서 어느 것을 어떤 형태로 선택하느냐에 따라서 漢文學習의 결과도 달라질 것이다.

더구나 현행 교육과정과 高入 聯合考査에서는 必須이기 때문에 漢文科目 配點이 6점이나 되지만 漢文이 選擇科目으로 전락했을 때는 고입연합고사의 배점이 어떻게 되느냐에 따라서 漢文敎育의 活性化가 좌우되는 매우 중요한 문제로 제기될 것이다.

### 3) 中學校 漢文科 敎師 實態

李三枝 교사가 조사한 '中學校 漢文科 敎育의 現況'[43]에 의하면 조사대상 서울 公·私立 중학교 60개교 가운데서 漢文科 資格證을 가진 교사만으로 수업을 담당하고 있는 곳은 18개교로 30.0%(공립중학교 31.8%, 사립중학교 29.0%)에 그치고 있으며, 國語科를 비롯한 타 교과에서 1시간 이상 지원하는 비율이 70%에 이르고 있다고 한다. 다시 말하면 漢文을 專攻한 敎師가 30%에 지나지 못하고 科目相馳 敎師가 70%에

43) 李三枝, 《漢文科 敎育論》(韓國漢字漢文敎育硏究會 編, 한샘출판사, 1993), p510.

이르고 있다는 것이다.

중학교 漢文科 教育이 必須일 때도 漢文科 專攻教師의 실태가 이러한데, 1995학년도부터 한문과가 선택으로 실시하게 되면 비전공으로 한문을 가르치던 70%나 되는 학교에서는 전공교사가 없다는 이유로 한문 선택을 기피할 가능성을 배제할 수 없을 것이다. 더구나 벌써부터 중학교에서는 한문을 전공한 교사들에게 한문시간이 없어질 것이니 다른 부전공을 택해야 한다고 종용하는 학교도 있다고 한다. 이러한 선택과목으로서의 教育課程과 教育現場 實態를 고려할 때 중학교 한문교육이 제대로 실현되기 어려울 것이며, 이 결과로 漢文教育 不在라는 傳統文化 말살의 원인을 제공하게 될 것이다.

### 4) 高等學校 漢文教育

현행 제5차 高等學校 漢文科 教育課程에는 漢文科 履修單位가 과정별 선택의 4~8단위로 되어 있다. 자연계, 실업계, 기타계는 4단위를 이수해야 하고, 인문사회 과정은 8단위를 이수하도록 되어 있다. 그러나 6차 고등학교 한문과 교육과정에서는 한문과가 共通必須로 되지 않고 選擇必須 科目으로 되어 있다. 인문, 과학, 실업에서 공통으로 선택할 수 있는 이수단위는 6단위로 되어 있고, 인문사회 분야에서 한문을 심화시키기 위해서 선택할 수 있는 이수단위는 4단위로 되어 있다.

현행 教育課程의 履修單位에 비하여 인문, 사회, 자연, 실업 등 이수해야 할 단위는 4단위에서 6단위로 늘었다고 하나, 高等學校의 教科教育은 大學入試의 내용에 따라서 변수가 심하게 나타나게 되어 있다. 즉 대학입시의 수능고사와 본고사에서 漢文의 配點이 어떻게 되느냐에 따라서 漢文教育의 實狀이 결정된다 해도 과언이 아니다.

금학년도부터 시행한 수능고사에서 한문이 전연 다루어지지 않고 言語能力考査 분야에서 지문조차도 한글로 되어 있어서, 고등학교에서 漢字漢文을 學習하지 않아도 대입 수능고사에 아무런 영향을 받지 않게 되어 있다. 大學에 따라서 본고사에서 漢文科를 第2 外國語 선택의 일환으로 다루고 있다. 더구나 外國語 선택에서 日本語를 배제하고 그 대신 漢文을 선택한 서울대를 비롯한 고대 등 몇 大學의 처사는 民族自尊의 정의를 위해서도 매우 흐뭇한 일이다. 따지고 보면 日本語나 中國語는 漢文을 모르고서는 접근하기도 어려운 것이기도 하다. 그러나 영어보다도 더 필요한 人文社會 系列에서는 漢文을 겨우 제2 외국어로 다루어야만 하는지 의문이 간다. 인문사회 계열에서는 漢文이 第1 外國語와 동등한 위치에서 다루어져야 마땅할 것이다.

서울대의 1994학년 제2 외국어의 지원현황을 보면 佛語 1,022명, 獨語 1,926명, 漢文 605명, 中國語 154명, 에스파니아어 39명으로 漢文選擇은 3,746명 중 605명으로 제2 외국어 지원자의 16.15%를 차지하고 있고, 獨語의 1/3을 지망하고 있는 셈이다.

이러한 현상은 高校에서 漢文敎育이 正常的으로 이루어지지 않았기 때문인 것이다. 漢文은 불어나 독어와 달리 중학교 때부터 교육하고 있으나, 독어나 불어보다 이와 같이 적은 비율로 지원하는 것은 專攻의 學問上 必要에서보다 基礎學力이 부족해서 응시할 자신이 없기 때문일 것이다. 인문사회 계열에서는 불어나 독어보다 더 필요한 교과임에도 불구하고 이렇게 낮은 비율로 지망한 것은 中 · 高校에서 非正常的으로 이루어지는 漢文敎育이 실시된 데 그 원인이 있다고 보아야 한다.

### 5) 大學에서의 漢文敎育

大學의 漢文敎育은 敎養選擇으로서의 漢文敎育과 漢文敎育科나 漢文學科 같은 專攻科目으로서의 漢文敎育으로 분류하여 생각할 수 있다. 교양선택 과목으로서의 한문교육은 각 대학의 특성에 따라 각각 그 내용이 相異하긴 하나 대개 敎養漢文 수준으로 교육되고 있다. 그러나 中·高等學校에서 漢文을 제대로 이수하지 못한 학생들이 태반이기 때문에 그 漢文學力이 우리의 기대치에 이르지 못하고 있다. 그리고 전공과목으로서의 한문교육도 각 대학마다 다양한 교육과정을 마련하여 강의하고 있으나, 교육과정과 강의내용이 일치하지 않을 뿐 아니라 학생들이 基本的이며 基礎的인 漢文學力이 水準未達이기 때문에 소기의 교육효과를 거두지 못하고 있는 실정이다. 漢文을 專攻하는 학생들은 적어도 四書는 정독해야 하고, 그 수준의 讀解力을 갖추어야 하나, 이 수준에 이르고 있는 학생도 그리 많지 않은 실정이니 漢文專攻 학생들의 漢文學力도 가히 짐작할 수 있다. 이렇기 때문에 대학에서 산출되는 한문학력으로써, 漢籍으로 되어 있는 傳統文化의 啓發이나 暢達을 기대하기란 매우 어려운 실정이다. 여기에 한문교육의 새로운 제도가 마련되어야 할 중대한 연유가 있는 것이다.

## 3. 社會敎育으로서의 漢文敎育

### 1) 漢字敎育

국민학교 교육에서 漢字敎育을 正規敎科로 가르치지 않기 때문에 일반 시중에서 漢字敎育 學院이 성행되고 있다. 그나마 漢文敎育을 위하여 다행한 일이긴 하나 學習敎材나 學習方法 등에 문제가 없는 것은 아니지만, 오히려 국민학교에서 무모하게 가르치는 漢字敎育보다는 좀 나은 漢字敎育이 이루어지는 것으로 알고 있다.

### 2) 漢文敎育

주로 漢文文章을 중심으로 漢文의 讀解力 伸張을 目的으로 하고 있는 漢文敎育을 말한다. 옛날에는 書堂이나 書院에서 이와 같은 형태의 한문교육이 이루어졌으나, 지금은 社會敎育의 일환으로 서울을 비롯한 각 지방에서도 이러한 目的으로 운영되는 私設 漢字敎育 機關이 다수 있는 것으로 알고 있다. 특히 서울의 경우 社團法人 傳統文化硏究會에서 《童蒙先習》에서부터 四書에 이르기까지 古典漢文 飜譯과 講義를 활발하게 실시하여 漢文敎育의 일익을 담당하고 있다.

## 4. 國譯要員 養成을 위한 漢文敎育

國譯要員이란 漢文文章으로 이루어진 漢籍(文 · 史 · 哲)을 우리 國語로 번역할 수 있는 고도의 漢文讀解 能力을 가진 사람을 의미한다. 우리나라에서 이러한 漢學者를 전문적으로 양성하는 유일한 기관으로는 民族文化推進會의 國譯硏修院을 들 수 있다. 물론 한학자를 양성하는 大學들이 있지만 국역요원을 양성한다는 뚜렷한 목적을 가지고 있지는 않다.

민족문화추진회의 국역연수원 學則을 살펴보면 제1조에서 '民族文化의 傳承 啓發을 위하여 古典國譯을 담당할 人才 養成을 目的으로 한다.'고 그 목적을 분명히 하고 있으며, '編制'는 研修部와 研究部를 두고, 연구부에는 一般研究員과 常任研究員을 두기로 되어 있다.

그리고 '編成'은 연수부 50명, 연구부 20명이며, 연수부 修業年限은 3년, 연구부 修業年限은 2년으로 되어 있다. 入學資格은 研修部는 ①4년제 대학 졸업자와 졸업예정자, ②전통방식의 漢學敎育을 5년 이상 受學하여 한문실력이 우수한 자로서 漢學者의 추천을 받은 자, ③연령은 만 35세 이하인 자로 되어 있고, 研究部는 ①연수부 졸업자, ②大學講師 이상, ③國譯者로 규정짓고 있다. 그리고 연구부에 古典 國譯要員을 확보하기 위하여 常任研究員을 두고, 이 상임연구원들은 ①古典에 관한 정밀한 연구, ②古典國譯에 관한 理論研究와 國譯演習, ③古典研究와 國譯에 관계된 調査研究 및 實習, ④課題 處理의 任務를 띠고 있으며, 이 과정을 다 마치고 國譯考査에 합격하면 國譯者의 資格을 주기로 되어 있다. 결국 國譯要員을 양성하는 핵심처는 研究部로써 그 중에 常任研究員으로 국한되어 있는 셈이다. 이 상임연구원들은 대학을 졸업하고 연수부 3년, 연구부 2년, 도합 5년 과정을 거쳐서 國譯 資格試驗에 합격해야 한다.

敎育內容의 構成은 四書를 비롯하여 漢學 공부에 필요한 文·史·哲이 조화롭게 짜여져 있다. 國譯研修院의 학칙에 제시되어 있는 學制나 敎育內容들을 철저히 이수하기만 한다면 국역요원을 양성하기에 부족함이 없으리라 본다. 그러나 財政的으로나 制度的으로 국가의 뒷받침이 없는 한, 소기의 목적을 달성하기 어려운 처지에 있다.

정부가 古典 國譯事業에 전보다는 나은 예산배정을 계획한다든가, 이번에 완간된 《朝鮮王朝實錄》을 전자책인 CD-ROM으로 만들기로 결정했다 한다(조선일보 4월 18일자). 정부에서 우리보다 앞질러 완간된 《朝鮮

王朝實錄》을 보고 國譯政策에 대한 새로운 인식을 갖게 된 것은 참으로 다행한 일이다. 그러나 지금까지 방치되고 있는 奎章閣의 귀중 자료와 각 분야의 漢籍으로 되어 있는 많은 文集들을 정리하고 國譯하여 우리 傳統文化를 계승하고 발전시켜 文化의 꽃을 피운다면, 당장에 國譯하는 일도 중요하지만 國譯할 수 있는 유능한 인재를 양성하는 것이 매우 긴요한 일이다.

민족문화추진회는 漢文으로 되어 있는 漢籍(文 · 史 · 哲)을 우리말로 옮길 수 있는 國譯要員을 養成하는 유일한 기관으로 1975년 이후 현재까지 연수부 467명, 연구부에서 86명, 도합 594명의 인재를 길러 냈다. 이 민족문화추진회를 졸업한 사람들의 활동 현황을 圖示하면 다음의 표와 같다.

| 구분 과정별 | 연수부 | 연구부 | | 계 | 비고 |
|---|---|---|---|---|---|
| | | 상임연구원 | 일반연구원 | | |
| 본회 | 17명 | 20명 | | 37명 | 94학년도 상임연구원 6명 포함 |
| 교수 및 강사 | 90명 | 8명 | 22명 | 120명 | |
| 초·중·고 교사 | 109명 | | 15명 | 124명 | |
| 연구기관 | 32명 | | 3명 | 35명 | 대학부설 연구소 및 도서관, 박물관 |
| 언론 · 출판 | 18명 | | 2명 | 20명 | |
| 행정부 | 9명 | | 2명 | 11명 | |
| 서예학원 경영 | 6명 | 1명 | 1명 | 8명 | |
| 한의원 경영 | 9명 | | 2명 | 11명 | |
| 기업체 | 5명 | | | 5명 | |
| 종교인 | 17명 | 1명 | 1명 | 19명 | |
| 대학원생 | 15명 | | | 15명 | |
| 기타 | 140명 | 11명 | 38명 | 189명 | |
| 계 | 467명 | 41명 | 86명 | 594명 | |

위의 圖示에서 보는 바와 같이 졸업생 594명 중 281명이 初·中·高·大學 등 敎育界 및 國譯界에서 활동하고 있고, 기타 졸업생들도 社會 各界各層에서 활발하게 활동하고 있다. 漢文敎育 機關에서 이만 한 人材를 養成할 수 있었다는 것이 무엇보다도 중요한 일이다. 이제까지의 實積으로 보나 漢學의 專門性으로 보나 민족문화추진회가 母胎가 되어 국역요원을 양성할 수 있는 전문기관으로 발전시킬 수 있도록 당국에서는 制度的으로나 政策的으로 획기적인 改善을 해야 한다.

즉 漢學을 專攻하는 古典 大學院으로 제도적 개선을 시도하되 학생들은 全員 國費로써 양성하고 碩·博士 學位를 수여하여 東洋 三國에서도 우수한 漢學者를 배출시킬 수 있도록 획기적인 개선을 하던가, 아니면 민족문화추진회를 제도적으로 夜間制를 晝夜間制로 바꾸고 연수부와 연구부 5년 과정을 거쳐서 國譯 資格試驗에 합격한 사람은 碩士나 博士의 학위를 수여하고 社會的으로도 특별한 대우를 해야 하며, 財政的으로는 漢文의 基礎學力이 있는 학생을 精選해서 入學시키되 全員 寄宿舍 生活을 하게 하고, 學費는 國費로써 충당해야 할 것이다. 이러한 견해를 제시하면 흔히 豫算 타령부터 한다. 그러나 만일 政府에서 民族文化나 傳統文化의 重要性을 깨닫는다면 체육관 하나 짓는 예산만 투자하면 민족문화추진회에서 추진하고 있는 국역요원의 양성을 알차게 실현할 수 있을 것이다. 민족문화추진회의 국역연수원을 이와 같은 制度的인 개선이나 財政的인 후원을 하지 않고는 우리 민족이 원하고 있는 우수한 국역요원을 양성하기란 매우 어려울 것이며, 이렇게 되면 필연적으로 漢籍 속에 담겨 있는 우리 조상들의 값진 얼과 智慧, 그리고 아름다운 情緖와 價値觀 등 傳統文化의 올바른 繼承이나 開發은 기대하기 어려운 것이다.

## 5. 結論 및 提言

1) 國語의 올바른 表現이나 理解, 그리고 漢文敎育의 正常化를 위하여 漢字敎育을 早期에 실현할 수 있도록 국민학교 敎育課程이 改正되어야 한다.
2) 選擇科目으로 되어 있는 中學校 漢文科 敎育은 必須科目으로 교육할 수 있도록 중학교 한문과 교육과정을 改善해야 한다.
3) 大學 修能考査에서 言語能力 분야에서는 그 지문이 國漢 混用으로 출제되어야 한다.
4) 大學入試 本考査에서 人文社會 계열은 漢文을 必須科目으로 전형해야 한다.
5) 漢字 · 漢文 敎育은 專攻敎師가 現代 學習에 알맞도록 가르쳐야 한다.
6) 유능한 國譯要員과 漢學者를 養成하기 위해서는 民族文化推進會를 국가에서 획기적으로 후원하고 制度的으로나 政策的으로 改善 · 發展시켜야 한다.

〈民族文化推進會 開院二十周年 講演會〉(1994. 5. 2)에 발표

# 제3절 學校 漢文文法 統一의 必要性

오늘 本 學會에서 漢文 學校文法의 定立을 위한 學術發表大會를 갖게 된 것을 기쁘게 생각하며, 漢文敎育의 要諦인 漢文 學校文法 教育의 正常化를 위한 좋은 학술발표회라고 생각한다.

그동안 漢文 學校文法에 대한 학술 발표대회는 이번이 세 번째로써, 제1차는 韓國漢文教育學會가 주최가 되어 1995년 6월 25일에 誠信女大에서 개최한 바 있고, 제2차로는 2001년 6월 23일 嶺南大에서 개최한 바 있다. 그리고 이번에 세 번째로 본 학회에서 漢文 學校文法의 定立을 위한 학술발표대회를 열게 되었다.

금일 발표할 일곱 분들은 漢文의 學校文法과 관련된 內容을 가지고 각각 발표하게 될 것이다. 본인은 이에 앞서 漢文 學校文法의 基本이 되는 몇 가지 問題를 생각해 보고자 한다.

## 1. 漢文 學校文法의 概念

文法이란 言語가 가지는 內的 構造와 規範으로써 言衆들의 머릿속에 내재해 있는 言語能力을 말한다.[44] 그리고 學校文法은 文法의 用途 내

44) 박영순, 《한국어문법교육론》(박이정, 1998), p.11.

지 目標面으로 본 實用文法 또는 規範文法으로 敎育을 전제로 한 文法을 말한다. 그러므로 個別言語의 文法的 現象을 있는 그대로 記述·說明하는 記述文法, 構造文法, 變形文法 등 學問文法과는 대립되는 말이다. 그러므로 漢文의 學校文法은 漢文文章의 構造나 內容을 효과적으로 이해하고자 하는 데 목적이 있다. 그러나 논리적이고 과학적인 근거는 學問文法에서 찾아야 한다. 즉 漢文의 學校文法은 학생들로 하여금 한문 문장을 정확하고 효율적으로 해석하고 이해할 수 있도록 하는 것이어야 한다. 그러므로 학교문법의 內容은 특정한 문법학자의 학문적 研究體系일 수 없고, 어느 個人이나 學派의 獨斷的 學說이나 體系일 수도 없다. 학교문법은 문법을 敎育的인 안목에서 實用的인 效用性을 고려하여 統一的으로 체계화되어야 한다.

## 2. 漢文의 學校文法 敎育의 必要性

漢文의 文章構造는 位置에 의하여 결정된다. 英語와 같이 屈折되는 言語도 아니요, 韓國語와 같이 體言에 助詞가 붙거나 語幹에 語尾가 붙는 添加語(膠着語)도 아니다. 다만 위치에 의하여 文法的 職能이 결정되는 孤立語(isolated language)인 것이다. '山高'는 '산이 높다.'라는 主述構造지만 形態의 變化는 전혀 없고 다만 위치만 바꾸어 '高山'이라 하면 '높은 산'이라는 뜻을 나타내는 修飾構造가 된다. 이와 같이 위치에 의하여 文法的 成分이 결정되기 때문에 王力[45]은 構文 構造上의 位置

45) 王力, 《古漢語通論》(北京, 中外出版社, 1976).

素(tagmeme)를 固定하기 위하여 成分間의 分布關係를 9가지[46]로 규정하고 中國語의 가장 중요하고도 큰 특색이라고 말하고 있다.

《大學》에 나오는 述目構造, '格物, 致知, 修身, 齊家, 治國, 平天下'를 '物格, 知致, 身修, 家齊, 國治, 天下平'으로 轉位하면 主語가 述語 앞에 위치하는 主述構造가 되어 문장의 의미가 달라짐은 漢文文法의 특색인 것이다.

## 3. 虛詞의 쓰임

中國語는 聲調言語이기 때문에 四聲을 重視한다. 漢文도 中國의 古代語이기 때문에 聲調性을 도외시할 수는 없다. 그러므로 漢文에서는 虛詞가 聲調 내지 意味素로써 널리 활용된 것이다. 그러므로 王力은 虛詞는 文法成分이라고 한 것이다. 虛詞의 文法的 硏究는 한문문법에서 매우 중요한 위치를 차지한다. 그것은 漢文文法 體系에 있어서 가장 복잡하고 널리 쓰이고 있는 것이 虛詞이기 때문이다.

中國의 高明凱[47]는 "西洋語 중에도 虛詞가 없는 것은 아니나, 漢文에는 西洋語에 비하여 虛詞가 훨씬 많아서 漢文의 言語的 機能(function)은 태반 虛詞가 지니고 있다."고 했으며, 王力은 虛詞를 "文法的 成分"이라고 말하고 있다. 虛詞의 구실을 보다 깊이 이해하기 위하여 虛詞 '焉', '於'의 用法을 살펴보기로 한다.

---

46) 鄭愚相, 《한문구조문법연구》(동아출판사, 1990), p.274.

47) 高明凱, 《國語語法》(臺北, 漢氏出版, 1975), pp.22~23.

['焉'의 쓰임]

첫째, 代名詞로서 사람이나 事物을 가리키는 指示 代名詞 구실을 하며, '於是', '之'와 같은 구실을 한다.

'子曰 三人行 必有我師焉'(《論語》)에서 '必有我師焉'은 '必有我師於是'로써 句末의 '焉'은 '於是'의 구실을 한다. 이때의 '於'는 處所를 나타내는 前置 介詞이며, '是'는 處所인 '三人'을 指示하는 代名詞 구실을 한다. 그리고 配合된 '於是'는 句末에 分布되어 處所 補語를 구성하며 '여기에', 즉 '세 사람 중에'라는 뜻을 나타낸다.

둘째, 疑問을 나타내는 疑問 副詞의 구실을 한다. '焉'이 動詞 앞에 分布되어 '何', '安', '惡', '曷'과 같이 疑問이나 反語의 뜻을 나타내며, 動詞類를 限定 · 修飾하는 副詞語를 구성한다.

'里仁爲美 擇不處仁 焉得知'(《論語》 〈里仁〉)에서 疑問 副詞인 '焉'이 動詞類 '知' 앞에 위치하여 '어찌 지혜롭다고 할 수 있겠는가?'라는 反語의 뜻을 나타내는 副詞語 구실을 한다.

셋째, 文章의 끝에 위치하여 陳述이나 疑問, 感歎 등의 語氣를 조절하는 句末 語氣詞로 쓰인다.

'子貢曰 子如不言 則小子何述焉'(《論語》 〈陽貨〉)에서 '小子何述焉'의 句末 語氣詞 '焉'은 '乎'와 같은 구실을 하는 疑問 語氣詞로써 疑問代名詞 '何(무엇)'와 호응되어 '何~焉' 즉 '何~乎'의 類型을 구성하며, '主語 + 目的語 + 述語 + 焉'의 構文構造를 이루어 '저희들은 무엇을 遵行하리이까?'라는 뜻을 나타낸다.

넷째, '焉'이 形容詞나 副詞 또는 疊語로 이루어지는 擬聲語나 擬態語의 뒤에 접미되어 '忽焉', '戚戚焉', '洋洋焉', '於焉'과 같은 부사어를 형성한다. '忽焉在後'(《論語》 〈子罕〉)에서 '焉'이 副詞 '忽' 뒤에 접미되어

'忽焉'이라는 부사어를 구성한다.

['於'의 用法]

虛詞인 前置詞(前置 介詞) '於'가 名詞類 앞에 배합되어 處所, 靜止, 方向, 到着, 出發, 對象, 比較, 時間, 方法 등을 나타낸다.

여기에서는 處所와 比較를 나타내는 경우만 살펴보기로 한다.

① 處所를 나타내는 경우

《三國史記》 列傳 권41 〈金庾信 上〉에 '王師營於月城'이라는 문장이 있다. '月城' 앞에 處所를 나타내는 전치 개사 '於'가 배합되어 '병영한다(營)'는 動詞와의 관계를 맺고 있다.[48]

'月城'이라는 장소 안에서 즉 '月城에 兵營한다.'는 의미로 '月城'이라는 處所를 나타내는 虛詞인 것이다.

② 比較를 나타내는 경우

《三國史記》 列傳 권43 〈金庾信 下〉에 '其爲人也 必有異於人矣'라는 문장이 있다. '異於人'에서 虛詞 '於'가 명사인 '人' 앞에서 형용사 '異'와 호응되어 比較의 뜻을 나타내고 있다. 이 비교의 뜻을 나타내는 '於'는 반드시 앞에 形容詞나 形容詞性 敍述語와 호응되어야 한다.

黎錦熙[49]는 '於'가 비교를 나타낼 때는 반드시 述語가 形容詞나 形容詞性이어야 한다고 했다.

48) 鄭愚相, 《漢文構造文法硏究》(東亞出版社, 1990), p.26, p.38.

49) 黎錦熙, 《國語文法》(臺北, 商務印書館, 1978), p.211.

《荀子》〈勸學〉에 나오는 '靑出於藍而靑於藍'은 '靑出於藍'과 '靑於藍' 두 문장이 連詞 '而'에 의해 연결된 複合文이다. '靑出於藍'의 서술어는 '出'이라는 동사요, '靑於藍'의 서술어는 형용사인 '靑'으로, '形容詞＋於＋名詞類'의 文章構造를 이루고 있다. 그러므로 형용사 '靑' 다음에 오는 虛詞 '於'는 '~보다'라는 比較의 뜻을 나타내고 있다. 이와 같이 동일한 虛詞 '於'이지만 서술어의 類型에 따라 '於'의 文法的 機能이 달라지고 있다. 이러한 문장구조의 실상을 보면 한문교육에 있어서 文法이 얼마나 중요한가 하는 것을 알 수가 있다.

그러므로 漢文敎育에 있어서 漢文의 學校文法을 指導함이 매우 중요한 學習要素가 되는 것이다.

## 4. 文法敎育의 重要性

前述한 바와 같이 漢文文法의 要諦는 位置素와 虛詞의 機能에 있다. 위치에 의하여 문법적 기능이 결정되고 虛詞의 쓰임에 따라 문장의 意味와 形式이 달라진다. '高山'과 '山高'에 쓰인 '高'가 述語와 冠形語의 구실을 하는 것은 位置素의 支配를 받기 때문이다.

'靑出於藍而靑於藍'에서 쓰이고 있는 虛詞 '於'는 동사 '出'과 어울릴 때는 處所의 구실을 하지만 형용사 '靑'과 호응되면 比較의 뜻을 나타낸다. 이와 같은 位置素와 虛詞의 쓰임을 體系化한 것이 漢文文法이기 때문에 문법을 아는 것은 漢文文章 理解의 지름길이 되는 것이다.

1997년은 世宗大王께서 나신 지 600돌이 되는 해였다. 우리나라 역사상 가장 위대하고 훌륭한 임금인 세종대왕의 600돌을 기념하기 위하여 世宗大王紀念事業會에서는 《세종성왕 육백돌》이라는 기념집을 내게 되었다. 나는 이 책에 〈訓民正音과 世宗의 智慧〉라는 글을 쓴 일이 있다. 이 글에서 '訓民正音'이라는 標題를 한문문장의 統辭構造를 통하여 살펴보았다. 漢文의 統辭構造에서 目的語와 補語가 동시에 발생하는 경우, SPOC[50]의 구조를 이루어 'O+C'의 分布狀態가 나타나는 것이 원칙이다. 즉 목적어가 앞에 위치하고 보어가 뒤에 오는 것이 정상이다.

예컨대, '孔子問禮於老子'를 분석하면 '禮'는 목적어이며 '老子'는 보어인 것이다. 즉 '禮於老子'는 '目的語+補語'의 문장구조를 이루고 있다. 이와 같이 漢文의 統辭構造에서 목적어와 보어의 분포관계는 목적어가 앞에 오고 보어가 뒤에 오는 것이 원칙이다. 그러나 서술어로 발생되는 語辭가 '授與'나 '教示'를 나타내는 동사일 때는 이 목적어와 보어의 위치가 도치되어 'O+C→C+O'의 구조를 이룬다. 《孟子》에 나오는 문장 중 教示를 나타내는 동사가 서술어로 쓰인 例文을 보면, '后稷教民稼穡'이라는 문장이 있다. 이 문장구조를 분석하면 'SPCO'의 구조를 이루고 서술어인 '教'는 教示를 나타내는 동사이다. 그러므로 SPOC(后稷教稼穡於民)이어야 될 문장구조가 SPCO(后稷教民稼穡)가 된 것이다. 즉 서술어인 '教'가 教示를 나타내는 동사이기 때문에, 목적어인 '稼穡'과 보어인 '民'이 도치되어 '教稼穡於民'이 '教民稼穡'이라는 구조를 이루어, 목적어인 '稼穡'과 보어인 '於民'이 도치되어 'OC→CO'의 구조가 된 것이다.

이와 같은 漢文構造의 원칙을 기본으로 하여 '訓民正音'이라는 문장구조를 분석해 볼 때 주어가 생략된 '(S)PCO'의 구조를 이루고 있는 것이다. 즉 '訓民正音'은 '訓正音於民'의 統辭構造여야 될 것이 서술어 '訓'이

50) S=주어, P=서술어, O=목적어, C=보어.

敎示를 나타내는 동사이기 때문에 목적어인 '正音'과 보어인 '民'이 도치되어 '訓民正音'이라는 'PCO'의 句文이 이루어진 것이다.

한문의 統辭構造의 原理로 볼 때 '訓民正音'은 '백성을 가르치는 바른 소리'가 아니라, '백성에게 正音을 가르친다.'는 뜻으로 해석해야 한다.

그러면 여기에서 '正音'이란 무엇일까?

正音(정흔소리)이라는 개념은 왜 '正文'도 아니요, '正字'도 아니며, 正聲이나 正韻도 아닌 '正音'이라 하였을까? 그리고 正音이 있으면, 俗音도 있다는 말이 아니겠는가? 이러한 疑問을 가지고 '訓民正音'의 統辭構造를 분석해 보면, 訓民正音을 만든 목적이 御製 '序文'에 나타나 있는 의미뿐 아니라 그 속에 내포하고 있는 다른 목적도 생각해 볼 수도 있을 것이다. 즉 訓民正音이라는 말은 '백성을 가르치는 바른 소리'라는 뜻이 아니라, '백성에게 바른 소리를 가르친다.'는 뜻으로 해석할 수 있을 것이다. 이렇게 생각할 때, 訓民正音 창제의 목적이 '漢字의 注音'을 위해서 만들어졌고, 나아가서 혼탁해진 漢字의 音(俗音)을 바로잡아 그 바른 소리인 漢字의 正音을 백성들에게 가르치기 위해서 만들어졌다고 말할 수 있다. 그러므로 '訓民正音'이라는 말이 '백성에게 〈漢字의〉 바른 소리를 가르친다.'는 뜻으로 해석할 수 있음을 漢文文章의 統辭構造를 통하여 해명할 수 있고 이를 뒷받침하는 여러 論理가 성립될 수 있으며, 특히 세종께서 訓民正音을 창제하고 제일 먼저 漢字의 혼탁한 音을 바로잡기 위하여 만든 《東國正韻》의 편찬도 이와 같은 관계가 있을 것이다. 이상에서 살펴본 바와 같이 漢文文章 構造와 意味를 정확하게 이해하기 위해서는 각 成分間의 位置素와 虛詞의 쓰임을 아는 것이 매우 중요한 것이다. 그러므로 漢文의 統一된 學校文法을 제정하여 漢文敎育의 科學化에 이바지해야 할 것이다.

## 5. 현행 漢文 敎科書에 나타난 學校文法 敎育의 實態

현행 漢文 敎科書를 자료로 하여 調査·分析·硏究하는 발표자가 있는 줄 알고 있다. 이분들의 具體的이고 組織的인 연구·발표가 있으리라 믿고 내가 調査·硏究한 것을 간략하게 살펴보기로 하겠다.

〈中學校〉: 無作爲로 5종 교과서를 선택하여 分析·調査했다.

1) 形態論에서 말하는 品詞의 분류 기준과 품사의 名稱이 교과서마다 다른 것이 있다.

가령, '於', '以', '乎' 자 등을 제시함에 '漢字'라는 名稱으로 표시했는가 하면 '虛字', '虛詞'로 각각 다른 명칭을 쓰고 있다. '也', '矣' 등도 '漢字', '語助詞', '虛字' 등으로 쓰고 있으며, '人稱代名詞', '疑問詞' 등 중학교 學校文法의 수준에 맞지 않는 形態素 分析과 그 명칭을 쓰고 있다.

2) 文章의 形式에서는 ① 平敍形, ② 否定形, ③ 疑問形, ④ 反語形, ⑤ 比較形, ⑥ 假定形, ⑦ 限定形, ⑧ 使動形, ⑨ 被動形, ⑩ 感歎形 등 10개의 문장형식을 제시하고 있으나, 否定形 중에서 禁止를 나타내는 '勿', '莫' 등 사용된 文形은 '禁止形'이라 해서 구분한 교과서도 있다.

3) 統辭論의 文章構造는 그 基本構造, 擴張構造를 제시하고 있으나, 成分關係를 표시하는 符號는 각각 다르게 나타나 있다. 주어와 서술어 사이의 기호를 '∥'로 표시하고, 서술어와 목적어 표시를 '|'로 표시하고, 서술어와 보어 사이의 표시를 '/'로 표시하여, '主語∥敍述語|目的語/補語'로 표시했는가 하면 '+' 표시로 '主語+敍述語+目的語'와 같이 표시하기도 했다. 특히 修飾關係의 표시는 주로 '+' 표

시로 하고 있어 이에 대한 言語學的 符號의 選定이 요구된다.

이러한 言語構造 표시의 부호가 통일되지 않고 혼란한 것은 漢文 學校文法 敎育에 걸림돌이 된다. 그리고 중학교 교과서에 나타난 학교문법은 일반적으로 文法의 體系性이나 難易度 및 段階性이 수준에 맞지 않아 한문교육에 오히려 불필요한 부담을 줄 가능성이 높다.

〈高等學校〉: 고등학교 漢文 敎科書도 無作爲로 5종을 선택하여 分析·調査했다.

前置 介詞(前置詞) '於, 乎, 于, 以, 自, 至, 從' 등을 敎育課程 解說書에는 前置詞라는 명칭으로 기술하고 있으나, 교과서에서는 막연히 '漢字', '虛字', '虛詞' 등으로 표시하고 있어 學校文法 敎育에 혼란을 야기하고 있다. 그리고 '與, 且, 而, 則' 등을 교육과정 해설서에는 接續詞로 기술하고 있으나 교과서에서는 前置詞에서와 같이 '漢字', '虛詞', '虛字' 등으로 표기하고 있다.

文章의 形式은 虛詞와 배합되어 이루어지는 것이 태반이기 때문에 주로 虛詞들과 관련짓고 있다. 고등학교 한문 교과서에서도 10개의 문장형식을 제시하고 있으나 疑問形을 疑問文이라 기술한 책도 있다. 의문형이라 할 때의 '形'의 개념은 形式(form)이라는 뜻으로 쓰인 것이다. 그러므로 文型(sentence fattern) 할 때의 '型'(틀)과는 의미가 다르다.

文形이란 紀行文, 論說文, 說明文과 같은 文種을 의미하는 것이 아니라, 話者와 聽者 사이에 이루어지는 언어사실의 形式을 말한다. 그러므로 疑問文이라 하지 않고 疑問形이라고 하는 것이다. 漢文文章의 구조도 基本構造와 擴張構造를 대단원이 끝날 때마다 정리한 교과서가 있으나 文章構造의 관계를 나타내는 부호는 동일하지 않았다.

中等 한문 교과서에서 文法要素에 해당되는 것을 대략 살펴보았다. 漢文敎育의 혼란을 피하고 漢文學習에 크게 이바지하려면, 무엇보다도 文法用語와 文法機能 分析 및 그 構造를 統一하는 일이 시급하다고 생각된다.

## 6. 漢文科 敎育課程 속의 學校文法 敎育

中·高 漢文科 敎育課程 속에서 漢文科의 敎授-學習 方法 및 評價에서는 中·高 모두 "文章의 構造, 虛詞의 쓰임, 文章의 形式 등은 다양한 수업방법을 적용하되 讀解力이 향상될 수 있도록 지도한다."고 말하고 있고, 漢文科目 評價에서도 "文章의 構造, 虛詞의 쓰임, 文章의 形式은 文章讀解와 관련지어 평가한다."고 기술하고 있다. 교수-학습 방법이나 평가에서 요구하고 있는 것은 學校 漢文文法 敎育에서 초점을 맞추어야 할 것은 무엇보다도 讀解力의 伸張에 역점을 두고 있다는 것이다. 文法 자체를 위한 문법교육이 아니라 漢文文章 이해에 크게 기여할 수 있는 문법교육을 희망하고 있는 것이다.

漢文에서 學校文法을 지도하는 것은 漢文文章의 이해를 명확하게 하기 위한 것이다.

옛날에 한문을 반복해서 숙독을 하면 '툭탁之聲'이 나는 文理가 터진다고 한다. 이 文理를 보다 빠르고 效率的으로 터득하기 위해서는 漢文의 文章構造를 科學的으로 익히는 학교문법 교육이 선행되어야 한다. 이 文理라는 말은 文章의 條理, 즉 문장의 앞뒤가 들어맞고 체계가 서는 갈피를 말한다. 그러므로 文理라는 말은 文章의 體系化를 의미하는 것이니, 곧 文法을 뜻하는 것이다.

현대는 漢文 萬能時代가 아니기 때문에 옛날처럼 한문공부에만 매달릴 수는 없다. 漢文은 많은 敎科 중의 하나에 지나지 않는다. 더구나 漢文科目은 선택과목으로 되어 있기 때문에 더욱 그러하다. 이러한 현실에서 '톡탁之聲'이 날 때까지 한문만 읽을 수는 없는 실정이다. 이러한 學習條件과 學習環境이기 때문에 科學的인 漢文學習이 더욱 절실히 요구되는 것이다. 여기에 漢文의 學校文法 敎育의 重要性과 必要性이 있는 것이다. 그러기에 한문문법을 교육하되 어디까지나 文章讀解 伸張에 도움이 되는 학교문법 교육을 시행해야 한다는 것이다.

끝으로 앞에서 말했듯, 漢文의 學校文法 敎育의 定立을 위한 학술발표회가 세 번째가 된다. 이 학술발표대회를 발표로만 끝내지 말고 漢文學校文法 統一案 制定의 계기로 삼아 한문 학교문법 통일안을 만들 수 있는 위원회를 구성하여 학교 현장에서 통일된 漢文 學校文法 敎育을 할 수 있도록 적극적이고도 꾸준한 노력을 아끼지 말아야 한다.

《漢字漢文敎育 16輯》(韓國漢字漢文敎育學會, 2006)에 발표

# 제4절 漢字併用의 當爲性과 初等 漢字教育

## 1. 言語文化와 漢字併用

人類文化 발달은 言語文化 발달과 그 맥을 같이한다. 유럽의 文化는 로마 문화와 그리스 문화의 基底가 된 라틴어 문화에 있고, 東洋의 文化發展의 淵源은 漢文文化에 있다. 한국을 비롯한 중국이나 일본, 대만 등 東洋文化의 核을 이루는 共通文字는 漢字임을 우리는 잘 알고 있다.

특히 우리나라의 문화는 이 漢字文化에 한글문화가 調和를 이루어 형성된 것이다. 즉 글자마다 뜻을 나타내는 表意文字인 漢字가 '잘잘, 졸졸, 찔찔' 등 의성어나 '방긋방긋, 방글방글' 등 의태어 등을 자유자재롭게 적을 수 있는 表音文字인 한글과 融化되어 우리 문화가 生成됐다는 말이다. 그러므로 한글과 漢字를 조화롭게 적용 및 활용했을 때 理想的인 우리 문화의 꽃을 피울 수 있을 것이다.

이와 같은 漢字를 배제하고 한글만으로는 우리 言語文化의 꽃을 피울 수 없는 것은 韓國語의 構造가 地政學的 條件이나 文字生活의 '歷史的 背景' 때문에 필연적으로 이루어진 결과인 것이다.

이러한 우리말 구조의 根源을 찾아보고 漢字語가 70%를 넘나들고 있다는 사실을 인정한다면, 漢字教育이 얼마나 필요하고 중요한가를 가히 짐작할 수 있을 것이다.

漢字教育의 必要性을 對內的, 對外的이라는 二元論的 側面에서 살

펴볼 때 대내적으로는 첫째, 國語力 伸張을 위한 것이요, 둘째, 人倫道德 등 傳統文化의 이해와 발전을 위한 것이다. 그리고 대외적으로는 첫째, 東洋 文化圈에서의 調和일 것이요, 다른 하나는 世界化와 經濟發展의 觸媒劑 역할일 것이다.

## 2. 漢字併用 發表와 그 內容

이러한 우리말 구조와 漢字의 역할은 不可分의 관계에 있음을 깊이 인식했기 때문에 申樂均 문화관광부 장관은 1999년 2월 9일 國務會議에서 政府 公文書와 道路 標識板에 漢字併用을 우선 추진하고, 2단계로 漢文敎育 體系까지 재검토하겠다고 보고했다. 이 자리에서 金大中 대통령은 漢字를 무시하면 우리 古典과 傳統을 이해하는 데 어려움이 있다고 지적하고 우선 漢字併用이 필요하다고 말했다.[51] 특히 김 대통령은 "지난 한 해 동안 외국인의 訪韓이 450만 명을 넘어선 상황에서 世界人이 알 수 있는 간판의 필요성이 대두되고 있다."면서, "세계화 시대에 외국인이 알 수 있게 한글 간판에 漢字와 英文이 併用되도록 유도하라."고 지시했다.[52] 이것을 요약하면 제1단계는 政府 公文書와 道路 標識板에 漢字를 併用하는 일이요, 제2단계로는 漢文敎育의 재검토를 하되 교육부에 위임하겠다는 것이다.

51) 조선일보, 1999년 2월 10일자.

52) 중앙일보, 1999년 2월 10일자.

## 3. 政府 公文書의 漢字併用

제1단계의 政府 公文書의 漢字併用이란 무엇인가? 그것은 人名, 地名, 또는 同音異義語와 史的 名稱을 한글을 앞에 쓰고 漢字를 나란히 쓰겠다는 것이다. 예컨대, 人名의 경우 '이상(李箱)'을 漢字로 하지 않으면 '理想', '異常', '以上' 등의 뜻으로 오해하기 쉬우며, 地名의 경우도 '광주'를 한글로만 쓰면 光州와 廣州를 구분하기 어려우며, '영동'도 '嶺東', '永東', '永同'의 지명을 정확하게 알 수 없으며, 여권(與權, 女權, 旅券), 사대(私大, 師大, 事大, 四大), 의사(義士, 義死, 意思, 議事, 醫師, 擬似) 등도 音은 같으나 뜻이 다른 말들이다.

이러한 人名, 地名, 同音異義語 등의 意味 槪念을 분명히 하기 위하여 漢字를 併用하자는 말이다. 그리고 '史的 名稱'의 경우도 서인정권(西人政權, 庶人政權), 경주역사(慶州歷史, 慶州驛舍, 慶州役事) 등의 역사적 이름과 뜻을 올바르게 알리자는 것이다. 이에 대하여 한글로만 쓰자는 사람들은 한자를 병용하지 않아도 주변 상황이나 문장의 前後를 관련지어, 즉 文脈을 통하여 그 뜻을 바르게 알 수 있다고 한다.

가령 광주(光州, 廣州)를 경기도 광주, 전라도 광주 등과 같이 앞뒤의 關聯 語句를 연결하면 정확한 地名을 잘 알 수 있다고 한다. 그러나 文字言語는 簡潔하게 적으면서도 넓고 깊은 뜻을 알 수 있도록 표기하는 것이 先進化된 文化人의 言語表記가 되는 것이다. 이 구실을 한자 표기가 할 수 있다는 말이다.

言語生活에 기본이 되는 漢字를 조금 알기만 하면 평생을 편리하게 쓸 수 있는 것이 우리 한국어의 특징이기도 하다. 이러한 점을 감안할 때 漢字併用을 추진하는 것이 극히 당연하며 환영할 만한 처사이다.

## 4. 道路 標識板의 漢字併用

道路 標識板의 漢字併用은 21세기의 亞太時代에 있어서 세계화는 물론, 經濟發展의 촉매제 구실을 할 수 있다고 보는 것이다. 그것은 東北亞 지역의 共通文字 역할을 하는 것이 漢字이며, 일본은 이미 세계적인 經濟大國으로 발전했고, 중국은 엄청난 人的·物的 資源을 가지고 있는 나라로서, 日就月將 經濟大國으로 급부상하고 있다. 우리의 경제발전을 재정비하고 강화하기 위해서는 이들의 經濟的·文化的 情報交換의 핵인 漢字가 가장 효과적인 촉매제가 될 것이다. 그뿐 아니라 21세기 세계화시대에 경제발전의 중요산업으로 인식되고 있는 것이 觀光事業인데 우리나라를 방문하는 관광객의 70%가 東北亞人이라 한다. 文化政策 局長인 朴文錫의 보고에 의하면 1998년도 외국 관광객 450만 명 중 70%인 333만 명이 일본, 중국 등에서 온 동북아 손님들이라 한다. 앞으로 제주도를 세계적인 관광지로 개발하고 부산에서부터 금강산에 이르는 동해안 관광코스가 개발되면 우리나라 경제발전에 크게 이바지할 것이며, 이 관광객들에게 친절하고 친밀감을 주고 實用性 있는 안내를 하기 위해서도 도로 표지판에 漢字를 併用하는 것은 매우 바람직한 일이 될 것이다.

標識板에 漢字를 併用하는 것을 반대하는 사람들은 관광사업의 발전이 도로 표지판에 한자를 병용하는 데 있는 것이 아니라, 좋은 관광상품을 개발해야 한다고 주장한다.

물론 일리 있는 생각이다. 그러나 관광은 文字 그대로 지역의 名所와 歷史的 遺蹟地를 보는 데 있다. 보고 듣는 데에 漢字를 아는 사람들에게 한자를 표기해 주어서 이해를 도와 관광의 효과를 높이는 것은 관광객들을 위하는 것일 뿐 아니라, 관광사업의 발전과 國益에도 도움이 될 것이다.

그러나 반대하는 사람들은 도로 표지판에 漢字를 併用한다고 해서 외국 관광객들에게 무슨 도움이 되겠냐고 말한다. 가령 '韓國'이라는 國號의 發音을 우리는 '한국'이라 하지만 중국인은 '항꾸어', 일본인은 '캉꼬꾸'라 발음하니 漢字를 併記해도 아무 도움이 되지 않는다고 말한다. 그러나 언어는 意味傳達에 一次的인 의미 있다. 더구나 文字言語에 있어서는 더욱 그러하다.

漢字는 한 글자, 한 글자에 뜻이 있는 表意文字인 것이다. '韓國'이라는 漢字表記가 비록 그 발음은 각국마다 각각 다르다 하더라도 의미전달에는 큰 차이가 없을 것이다. '東京'을 일본에서는 '도쿄'라 발음하지만, 우리나라에서는 '동경', 중국에서는 '뚱징'이라 소리 낸다. 그러나 '東京'은 중국 사람이나 우리나라 사람들이 일본의 '서울'이라는 것은 다 알고 있다. 이와 같이 漢字는 表音은 다르지만 表意는 같다는 것을 깊이 인식해야 한다.

현행 도로 표지판 표기에서 '경주'를 'KYONGJU'로 표기하고 있다. 그러나 이 로마자 표기도 엄밀하게 따져 보면 일본인은 '콩슈', 중국인은 '칭쥬'로 발음하기 때문에 '경주'라는 본 발음을 제대로 전하지 못하고 있다. 우리나라 사람의 경우도 이것을 '켱쥬'로 발음할 수 있으니 로마자 표기보다는 동양인의 共通文字이며 共通 意味傳達이 가능한 漢字併用이 道路標識에 얼마나 효과가 있는 것인가를 냉정히 판단해야 할 것이다.

## 5. 道路 標識板의 表記와 簡體字

우리나라를 방문하는 일본이나 중국의 관광객들은 漢字表記가 없어서 매우 불편함을 직접 말하고 있음을 신문에서 읽을 수 있다. 반대자들은 중국에서도 옛날부터 사용해 오던 繁體字를 쓰지 않고 略字化한 簡體字를 쓰고 있는데, 繁體字로 도로 표지판을 표기하면 무슨 효과가 있느냐고 걱정하지만 簡體字는 繁體字의 일부를 고쳤기 때문에 繁體字를 아는 사람이 簡體字를 읽는 데는 그리 어렵지 않다고 생각한다. 가령 '开业'이라 표기한 簡體字는 '開業'이라는 繁體字의 일부로 略字化한 것이기 때문에 '開業'을 '开业'이라고 표기해도 얼마든지 읽을 수 있는 것이다. 뿐만 아니라 우리나라를 방문하는 중국인들은 대부분 繁體字를 배운 연령계층이기 때문에 이 簡體字 때문에 漢字倂用의 의미가 없음을 걱정할 필요는 없다고 본다.

## 6. 漢字倂用은 先進化의 觸媒劑

漢字倂用을 반대하는 사람들은 漢字倂用은 時宜에 맞지 않는 反歷史的 처사라고 비난한다.

현 정부에서는 IMF를 비롯하여 國政의 諸般 改革과 革新을 위하여 할 일이 山積해 있다. 그럼에도 불구하고 漢字倂用을 强行하려 함은 현시대의 要請이요, 言語文化 遺産의 자연스러운 귀결이기 때문이다. 漢字倂用은 결코 구시대로 돌아가는 것이 아니라, 世界化, 情報化 시대에 적응할 수 있는 自己 主體的인 能力을 갖추자는 데 그 큰 뜻이 있는 것이다.

1970년 이후 현실을 무시하고 모든 公文書와 標識板 등을 한글로만 쓰도록 하고 '사무 관리 규정'에서도 한글 전용을 강요했기 때문에 漢字를 輕視하게 됐고, 나아가서 漢字教育을 등한시하게 된 것이다.

그 결과 大學을 졸업해도 부모님의 姓名은 물론 자신의 住所와 이름조차도 제대로 쓰지 못하는 결과를 초래한 것이다.

신문보도에 의하면 49개 대학 61개 학과의 남자 졸업생 100명을 대상으로 韓國漢字能力檢定會의 4급 문제지로 시험을 치른 결과 평균점수가 29.5점이었고, 50점 미만이 89%였다[53]고 보도되었고, 조선일보 '색연필'에서 全北 지방 경찰청 소속 전·의경들이 불심검문 중 주민등록증을 제시받고도 漢字를 읽지 못해 시간을 지체하거나 그대로 돌려보내는 사례가 많아 전체 전·의경을 대상으로 漢字試驗을 치르기로 했고, 경찰은 이 시험에서 90점 이상 받은 전·의경에게는 3박 4일 특별휴가를, 60점 미만자는 2개월간 외박 외출을 금지키로 했다고 보도되었다.[54]

뿐만 아니라 金德翰(《월간조선》 기자)은[55] '韓國, 哲學을 못 읽는 서울大生'이라는 제목에 다음과 같이 말했다.

· 漢字 읽기 시험 반도 못 맞히는 서울대생이 수두룩하고 0점짜리도 나온다.
· 知識人의 下向平準化 심각한 지경이다.

東一女高 교사 高銀珠는 '한글 전용이 科學教育을 망쳤다'[56]는 主

53) 조선일보(1998. 3. 17).
54) 조선일보(1998. 7. 18).
55) 《월간조선》(5월호, 1998).
56) 《월간조선》(8월호, 1998).

題로 다음과 같이 발표했다.

· 漢字 語源의 科學用語를 한글로 표기 하니 암호 책을 읽는 기분이다.
· 漢字 表記 科學用語 理解度는 한글 표기 때의 두 배, 순 우리말 용어 때의 9배나 된다.
· 科學 敎科書의 90.05%가 한글로 표기된 漢字 語源의 科學用語로 되어 있다고 발표했다.

그리고 金容三(《월간조선》 기자)은 'IMF보다 더 심각한 국가적 危機 – 漢字 死亡 5분 前의 韓國社會'[57]라는 주제로 다음과 같이 발표했다.

· 漢字 抛棄로 인해 한국사회는 총체적 知性의 붕괴 현상에 직면하고 있다.
· 漢字文盲 세대 학부모들이 子女들의 漢字敎育을 더 원한다.
· 안동교도소에서 漢字敎育 실시 후 교도소가 학교로 변해 人倫道德 교육에 크게 이바지하고 있다.
· 漢字 포기는 우리 民族에게 '時間과 空間의 斷絕'이라는 생태적 불균형을 초래하고 있다.
· 漢字가 쫓겨난 자리에 영어가 침투하여 한글이 吏讀化되고 있다.

이와 같은 실정을 살펴볼 때, 大學을 졸업한 사람이 자기 나라에서 쓰

57) 《월간조선》(9월호, 1998).

고 있는 글자를 제대로 읽지도 못하고 쓰지도 못하니 이러한 사례가 全世界 어디에 있다는 말인가? 한글만 써서 글의 뜻은 알지도 못하고 앵무새처럼 읽기만 한다면 文字言語로서의 價値가 어디 있다는 말인가? 言語는 意味傳達이 제1차적 使命인 것이다. 우리 國語의 원활한 생활을 위하여 한글과 漢字는 서로 떨어질 수 없는 宿命에 놓여 있는 것이다. 이렇게 소중한 漢字가 우리 言語生活에서 퇴출되어 사망 직전에 있는 것이다. 이러한 漢字 滅亡 危機에 漢字倂用을 한다는 것이 어찌 時宜에 맞지 않는다고 말할 수 있겠는가? 이 시기를 놓치면 우리말의 표기나 의미개념의 혼란은 걷잡을 수 없게 될 것이며, 이에 따라 國民精神의 혼란은 물론 民族魂의 소멸에까지 이를 것이다. 或者는 漢字倂用이 반역사적이라고 하지만, 東洋 文化圈의 共通文字인 漢字를 倂用함으로써 世界化, 情報化에 많은 공헌을 하고 있음을 알아야 한다.

21세기는 知識化, 世界化, 情報化 시대라 한다. 인구 15억이 넘는 漢字 文化圈 속에서 漢字를 버리고 어찌 21세기에 적응하고 先進할 수 있겠는가?

## 7. 漢字倂用과 傳統文化

漢字倂用은 傳統文化의 계승 발전에 크게 이바지한다. 漢字倂用을 반대하는 사람들은 漢字 · 漢文으로 된 漢籍을 한글로 옮기면 얼마든지 傳承할 수 있다고 생각하나, 2000여 년 漢字文化 속에서 생성된 우리 文字言語가 한글로 옮긴다고 해서 先人들의 思想이나 感情을 바르게 전달 받을 수는 없다.

漢文文章으로 된 漢籍을 우리말로 옮길 수는 있으나, 漢字를 모르는 사람이 옮겨진 말들의 뜻을 제대로 알 수는 없다. 가령 번역하는 말 속에서 나타나는 '이익'이라는 말을 한글로만 쓰면 漢學者 '李瀷'을 생각하는 이보다는 이롭다는 '利益'을 생각할 것이다. 한글만 쓰자는 사람들은 文脈이나 言語環境 속에서 語彙의 올바른 뜻을 알 수 있다고 하나, 漢字를 倂用하면 文脈이나 言語環境을 구차하게 살피지 않아도 그 어휘의 뜻을 자연스럽고도 분명하게 알 수 있는 것이다. 다시 말하면 번역하는 어휘 속에 漢字語로 번역해야만 하는 낱말은 漢字로 쓰거나 漢字로 倂用해야만 그 意味槪念이 분명해진다는 말이다.

우리 言語現實이 이와 같은 실정인데 한글로만 써야 한다고 주장하는 사람들의 底意를 도무지 알 수가 없다. 모 대학원에서 博士學位 논문을 쓰고 있는 학생이 20년 전에 출판한 지도교수의 논문을 漢字 때문에 읽지도 못하여 참고하지 못한 예가 있다 한다. 이러한 논문을 모두 한글로 번역하는 것이 과연 가능하다는 말인가? 漢字倂用을 반대하는 사람들에게 묻고 싶다.

우리말에는 漢字로 써야 할 말이 있고 한글로 써야 할 말이 있다. '서울'은 한글로 써야 하고, '首都'는 漢字로 써야 '水道, 修道, 水都, 手刀, 受道' 등의 의미를 오해하지 않고 정확하고 효과적으로 의미를 전달받을 수 있는 것이다. 초등학교 3학년 학생에게 한글로만 쓴 新聞社說을 읽혔더니 걸리는 곳 없이 줄줄 잘 읽었다. 그러나 '경제파탄'이니 '불경기'니 하는 낱말조차도 이해하지 못할 뿐 아니라, 그 사설에서 말하는 要旨는 전혀 파악하지 못하고 있었다. 우리말은 漢字와 한글로 調和된 言語이기 때문에 漢字를 알아야 우리 言語生活을 원활하게 할 수 있고, 傳統文化 발전에 크게 이바지할 수 있는 것이다.

## 8. 漢字倂用과 住民登錄證

행정자치부에서는 金大中 대통령이 漢字倂用이 필요하다고 閣議에서 결정하여 하달하였는데도 불구하고, 1999년 7월부터 새로 발급하는 주민등록증에 한글로만 이름을 적기로 했었다. 이 조치는 대통령이나 閣議의 결정을 무시하는 처사일 뿐만 아니라 국가의 官紀가 혼란해지는 처사이기도 했다. 더구나 주민등록법 시행령 제5조에 주민등록표의 이름과 주민등록증상의 이름은 호적에 기재된 文字로 표기해야 한다는 규정을 위반했을 뿐만 아니라, 주민등록법 시행령 제5조 중에 '다만 전산조작으로 처리하는 경우 한글로 표기할 수 있다.'는 예외규정을 남용하여 국민의 漢字 이름을 행정편의를 앞세워 한글 전용으로 전산화할 계획이었던 것이다.

이름을 漢字로 써야 할 이유를 굳이 설명하지 않아도 알겠지만, 同音異姓은 물론 각 氏族마다 行列이 있어 민족의 질서나 가족의 질서를 표시한 것과 다름이 없는 것이다. 오랜 傳統으로 계승되는 漢字 姓名을 한글로만 표기한다면 姓名의 固有性이 희석되어 姓名權, 名譽權, 人格權 등 국민의 기본권이 침해될 뿐만 아니라, 同名異人이 많아져서 범죄 악용의 가능성과 국민의 불편은 물론 社會的 混亂까지도 야기되게 될 것이다.

주민등록법에 漢字를 倂用하는 것이 이와 같이 중차대함을 주장하는 (社)韓國語文會(회장 李應百), 韓國語文敎育硏究會(회장 鄭琦鎬), 全國漢字敎育推進總聯合會(대표 陳泰夏), 韓國漢字漢文敎育學會(회장 柳豊淵) 등에서 주민등록증에 漢字를 倂用할 것을 촉구하는 궐기대회와 陳情書, 심지어는 法院에 소송까지 제기하기도 하였던 것이다. 그 결과, 經

費와 時間을 빙자하여 한자병용을 기피하려던 행정자치부에서도 늦게나마 한자병용의 당위성을 깊이 인식하고 한자를 병용하기로 결정하기에 이르렀다.

이상에서 살펴본 바와 같이 우리 言語構造의 特殊性이나 현실적인 實用性, 國語의 조화로운 표기 등으로 볼 때, 한자병용은 필연적으로 이루어져야 할 重大事이며, 政府 公文書, 道路 標識板, 그리고 住民登錄證에도 반드시 漢字가 併用되어야 하며, 이에 따르는 초등학교 漢字敎育이 적극적으로 검토되어야 한다.

## 9. 漢文敎育의 實態와 漢字學力

公文書나 道路 標識板, 그리고 住民登錄證에 漢字를 併用하는 것은 우리 言語構造의 特性으로 보나 國際關係로 보나 國語文字 표기의 諸規定으로 볼 때 너무나도 당연한 일이다. 漢字併用의 當爲性에 대하여는 前述한 바 있거니와 조선일보(1999. 2. 11)에서도 "'漢字文盲' 이대로 안 된다."는 기사를 3회에 걸쳐 발표한 바 있다. 이것은 한자병용의 당위성을 더욱더 분명히 해 준 金科玉條의 기사였다.

이러한 漢字併用 조치가 아무리 當爲性이 짙다 하더라도 漢字를 읽는 사람들이 漢字 文盲者라면 漢字併用은 아무런 의미가 없는 것이 되고 만다. 그러기에 1999년 2월 9일 申樂均 장관이 國務會議에서 漢字併用을 우선 추진하고, 2단계로 漢文敎育 體系를 재검토하겠다고 보고했다.

그동안 漢文科 敎育은 1972년 이후 獨立敎科로서 중학교에서 900

자, 고등학교에서 900자, 총 1,800자를 漢文文章을 통해서 가르치도록 되어 있다. 그러므로 3차 敎育課程期부터는 漢文科를 獨立敎科로 설정하고 교육과정도 별도로 제정하여 漢文 敎科書를 편찬하여 교육해 왔다. 5차 교육과정부터는 漢文科 敎育課程 解說書까지 출간하여 한문 교과서도 타 교과와 더불어 조금도 손색이 없는 敎材가 마련되었다. 그리하여 體系性이 있고 段階的으로 엮어진 이 교재들은 科學的이고 論理的이어서 現代 敎授-學習 理論에 걸맞는 漢字 · 漢文 學習의 길잡이 노릇을 해 왔다.

그러나 현재 대학생들이나 젊은 세대들의 漢字學力의 실태를 살펴보면, 漢字 · 漢文 敎育은 완전히 실패했다 해도 지나친 말은 아닐 것이다. 중학교나 고등학교의 漢文科 敎育目標를 보면 敎育用 基礎漢字 1,800자의 音과 뜻을 알고, 漢字語를 바르게 읽고 쓰며 言語生活에 활용할 수 있게 한다고 분명히 밝히고 있다. 그러나 대학생들이 '韓國'과 '哲學'을 읽지도 못하고 교수들의 저서에 표기된 한자를 읽지 못할 뿐만 아니라, 도서관에서 漢字가 섞인 著書의 題目조차도 읽지 못하여 참고도서를 찾지 못하고, 漢字를 板書하면서 강의를 하면 강의내용을 이해하기 힘들어 그 강의를 기피하는 현상까지 빚어지고 있다.

言論界나 企業界에서 記者나 社員들이 漢字를 알지 못해서 記事作成이나 産業活動에 큰 지장이 있어 勤務現場에서 漢字敎育을 시키거나 (社)韓國語文會의 3급 이상의 漢字能力檢定試驗 合格證을 요구하게 된 것이다. 중 · 고등학교에서 배우기로 되어 있는 1,800자만 제대로 습득하고 있다면 언론계나 산업계, 또는 일반사회에서 이러한 방법을 번거롭게 취할 까닭이 없다.

이러한 현 실정은 어떤 이유가 있든, 漢文科 敎育의 실패를 論證하는 결과가 될 것이다. 필수과목이던 漢文教科를 선택시간인 裁量活動으로 전락시켰기 때문에 중학교 과정에서 배워야 할 한자 900자를 배울 수 없도록 시간을 박탈당했다. 중학교에서 900자를 익혀야 고등학교에서 漢文教科를 배울 수 있는 修學能力이 있을 터인데, 중학교에서 배우지 못한 학생들은 고등학교에 가서도 漢字學力 부족으로 漢文을 선택하지 못하거나 기피하게 될 것이다. 이렇게 되다 보니 고등학교 漢文科 教育도 正常化될 수 없게 되는 것이다.

中等學校 일선에서 漢文을 지도하는 교사들은 그들 나름대로 여러 가지 惡條件 속에서도 教科的인 下待와 精神的인 푸대접을 받으면서도 그 位相을 지키기에 최선을 다해서 漢字·漢文 教育에 전념해 왔다. 더구나 요즈음에는 중학교 한문교과가 선택과목으로 전락되자 漢文教科專攻보다는 副專攻을 권유하는 교장들도 다수 있다고 한다. 뿐만 아니라 그나마 있는 漢文 時間을 빼앗아 영어나 수학 등 入試에 이용하는 시간으로 대체하고 있는 학교도 있다고 한다.

이처럼 열악한 學習條件과 學習環境 속에서도 漢字·漢文 教育을 위한 교사들의 피나는 노력의 결과는, 漢字·漢文을 모르는 漢盲을 양성하고 말았다는 사회적인 비난을 면치 못하게 되었다. 이렇게 漢字學力이 황폐화된 원인은 어디에 있을까? 한정된 紙面 관계로 골골이 찾아서 論述할 수는 없으나 巨視的인 안목으로 고찰해 보면 필수교과였던 중학교 한문교과가 선택과목인 裁量活動 시간으로 전락된 점과, 고등학교나 大學入試에 漢字·漢文 評價를 제외한 것이 漢文學習의 실패의 원인이 되었다. 다시 말하면 大學修學能力試驗에서 漢字·漢文을 한 문제도 출제하지 않고 있어, 大學講義나 學問研究에서 漢字를 읽지도 못하는 학생이 허다하다 하니 과연 大入 修能考査 評價가 본연의 구실을 다하고 있는지 의문이 간다.

서울대 工大 국어작문 강의를 맡은 국문과 任洪彬 교수는 "첫 시간에 과목 소개를 하면서 漢字 讀音 시험을 두 번 치르겠다고 예고하고 다음 수업시간에 들어가 보았더니, 대부분의 학생들이 수강신청을 변경해 다른 수강과목으로 바꾸어 버렸더라."고 한다.

이와 같이 대학생들이 漢字를 기피하려는 것은, 첫째 漢字를 잘 모르기 때문이며, 둘째는 國語生活이나 學問世界 그리고 東洋의 국제관계에서 漢字가 얼마나 중요한가를 인식하지 못하는 意識構造 때문이다. 일류 대학에 입학하려는 입시 위주로 공부할 수밖에 없는 우리나라 敎育風土에서 대학수학능력시험에 한자가 전연 출제되지 않고 있으니 학생들이 한자 공부를 하지 않는 것은 어쩌면 당연하다고 할 수 있을 것이다. 그러므로 대입 수능시험에서 최소한 言語領域에서나마 地文을 國漢混用文으로 출제하고 중요한 漢字語나 格言 등을 출제한다면 漢字 · 漢文에 대한 인식이 새로워질 것이다.

당국은 韓國語 구조상 公文書나 標識板 등에 漢字를 倂用해야 한다는 당위성을 인식하고 초등학교에서부터 꼭 필요한 數의 漢字를 선정하여 가르쳐야 할 책임이 있다. 그리고 학생들은 배워야 할 義務와 學習權이 있는 것이다.

## 10. 初等學校의 漢字敎育

### 1) 漢字 早期敎育의 重要性

學校敎育이 入試 爲主의 교육 함정에서 벗어나 百年大計를 위한 正

常的인 교육을 성취하기 위해서는 무엇보다도 初等學校 敎育부터 바로 잡아져야 한다.

漢字는 우리 言語의 核心的 구실을 한다. 그러기에 초등학교에서 그 어떤 敎科보다도 중요한 基礎 道具敎科인 것이다. 그러므로 초등학교 때부터 漢字敎育을 철저히 시행해야 한다.

우리 固有語와 漢字語로 이루어진 우리 言語構造의 特性은 말할 것도 없고, 漢字의 중요성이나 필요성, 그리고 漢字倂用의 당위성을 감안할 때 한자교육은 어려서부터 早期에 이루어져야 한다.

의학박사 박만성은 《총명한 두뇌 만들기》란 저서에서 "인간의 言語센터(두뇌)의 발달은 18세까지 자란다. 특히 6세에서 10세 사이의 言語센터는 1년간에 2천~5천의 語彙를 익힐 수 있으나, 어른의 경우는 1년에 2백 단어 정도밖에 익히지 못한다."고 말하고 있다. 우리 國語의 70% 이상이 漢字語로 구성되어 있기 때문에 造語力이 뛰어난 漢字를 早期에 敎育한다면 語彙 習得의 효과는 물론, 탁월한 學力과 思考力이 伸張될 것이다.

1972년 敎育用 基礎漢字 選定 당시에도 초등학교에서부터 조기에 漢字敎育을 시행해야 한다는 사회적인 여론에 따라, 1972년 4월에 閔寬植 文敎部 長官이 국무회의에서 보고한 漢字敎育 方針에서 초등학교의 漢字敎育은 1972년도 중에 실험학교를 운영하여 初等 漢字敎育 실시 여부를 결정하겠다고 말했으나, 한글 전용자들의 세력에 밀려 이제까지 初等學校 漢字敎育의 공식적인 실험연구가 이루어지지 못하고 있는 실정이다.

우리는 지금 漢字文盲으로 바람직한 國民精神과 文化水準, 그리고 知識의 下向性이 심각한 지경에 이르고 있다. 이러한 文化文明과 學問

의 향상 · 발달을 위하여 우리 言語의 핵심인 한자를 초등에서부터 조기에 가르쳐야 한다는 국민적 공감대를 형성하기에 적극적으로 노력해야 할 것이며, 漢字 早期敎育의 必要性에 대한 새로운 國民意識이 형성되어야 할 것이다.

지난날에는 국민의식이 한글만 사랑하는 것이 愛國者요, 漢字 使用을 주장하는 사람은 事大主義者요, 非愛國者로 매도해 왔으나, 우리 文字 言語의 구조가 한글과 漢字로 구성되어 있다는 言語의 恣意性을 고려할 때, '한글+漢字'의 言語意識이 바람직한 현대적인 國語觀이 될 것이다. 그러므로 公文書나 標識板 등에 漢字를 倂用해야 文字 言語生活이 원활해짐을 깊이 인지하고, 漢字敎育도 한글교육 못지않게 중요함을 각성하여 초등학교 때부터 早期 漢字敎育을 시행해야 함을 우리는 大悟覺醒해야 한다.

### 2) 初等學校의 漢字敎育 實態

1968년 10월 25일 한글 전용 추진 7개항을 박정희 대통령이 지시하여 각종 교과서에 있는 漢字를 삭제하고 言論 出版界의 한글 전용을 적극 장려하도록 했다. 그리고 1969년 9월에 敎科課程 개정령이 공포되어 漢字敎育의 근거가 삭제되고 교과서에 표기된 漢字를 삭제하게 되었고, 1970년 1월 1일부터는 모든 公文書와 기타 표현물을 완전히 한글로만 표기하도록 하였다. 그 후 1972년 8월 16일에 中 · 高校用 漢文 敎育用 基礎漢字 1,800자가 공포되었다. 이때부터 중학교와 고등학교에서는 漢文科 敎育을 獨立敎科로 교육할 수 있게 하였고, 초등학교에서는 漢字敎育을 禁止하게 되었다.

그때 당시 光州 초등학교 모 교사가 국어시간에 漢字를 가르쳤다 하여 징계처분까지 받은 일이 있었다고 한다. 이러한 초등학교 교육 분위기 속에서 漢字敎育은 完廢되는 학습환경이 되고 말았다.

그러나 세월이 흐르고 政權이 바뀌자 漢字敎育의 認識이 점점 달라져 漢字敎育의 當爲性을 주장하는 學會와 많은 학부모들의 希望, 그리고 初等 漢字敎育을 몸소 실천하는 교장과 교사들이 앞장서게 되자 초등 한자교육의 분위기는 새로운 국면을 맞이하게 되었다. 특히 1994년 2월 7일부터 조선일보에 연재된 "亞太時代 '우리의 국제문자' 漢字를 배웁시다."의 17회에 걸친 기사는 국민들의 한자교육에 대한 새로운 인식과 의욕을 불러일으켜 주었고, 初等學校 漢字敎育을 희망하는 학부모들의 수가 84%를 넘나들게 되자, 초등 한자교육의 분위기는 새로운 분위기로 전환되기 시작했다.

뿐만 아니라 1999년 2월에 國務會議에서 통과된 公文書나 標識板 등에 漢字를 倂用한다는 公布는 초등 한자교육의 촉진제가 된 것이다.

그동안 初等 漢字敎育이 正規敎科로 설정되지 않았기 때문에, 아침 자습시간이나 점심시간 또는 방과 후에 뜻있는 교장이나 교사들의 열의에 의하여 실시되어 왔다. 특히 서울의 경우 洪光植 교장이나 郭仁成 교장, 全漢俊 교장 등은 초등 한자교육에 앞장서서 漢字敎育 復活에 크게 이바지했을 뿐만 아니라 학부모들의 극찬을 받기도 했다.

그러나 일반적으로 일선 교사들은 의욕이 앞서긴 하나 무엇을 어떻게 가르쳐야 할지 갈피를 잡지 못하고 있는 실정이다. 초등학교에서 가르쳐야 할 漢字를 國家的 次元에서 선정해 주지 않았기 때문이다. 다시 말하면 敎育部에서 漢字를 正規敎科로 策定하지 않았기 때문이다.

漢字敎育에 뜻있는 學術團體나 人士들은 한결같이 漢字 早期敎育을 주장하고 초등학교부터 한자교육을 정규교과로 실시하기를 강력히 주장해 왔다. 그러나 당국에서는 아무런 대책도 세우지 않고 있다가 제6차 教育課程期부터 漢字教育을 '裁量活動' 시간에 실시할 수 있도록 했다. 이 '재량활동' 시간은 학교장이 教育課程 運營協議會와 협의하여 학교 나름대로 教科目을 선택하고, 그 內容을 구성하여 自律的으로 운영할 수 있기 때문에 教科 및 특별활동을 補充 또는 深化할 수 있고, 학교의 독특한 교육적 필요나 학생들의 요구에 따라 학교가 자율적으로 교육활동을 할 수 있는 시간이다. 그러므로 학교장이 한자교육의 중요성을 인식하고 교육할 意志만 있다면, 漢字教育을 裁量時間에 얼마든지 正規時間으로 운영할 수 있는 것이다.

제6차 교육과정에서 이 '裁量活動' 시간은 3학년 이상 주당 1시간, 年間 34시간을 이수할 수 있는 것으로, 종전에는 정규시간에는 한자교육을 할 수 없었던 것을 교육할 수 있도록 물꼬를 터놓은 셈이다. 그러나 1997학년부터 3학년 이상에서 英語를 주당 2시간씩 정규교과로 교육하도록 急造했기 때문에, 漢字를 가르칠 수 있는 '재량활동' 시간이 모처럼 마련되었으나, 실제로는 영어시간으로 탈바꿈하게 된 것이다. 제6차 교육과정 제정 당시 계획성 있게 영어를 정규교과로 정했더라면 이런 不合理한 현상이 빚어지지 않았을 것인데, 제6차 교육과정이 제정된 뒤 갑자기 초등 영어교육을 필수로 제정, 주당 2시간씩 실시하라는 大統領令이 떨어지자, 한 시간은 다른 교과에서 징발하고 또 한 시간은 '재량활동' 시간에서 빼앗아간 셈이다. 그러므로 제6차 교육과정에서는 3학년부터 연차적으로 재량시간이 영어시간으로 바뀌게 된 것이다.

1997년 12월 30일에 교육부에서 告示한 제7차 초등학교 교육과정의 國語科 教育目標[58]를 살펴보면 다음과 같다.

가) 言語活動과 言語와 文化에 대한 基本的인 知識을 익혀 이를 다양한 국어 사용 현황에 활용하는 능력을 기른다.

나) 정확하고 효과적인 國語 使用의 원리와 작용 양상을 익혀 다양한 國語資料를 비판적으로 이해하고, 思想과 情緖를 創意的으로 표현하는 능력을 기른다.

다) 國語 世界에 흥미를 가지고 言語現象을 계속적으로 탐구하여 국어의 발전과 國語文化 創造에 이바지하려는 태도를 기른다.

국어의 기본적인 지식이나 활용하는 능력, 그리고 創造的으로 표현하려는 능력, 국어 발전과 문화 창조에 이바지하려는 태도를 기르는 것들은 모두 漢字敎育이 핵이 되어야 經濟的이고 效果的으로 실현할 수 있는 要素들이다. 그러나 제7차 초등학교 國語科 敎育課程에서도 目標나 內容體系 및 內容 등에서 漢字敎育에 대한 文句는 한 글자도 찾아볼 수 없다. 다만 '재량활동' 시간은 1학기부터 주당 2시간씩 연간 68시간을 이수할 수 있도록 시간이 배정되어 있을 뿐이다. 제6차 교육과정의 '재량시간'에 비하면 1, 2학년에도 재량활동 시간이 신설됐고, 3학년 이상도 시간배정이 배나 늘었기 때문에, 영어시간으로 빼앗길 염려는 없어서 漢字敎育에 한 가닥 희망을 가질 수는 있으나, 漢字를 필수적으로 가르칠 수 있는 장치는 마련되어 있지 않다.

중학교 교육과정의 '裁量活動'[59] 시간에는 '漢文', '컴퓨터', '환경', '생활외국어' 등을 이수하도록 '漢文' 교과를 명기하고 있고, 중학교 '漢文'

58) 《初等學校 敎育課程》(敎育部, 1997. 12. 30), p.77.

59) 《中學校 敎育課程》(敎育部, 1997. 12. 30), p.12.

교과서도 검인정 교과서로 따로 편찬하도록 되어 있다. 그러나 교육과정상 초등학교 '재량활동' 시간에는 '漢字' 과목을 구체적으로 제시하지 않고 있을 뿐만 아니라, 가르쳐야 할 初等用 基礎漢字도 공식적으로 제정하지 않고, 교육부에서 인정하는 '漢字' 교과서도 편찬하지 않고 있다.

제7차 교육과정에서 초등학교의 '재량활동' 시간 운영에 있어서는, 학교 실정에 따라 융통성 있게 配定할 수 있으나 教科의 深化 · 補充 學習보다는 학생의 自己主導的 學習能力을 촉진시키기 위한 創意的 '재량활동'에 중점을 둔다[60]고 명시하고 있다. 漢字教育은 國語科 教育의 심화 · 보충에 절대적인 가치를 갖는 教科인데, '深化', '補充'보다 창의적 재량활동에 중점을 두라고 했으니, 한자교육을 필수적으로 선택하는 데 걸림돌이 되어 있다.

가령 '재량활동' 시간에 漢字를 선택한다고 해도 교육부에서 제정한 초등학교 한자교육 과정이 없기 때문에, 어떤 漢字를 몇 자나 어떻게 가르쳐야 할지 그 방향을 잡기가 어렵다.

### 3) 初等學校의 漢字教育

現今 初等學校에서 사용하고 있는 漢字教材들은 교육청에서 인정한 교재나 학교 자체로 제작한 교재가 大宗을 이루고, 시중 출판사에서 임의로 제작한 교재, 어린이 신문의 學習漢字 등을 사용하고 있다. 이러한 교재에 실린 한자들이 과연 초등학교의 여러 교과목과 관련이 깊은 基本漢字들이며, 이 漢字를 자료로 하여 편찬한 교재들인가? 또한 이러한 교재들이 漢字構造의 원리나 현대 학습방법에 알맞는 교재로 편찬된 것

60) 《初等學校 教育課程》(教育部, 1997. 12. 30), p.12.

인지, 우려되는 바가 크다.

초등학교의 어린이들에게 어떤 漢字를 어떻게 가르쳐야 하는가? 하는 문제는 매우 중요한 課題인 것이다. 현재 우리나라 어린이들에게 가르쳐야 할 漢字를 國家的인 차원에서 선정해 주지 않고 있는 상태이기 때문에 初等 漢字教材 편찬에 큰 어려움이 있다. 교육부에서 한문 교육용 기초한자 1,800자를 檢討 · 補完하고 初等 教育用 漢字를 선정하기 위하여 교육부에서 漢文教育學會(회장 金相洪)에 위촉하여 金相洪(檀國大 教授), 鄭愚相(서울教大 名譽教授), 李東歡(高麗大 教授), 申用浩(公州大 教授), 沈慶昊(高麗大 教授)가 研究 · 檢討한 결과, 漢文 教育用 基礎漢字 2,000字案과 1,800字案을 작성하여, 2,000字案에서는 初等에서 600자와, 1,800字案에서는 초등용 500자를 선정하여 교육부에 보고한 바 있고,[61] 이것을 중심으로 공청회까지 열어 많은 지지를 받았으나 교육부에서는 初等漢字 選定을 보류한다고 발표하고, 이러한 교육부의 무책임한 태도에 初等 漢字教育의 前程이 암담할 뿐 아니라, 初等 漢字教育의 기본이 흔들리고 있는 실정이다.

#### 4) 初等 教師들의 漢字學力과 初等 漢字教育

초등 교사 양성기관인 教育大學校에서 漢字 · 漢文 教育이 필수적으로 이루어져야 한다. 현재 각 교육대학 교육과정을 보면 漢字 · 漢文을 필수교과로 운영하는 학교는 한 학교도 없다. 다만 教養漢文이나 漢文

---

61) 〈漢文 教育用 基礎漢字 1800자 調整에 관한 研究〉, 《漢文教育研究 제14호》(漢字漢文教育學會, 2000. 6), pp.125~194.

教育 科目을 선택으로 운영하고 있을 뿐이다. 그러므로 教大生들이 생활환경 조서를 작성하는 과정에서 '아버지'라고 쓰고 괄호 안에 '夫'자를 써서 '아버지(夫)'로 표기하는 웃지 못할 事例가 빈번하게 나타나고 있다. 주소를 漢字로 쓸 수 있는 학생도 손꼽을 정도이다. 이제 우리나라 부모들의 교육수준이 매우 높아졌기 때문에 학생들보다도 학부형 등의 요구가 매우 高次元的으로 제기되는 실정이다. 더구나 현대의 초등학교 부모들은 대개 '한글세대'이기 때문에, 漢字를 잘 모르는 자신의 욕구불만을 자식들에게는 만족하게 충족시키려는 의욕이 높다. 따라서 漢字教育에 대한 認識이 날로 새로워지고 있다. 漢字教育의 重要性도 중요성이려니와 학부형들에게 교사의 位相과 品格을 제대로 유지하려면 한글과 함께 漢字學力도 매우 높아져야 한다고 본다. 그러므로 우선 대처해야 할 것이 教育大學校에서 漢字 · 漢文 교육을 필수로 개정하고, 초등 교사 임용시험에도 반드시 漢字나 漢文을 출제해서 教師들의 漢字學力이 높아질 수 있도록 개선해야 할 것이다.

그리고 現職에 있는 초등 교사들에게도 일정한 연수를 거쳐 漢字學力을 높일 수 있도록 行政的 조치를 취해야 할 것이다.

서울教大 方仁泰 교수의 〈漢字教育에 대한 初等教師의 意識 調査〉[62]에 의하면, 漢字教育의 必要性을 응답한 교사 634명 중 96.4%가 그 필요성을 인식하고 있으나, 初等漢字 教育課程의 不在, 漢字學習 時間의 不實, 教材의 未備, 教師의 漢字學力 不足 등이 문제되어, 초등 한자 교육의 실효를 거두기가 어려운 실정에 있다 한다.

---

62) 《漢字漢文教育 제4집》(漢字漢文教育學會, 1998. 6), p.155.

### 5) 初等 漢字敎育의 方向

초등학교 한자교육은, 국가적인 차원에서 교육과정을 개정하고, 早期에 漢字를 가르치지 않으면 안 된다. 그런 국가적 차원의 굳은 의지가 없으면 自滅해 가는 漢字敎育을 구제할 길이 없다. 漢字 · 漢文 敎育이 1972년에 獨立敎科로 제정된 이후, 근 30년을 중 · 고등학교에서 지도해 왔으나, 서울大生들이 '韓國'과 '哲學'을 읽지 못하는 지경에 이르는 것은 초등에서 漢字敎育을 실시하지 않고, 또한 大學修學能力考査에서 漢字 · 漢文을 평가하지 않았기 때문이다.

그러므로 교육부에서는 초등학교 '漢字' 교육의 중요성을 깊이 깨닫고 제도적인 적절한 조치를 취해야 할 것이다.

初等 漢字敎育의 方案은 두 가지로 요약할 수 있다. 그 첫째는 현행 국어 교과서에서 사용하고 있는 漢字語들을 그 사용빈도에 따라 노출시켜, 국어시간에 한글과 함께 漢字를 과학적으로 지도하는 방법이다. 이것은 初等 漢字敎育의 가장 효과적이고 이상적인 방법이 될 것이다.

그러나 이 방법을 실현시키려면 說得力 있고, 合理的인 교육정책으로, 국가적인 차원에서 言語敎育 政策을 개혁하는 의지로, 결연히 이행하지 않으면 안 될 것이다. 초 · 중 · 고 국어 교과서 속에 漢字를 노출하여 지도하면 國語學力이 월등하게 신장될 것이며, 중학교와 고등학교에서 배우는 漢文敎育도 지금과 같은 한자나 한자어 교육에서 벗어나 명실상부한 한문다운 한문교육이 될 것이다. 현재는 중학교에서 처음으로 한자를 대하기 때문에 한자가 모여서 이루어지는 漢文文章 學習은 거의 불가능한 실정에 있다. 초등에서 한자학습을 철저히 한다면, 이 漢字學力을 바탕으로 漢文文章 교육도 가능해져서 漢文敎育의 窮極의 目標인 漢文文章의 讀解力과 傳統文化 계승 · 발전의 바탕을 마련할 수 있을 것이다.

둘째는 제7차 교육과정에서 강화하고 있는 '裁量活動' 시간, 주당 2시간에서 1시간을, 漢字教育의 정규시간으로 배정하여 운영하는 방법이다. '재량활동' 시간에는 自己 主導的 學習能力을 촉진하는 創意的 활동을 중점적으로 실시하는 것도 중요하지만, 漢字教育은 모든 학력의 기초적인 능력을 신장하기 때문에, '재량활동' 시간 중 1시간을 漢字時間으로 바꾼다 하더라도 초등학교 교육과정 편제상 하등 불편이나 무리함이 없을 것이다. 다시 말하면 이미 고시된 제7차 교육과정을 개정하지 않더라도 한자교육을 정규시간으로 운영할 수 있는 타당한 방법이 된다는 말이다.

그러므로 우선 初等漢字 教育課程을 제정하여, 漢字教材를 현대 텍스트 이론에 맞도록 개발하고, 초등 한자교육을 주당 1시간씩 1학년에서 6학년까지 정규시간으로 운영한다면, 初等 漢字學力의 향상이 날로 발전하여 우리가 기대하는 漢字併用의 목적을 충분히 달성할 수 있을 것이다.

교육부는 이상에서 말한 두 가지 初等 漢字教育 方案 중 현행 교육과정상 큰 무리가 없는 범위 내에서 적절한 방안을 채택하여 하루 빨리 初等 漢字教育을 실현해야 할 것이다.

《한글+漢字》 창간호(1999. 8)에서 제5호(1999. 12)까지 발표한 것을 改稿하여 轉載

**〈參考文獻〉**

朝鮮日報, 1998. 2. 10, 1998. 3. 17, 1998. 7. 18.
中央日報, 1998. 2. 10.
교육부, 《초등학교 교육과정》, 교육부 고시 제1997-15호[별책 2], 1997.
교육부, 《중학교 교육과정》, 교육부 고시 제1997-15호[별책 3], 1997.
金相洪 외, 《漢文敎育硏究 제14호》, 도서출판 博而精, 2000.
李應百 외, 《漢字漢文新講》, 傳統文化硏究會, 1998.
鄭愚相 외, 《新漢文科敎育論》, 傳統文化硏究會, 1999.

# 제5절 中學校 漢文學習 指導의 方向

- 새 教科書를 中心으로 -

## 1. 序論

文化文明의 발전이 加速化됨에 따라 학습의 분야가 다양해지고 내용이 복잡해지고 있다. 이러한 현대의 학습 조건과 환경 속에서 옛날과 같이 한문학습만을 가지고 現代와 새로운 世代에 대처할 수 없음은 自明한 일이다. 결국 漢文은 많은 教科 중의 일부분에 지나지 못하는 것이다.

이러한 漢文學習을 종래와 같이 무조건적으로 암기하게 함은 시간과 노력이 허락하지 않는 것이다. 이와 같이 시간과 노력의 經濟性으로 보든, 現代 言語學習의 취향으로 보든, 漢文學習은 現代化되어야 하고 새로워져야 할 것이다.

이러기 위해서는 漢文의 言語的 體系와 그 要素를 研究하여 科學的인 學習이 이루어져야 한다.

그러면 이러한 科學的인 漢文教育의 要諦는 무엇일까? 즉 무엇을 어떻게 교육하는 것이 과학적인 방법이며, 학습자로 하여금 흥미를 가질 수 있게 하고 시간과 노력의 소모를 방지할 수 있는 방법일까? 필자는 한문교육의 요체는 '漢字의 構造'와 '漢文의 構造', 그리고 聲調性과 文法的 職能을 다분히 지니고 있는 '虛詞의 用法'임을 밝힌 바 있다. 그러므로 한문의 과학적인 교육도 '漢字의 構造', '漢文의 文型', '虛詞의 用法'이 연구되어져야 하고 이것을 바탕으로 하여 학습이 이루어져야 한다고 본다. 이번에 새로 만들어진 漢文 敎科書는 이러한 정신을 바탕으로 하여 마련되었으며 '漢字語'와 '成語'의 構造類型을 '漢字' 학습에서 '漢文' 학습으로 발전하는 過渡的인 學習段階로 다루었다.

이것은 선정된 漢文 敎育用 基礎漢字 1,800자(그 중 900자가 中學校用)가 漢字語 학습과 漢文 학습의 兩面性을 지니고 있기 때문이다.

## 2. 本論

### 1) 敎科書 編纂 方向

가) 執筆槪要

· 中學校 1, 2, 3학년에서 학습할 내용을 각각 1, 2, 3 세 책으로 구분하여 橫書하였다.

· 漢字, 漢字語, 漢文의 構造原理에 맞도록 하였다. 構造原理란 形式인 語法的인 構造와 內容인 意味構造를 말한다.

· 각 學年에 배정할 新習漢字 및 漢字語의 構造에 관한 基礎研究를 先行하였다. 中學校 漢文科 敎育課程을 詳細化하고 종래의 漢字 · 漢文 敎科書 4권을 무작위 선정하여 分析 · 檢討하였다.

· 現代 言語學習 理論에 맞도록 하였다. 漢字 · 漢文의 構造를 研究하여 基本的인 體系를 세우고 學習段階와 難易度를 배려하여 흥미 있는 학습이 되도록 노력했으며, 言語學習의 反復性과 代替性을 고려하고 視聽覺 매체를 활용하도록 했다.

· 用語는 國文法의 용어를 사용하되 부득이한 경우에는 研究陣, 協議陣 및 審議會의 협의를 거쳐 결정한 용어를 사용하였다.

· 執筆陣에서 작성한 원고는 研究陣, 協議陣 및 審議會의 협의를 거쳐서 결정했다.

### 나) 教科書에 提示된 學習內容의 段階的 展開

| 1學年 | 漢字(8) | 漢字語(19) | 成語(3) | | | |
|---|---|---|---|---|---|---|
| 2學年 | | 漢字語(12) | 成語(13) | 對句와 短文(5) | | |
| 3學年 | | 漢字語(3) | 成語(4) | 詩(2) | 文型(11) | 短文(10) |

＊( ) 안의 숫자는 課數임.

위의 圖示는 教科書에 제시된 學習內容의 段階的인 展開를 보인 것이다. 학습내용을 大別하면 ⑴漢字, ⑵漢字語, ⑶成語, ⑷文型, ⑸短文, ⑹對句와 詩로 구분할 수 있다.

⑴ 漢字

漢字學習은 漢字가 가지고 있는 音과 뜻을 아는 것이 궁극의 목적이다. 어떻게 하면 漢字의 音과 뜻을 흥미 있게 알 수 있고, 이것을 오래 기억할 수 있느냐 하는 것이 科學的으로 제시되어야 하고, 한자의 筆順을 쉽게 익히는 방법과 字典活用 方法이 배려되어야 한다. 이러한 綜合的 漢字學習의 방법은 漢字의 構造를 바탕으로 연구되어져야 한다.

'漢字의 構造'란 漢字가 어떤 짜임새를 가지고 있는가? 다시 말하면 어떻게 구성되어 있는가? 하는 字源的 해설이며, 이것은 許愼의 《說文解字》에 근거를 두어야 한다. 漢字는 表意文字이기 때문에 한 글자가 意味情報의 핵이 되는 一字一意로 되어 있어 音과 뜻이 있는 것이다. 가령 "休(휴, 쉬다)의 구조는 人(인, 사람) + 木(목, 나무)으로 짜여지게 된 것으로 '人'은 사람의 모양을 본떴고 '木'은 나무의 모양을 본뜬 글자다. 그러므로 '休'의 설명을 흥미롭게 하자면 나무 밑에서 사람이 앉아서 쉬고 있는 그림을 제시하고, 사람(人)이 나무(木) 밑에 앉아서 쉬고(休) 있다."고 지도한다면 '人, 木, 休'를 모두 이해하여 '休'라는 한 글자를 배움에 있어서 '人, 木'까지 알 수 있으니, 一石三鳥의 비결이 되는 것이다.

필자가 조사한 바에 의하면 漢字學習에서 '分析的 學習이 效果的임'이 명백해졌으며 일본의 이시이 이사오(石井勳)는 "漢字를 본격적으로 학습한다는 전제로서는 이 漢字의 구조(字形構造)를 익힌다는 것이 漢字敎育의 基礎的 작업으로서는 매우 중요할 뿐 아니라, 近代的 또는 科學的인 漢字學習을 위해서는 필요불가결의 것"으로 보고 있다.

이러한 사실로 보아 漢字를 科學的으로 익히기 위해서는 漢字의 構造를 文字論的 입장에서 볼 때 文字의 視覺 形象化의 수단에 관한 문제로 字體의 成立이나 字體의 分析을 의미하기도 한다. 5만 자나 되는 漢字는 일정한 장소에서 一時에 발생된 것도 아니며, 넓은 중국 땅, 곳곳에서 시대와 장소를 가리지 않고 恣意的으로 생성·발달해 온 것이기는 하나, 그 起源的 解說 즉 六書(象形, 指事, 形聲, 會意, 轉注, 假借)의 語源的 연구 방법은 漢字構造를 이해하는 데는 꼭 필요한 것이다.

漢字의 구조를 연구함에 있어서 許愼의 六書가 그 기본이 되어야 하지마는 지나치게 여기에 구애되지 말고 새롭게 연구·개발되어야 한다. 즉 金榮馥 씨의 《漢字字源研究》와 같이 '차에 치여 죽다.'는 '轢死'의 '轢'자의 연구를 보면 다음과 같다.

① 《說文解字》와 《康熙字典》은 '白'이 八에 二를 합한 것으로 二는 陰數이므로 四方之色인 흰 빛을 뜻하고, '樂'의 白은 〈그림 1〉과

같은 모양의 글자로써 북 모양을 뜻한다[63]고 하였다.

〈그림 1〉 〈그림 2〉

② 朱駿聲의 《說文通訓定聲》에서는 白이 丨(햇빛을 뜻함)에 日을 합한 것이므로 '햇빛이 맑다.'는 뜻이라고 풀이하였다.

③ 加藤常賢은 《漢字의 起源》에서 郭沫若의 說에 따라 白은 擘(엄지손가락 벽)과 同字이며 伯(맏 백)의 뜻이고, 손톱 빛이 희므로 '희다'는 뜻이 나왔다고 풀이하였다.

④ 藤堂明保의 《漢字語源辭典》은 白이 櫟(상수리나무 력)의 열매인 도토리 모양(그림 2)으로써 도토리 果肉의 빛깔에서 '희다'는 뜻이 나왔으며 栢(잣나무 백)의 原字라고 주장하였다.

金氏는 이상의 說은 白을 右文으로 하는 글자들의 공통된 뜻을 설명하지 못한 부분적 해설에 불과하다고 비판한다. 金氏의 독창적 해설에 따르면 '白'의 甲骨文(그림 1)은 누에고치의 꼴이다. 즉 번데기가 고치에서 뽑는 실 끝의 모양이다.

그래서 고치 빛이 희므로 ①'희다'(白色), ②'밝다'(明白), ③'말하다'(自白, 獨白, 告白)의 뜻이 나온다. 또 고치실로 짠 비단(帛)은 모든 베 가운데서 가장 좋으므로 ④'으뜸'(伯兄, 道伯)이며, 고치 속의 번데기는 나방→고치→실→비단으로 변화하므로 ⑤'변하다'라는 뜻이 있어 사람이

63) 서울신문 10649호 朴康文 기자.

죽으면 귀신으로 변해 魄(넋 백)이 된다.

金氏에 따르면 '樂'은 甲骨文이나 金文(周代文字)에서 보듯 크고 작은 고치가 주렁주렁 달린 나무의 象形字로써 櫟의 本字이다. 상수리나무의 잎을 먹고 자라는 멧누에(柞蠶)의 고치가 바람에 흔들려 달그락거리는 소리가 風流와 같아 '音樂'을 뜻하고, 음악은 사람이 '즐기고' '좋아하는' 것이다.

그런데 멧누에(柞蠶)가 풍우로 땅에 떨어지면 행인이나 짐승의 발길에 밟혀 산산이 부서지므로 '樂'이 다른 자와 함께 쓰일 때는 '산산이 부서져 죽는다.'는 뜻을 나타낸다.

즉 '櫟'은 사람이 수레바퀴에 깔려 부서져 죽는다는 뜻이고, '礫(자갈 력)'은 큰 돌(石)이 산산이 부서진 것이고, '藥'은 病源을 죽이는 草木의 藥材를 뜻한다.

이것은 '漢字의 字源'을 學究的으로 흥미롭게 연구한 대표적인 예가 될 것이다.

漢字의 기초 학습에 있어서 한자의 구조가 강조됨은 '어떻게 하면 漢字를 재미있게 학습하여 잘 기억할 수 있을까?' 하는 것이 근본 문제가 된다. '한자는 어렵다.'고 생각하기 쉬운 학습자에게 '쉽고도 재미있다.'는 신념을 갖게 하여야 한다.

漢字의 構造를 잘 파악하기 위한 방법으로 部首指導가 先行하는 학습이 필요하다. 總 部首 214자 중 많은 수가 사물의 모양을 본떠서 이루어진 象形文字이다. 視覺的으로 知覺映像을 자극시킬 수 있는 圖式的 學習을 이행한다면, 部首指導에 있어서 흥미를 유발하고 漢字學習의 기초를 다질 수 있을 것이다.

形聲文字는 總 漢字의 60% 이상을 차지한다고 한다. 이 形聲文字에서 部首가 意味를 담당하고 있기 때문에 漢字를 이해시키는 데 큰 구실을 하고 있다.

필자의 경험으로는 부수지도를 선행한 결과, 배우지 않은 한자도 이해하여 그 뜻과 음을 알아낼 수 있는 힘이 생기고, 筆順이나 字典을 찾기도 거리낌 없이 效果的으로 이해할 수 있는 능력이 신장됨을 파악하였다. 다만 부수지도에서 무조건 암기식으로 한다면 漢字의 學習興味를 손상시킬 우려가 있으니, 部首字 214자를 그림으로 形象化하여 字源的 解說을 흥미롭게 하여야 한다.

가령 部首字 '雨'는 《說文解字》에서 "雨 水从雲下也 一象天 冂象雲 水霝其間也"라 하여 하늘에 구름이 끼어 거기에서 물방울이 떨어지는 모양을 본뜬 象形文字다. '雨'는 기후 현상의 대표적인 글자이기 때문에 기후를 나타내는 데 있어서 대표적 구실을 한다. 그러므로 '비'와 관계가 깊은 '雲, 雪, 霜, 電, 霧' 등의 여러 글자가 생성되고, '雨'를 먼저 학습하면 雨部에 해당하는 한자의 음과 뜻을 추리할 수 있고, 筆順과 字典 찾기도 어려움 없이 해결할 수 있다.

교과서에 제시된 漢字學習 內容을 요약하면 다음과 같다.

(가) 漢字가 가지고 있는 具體性과 抽象性, 意味分化性, 한 글자가 意味情報의 핵을 이루는 一字一語 등의 특성을 배려하였다.

① 具體性 : 구체적인 사물의 모양을 본떠서 이루어진 상형문자 등.

② 抽象性 : 象形 · 指事 文字 등이 배합되어 이루어진 會意文字나 形聲文字는 각각 다르다. '視察'과 '觀察'은 '視'와 '觀'이 각각 '察'을 後置하고 있으나 그 意味의 深度는 다르다.

(나) 漢字의 字源 및 構造를 바탕으로 漢字를 제시하였다.

① 字源

[火] 불이 타오르는 모양을 본뜬 글자.

| 隸書 | 小篆 | 金石文 | 甲骨文 |
|---|---|---|---|
|  |  |  |  |

[水] 물이 흐르는 모양을 본뜬 글자.

| 隸書 | 小篆 | 金石文 | 甲骨文 |
|---|---|---|---|
|  |  |  |  |

[木] 나무의 모양을 본뜬 글자. 윗부분의 가운데 것은 나무의 줄기이고, 양쪽에 뻗어 있는 것은 나무의 가지이다.

| 隸書 | 小篆 | 金石文 | 甲骨文 |
|---|---|---|---|
|  |  |  |  |

② 構造

[休] 사람(人)이 나무(木) 밑에서 쉬고(休) 있다.

人　木

休

(다) 六書 중 象形文字와 指事文字, 會意文字, 形聲文字를 학습의 難易度를 배려하여 段階的으로 제시하였다.

| 象形 → | 指事 → | 會意 → | 形聲 |
|---|---|---|---|
| (木) | (本) | (林) | (枝) |

(라) 象形文字와 指事文字가 배합되어 이루어진 會意文字와 形聲文字를 제시하였다.

[會意文字] 日 + 月 → 明　　木 + 目 → 相　　木 + 木 → 林

人 + 木 → 休　　女 + 子 → 好

[形聲文字] 木 + 寸(촌) → 村　　氵(水) + 主(주) → 注

工(공) + 力 → 功　　方(방) + 攵 → 放

(마) 部首指導를 통하여 漢字의 構造와 筆順과 字典 찾기를 알 수 있도록 하였다.

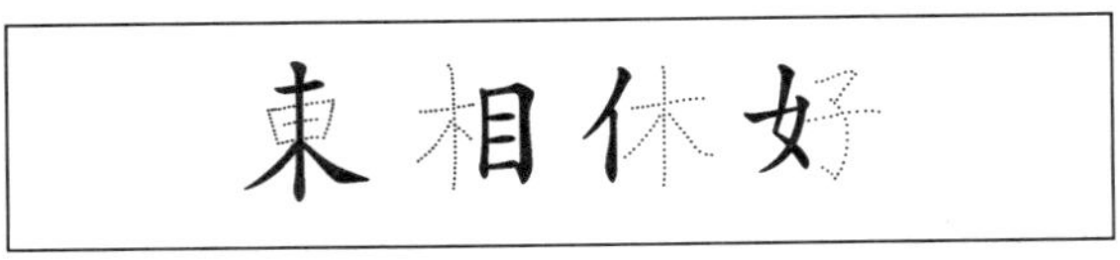


(바) 新習漢字를 1학년=350자, 2학년=300자, 3학년=250자씩 소화할 수 있도록 하였다.

(2) 漢字語

前述한 바와 같이 우리 祖上들은 漢字·漢文의 文化圈에서 생활해 왔다. 특히 上流階級의 사람들은 漢文에 능통하였으며, 漢文으로 言語生活을 영위해 왔다. 그러므로 漢字로써 語源을 이룬 漢字語들이 생성되어 우리 고유언어와 配合·造成되어 國語生活을 가능케 했던 것이다. 그러기에 우리 국어 속에는 한자어가 過半數를 차지하고 있는 것이다. 이러한 한자어들은 알게 모르게 漢文의 構造와 관련되어 있다.

教科書에 제시된 漢字語 學習內容을 요약하면 다음과 같다.

(가) 한자어가 가지고 있는 轉移性, 連語性, 卽刻性,[64] 移位性 등의 특성을 배려하였다.

[連語性]

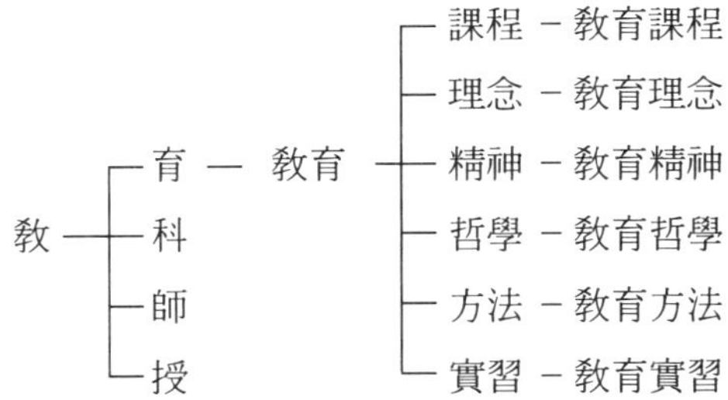


[轉移性]

[卽刻性] : 漢字語는 表意文字인 漢字로 이루어진 言語이기 때문에 눈으로 보면 즉각 그 意味를 알 수 있다. 특히 同音異義語 등의 분별은 迅速하고 分明하게 알 수 있는 것이다.

[移位性] : 漢文의 特性이 語順에 의하여 그 意味와 職能이 결정되기 때문에 漢字語에서도 그 位置에 의하여 意味의 變化를 가져온다.

野山 ↔ 山野　　月明 ↔ 明月　　成長 ↔ 長成

名人 ↔ 人名　　夜深 ↔ 深夜

64) 李乙煥, 國語國文學研究發表大會(1979년 6월).

(나) 漢字를 제시한 후 해당 漢字와 결합한 漢字語들을 제시하였다.

東 · 西 · 南 · 北　　　　東西 · 南北

高 · 低 · 長 · 短　　　　高低 · 長短

(다) 漢文의 基礎的 構造를 이해시키기 위해 漢字語들을 가능한 한 짜임별(形式, 意味)로 제시하였다.

漢字語는 漢文에서 생성했기 때문에 漢文의 構造와 밀접한 관계가 있다. 漢文教育의 목적 달성을 향한 하나의 過渡的 學習段階로 漢字語의 形式的인 構造를 주로 하고, 여기에 意味構造의 一貫性을 배려하여 한 단원을 구성한 것이다. 가령, '가족'이라는 단원에 對立竝列關係의 구조를 이룬 '父母, 祖孫, 兄弟, 姉妹, 夫婦, 子女'의 漢字語로, 한 단원을 설정했다는 것이다. '父와 母'는 같은 자격을 가지고 竝列的인 구조를 이루고 있으며, 뜻은 對立的 關係에 있는 것이다.

(라) 제시된 漢字語의 構造는 다음과 같다.

① 對立竝列關係

서로 反對 또는 相對되는 뜻을 가지고 있는 漢字가 배합되어 漢字語를 구성하는 관계.

[大小] 多少, 高低, 長短, 强弱, 輕重, 遠近, 深淺(1학년 11과).

② 類似竝列關係

비슷한 뜻을 가진 漢字끼리 연이어서 構成되는 漢字語로 같은 成分끼리 어울리는 것이 특색이다.

[自然] 樹木, 松林, 巖石, 花草, 江河, 潮水, 河川(1학년 16과).

③ 述目關係

敍述語와 目的語 關係로 構成된 것으로 서술어는 行爲나 形狀을 서술하고 目的語는 行動의 對象을 나타낸다.

[修身] 齊家, 治國, 平天下, 立身, 揚名(1학년 24과).

④ 述補關係

敍述語와 補語 관계로 짜여진 것으로 '~이 있다, ~이 없다.'로 풀이된다.

[有無] 有識, 有效, 有益, 有情, 有名, 無限, 無關, 無記名, 無責任.

⑤修飾關係

修飾語와 被修飾語로 구성된 것으로 冠形語가 名詞類를 修飾하는 관계를 이루고 있다.

[氣候] 盛夏, 炎天, 暴雨, 洪水, 嚴冬, 大雪, 北風, 寒波(1학년 19과).

⑥ 傳統文化, 價値觀, 國家觀과 관계 있는 漢字語를 선택하였다.

價値觀 : 德行, 修身, 學問

國家觀 : 祖國, 三一運動

(3) 成語

(가) 成語는 漢字語의 일환으로 오랜 歲月을 걸쳐서 굳어진 것과 現代國語生活에서 많이 쓰이고 있는 4字語로 하였다.

① 굳어진 것 : 朝三暮四, 近墨者黑, 燈下不明

② 現代的인 것 : 自助自立, 自主國防, 愛國愛族

(나) 漢文의 構造를 이해시키기 위한 過渡的 段階學習으로 成語들을 가능한 한 構造別(形式, 意味)로 제시하였다.

① 主述關係 : 外柔內剛, 父傳子傳, 外虛內實, 萬民平等

② 修飾關係 : 父母之恩, 朋友之道, 竹馬故友, 結義兄弟

③ 述目關係 : 治山治水, 愛國愛族, 殺身成仁, 救世濟民

④ 述補關係 : 殺生有擇, 臨戰無退, 有口無言

(다) 傳統文化, 人格修養, 國家觀과 관계 있는 素材를 선정하였다.

傳統文化 : 花郎道, 敬老思想, 人格修養, 心身修養, 見利思義

國 家 觀 : 愛國愛族, 自主國防, 海外進出

(4) 文型

어느 言語이든 그 언어는 獨特한 體系를 가지고 있다. 漢文은 語尾의 活用이나 語尾變化가 없이 다만 語順에 의하여 그 직능과 의미가 달라지며, 또 文章의 成分도 決定된다. '月明'은 主述文型으로 주어와 술어가 배합되어 '달이 밝다.'는 뜻이다. 그러나 語順을 바꾸어 '明月'이라 하면 修飾文型으로 관형어가 체언 앞에 와서 그 체언을 수식해 주어 '明'은 주어인 '月' 다음에 오면 서술어가 되고, 체언인 '月' 앞에 오면 '月'을 수식하는 관형어가 됨을 알 수 있다.

이러한 한문의 語順 관계를 정리하여 體系化한 '漢文의 틀'이 文型인 것이다.

文型은 文章類型(Sentence Pattern)의 略語로 基本文型과 擴張文型으로 구별된다. 文型은 漢文學習을 위한 약속된 '글의 틀'이기 때문에 文法의 基本하고는 차이가 있으며, 文法 그 자체는 아니다. 다시 말하면, 文型은 어디까지나 漢文學習의 便宜를 前提로 한 體系에 지나지 않기 때문에 文法과는 구별되어야 한다.

'文型'은 그 자체가 어디까지나 基本이 되는 것이므로, 이를 基本文型

이라고 한다. 곧 基本文型은 '言語主體', '行動目標', '行動', '行動補充', 이 네 가지 成分만을 대상으로 하여 기술하는 '틀'이며, 擴張文型은 이 基本文型을 보충하여 주는 부수적인 성분이 덧붙는 '틀'이다. 이를테면 '臣事君'(신하는 임금을 섬긴다.)이란 言語表現은 '言語主體 – 行動 – 行動目標'가 일정한 順位로 배열된 基本文型이며, '忠臣不事二君'(충신은 두 임금을 섬기지 않는다.)의 言語表現은 基本文型에 '忠'과 '二'란 부수적인 성분이 덧붙은 文型이다. 이런 文型을 擴張文型이라고 한다.

이번 교과서에 제시된 文型의 學習內容을 요약하면 漢文讀解에 기본이 되는 漢文의 文型을 제시하고 段階的으로 擴張文型으로 발전시켰다.

(가) 基本文型 : 主要成分인 '行動者(S), 行動(P), 行動對象(O), 行動補充(C)'만으로 구성된 문장의 유형.

① 主述文型(S + P) : '行動者(S)와 行動(P)'으로 이루어지는 文型이다.

· 春 來 · 花 開 · 鳥 飛 · 山 高 · 水 淸 · 月 明

S ‖ P → 春 ‖ 來 鳥 ‖ 飛

② 述目文型(S + P + O) : '行動者(S), 行動(P), 行動對象(O)'으로 이루어지는 文型이다.

· 學 生 讀 書 · 臣 事 君

S ‖ P | O → 學生 ‖ 讀 | 書 臣 ‖ 事 | 君

③ 述補文型(S+P+C) : '行動者(S), 行動(P), 行動補充(C)'으로 이루어지는 文型으로 敍述語 '有, 無, 多, 少, 難, 易' 등이 補語를 이끈다.

· 父子有親 · 君臣有義 · 夫婦有別 · 長幼有序 · 朋友有信

S ‖ P/C → 父子 ‖ 有/親 君臣 ‖ 有/義

(나) 擴張文型 : 主要成分을 修飾하는 冠形語(D)와 副詞語(A)가 첨가되어 이루어지는 文型이다.

① 主述擴張文型

· SAP : 行動 P를 限定하는 副詞語가 첨가되어 擴張을 이루는 文型이다.

· 聖人百世之師也

S ‖ AP → 聖人 ‖ 百世之師也

敍述語인 '師也'의 '師'는 名詞類일지라도 '行動'이기 때문에 '百世之'는 '師也'를 限定하는 副詞語로 보아야 한다. 일반 文法에서는 名詞類 앞에서 이것을 수식해 주는 것은 冠形語로 처리하나 文型에서는 名詞類건 動詞類건 行動(敍述語)의 구실을 하는 성분을 꾸며 주는 것은 모두 副詞語로 보아야 한다. 만일 '百世之師는 聖人也라.' 할 때는 '百世之'가 行動者(主語)인 '師'를 꾸며 주는 구실을 하기 때문에 冠形語로 보아야 하지만, '聖人은 百世之師也라.' 할 때는 '師也'가 行動(敍述語)이기 때문에 副詞語로 보아야 한다.

· 金庾信名將也 · 扶餘百濟之古都也 · 病從口入 · 禍從口出

· DASP : 行動者를 修飾하는 冠形語와 行動을 限定하는 副詞語가 첨가되어 擴張되는 文型이다.

陽春方來

DS ‖ AP → 陽 春 ‖ 方 來

· 百花滿開 · 衆鳥高飛 · 雲山至高 · 泉水尤淸 · 秋月最明

② 述目擴張文型

· DSPO : 述目文型의 行動者(S)를 修飾하는 冠形語(D)가 첨가되어 擴

張되는 文型이다.

農夫耕田

DS ‖ DO → 農 夫 ‖ 耕 | 田

· 少女種花

· SPDO : 行動對象을 修飾하는 冠形語가 첨가되어 擴張되는 文型이다.

余登高山

S ‖ P | DO → 學生 ‖ 讀 | 良 書

· 學生讀良書　· 臣事一君

· DSAPO : 行動者를 修飾하는 冠形語와 行動을 限定하는 副詞語가 첨가되어 擴張되는 文型이다.

農夫皆耕田

DS ‖ AP | O → 農 夫 ‖ 皆 耕 | 田

· 少女且種花

③ 述補擴張文型

· SPDC : 補語에 冠形語가 첨가되는 文型이다.

內無賢父母

S ‖ P / DC → 內 ‖ 無 / 賢 父母

· 外無嚴師友　· 天無二日　· 土無二王　· 人無遠慮

(5) 短文

(가) 漢字語, 成語, 文型의 짜임을 段階的으로 發展的으로 활용할 수 있는 簡易한 漢文을 제시하였다.

① SP의 擴張

· 教育國家百年之大計也

· 崔致遠 新羅人也

· 李齊賢 高麗文臣也

· 貧賤之交 不可忘

② SPO의 擴張

· 父母不言子女之德

· 子女不言父母之過

· 耳不聞人之非

· 口不言人之過

· 目不視人之短

· 一年之計 莫如種穀

· 十年之計 莫如樹木

· 百年之計 莫如教子

· 凡讀書 必熟讀一册

· 行善之人 如春園之草

③ SPC의 擴張

· 三人行 必有我師焉

· 貫通無疑

· 不見其長 日有所增

· 遊必有方

(나) 意味構造가 중심이 되는 簡易한 漢文을 제시하였다. 제목이 '教育'이라면 그 内容을 教育과 관련되는 것만으로 구성했다.

(다) 학습한 文型을 反復學習하여 漢文의 基礎를 다지도록 하였다.

(6) 虛詞

虛詞는 語와 語의 관계나 文의 語氣를 조절하고 文脈과 文意를 돕는 구실을 하는 形態素를 말하며 주로 文法的 職能을 가지고 있는 前置介詞, 連詞(接續詞), 語氣詞를 말한다. 漢文을 정확하고 빠르게 解得하기 위해서는 虛詞의 用法을 아는 것은 매우 중요한 것이다. 가령 '父母之愛其子'라는 漢文에서는 '之'가 主語와 敍述語 사이에 끼어 主格 語

氣詞 구실을 하며, 그 語氣를 調節하는 虛詞임을 알아야 '부모는 그 자식을 사랑한다.'는 해석이 가능한 것이다.

① '賢哉 回也', ② '誰歟 涙者'에서 虛詞 '哉'나 '歟'가 感歎疑問終結詞로서 文을 倒置시키고 있음을 알아야, '①顔回여, 어질구나!, ②우는 자가 누군고!'로 정확하게 해석할 수 있다. 漢文은 聲調言語이기 때문에 虛詞를 漢文敎育의 중요한 要素로서 다루어야 한다.

〈例〉 '乎'자의 發生條件과 用法

(가) 終結 語氣詞의 경우

① 疑問形 : 事齊乎 事楚乎 (《孟子》)

② 反語形 : 吾敢誰怨乎 (《史記》) 學而時習之不亦說乎 (《論語》)

(나) 前置 介詞의 경우

① 比較形 : 孝子之至莫大乎尊親 (《孟子》)

서술어가 반드시 形容詞일 경우에 '乎'가 比較形으로 發生한다.

② 處所形 : 浴乎沂 風乎舞雩 (《論語》)

③ 對象形 : 行乎國政 如彼久也 (《孟子》)

④ 始終形 : 出乎爾 反乎爾 (《孟子》)

始發일 때는 敍述語가 '始, 出, 之, 行'일 경우에 '乎'가 발생한다.

교과서에 제시된 虛詞를 例示하면 다음과 같다.

[也]

· 金庾信 名將也 (敍述形 終結 語氣詞)

· 扶餘 古都也 (敍述形 終結 語氣詞)

[之]

· 汝 知之乎 (代名詞)

· 五倫 人倫之大本也 (冠形格 語氣詞)

· 王之不王不爲也 (主格 語氣詞)

[矣]

· 而有能成者鮮矣 (敍述形 終結 語氣詞)

· 禍自遠矣 (敍述形 終結 語氣詞)

[乎]

· 汝知之乎 (疑問終結 語氣詞)

· 不亦樂乎 (反語終結 語氣詞)

[於]

· 日出於東方 日入於西方 (處所 前置 介詞)

· 霜葉紅於二月花 (比較 前置 介詞)

[而]

· 衣食足而知禮節 (强調 連詞)

· 樹欲靜而風不止 (逆接 連詞)

· 子欲養而親不待 (逆接 連詞)

· 會而爲一日 (順接 連詞)

[以]

· 事君以忠 事親以孝 (目的 前置 介詞)

· 行有餘力則以學文 (副詞 前置 介詞)

(7) 對句와 詩

(가) 漢詩의 基礎를 이해할 수 있는 簡易한 五言絕句를 제시하였다.

| 〈例〉 〈金剛山〉 |
|---|
| 山與雲俱白 |
| 雲山不辨容 |
| 雲歸山獨立 |
| 一萬二千峯 |

(나) 情緖的인 면을 배려하여 大自然과 관계되는 詩를 제시하고 初步的인 押韻法을 알 수 있도록 하였다. 위에 예로 든 詩 〈金剛山〉은 五言絕句로써 韻字는 '容'과 '峰'이다. 제목에서 알 수 있는 것과 같이 金剛山을 素材로 그 아름다운 自然美를 읊은 작품이다. 자연을 소재로 하되 人間의 哀歡이나 生活 周邊을 관련시키지 않고 묘사하기란 쉬운 일이 아니다.

이 작품은 말로의 선경을 하나하나 헤쳐 가는 表現의 妙를 지니고 있다.

(다) 對를 이루는 詩句를 알 수 있도록 하였으며, 漢文의 基本構造를 배려하였다.

〈SPO 擴張文型〉

| 春水 | 滿 | 四澤 | | 秋月 | 揚 | 明輝 | |
|---|---|---|---|---|---|---|---|
| ↕ | ↕ | ↕ | | ↕ | ↕ | ↕ | |
| 夏雲 | 多 | 奇峰 | | 冬嶺 | 秀 | 孤松 | 〈陶淵明〉 |

## 3. 結論

### 1) 學習指導 方向과 提言

#### (1) 學習指導 方向

중학교 한문교사용 지도서 속에 각 單元과 각 課의 ①學習目標, ②指導事項 및 指導資料, ③敎材解說, ④指導上의 留意點, ⑤評價 등이 제시되어 있다. 특히 指導事項 및 指導資料를 중심으로 視聽覺 媒體(괘도, OHP, 카드, 융판 등)을 사용하여 지도하면 흥미로운 학습이 이루어질 것이며, 學習效果를 크게 올릴 수 있을 것이다.

(가) 漢字

· 字源을 바탕으로 지도하되 視聽覺 媒體를 활용한다.

· 字源은 許愼의 《說文解字》를 바탕으로 하되 學習效果를 높일 수 있도록 새롭게 구성되어야 한다.

· 字源을 통한 학습은 무리하지 말고 學習效果를 고려하여 選擇 指導해야 한다.

· 部首指導를 先行함이 효과적이다.

· 漢字의 構造的 學習은 具體性이 있는 象形文字로부터 段階的으로 지도한다.

· 漢字語와 관련시켜 지도한다.

· 각 課마다 字源이 선명하고 재미있는 漢字를 한두 자씩 지도한다(지도서에 제시).

· 演繹的 方法으로 지도할 수 있다. 漢字語 讀音을 먼저 안 다음에 漢字語의 뜻을 통하여 漢字의 뜻과 音을 알게 하는 방법이다. 國漢

混用文을 활용하면 더욱 효과적이다.
· 漢字學習의 목적은 音訓을 알고 쓸 수 있는 데 있음을 명심해야 한다.

(나) 漢字語, 成語
· 漢字語의 構造를 파악하여 漢文의 構造로 발전시키도록 한다.
· 漢字語와 國語와의 깊은 關聯性을 배려하여 지도한다.
· 漢字語의 構造(形式, 意味)를 통하여 言語能力을 신장시킨다.
· 漢字語의 轉移性, 連語性, 含蓄性을 관련시켜 지도한다.
· 視聽覺 媒體를 활용하여 學習效果를 높인다.

(다) 文型
· 先習한 漢字語의 構造와 관련시킨다.
· 漢文의 基本文型을 이해 터득하도록 한다.
· 文型의 段階的 學習을 도모하고 文章 속에서 스스로 文型을 터득하도록 한다.
· 漢文의 聲調性과 孤立性을 이해시켜 精讀의 必要性을 깨닫게 한다.
· 形式과 意味의 兩面 構造 속에서 文章을 이해하도록 한다.

(라) 虛詞
· 虛詞의 發生條件을 지도한다.
· 虛詞의 쓰임과 그 用法을 지도한다.

(마) 詩
· 초보적인 詩 構成을 알게 한다.

· 기초적인 押韻法을 알게 한다.

· 漢詩의 含蓄性을 알게 한다.

· 漢詩 속에 흐르는 아름다운 情緖를 感知하게 한다.

(2) 提言

(가) 漢文科 學習의 正常化를 위하여 漢文을 專攻한 敎師가 지도하여야 한다. 漢文科가 독립된 지가 日淺하기는 하나, 한문을 전공하지도 않고 자격조차도 없는 無資格한 他 敎科 敎師들이 漢文을 지도하는 事例가 지나치게 많음은 否認할 수 없는 現場 漢文敎育의 實情이다.

(나) 現 漢文科 敎師의 資質을 향상시키고 새 교과서를 바르게 이해시키기 위하여 再講習이 반드시 이루어져야 한다.

(다) 現代 言語學習 理論에 근거할 때 漢文 時間이 주당 최소한 2시간은 확보되어야 한다.

(라) 高校入試 聯合考査의 漢文科 配點을 현 4~5점에서 최소 15점으로 늘려야 한다.

(마) 이상의 提言이 이루어져야 漢文學習의 正常化를 期할 수 있고, 새 교과서의 학습내용을 원활히 消化시킬 수 있을 것이다.

《국어교육 35호》(한국국어교육연구회, 1979. 12)에 발표

**〈參考文獻〉**

周法高,《中國古代語法(造句編)》,《精華印書館, 1961.
周遲明,《國文比較文法〉, 正中書局印行, 1955.
許世瑛,《常用虛字用法淺繹〉, 復興書局, 1969.
牛島德次,《漢語文法論(古代編)〉, 大修館書店, 1967.
______,《漢語文法論(中古編)〉, 大修館書店, 1967.
王力,《中國語法理論(上下)〉, 1944.
太田辰夫,〈孟子文法研究〉,《神仁外大論文集》(1969. 6~1963. 7) 收載.
______,〈論語文法研究〉,《神仁外大論文集》(1960. 9~1961. 8) 收載.
拙稿,〈漢文構造文法論〉,《국어교육 16호》, 1970.
______,〈漢文構造文法論〉,《국어교육 23~25호》, 1970.
______,〈孟子의 文型硏究〉,《서울敎大論文集 제12집》, 1976. 6.
______,〈漢文敎育의 새로운 方向〉,《서울敎大學報》, 1978. 6. 27.
문교부,《中學校用 漢文敎師用 指針書》, 문교부, 1972. 7.
______,《中學校 漢文 1 · 2 · 3》, 한국교육개발원, 1979. 3.
______,《中學校 漢文敎師用 指針書》, 한국개발원, 1979. 3.
康允浩 譯,《言語學序說》, Robert. A. Hall, Jr. 原著, 梨花女子大學校出版部, 1975.

# 제6절 漢文科의 敎育과 評價

현대 文化文明의 발달은 學問의 分化的 硏究를 촉구했고, 이에 따라 學校敎育에 있어서도 각 科別로 다양한 分科的 學習을 요구하게 되었다. 그러기에 어떤 단일한 敎科만을 학습해서는 現代生活에 적응하고 새로운 세계를 개척할 수 있는 인간으로 성장할 수 없다. 國語, 漢文, 數學, 科學, 音樂, 體育 등 30여 교과를 학습하여야 조화롭고 균형 잡힌 現代人으로 성장할 수 있게 되었다. 그러나 이 많은 교과 중에도 다른 교과의 基礎가 되고 道具가 되는 學科가 있다. 즉 國語를 알지 못하고서는 社會, 數學, 音樂, 體育 등을 학습할 수가 없다.

漢文의 경우를 詳考해 보면, 訓民正音을 創製한 이후에도 支配層이나 學問을 하는 사람들은 모두 이 漢文文章 表記에 의존해 왔다. 그러한 文字生活을 하는 가운데 우리 국어의 70% 이상이 漢字語로써 이루어졌다. 이것은 漢字가 基礎 道具敎科인 國語의 基礎敎科가 됨을 의미한다. 뿐만 아니라 政治, 文化, 社會 등 우리 傳統文化의 올바른 繼承·發展을 위해서는 漢文으로 된 典籍을 讀解하고 理解할 수 있는 능력이 필요하다. 國語는 물론, 뿌리 있는 政治, 文化, 社會, 哲學 등을 이해하려면 漢文學力의 基本이 되며, 漢文의 이해가 없이는 전통문화를 올바르게 이해할 수 없는 것이다. 여기에 漢文科 敎育이 타 교과의 基礎 道具敎科가 되는 까닭이 있는 것이다.

敎科 運營의 效果는 入試와 관련된 評價와 直結된다. 입시경쟁이 치

열한 우리나라의 교육현장에 있어서는 그 敎科의 重要性이 個人成長이나 國家社會 발전을 위한 기준에서 평가되는 것이 아니라, 入試 때 몇 점으로 配點되느냐 하는 것이 중요한 기준이 되고 있다. 敎科의 重要性을 따지는 價値觀의 是非를 말하기 전에 학생들의 이러한 교과에 대한 관심은 어쩔 수 없는 교육현장의 현실이라 하겠다. 그러기에 漢文科의 경우도 聯合考試나 學力考査에서 評價上의 점수를 얼마나 타당하게 배점하고 있는가 하는 것을 살펴볼 필요가 있다.

## 1. 敎育課程上의 履修單位와 評價配點

### 1) 中學校 漢文科 履修時間과 聯合考査의 評價配點

〈中學校 時間配當 基準 및 配點表〉를 살펴보면 漢文科의 履修時間은 주당 1시간 내지 2시간을 이수하기로 되어 있고, 聯合考査의 評價配點은 4점으로 되어 있다. 그런데 음악이나 미술의 경우, 漢文科와 같이 주당 1시간 내지 2시간 이수하기로 되어 있으면서 연합고사의 평가 배점은 10점으로 되어 있다. 敎育課程上 履修時間은 漢文과 똑같으면서도 漢文은 겨우 4점을 배당하고, 음악이나 미술은 漢文의 2.5배인 10점을 배당하고 있다. 당국이 漢文敎科의 重要性을 깊이 이해하지 못하고 있다 하더라도 敎育課程으로 볼 때, 균형 있는 배점을 해야 할 것이 아닌가? 敎育課程上으로는 漢文을 獨立敎科로 인정하면서도 이와 같이 差等 있는 배점을 하면 학생들은 漢文을 輕視하게 되고, 학습하려는 意慾을 상실하게 될 것이며, 결과적으로 漢文의 學力을 저하시키게 되는 것이다.

이것은 교육적 측면에서 볼 때 깊이 각성해야 할 문제이다. 漢文教育의 重要性으로 볼 때 교육과정에 배당된 주당 1~2시간도 불만스럽기는 하지만, 이왕 배정된 시간이야 甘受한다 하더라도 연합고사 평가 배점을 4점으로 한다는 것은 타 교과에서는 찾아볼 수 없는 터무니없는 配點處事라고 하겠다. 그러기에 연합고사에서 漢文科의 評價 配點을 최소한 10점은 배당하여야 教育課程의 履修時間과의 비율에 있어서도 合理性이 있으며, 또한 中學校 漢文教育 正常化의 바탕을 이룰 수 있을 것이다.

〈中學校 時間配當 基準 및 配點表〉

| 교과 \ 학년 | 1 | 2 | 3 | 연합고사 배점 |
|---|---|---|---|---|
| 도덕 | 2 | 2 | 2 | 20 |
| 국어 | 4 | 5 | 5 | 24 |
| 국사 |  | 2 | 2 | 10 |
| 사회 | 2 | 2~3 | 2~3 | 14 |
| 수학 | 4 | 3~4 | 3~4 | 20 |
| 과학 | 4 | 3~4 | 3~4 | 24 |
| 체육 | 3 | 3 | 3 | 20 |
| ※ 음악 | 2 | 1~2 | 1~2 | 10 |
| ※ 미술 | 2 | 1~2 | 1~2 | 10 |
| ※ 한문 | 1 | 1~2 | 1~2 | 4 |
| 외국어 | 4 | 2~5 | 2~5 | 20 |
| 실업·가정 필수 기술(남) 가정(여) | 3 | 3 | 3 | 20 |
| 실업·가정 선택 농, 공, 상, 수산, 가사 택일 |  | 3~4 | 3~7 |  |
| 총 이수시간 | 32 | 32~35 | 32~35 |  |
| 특별활동 | 2~ | 2~ | 2~ |  |

## 2) 高等學校 漢文科 履修單位와 學力考査의 評價配點

〈大學入學 學力考査 敎科目別 配點表〉

| 교과목 | 이수단위 | 84 | | 85 | | 86 | |
|---|---|---|---|---|---|---|---|
| | | 인문계 | 자연계 | 인문계 | 자연계 | 인문계 | 자연계 |
| ※국어Ⅰ, 한문Ⅱ | 국:20~24<br>한:4~6 | 50 | 50 | 50 | 50 | 50 | 50 |
| 기술(남), 가정(여) | 8~10 | 15 | 15 | 15 | 15 | 15 | 15 |
| 실업(농, 공, 상, 수산, 가사 중 택1) | 15 | 15 | 15 | 15 | 15 | 15 | |
| 국사 | 6 | 20 | 20 | 20 | 20 | 20 | 20 |
| 국민윤리 | 6 | 15 | 15 | 15 | 15 | 15 | 15 |
| 정치경제 | 6 | 15 | 15 | 15 | 15 | 15 | 15 |
| 수학Ⅰ | 14~18 | 50 | 50 | 50 | 50 | 40 | 40 |
| 영어 | 10~12 | 50 | 50 | 50 | 50 | 40 | 40 |
| 제2외국어(불, 독, 일, 중, 서반아어 중 택1) | 10~12 | | | | | 20 | 20 |
| 국어Ⅱ | 8~10 | 15 | | 20 | | 20 | |
| 수학Ⅱ | 8~14 | | 15 | | 20 | | 20 |
| ※사회(사, 문, 세계사, 국지, 인지) | 4~6 | 60<br>(15×4) | 15 | 40<br>(10×4) | 10 | 40 | 10 |
| 과학(물, 화, 생, 지과) | 8~10 | 15 | 60<br>(15×4) | 30<br>(15×2) | 60<br>(15×4) | 3060<br>(15×2) | (15×4) |
| 計 | | 320점 | 320점 | 320점 | 320점 | 320점 | 320점 |
| 체육 | | 20 | 20 | 20 | 20 | 2020 | |
| 총점 | | 340점 | 340점 | 340점 | 340점 | 340점 | 340점 |

〈大學入學 學力考査 敎科目別 配點表〉에서 보는 바와 같이 각 과목의 單位는 3년간 履修해야 할 單位를 표시한 것이며, 1단위는 매주 50분 수업을 기준으로 하여 1학기 동안 이수하는 修業量을 말한다. 高等學校 漢文科 履修單位는 4~6단위로 되어 있다. 最下 4단위를 이수해야 하고 最高 6단위를 이수할 수 있다. 社會, 地理도 漢文科와 같이 4~6단

위를 이수하기로 되어 있다. 教育課程에서 單位配當 基準은 社會科와 동일한 이수단위로 배당하고 있다.

그러나 學力考査의 評價配點은 實質的으로 漢文은 國語에 포함시켜 겨우 5점을 배당하고 있다. 동일한 이수단위로 되어 있는 社會(社 · 文, 世界史, 國地 · 人地)는 각각 15점씩 배점하고 있다. 漢文科 配點 關係를 비교해 보면 漢文科의 評價配點이 社會科의 3분의 1에 불과한 배점을 하고 있다. 물론 사회과의 배점이 過多하다는 말은 결코 아니다. 教育課程上 履修單位가 동일하다면 評價配點도 對等해야 合理的인 教科 運營이 될 것이기 때문이다.

그리고 漢文科를 國語科에 포함시켜서 國語 50점 속에 漢文 5점을 배점하고 있는 것이 漢文科 評價의 실정이다. 국어과의 이수단위가 20~24이며, 한문이 4~6단위로 되어 있다. 한문을 국어과 속에 포함시킨다면 국어과의 이수단위가 24~30단위가 된다. 이렇게 많은 이수단위를 이수해야 하는 國語教科를 50점으로 배점한다는 것도 矛盾이려니와 가령 50점만 가지고 계산한다 하더라도 국어과와 한문과의 비율은 20:4, 24:6이 되어 5:1 내지 4:1이 된다. 양보하여 5:1을 기준으로 삼는다 하더라도 국어과 50점 중에 한문이 10점을 차지해야 할 것이다.

한문과가 국어과의 일부분이라고 생각하는 思考方式은 1970년대 이전의 教育課程 精神의 소산이다. 그러므로 1984학년도까지 시행한 漢文科 學力考査 評價配點인 5점은 마땅히 是正되어야 할 것이다. 그리고 漢文教育의 正常化와 우리 傳統文化의 계승 · 발전과 東洋 文化圈의 調和를 위하여서는 漢文科의 大入 學力考査 配點은 최소한 10~15점으로 조정되어야 하고 獨立教科로써 평가되어야 할 것이다.

## 2. 聯合考査 및 學力考査의 問題 分析

### 1) 1983, 1984학년도 全國聯合考査 漢文科 問題 分析

〈1983, 1984학년도 全國聯合考査 漢文科 問題 分析表〉

| 지역 / 학년도 / 문제내용 | 서울 | | 부산 | | 대구 | | 인천 | | 경기 | | 경북 | | 경남 | | 전북 | | 전남 | | 충북 | | 충남 | | 강원 | | 제주 | | 총계 |
|---|---|---|---|---|---|---|---|---|---|---|---|---|---|---|---|---|---|---|---|---|---|---|---|---|---|---|---|
| | 83 | 84 | 83 | 84 | 83 | 84 | 83 | 84 | 83 | 84 | 83 | 84 | 83 | 84 | 83 | 84 | 83 | 84 | 83 | 84 | 83 | 84 | 83 | 84 | 83 | 84 | |
| ① 字學 | ○ | | | | | | | | ○ | | | | | ○ | | | | | | | | | | | | | 3 |
| ② 漢字의 짜임 | | | | | | | ○ | | | | | | | | | | | | ○ | | | | | | | | 2 |
| ③ 字典 찾기 | | | ○ | ○ | | | ○ | ○ | ○ | ○ | ○ | | | | ○ | ○ | | ○ | ○ | ○ | ○ | ○ | ○ | ○ | ○ | ○ | 18 |
| ④ 讀音 달기 | | ○ | | ○ | | ○ | | | ○ | | | ○ | ○ | ○ | | ○ | | | | | | | | | | | 8 |
| ⑤ 漢字語의 짜임 | ○ | | | ○ | ○ | | ○ | ○ | | ○ | | | ○ | | ○ | | ○ | | | | ○ | ○ | | | ○ | | 12 |
| ⑥ 成語 풀이 | ○ | | | | | ○ | | | | | | | | | | | | | | | ○ | | | | | | 3 |
| ⑦ 成語의 이해 | | ○ | ○ | ○ | ○ | | | ○ | | ○ | ○ | ○ | ○ | ○○ | | ○ | ○ | | ○ | ○ | | ○ | | | ○ | ○ | 18 |
| ⑧ 文章의 짜임 | ○ | ○ | ○ | | | | | | | | ○ | ○ | | | ○ | | ○ | ○ | ○ | ○ | | | ○ | ○ | | ○ | 13 |
| ⑨ 文章 完成 | | ○ | | | | | | ○ | | | ○ | | | | | | | | | | ○ | | ○ | | ○ | ○ | 7 |
| ⑩ 文章의 形式 | | | ○ | ○ | | | | | | | | | | | | | | | | | | | | | | | 2 |
| ⑪ 文章 풀이 | | | ○ | | | | ○ | ○ | | | ○ | | | | | | ○○ | ○ | | | | | | ○ | ○ | ○ | 10 |
| ⑫ 文章 내용 | | | | ○ | | | | | | ○ | | | | | | ○ | | | | | | | | | | | 5 |
| ⑬ 虛詞의 用法 | | | | | ○ | | | | | | | | | ○ | ○ | | | | ○ | | | | ○ | | | | 6 |

分析表에 나타난 바와 같이 漢文科 敎育課程의 指導事項 要目인 "한자의 音과 뜻 알기, 한자의 구조 알기, 한자의 劃順 알기, 단어의 구조 알기, 사전 활용법 알기, 文型 알기, 글의 뜻과 줄거리 알기, 우리말로 번역하기, 쉬운 虛詞 알기, 글의 형식 알기, 글의 주제 알기" 등을 충족시킬 만한 問題들이 다양하게 출제되었다. 字典 찾기를 비롯하여 漢字語의 짜임, 文章의 짜임, 成語의 理解, 文章 풀이 등이 10개 이상 출

제되어 漢文理解의 올바른 學習方向을 제시하고 있으며, 1983, 1984학년도에 이르러 文章의 內容에 관계되는 문제를 5회나 출제하고 있는 것은 漢文敎育의 質的 向上을 意味한다 하겠다.

그러나 專攻學者도 判別하기 어려운 漢字字學에 관계되는 六書를 문제로 다루었다는 것은 무리한 출제라 평가할 수 있다. 敎育課程이나 敎科書에 제시되어 있는 한자의 짜임은 六書를 학습시키자는 것이 아니라, 한자의 짜임을 통하여 한자를 흥미 있고 쉽게 지도하자는 뜻이다. 그런데도 六書에 관한 字學을 출제한다는 것은 매우 위험한 일이라 지적할 수 있다.

그리고 敎育課程의 指導事項에 제시된 글의 줄거리와 主題를 파악할 수 있는 문제와 우리 祖上들의 思想·感情과 접근하여 傳統文化를 이해할 수 있는 문제들이 전연 출제되지 않고 있음은 앞으로 시정해야 할 점이라 하겠다.

어쨌든 聯合考査의 漢文科 出題傾向은 全國 모두가 매우 다양하고 교육과정에 제시된 한문과 교육의 목표를 달성하기 위하여 苦心한 흔적을 찾아볼 수 있다고 하겠다. 다만 앞에서도 지적했듯이 연합고사에 있어서 漢文科의 評價配點을 10점 이상으로만 배당해 준다면 연합고사의 한문과 교육의 평가는 만족하게 할 수 있을 것이며, 敎育現場에서는 漢文敎育을 正常化시킬 수 있을 것이라 믿어마지 않는다.

## 2) 學力考査 漢文科 問題 分析

〈學力考査 漢文科 問題 分析表〉

| 출제내용 학년도 | 1981 | 1982 | 1983 | 1984 | 비고 |
|---|---|---|---|---|---|
| 漢字語 식별 | ○○ | ○ | | | |
| 讀音과 漢字의 식별 | | ○ | | | |
| 讀音 | | ○ | | | |
| 漢字語의 짜임 | | ○ | | | |
| 成語 | | ○ | | ○ 중학교 있음 | (五倫 : 중학교 |
| 漢文 解釋 | | | ○ | | 한문 교과서에 있음) |
| 讀音과 漢字語 | | | ○○ | ○ | 毖 : 1,800자 이외의 |
| 漢字語의 뜻 | | | ○ | | 한자 |
| 部首(자전 찾기) | | | ⊙ (杜詩) | ⊙ | |
| 字學(六書) | | | ⊙ (杜詩) | | 形聲字 |
| 文章 完成 | | | ⊙ (杜詩) | | |
| 虛詞의 用法 | | | | ⊙ | |
| 漢字의 짜임 | | | | ⊙ | |
| | ※국어 교과서 출제 | ※국어 교과서 출제 | ※국어 교과서 출제 | ※국어 교과서 및 한문 교과서 출제 | |

위의 분석표에서 보는 바와 같이 1981학년도와 1982학년도에서는 국어 교과서에서 출제되고 주로 漢字語의 讀音과 글자의 識別을 출제했고, 1983학년도에서는 국어 교과서에서 漢字語(單語)에 관계되는 것을 문제로 다루었고, 다만 漢文은 국어 교과서에 실려 있는 《杜詩諺解》를 地文으로 하여 字學, 文章 完成, 虛詞의 用法, 漢文의 짜임(文法)을 출제했다. 지문에 제시된 漢字도 敎育漢字 1,800자에 포함되지 않는 '逾' 자가 들어 있는 글을 택했으며, 考査問題도 字學에 해당되는 形聲文字를 출제했다. 이 字學에 관한 것은 聯合考査에서도 지적했듯이 字學 專攻學者도 판단하기 어려운 漢字가 許多한 것인데 이러한 字學에 관한

문제를 출제한다는 것은 한문교육을 위하여 매우 위험한 것이다. 五倫의 解釋을 출제한 것도 국어 교과서에서 택한 것이지만 中學校 漢文 教科書에 제시되어 있는 것이다.

1984학년도에서는 국어 교과서에서 뽑은 文章 속에서 漢字語와 成語의 2문제를 다루고 있으나 成語의 경우는 이미 중학교에서 제시된 것이며, 漢文에 관한 문제는 《大學》의 冒頭에 나오는 文章을 지문으로 하고 있으나, 問題 자체로 볼 때는 高校 入試인 聯合考査 수준에서 머무르고 있다. 大入 學力考査에서 그것도 겨우 5점밖에 되지 않는 형편에서 字典 찾기 문제를 출제한다는 것은 漢文教育을 格下시키고 漢文科 教育을 輕視하는 所以라 하겠다. 물론 國語科 속에서 겨우 5점으로 命脈을 유지하고 있는 漢文科의 서러움이 있기 때문에 이러한 결과가 나타난다 하겠으나, 그럴수록 大入考査다운 수준에 알맞은 문제가 출제되어야 할 것이다.

이상에서 漢文科 教育課程에 제시된 履修單位와 評價配點을 살펴보았고, 聯合考査와 學力考査의 문제를 분석해 본 결과, 다음과 같은 문제가 제기된다.

① 聯合考査나 學力考査의 評價配點을 최소한 10~15점으로 책정해야 한다.
② 이것은 漢文科를 우대하라는 것이 아니라, 教育課程 配當時間과 配點과의 比率의 타당도를 위함이다.
③ 漢文教科의 學力考査 문제는 漢文 教科書에서 獨立教科로 출제해야 한다. 獨立教科이며 道具教科로서의 處遇를 하기 위해서는

국어 교과서에서 출제할 것이 아니라, 한문 교과서 속에서 국어와 완전 분리하여 출제하도록 해야 한다.

④ 漢文을 專攻한 사람이 漢文科 問題를 출제해야 한다. 문제 분석에서 밝혔듯이 大入 學力考査 問題가 漢字語 중심이며, 매우 수준이 낮은 문제를 다룬 것은 漢文을 專攻한 사람이 출제하지 않은 탓이라 여겨진다. 그러므로 한문을 전공한 사람이 명실공히 漢文文章을 중심으로 깊이 있고 폭넓은 문제를 출제해야 할 것이다.

前述한 바와 같은 問題點이 해결되지 않는 한 漢文教育의 正常化는 기대하기 어려우며, 나아가 東洋學의 발달이나 漢籍을 바탕으로 한 傳統文化의 계승 · 발전을 실현하기 어려울 것이다.

《국어교육(51 · 52호)》(한국국어교육연구회, 1985. 2)에 발표

# 제7절 敎授媒體의 變化와 漢文科 敎育

## 1. 媒體의 槪念

媒體란 情報를 전달하는 과정 속에서 정보를 위해 사용하는 모든 형태의 채널을 의미한다. 本稿에서 말하는 媒體는 敎授媒體(Instructional media)를 뜻하는 개념으로, 敎育工學에서 敎授者와 學習者 사이의 意思疏通을 가능하게 하는 수단으로써 學習內容을 전달하고 相互作用을 하도록 하는 것이다. 즉 교수활동에 필요한 다양한 要素들을 학습자에게 組織的으로 제공하기 위하여 사용되는 모든 通信革命의 産物이라 할 수 있다. 교수자, 칠판, 영화, 슬라이드, VTR, OHP, 영사기, 컴퓨터, 비디오테이프, CD타이틀, 디스크 및 컴퓨터 프로그램 등은 물론, 學習環境까지도 여기에 속한다. 本 主題에서 말하는 敎授媒體의 變化란 '敎授媒體의 發達이 어떻게 변화되어 왔는가?' 하는 것을 전제로 한다.

## 2. 敎授媒體의 發達過程

### 1) 印刷媒體

처음으로 교육에 영향을 준 매체는 中世時代 活版 印刷術의 發明을 나타낸 印刷媒體이다. 17세기에 Comenius에 의하여 '그림을 이용한 교과서(Orbus Pictus : The world of pictures)'가 개발되었다. 우리나라에서는 1549년 출간한 《父母恩重經》은 교수학습에 활용하기 위하여 책에 그림을 사용한 것이다. 《父母恩重經》은 모두 10장으로 이루어져 있으며 삽화를 곁들인 판본이다. 正祖가 출판한 龍珠寺本에는 國漢文이 混用되고 金弘道가 그린 삽화가 있다. 조선시대에 《千字文》, 《小學》, 《童蒙先習》 같은 교재가 있었고, 1895년 高宗의 교육조서에 따라 근대적인 학교가 설치되면서 《國民小學讀本》, 《小學讀本》과 같은 교과서가 간행되기 시작하였다.

### 2) 視覺媒體

1800년대 초기 독일의 Pestalozzi는 사물을 이용한 授業法을 확산시켰다. 단어학습도 구체적인 사물과 관계를 지어 지도하였다. 1900년대 초기의 칠판, 융판, 게시판, 그래픽, OHP, 슬라이드, 필름, 그림, 도표, 다른 전시자료 등의 매체를 이용한 본격적인 視覺授業(Visual instruction)이 시작되었다.

### 3) 視聽覺 媒體

1902년 영국의 Charls Urban이 최초의 敎育用 映畵를 상연하여 視聽覺 敎育을 촉진시켰다. 제2차 세계대전을 통해 미군은 많은 병사를 단시간 내에 효과적으로 교육하기 위해서는 映畵만큼 효과적인 것이 없다고 인정하였다. 제2차 세계대전 후에 많은 사람들은 매체의 교육적 효과에 대해 확신을 갖게 되었고, 이것이 學校敎育에서 媒體活用에 대한 새로운 관심과 연구를 불러일으켰다.

1958년 소련 인공위성 스푸트닉의 발사는 1950년대 미국에서 敎授媒

體의 開發과 活用에 중요한 전환기가 되어 미국에서는 授業媒體로 TV를 활용하게 되었다. 1960년대에 교수매체의 개발과 연구를 주도하는 사람들이 視聽覺 敎育이라는 用語를 인식하게 되면서 視聽覺 敎授를 敎育工學을 거쳐 敎授工學으로 변화시켰다.

### 4) 컴퓨터와 멀티미디어의 출현

최초 컴퓨터의 등장은 敎授媒體의 屬性을 革新的으로 變化시켰다. 컴퓨터 자체 기능의 발달은 물론 멀티미디어 통신 공학과 결합함으로써 授業媒體로서의 중요성이 더욱 강조되었다. 이와 같은 컴퓨터의 등장을 중심으로 媒體發達의 3가지 方向이 모색되었다.

첫째, 교사 의존 매체에서 교사 독립 매체로 발달하고 있다.
둘째, 單媒體에서 멀티미디어로 발달하고 있다.
셋째, 時間과 空間의 제약에서 벗어난 매체로 발달하였다.

결국 컴퓨터, 멀티미디어를 통한 교육은 앞으로 우리의 교육을 革新的으로 개선할 수 있는 도구가 될 수 있을 것으로 전망되며, 학생들의 學習成果를 획기적으로 거둘 수 있는 방안으로 전망된다.

### 5) 인터넷의 교육적 활용

인터넷은 時空을 超越하여 누구나 어디서나 원하는 교육을 받을 수 있고, 학습자로 하여금 自己 主導的인 수업을 할 수 있게 한다. 인터넷은 실제적인 학습환경을 촉진하고 또한 創意性과 敎育的 效果를 거둘 수 있다. 뿐만 아니라 인터넷을 이용한 멀티미디어 발달은 종래 敎授媒

體의 가장 큰 短點인 한 方向의 內容傳達에서 兩方向 相互作用을 제공하는 계기를 마련하였다.[65)]

## 3. 漢字·漢文 學力의 實態

우리의 言語文化는 오랫동안 漢字文化 속에서 생성되어 왔기 때문에, 우리 固有語보다 漢字로 이루어진 漢字語가 主流를 이루고 있다. 이 漢字는 뛰어난 造語力이 있기 때문에 語彙力 擴充에 탁월한 기능을 가지고 있다. 《東亞漢韓大辭典》 造語力 統計에 의하면, '나라 국(國)' 한 글자가 國家, 國民, 韓國, 祖國과 같이 416개의 漢字語를 생성하고 '큰 대(大)'자 한 글자가 大學, 大國, 强大, 重大 등과 같은 漢字語를 823개나 만들어 낸다고 한다. 漢字는 이와 같이 造語力이 뛰어나기 때문에 900자의 한자를 알면 72,229개의 單語를 생성한다.

뿐만 아니라 漢字에는 造語力 못지않은 視覺力이 있다. 知識情報와 視覺力에 대한 과학적 연구에 의하면 人間은 五官에서 흡수하는 知識 가운데에 聽覺으로부터 얻은 11%의 情報보다 視覺으로부터 얻은 情報가 83%로 압도적으로 많다는 것이다.

이와 같이 탁월한 言語機能을 가진 漢字의 學力이 높아질 때 語彙力이 크게 신장되고, 이 語彙力은 思考力과 創意力을 지배하게 된다. 우리나라 말은 한자어가 70%나 되어서 한자가 우리 국어의 핵을 이루고

65) 교수매체에 대한 理論은 이종연의 《교육공학의 이해와 적용》을 주로 하고, 이용한·곽기상의 《교육방법과 교육공학》을 참고하여 정리하였다.

있는 것이다. 이렇게 소중한 漢字學力의 실태를 살펴보면 서울大가 2004학년도 1학기 대학국어 수강생들을 대상으로 실시한 漢字語 基礎實力 評價 결과, 전체 응시자의 60%가 100점 만점 중 50점을 넘지 못하는 낙제점을 받은 것으로 조사됐다. 또한 서울大의 教養漢字 시험에서 生活漢字 200개에 讀音을 달도록 했다. 聽覺을 '덕견', 處理를 '유리', 日程을 '일종', 差等을 '양등', 採用을 '유용'으로 잘못 읽고, '革命', '離別', '遺傳', '政策', '重視' 등은 읽지도 못했다고 한다(조선일보 2003. 1. 7). 2007년 서울大 面接 試驗場에서 교수들이 수험생에게 한글과 漢字가 섞인 地文을 두고 읽어 보라고 했더니, 어려운 한자도 아닌 '支援', '役割' 같은 일반적으로 쓰이는 한자도 대부분 읽지 못했다고 한다(동아일보 2003. 2. 7).

이상이 大學生들의 漢字實力 實態라면 고등학교 학생들의 한자실력의 실태는 매주 일요일에 KBS TV에서 진행하고 있는 '도전 골든벨'에서 찾아볼 수 있다. '民主市民'이나 '大韓民國', '現在' 같은 초보적인 漢字語들이 나오면 무더기 탈락 소동이 일어난다.

우리나라 漢文科 教育課程에서는 中學校에서 900자, 高等學校에서 900자, 中 · 高 6년간에 총 1,800자를 습득하기로 규정되어 있다. 그러나 대학생들이나 고등학생들의 漢字實力 實態를 볼 때, 초보적인 漢字도 잘 모르고 있으니 이런 漢字學力을 가진 학생들이 새 教育課程에서 요구하는 漢文文章 중심의 漢文學習을 제대로 할 수 있겠는가? 그러므로 漢字, 漢字語 학력의 기반을 다진 연후에 漢文文章 지도를 할 수 있도록 초등학교에서 漢字教育을 正規化할 수 있도록 漢文科 教育의 根本的인 政策과 運營에 획기적인 변화가 있어야 할 것이다.

## 4. 漢文科 教育課程과 漢字 · 漢文 教育

漢文科 教育은 국민들이 현실적으로 바라는 욕구나 言語的 實用性을 놓고 볼 때, 漢文文章 위주의 교육보다는 漢字 내지 漢字語의 교육이 절실히 요구되고 있다. 이것은 漢字學力이 國語의 올바른 이해와 표현이나 人性教育은 물론 東洋의 共通文字라는 점에서 중국이나 일본과의 交易과 大學進學 또는 社會進出에 큰 영향을 끼치기 때문이다. 요즈음 漢字能力檢定試驗에 응시하는 사람이 연간 120만 명이 넘는다는 사실을 漢文科 教育에서는 가벼이 보아서는 안 될 것이다.

### 1) 初等 漢字教育

서울대학교 閔賢植 교수가 〈초등학교 교과서의 漢字語 및 漢字 分析 研究〉에서 발표한 것을 보면 초등학교 1~6학년 총 18종 교과서에 나오는 漢字語를 모두 漢字로 전환한 결과, 여기 나온 총 개별 한자 수는 2,687자이며, 총 누적 한자 수는 422,062자이며, 개별 漢字語의 總數는 12,787단어라고 한다. 이렇게 많은 한자나 한자어가 초등학교 교과서에서 사용되었다는 것은 피할 수 없는 우리 國語 生成의 역사적 사실이다. 그러므로 漢字를 學習해야만 하는 國語의 宿命的 事實이기도 하다. 이러한 한자를 학습하게 되면 國語學力이 크게 신장될 것이고 각 교과의 理解度가 획기적으로 높아질 것이다.

그럼에도 불구하고 이번에 새로 개정된 初等學校 教育課程에서도 漢字 내지 漢字語라는 단어조차 찾아볼 길이 없다. 學界나 言論에서는 그동안 초등학교에서부터 漢字를 早期에 教育해야 한다는 當爲性을 끊임없이 주장해 왔으나 교육부에서는 전연 관심을 두지 않고 교육과정에 반영하지 않은 것이다. 다시 말하면 초등학교의 公敎育에서 漢字나 漢字語 교육을 흡수하지 않고 방치하고 있으니 국민들은 갈피를 못 잡고 어쩔 수 없이 私敎育에 매달리게 된 것이다. 言語敎育은 早期에 이루어져야 한다. 특히 漢字敎育은 우리 言語生活에 끼치는 영향이 너무 크기 때문에 초등학교에서부터 正規敎科로 早期에 敎育해야 한다.

### 2) 中等 漢文敎育과 敎育課程

우리나라 漢文敎育은 中學校에서부터 公敎育으로 認定하고 敎育課程에서 漢文敎育의 性格이나 目標, 內容體系, 敎授方法 및 評價 등을 언급하고 있다. 그런데 이번에 개정된 교육과정에서는 언어생활에 활용할 漢字나 漢字語를 輕視하고 처음부터 漢文文章 敎育에만 力點을 둔 것으로 판단된다. 그것은 漢字語라는 用語를 意圖的으로 배제하고 대신 語彙 또는 單語로 대치하고 있으며, 敎育目標에서도 7차 교육과정에서는 "漢字語를 바르게 읽고 쓰며 언어생활에 활용한다."고 漢字語에 대한 목표가 뚜렷하게 제시되어 있으나, 이번 개정 교육과정에서는 漢字語라는 말 대신에 '語彙'라는 말을 쓰고 그 하위개념으로 '單語'라는 말을 쓰고 있어서 '語彙'나 '單語'라는 말의 개념적 범주가 명확하지 않다. '어휘'나 '단어'라는 개념 속에는 고유어나 외래어, 한자어, 심지어는 사투리, 古語까지 포함되는 개념인데 이것을 漢字語 대신 사용한 것은 概念上 昏迷를 면키 어려울 것이며, 漢文科 敎育이라는 獨立的이고 個別的인 특성을 상실한 개념이 되고 말 것이다. 漢字語라는 用語는 이미 일반화되어 부담 없이 사용되고 있고, 漢字能力檢定試驗에도 '어휘'나 '단어'라는 용어를 쓰지 않고 '漢字語'로 쓰고 있으며, 檀國大學校의 東洋學研究所에서 발간한 《漢韓大辭典》에서도 '韓國漢字語辭典'이라는 표제어를 쓰고 있음을 주목해야 한다.

교육부 고시 제1992-11호 7차 漢文科 敎育課程 내용에서는 '漢字語의 짜임을 통하여 문장구조 이해하기'라 했으며, 교수방법에서는 '漢字語의 짜임은 그 특징이 뚜렷한 것에 한하여 漢字語의 풀이나 문장구조와 관련지어 지도한다.'고 명시하고 있다. 이 '漢字語' 교육에서 '漢字語의 짜임'과 '文章의 구조'와 관련지어 있다. 즉 漢字語의 짜임 지도를 통하여 漢文文章 構造로 발전시키라는 뜻이다.

예컨대 '登山'이라는 한자어는 '主語 + 補語'의 구조로 되어 있다. 즉 우리말의 語順으로 따지면 '산에 오르다.' 즉 '山登'이어야 하지만, 한자어의 짜임새는 '登山(오르다 산에)'이 되는 것이다. 다시 말하면 '登山'의 짜임새는 漢文文章의 構造에서 생성된 것이기 때문에 한문문장 구조와 연관시킬 수 있다. 또한 '登山'이라는 한자어를 한문문장으로 확장하면 '登山乎, 登高山乎, 不登山乎, 不登高山乎, 何不登山乎, 何不登高山乎'라는 疑問形이나 反語形의 한문문장으로 변형되는 것이다. 즉 '登山'이라는 漢字語에만 머무르는 것이 아니라 漢文文章으로 擴張 展開되기 때문에 '登山'이 중심이 되어 의문형이나 반어형의 한문문장의 形式이나 구조까지도 알게 되는 것이다. 여기에 漢文文章 敎育에서 '漢字語' 學習의 의미가 있는 것이다. 이러한 예는 讀書, 積金, 高山과 山高, 明月과 月明 등 語順에 의하여 구성되는 한문문장의 구조를 이해할 수 있으니, 漢字語는 言語生活에서 우리 國語의 올바른 표현과 이해의 핵심이 될 뿐 아니라 한문문장 구조의 초보적 이해에도 도움이 되는 것이다. 교육부는 이렇게 중요한 '漢字語'라는 用語를 개정 한문과 교육과정에서 배제한 타당한 이유를 밝혀야 할 것이다.

## 5. 教授媒體와 漢文教育

옛날에는 어려서부터 書堂이나 書院 혹은 家庭에서 漢文科目만 熱中할 수 있었기 때문에 漢文文章을 무조건 외우고 쓸 수 있었다. 漢文만 잘하면 人格的으로나 社會的으로 존경받을 수 있을 뿐 아니라, 立身出世할 수 있는 漢文 萬能時代였기 때문이다. 그러기에 《孟子》 책을 삼천 번 읽으면 文理 터지는 소리가 툭탁 난다 하여 '孟子三千讀'을 권장했던 것이다. 물론 《孟子》의 한문문장의 구조가 다양하고 標本的이며 문장을 반복 학습하기에 알맞은 교재이기 때문에, 《孟子》를 많이 읽으면 漢文의 文法的 體系인 文理가 터진다는 것이다.

그러나 현대는 軍事力이나 工業, 經濟力 등을 위주로 하는 富國强兵의 나라, 즉 硬性國家(Hard Power)를 요구하는 시대가 아니라, 戰爭보다는 平和, 軍事力보다는 學問과 文化·藝術·科學技術을 위주로 하는 나라, 즉 軟性國家(Soft Power)를 요구하는 시대이기 때문에, 새로운 학문과 새로운 과학을 요구하게 된다. 다시 말하면 宇宙航空科學, 生命科學, 컴퓨터科學의 발달을 요구하는 科學化 時代로서, 이것을 해결할 수 있는 핵심은 교육인 것이다. 특히 컴퓨터과학의 발달은 情報通信科學 분야로써 현대 科學教育과 직결되는 것이다.

이러한 科學化 時代에 있어서 옛날 漢文 萬能時代에서 무조건 암송시켰던 漢文學習 方法만으로는 時間的으로나 社會的으로 허락되지 않는다. 즉 한문공부만 하면 입신출세할 수 있었던 시대와는 달리 國語, 數學, 社會, 英語 등 다양한 教科目을 학습해야 한다. 더구나 漢文科目은 教育課程上 초등에서는 정규 교과목으로 교육하지 않고 재량활동의 선택과목으로 겨우 생명을 유지하고 있으며, 中等 漢文科 教育課程에서는 선택과목으로 輕視당하고 있는 실정이다. 이러한 한문교육의 환경적 조건 속에서 암송을 요구하는 한문학습은 불가능한 것이다. 여기에 現代的 敎授媒體 활용의 한문교육 연구가 제기되는 것이다.

현대 교수매체에 대해서는 앞에서 간략하게 말했지만, 현대적 교수매체를 활용한 敎授-學習 方法이 각급 교사들에 의하여 활발하게 연구되고 있는 줄 알고 있다. 그러나 아직도 컴퓨터나 인터넷 등의 교수매체를 활용한 대표적이고 표본적인 연구는 이루어지지 못하고 있는 줄 알고 있다. 일요일 아침 KBS TV에서 방영하는 '太極 千字文'이나 EBS에서 韓國語文會 후원으로 방영했던 '한자 퀴즈왕'이 있었고, (社)傳統文化硏究會에서 컴퓨터 및 인터넷을 활용한 '사이버書堂'이 운영되고 있다.

이제는 칠판과 백묵만으로 교육하는 시대는 지났다. 여러 교수매체를 그 특성에 맞게 적절히 활용하여 現場敎育에 이바지할 수 있도록 연구의 박차를 가해야 할 때다. 7차 교육과정의 敎授方法에서는 '컴퓨터 통신 또는 멀티미디어 자료 등을 활용하여 漢字, 漢字語, 漢文의 학습효과를 높인다.'고 교수매체를 구체적으로 '컴퓨터 통신 또는 멀티미디어 자료'를 明示하고 있으나, 개정 교육과정의 漢文科 敎育課程의 교수-학습 방법에는 '다양한 매체자료'를 활용하여 학습효과를 높이도록 되어 있다. 즉 '다양한 매체자료'라 하여 교수매체의 폭을 넓히고 있다. 물론 교수매체를 교재의 특성에 알맞게 활용해야 하지만 무엇보다도 최첨단 매체인 컴퓨터와 멀티미디어(인터넷) 자료를 효과적으로 활용하여 漢字·漢文敎育의 학습효과를 極大化해야 할 時點에 이르렀다고 본다.

2007年 秋季 學術發表大會에서 〈媒體環境의 變化와 漢文敎育〉의
主題講演으로 발표.

著者 略歷

· 忠南 洪城 出生
· 洪城中學校 卒業
· 서울商業高等學校 卒業
· 서울大學校 師範大學 國語教育科 卒業
· 延世大學校 碩士學位
· 建國大學校 博士學位
· 漢文修學 李斗淳 李鍾述 辛鎬烈 先生 師事

· 서울教育大學校 教授
· 教員大 梨大 檀大 出講
· 韓瑞大學校 待遇教授
· 文教部 中高校 漢文教育 課程 審議委員

· 韓國漢文教育學會 會長
· 韓國漢字漢文教育學會 創立
· 漢字漢文國民運動聯合 共同代表

· 中高 漢文 教科書 執筆
· 漢文構造文法研究
· 漢文文型新講(共)
· 漢文科教育論(共)

**한자한문교육총서** 31

漢字漢文教育論叢 上　　정가 25,000원

2011년 2월 17일 초판 발행
2011년 2월 10일 초판 인쇄
著　者 鄭愚相
編輯人 柳豐淵
發行人 李啓晃
發行處 社團法人 傳統文化研究會
서울시 종로구 낙원동 284-6 낙원빌딩 411호
전화 : (02)762-8401 전송 : (02)747-0083
전자우편 : juntong@juntong.or.kr
홈페이지 : juntong.or.kr
사이버書堂 : cyberseodang.or.kr
등록 : 1989. 7. 3. 제1-936호
총　판 한국출판협동조합 (070-7119-1750)

ISBN 978-89-91720-56-5 94370
89-85395-54-8 (세트)